自得教育论丛

丛书主编

伍平伟

新时期教师成长
理论与实践

伍平伟 ◎主编

华东师范大学出版社·上海

图书在版编目(CIP)数据

新时期教师成长理论与实践/伍平伟主编. —上海:华东师范大学出版社,2022
(自得教育论丛)
ISBN 978 - 7 - 5760 - 3336 - 6

Ⅰ.①新… Ⅱ.①伍… Ⅲ.①师资培养–研究
Ⅳ.①G451.2

中国版本图书馆 CIP 数据核字(2022)第 197452 号

自得教育论丛

新时期教师成长理论与实践

主　　编　伍平伟
责任编辑　彭呈军
特约审读　李　鑫
责任校对　桑林凤　时东明
装帧设计　卢晓红

出版发行　华东师范大学出版社
社　　址　上海市中山北路 3663 号　邮编 200062
网　　址　www.ecnupress.com.cn
电　　话　021 - 60821666　行政传真 021 - 62572105
客服电话　021 - 62865537　门市(邮购)电话 021 - 62869887
地　　址　上海市中山北路 3663 号华东师范大学校内先锋路口
网　　店　http://hdsdcbs.tmall.com

印 刷 者　上海锦佳印刷有限公司
开　　本　787 毫米×1092 毫米　1/16
印　　张　21
字　　数　371 千字
版　　次　2023 年 3 月第 1 版
印　　次　2023 年 3 月第 1 次
书　　号　ISBN 978 - 7 - 5760 - 3336 - 6
定　　价　78.00 元

出 版 人　王　焰

(如发现本版图书有印订质量问题,请寄回本社客服中心调换或电话 021 - 62865537 联系)

编　委　会

本书是重庆市第二批教育家型教师和校长培养工程主要成果之一。

丛书总序：以办学思想创新引领学校发展

奚洁人

伍平伟同志主编的《自得教育论丛》，从历史渊源、理论基础、学生德育、课程体系、教学改革、教育评价、教师专业等多个维度对"自得教育"办学思想的提出背景、创立历程、实践探索、辐射影响等进行了全面的剖析和梳理，是一套理论与实践相结合、指导性和可操作性较强的学校改革研究丛书。

"自得教育"理念，是 2015 年时任重庆市第三十七中学校校长伍平伟提出的创新性办学思想。"自得"一词最早源自《孟子·离娄下》："君子深造之以道，欲其自得之也。自得之，则居之安；居之安，则资之深；资之深，则取之左右逢其原，故君子欲其自得之也。"孟子的"自得"思想，强调学习的自觉性和自主性，这是一种人格境界和价值情怀，也是深化学习、拓展视野和增强知识积累的重要方法。"自得"理念的教育思想旨在强调学习是一个内心不断进行深入的、多层次的思考总结和知识不断积累的过程，从而达到左右逢源、精深博大、运用自如的境界。一位"自得"的教育者，才能更好地对学生进行深入浅出、简约而博大的教育，这就是孟子所述的"博学而详说之，将以反说约也"的境界。所以，"自得教育"理念是价值取向、学习方法和教育方式的统一，具有深厚的中国传统文化底蕴，是坚持以人为本的自主学习理念，高质量教育的价值追求，主张自我的主体性，张扬个体的创造性，强调知识积累的重要性，加深造诣的规律性，以求教育方法进入厚积薄发、简约高效的艺术境界。

苏联著名教育家苏霍姆林斯基说过，"领导学校，首先是教育思想上的领导，其次才是行政上的领导"。一所学校的教育思想，首先是校长的办学思想，是校长对教育和办学的独立思考和个人见解，校长的教育思想往往是一所学校的灵魂，是引领学校教育思想形成的关键。正是因为有了校长正确的办学思想引领,学校才能办学站位更加高远、办学方向更加明确、办学意志更加坚定、办学行为更加自觉,其办学的优质性和特色性也将自然生成和更加鲜明。

校长的办学思想不是凭空产生的。首先,马克思主义教育思想同中华优秀传统文化教育理念的结合是其思想渊源。其次,往往离不开地区性的历史文化、学校本身的历史传统和办学实践。当然,最关键的是校长自己的理论自觉和结合办学实践的融合创新和总结提炼能力。重庆市第三十七中学校位于重庆市大渡口区。据史料记载,在清朝道光年间,长江北岸设有义渡,该渡口为沿江数十里渡口之首,大渡口由此得名,"义渡"美名也人人皆知。大渡口区也是原重庆钢铁公司所在地,是近代史上最大的钢铁生产基地。另外,重庆市第三十七中学校也是三所学校合并而成的学校。伍平伟同志在任重庆市第三十七中学校校长时,基于"义渡精神""钢城文化""三校合一"的文化基因,同时秉承"尚自得,展个性"校训,守正创新地提出了"自得教育"的办学构想。

伍平伟同志自 2019 年 2 月担任中共重庆市大渡口区委教育工委书记、大渡口区教育委员会主任后,以教育领导者的角色自觉和责任担当,站在区域教育发展的层面上,对"自得教育"办学思想作了进一步的战略思考和拓展凝练,提出了"多维一体,教育大渡"的教育理念,形成了"努力办有品质、有内涵、有情怀的大渡教育"的发展愿景,建构了"党建工作、人才培养、教师发展、教育评价、终身教育"等更加具有系统性和系列化、制度化的"自得教育"办学思想和教育工作实践的前瞻性谋划,以凝聚区域教育观念共识,优化区域教育资源配置,推动区域教育高质量发展,塑造区域教育特色品牌,成为丛书研究的坚实基础。

党的二十大报告提出:"我们要坚持教育优先发展、科技自立自强、人才引领驱动,加快建设教育强国、科技强国、人才强国,坚持为党育人、为国育才。""办好人民满意的教育""坚持以人民为中心发展教育,加快建设高质量教育体系,发展素质教育,促进教育公平"等重要任务和战略部署,为新时代基础教育的发展指明了方向,为深化"自得教育"思想提出了新的时代要求。

我们期待"自得教育"办学思想在理论研究上不断创新突破,在实践探索中不断健全完善。期待教育工作者更加强化各级学校"为党育人、为国育才"的政治意识和时代责任;更加注重学校队伍建设的人才强校战略;更加突出立德树人的价值观教育、情怀教育,加强学生的志向教育,增强青年学生自信自立自强精神。期待继续积极探索,走出一条适应新时代要求、符合学校实际的教育改革创新之路,全面推进新时代基础教育高质量发展,努力为培养大批堪当民族复兴时代重任的建设者和接班人贡献力量。

我相信,《自得教育论丛》的出版,对于更多地方的区域教育治理和学校教育发展,具有较好的借鉴和启示意义,期待她能早日面世。

是为序!

2022 年 12 月 17 日于上海

(作者系中国浦东干部学院首任常务副院长,中国领导科学研究会原副会长,上海市领导科学学会首任会长、名誉会长,教授、博士生导师)

前言　我们,何以抵达更远的远方

伍平伟

大学毕业后,我入职到了市里一所中学。

这是一所在市内外都享有盛名的学校。在这里,我学着当一名普通教师,学着开展教学研究,学着进行教学管理……各种看似细小实则十分重要的岗位让我对教育有所感触、感悟与思考,最大程度地拓展了我的教育视界。

应该说,这是一段让我永远无法忘记的岁月。多年以后,每每静下心来,我都会无数次地盘点、追问那所学校究竟给我留下了什么。我深深地感到,这所学校在我职业之初给我的教育理想铺就了温暖的底色,让我拥有走向教育远方的激情和力量。

2013年,一个非常偶然的人生际遇,我从渝中半岛来到山城西陲。站在一个崭新的平台上,我学会了从区域教育行政干部和校长的角度思考一个地区的教育。尽管我所在地区的学校数量不多,学生体量不大,但是,我也看到了区域教育发展的一些共性问题和个性问题,审视了区域教育发展的优势和不足。所以,我一直在努力尝试寻找策动区域教育高质量发展的种种力量和无限可能。

20余年的教育经历一直告诉我,不论是教学还是教学管理,"人",始终是一个重要的因素。我们知道,教师会影响一个课堂,班主任会影响一间教室,校长会影响一所学校,区域教育行政干部会影响一个区域。那我们何不就尽可能地抓住"教师""班主任""校长""区域教育行政干部"这些推动教育发展的关键词呢!这不正好契合"教育大计,教师为本"吗!

于是,我们有了旨在推动"教师""班主任""校长"专业成长的"三名工程",有了管理、督导、评价不断升级的1.0版、2.0版、3.0版,有了我对"三名"工程的三条寄语:

"三名"工作室各成员要常怀"空杯"心态，修炼硬本领；工作室主持人要做好思想的引领，方法上的指导；管理干部要搭建更高的平台，做好顶层设计。

是的，仅就"三名"工程开展的情况来看，我们确实取得了不错的成绩，确实带给了教师向上生长的力量，确实推动了教育的发展。近年来，区域内涌现了一大批好校长、好教师、好班主任。但是，我更在思考，我们究竟从"三名"工程中得到了什么？有没有"素描"过名师、名校长、名班主任的真正特征？有没有"提炼"过名师、名校长、名班主任的教学主张和教育思想？有没有"探寻"过名师、名校长、名班主任的成长路径和成长方略？我们可不可以对"教师成长"这个宏大主题再进行一次全面、系统的研究和总结。所以，我决定编写《新时期教师成长理论与实践》，试图构建教师成长具体而微的谱系。我认为，教师成长方略主要有以下六"点"。

师德修养是教师成长的"切入点"。教师的职业特性决定了教师必须是道德高尚的人群。对教师提出高标准、严要求，既是对学生负责，也是对民族负责。"师者，人之模范也"，师德往往成为社会公德的标杆。师德建设不只是强调底线约束，更为重要的是树起道德高线。

课程创生是教师成长的"着力点"。在当前社会知识体系下，实践应用不断更新，教学技术手段不断升级，教师必须根据学生兴趣爱好和发展水平，结合本地本校实际情况，对课程目标、课程内容、课程理论、教学方略、教学手段进行持续的改进、重构、创造和变革。

有效教学是教师成长的"关键点"。有效的课堂教学应该是以较小的师生投入获得较大的教学效益。要完成"有效的课堂教学"，离不开教师、学生、教学方法、课程资源、课堂这五个关键影响因素。有效教学归根结底离不开有效地促进学生的全面发展，而学生的全面发展又是以有效地改善学生的学习方式和提升教师的专业水准为前提。

科研能力是教师成长的"突破点"。教科研工作与教学工作如同鸟之双翼，车之双轮。教师要在教学中把教学与研究结合起来，这样既可以实现个人专业化发展，又可以解决教学中遇到的问题。作为学校，教学是中心，但科研是关键。在科研中提高教师的创新能力，提高教师教学水平是一条不可替代的途径，没有高素质的创新型的师资队伍，就没有创新人才的培养。

学生发展是教师成长的"落脚点"。学校的工作千头万绪，但主要矛盾和关键问题是学生的发展。学生是学校培养的对象，是学习的主人。学校的一切为学生的发展而存在。学生的身心发展、个性发展、全面发展、终身发展是学校一切工作的出发点和落脚点。

教师教育是教师成长的"支撑点"。教师教育是促进教师从资格走向合格、从合格走向卓越的有效途径,是教师提升素质能力的重要环节。"教师教育"针对的对象是教师,有针对性和实效性的培训,要有一招式的技能与方法训练,更要立足于教师全面素养的提升。

我一直以为,教师成长就是教师不断修为的过程。一个优秀的教育人,无论他是一位教师、班主任、校长,他一定会在六个"点"上停留过,思考过,实践过……

没有比脚更长的路,没有比人更高的山,没有比远方更美的风景。我真心希望这六个"点"能成为我们教育路上的一个风向标,一张导航图;真心希望《新时期教师成长理论与实践》一书能成为同梦想一样的行李,陪同我们去抵达更远的远方。

我愿意把这本书送给行走在教育路上的每一个人。愿您翻开此书,心灵朝向伟大,志业迈向宏图。

本书在编撰的过程中,吸收了一些专家学者的著作和研究成果,在此表示衷心的感谢。同时,要特别感谢伍平伟名校长工作室的全体成员,我们一直心手相连行走在成长的大道上;感谢为此书提供案例的全体老师,你们的教育教学实践为大渡教育注入了鲜活的源泉,实证了我们关于大渡教育的思考;感谢全体编委会成员,是你们串珠成线、成面、成体,将散落在大渡教育土壤中的一粒粒思想的种子、一颗颗成长的幼苗、一棵棵参天的大树连缀起来,才有了本书的付梓出版,感谢所有为此书辛勤劳动的同仁们、朋友们。

由于我学识有限,时间仓促,书中难免有失之偏颇的地方,也许还有不当之处,恳请各位专家、广大师生批评指正。

目　录

第一章　教师成长的理论与实践概述　　　　　　　　　　　1

　第一节　教师成长释义　　　　　　　　　　　　　1

　　一、教师成长的概念及释义　　　　　　　　　1

　　二、教师成长的基础理论　　　　　　　　　　11

　　三、关于教师成长的思考　　　　　　　　　　15

　第二节　教师成长理解　　　　　　　　　　　　　19

　　一、理解一：教师成长的思想基础　　　　　　19

　　二、理解二：教师成长的文化传承　　　　　　22

　　三、理解三：教师成长的修炼　　　　　　　　24

　　四、理解四：教师成长的教学实践　　　　　　26

　　五、理解五：教师成长与教育科研　　　　　　29

　　六、理解六：教师主动成长的环境　　　　　　31

　　七、理解七：教师成长的健康管理　　　　　　34

　　八、理解八：教师成长的必要问题　　　　　　36

　　九、理解九：教师成长的情感成长　　　　　　42

　　十、理解十：教师成长的评价管理　　　　　　44

　　十一、理解十一：农村教师成长的教育　　　　46

　　十二、理解十二：教师成长的差异　　　　　　49

　　十三、理解十三：教师成长需要有理想　　　　51

　　十四、理解十四：教师成长的实践论　　　　　52

　　十五、理解十五：教师成长与教师写作　　　　54

第二章　教师成长的切入点——师德修养　　57

第一节　教师师德的时代内涵　　57

一、师德的基本内涵　　57

二、师德的政策意义　　58

三、师德的时代理解　　58

第二节　教师师德的理论基础　　59

一、教师师德养成的研究，是一种普遍性秩序规范的建构　　59

二、教师师德养成的研究，是教师个体道德人格的完善　　59

第三节　教师师德的现实问题　　60

一、师德现状　　60

二、师德养成　　60

三、师德实践　　62

第四节　教师师德的养成途径　　65

一、现代化与法治化并进　　65

二、师德养成与师能成长协同　　66

第三章　教师成长的着力点——课程创生　　86

第一节　教师课程创生的本质属性　　86

一、课程　　86

二、课程建设　　87

第二节　教师课程创生的理论基础　　87

一、教师成长的课程标准方略　　88

二、教师成长的课程要素方略　　89

第三节　课程改革对教师成长的挑战与要求　　91

一、课程建设的主要原则　　92

二、课程建设的主要理论　　92

三、课程建设引领教师优化成长方略　　94

第四节　教师课程创新的过程与方法　　95

一、确立课程观　　96

二、打造精品教材和教学内容　　98

三、课程观永远行走在教师成长的路上　　105

第四章　教师成长的关键点——有效教学　　　　　　　　　　　111

　第一节　教师教学的理论与实践　　　　　　　　　　　　　111

　　　一、教师教学的定义　　　　　　　　　　　　　　　　111

　　　二、教师教学的功能　　　　　　　　　　　　　　　　112

　　　三、教师教学的理论　　　　　　　　　　　　　　　　112

　　　四、教师教学的实践　　　　　　　　　　　　　　　　114

　第二节　教师教学效能的现状　　　　　　　　　　　　　　115

　第三节　教师教学的方略探索与创新　　　　　　　　　　　117

　　　一、教师教学的方略探索　　　　　　　　　　　　　　117

　　　二、教师教学的方略创新　　　　　　　　　　　　　　119

　第四节　基于素质教育的教师成长的策略建议　　　　　　　120

　　　一、教师成长的教学应是素质教育的教学实践　　　　　120

　　　二、教师成长的教学要成为教师的研修实践　　　　　　121

　　　三、教师成长的教学是为了成长的教学实践　　　　　　121

　第五节　教师成长的创新修炼　　　　　　　　　　　　　　121

　　　一、教师成长的创新修炼之重点思考　　　　　　　　　122

　　　二、教师成长的创新修炼之教学设计　　　　　　　　　123

　　　三、教师成长的创新修炼之教学策略　　　　　　　　　139

　　　四、教师成长的创新修炼之教学模式　　　　　　　　　151

　　　五、教师成长的创新修炼之教学方法　　　　　　　　　165

　　　六、教师创新教学实践之教学媒体　　　　　　　　　　179

　　　七、教师创新教学实践之教学情境　　　　　　　　　　193

　　　八、教师创新教学实践之教学评价　　　　　　　　　　213

　　　九、教师创新教学实践之生涯规划　　　　　　　　　　241

　　　十、教师教学创新之教学反思　　　　　　　　　　　　252

第五章　教师成长的突破点——教育科研能力　　　　　　　　265

　第一节　教师教育科研的意义与要求　　　　　　　　　　　265

　　　一、教师教育科研的意义　　　　　　　　　　　　　　265

　　　二、教师教育科研的要求　　　　　　　　　　　　　　266

　第二节　教师教育科研的选题与过程　　　　　　　　　　　270

      一、教师教育科研的选题   270

      二、教师教育科研的过程   271

  第三节 教师科研的反思与应用   274

      一、加强自身的教育科研理论素养培养和教育科研能力   275

      二、用教育教学工作中真实发生的案例来支撑教育科研课题

         研究   276

第六章   教师成长的支撑点——教师培训   280

  第一节 教师培训现状   280

      一、教师教育供给需求呈结构性失衡   281

      二、教师教育政策制定过程尚待优化   281

      三、教师教育政策法律体系有待健全   281

      四、教师教育政策评价监督体系不完备   281

  第二节 常规研训活动的价值   282

      一、重视区域研训共同体的培育   282

      二、重视教师研训课程的构建   283

  第三节 不同角色在教师培训中的"思维"和"策略"   283

      一、教师的"专业自觉"   283

      二、教研员的"培训思维"和"培训方略"   286

      三、寻找更多催生教师成长的力量   294

  第四节 教师教育的实践经验   302

参考文献   318

第一章 教师成长的理论与实践概述

　　成长的本意是一种不断地生长,一般指长大成人的过程。成长有两个重要的影响因素:一是外界的影响,俗称外因;二是内在的影响,俗称内因。成长是外因通过内因而起作用,是事物从低级发展到高级,从不够成熟走向成熟并摆脱稚嫩的过程。简而言之,成长是生命有机体自身不断变得成熟的过程。

　　教师作为人,首先是自然的存在物、社会的存在物,其次才是一名职业或专业人员。因此,教师成长首先是人的成长。具体来说,有两个方面的表现:社会化与个性化。教师成长,是从新手教师向合格、优秀、品牌教师的方向发展的过程。教师成长会受到学校的管理、国家的教师职业标准、教师同伴的互助等外因的影响;同时也会受到教师内在的成长需要、成就的动机、成功的追求等内因的驱动。

第一节 教师成长释义

一、教师成长的概念及释义

(一)溯古追源话"教师"

1. 中国之"师"

(1)历史演变

中华文明源远流长,文脉绵延数千年。作为中华文明载体的汉字则是世界上最古老的文字之一,也是中国文化的神圣瑰宝。钱穆先生曾经说过:"中国汉字由于中华民族独特之创造,自成一系,举世不见有相似可比拟者。"这些文字,镌刻于金石之上,刊布于纸帛之间,深深地铭记在我们每一位中华儿女的心坎之中。

　　在浩渺的文字海洋中,"师"字翩跹而来,和其他文字一同点亮了璀璨的中华文明之光。据专家考证，在甲骨文中就发现了"师"字的存在。"师"在甲骨文和早期金文中写作"𠂤、𠂤"，横置仰视成"ᗊ"，是高坡土丘（后作土堆的"堆"）；俯视成"ᗊ"，是人的臀部形，表示止息。军旅集结必选高坡。而"币"读 zá，则是环周义，与"𠂤"（duī）组合正可会意为众军人围集于高坡之形。金文、石鼓文、小篆甚至隶书均是此形。

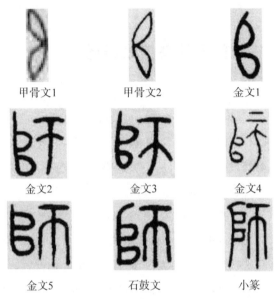

甲骨文1　　　　　　甲骨文2　　　　　　金文1

金文2　　　　　　金文3　　　　　　金文4

金文5　　　　　　石鼓文　　　　　　小篆

图 1-1　"师"字的字形演变

由此可知，"师"最初是古代军队的组织单位。东汉许慎《说文解字》中提到："师，二千五百人为师。从币，从𠂤。𠂤，四币，众意也。"这里的"𠂤"正是"师"的本字。《说文解字注》进一步明确注释为：（师）二千五百人为师。小司徒曰："五人为伍，五伍为两，四两为卒，五卒为旅，五旅为师。"（《周礼·地官·小司徒》）

正如绝大多数汉字一样，"师"字从出现之日起，其含义便随着时代的不同而不断演变。何谓"师"？《礼记》中说"师者也，教之以事而喻诸德也"，是指教师在教育过程中既要传递知识，又要培养品德。而《周礼注疏·卷九》中提到："师，教人以道者之称也。"意思就是说，"师"这个字，就是人们对那些"教人们懂得道理的人"的称呼。西周初期形成了"学在官府"的局面，建立了比较完备的学制系统（包括乡学和国学），其中乡学设立于闾的叫"塾"，设立于党的叫"庠"，设立于州的叫"序"，设立于乡的叫"校"。西周的统治者为培养善战的贵族弟子，开办了"国学"，由高级军官"师氏"任教，人们便泛称他们为"师""师长"。这就是最早的教师称谓了，"司徒""秩宗""典乐"也是当时的教师称谓。春秋时期有"人有三尊,君、父、师"的说法,人们将"师"与"君"相提并论,可见当时教师的地位是相当高的。《吕氏春秋·尊师》云:"生则谨养,死则敬祭,此尊师之道也。"古人席地而坐,以西边为尊,故尊称家庭教师为"西席"和"西宾"。战国时期,孔子开创了私家授学,是中国民办教育第一人。孔门子弟尊称孔子为"夫子","夫子"逐渐成为教师的尊称。唐代之后,"师"的职责逐渐演变成"教""学""授"。唐代韩愈的《师说》提出:"古之学者必有师。师者,所以传道受业解惑也。"这时,教师又被称作"教授""讲师""教谕""学博""学正""学录"和"监学"等。到了清代,继续沿用以前称谓。1905年清政府颁布了《奏定学堂章程》,这是"中国近代由中央政府颁布并首次得到实施的全国性法定学制系统",从此,"教员"开始成为普通学堂教师的称谓。民国时期,教师一般被称为"先生"。新中国成立后,一般以"教师"和"老师"作为教师的称谓,从当时使用的实际情形来看,主要适用于中小学教师,对于大学教师则较少使用该词,而多用"教授"等职称词汇。

(2)"老师""教师"简要辨析

"老师"最初指年老资深的学者,是对年辈最高学者的称呼,如《史记·孟子荀卿列传》中有云:"齐襄王时,而荀卿最为老师。"后来把教学生的人也称为"老师",如金代元好问《示侄孙伯安》一诗中有:"伯安入小学,颖悟非凡貌,属句有夙性,说字惊老师。"到后来,人们就习惯把"老"和"师"并称,而不再管年龄大小,一概称教师为老师了。"老"字在这里带有了尊敬的味道。"老师"一般指直接从事教育工作或其他传授知识技术的人,也泛指在其他方面值得学习的人。由于"师"是传授知识的,而"教"又是传授知识的一种重要手段,于是"教师"一词便成为"传道受业解惑"(韩愈《师说》)者的美称。

汉语中,"老师"一词与"教师"同义,都是指教育工作者,但在前面加上姓氏时,就只能称为"某老师",而不能称为"某教师"。改革开放以后,还出现了许多称谓,比如,人们称呼老师为"园丁""蜡烛""春蚕"和"灵魂的工程师"等,表示对老师的尊敬。

(3)"老师"称谓的泛化现象

20世纪80年代以来,尤其是进入本世纪以来,"老师"一词的用法产生泛化现象,开始越出教育界而出现在社会的其他领域,比如文艺界、新闻界、出版界、体育界。"老师"和教师的其他称谓相比,职业标记已淡化,既可实指从教人员,也可用于其他社会领域,甚至可以抛开职业背景,尊称对方"老师",如"倪萍老师""于嘉老师",楼下美发店的小哥也可以叫"托尼老师"。本单位甚至本领域内,年轻人或者资历较浅的人在称呼比他们年长或者资历深的人时,也常常会选用"老师"作称谓。此外,和自己有交际关系的人,如果没有更为适宜的称谓,"老师"也是最为适宜的。比如,在重庆市满大街都可听闻"老师"的叫声。可见,"老师"的词义已经超越了原有的适用范围,在社会交际中不断泛化,成为一个突破职业、身份,被广泛应用于日常言语交际的称谓。"师"的词义变化,反映了时代的特点,也是一种非常有意思的社会现象。

2. 外国之"师"

"teacher"是英语中"教师"一词最常见的表达,其词根为"teach",常用意为"教授""教学",词性为动词。

(1) teacher 的词源分析

根据胡森主编的《国际教育百科全书》中的解释:"teach"一词强调的是基于知识,它源自古英语中的 tcan 一词,tcan 又是从原始日耳曼语 taikijanan 一词派生出来的。taikjanan 的词根是 deik,以及拉丁词的 dicere。在其日耳曼语词根的基础 taik 上,产生了英语的 token 以及德语的 zeigen【show】。由此可见,"teach"="say"+"show",侧重的是将所教的东西展现出来。teach 常与教师的行为有关系,成为一种活动。尽管"teaching"在结构方面并没有像汉语词汇"教学"之间那样结构紧密,成为一个词语,但由于两者在意义上是紧密相连的,因此在英文教育文献中会看到由两者结合而成的词汇"teaching-learning"。就如教育学学者史密斯(B. O. Smith)所说:"教学这个词自古以来就同学习结下不解之缘。"

从对"教学"一词词源的中外分析中可知,中外对教学的最初理解具有显著的区别,这也是导致后来中西方教学模式、策略与方式存在差异的原因之一。经过对"教学"外文词源的分析,我们可以看出,在西方,教学侧重的是将某些知识或者技能通过一种中介进行说明。教学内容、教学方法、教学对象是教学的要素,因此西方对教学理论研究较多,理论体系也较为完善。相对而言,中国对于教学的认识只是停留在感性方面,一般认为,教学是教师与学生进行的一种知识技能传承的活动。因此,在中国,教师与学生是教学的两个主体。随着对教学认识的不断发展,在经历过"教师为主体"向"学生为主体"的课堂教学模式转型后,我国也形成了以"学生为主体,教师为主导"的课堂教学模式。对于教学的认识发展离不开对词源的分析与认识,对于东西方词源的分析可以让我们更清楚地认识与了解教学。

(2) 趣解"teacher"

名词"teacher"由动词"teach"+后缀"er"构成,表示"教学的人",即"教师"。曾有人将"teacher"的每个构词字母赋予以下的解释:

T＝tireless 不知疲倦的

E＝elevating 提升修养的

A＝amiable 和蔼可亲的

C＝confident 自信满满的

H＝humble 谦逊有礼的

E＝experienced 经验丰富的

R＝rewarding 具有意义的

检视古今中外这些美好的、具有褒义性的"师"的丰富内涵,都体现了对"教师"这个人世间崇高职业的最美礼赞!

3. 有关教师的百科词条

（1）角色性质

教师的角色不只是向学生传授某方面的课本知识,而且要根据学生的发展实际及教育目标、要求,在特定的环境中采用特定的教学方法,通过特定的途径来促进学生成长。由此可见,教师是一种性质复杂的职业角色。一个人成长为这种角色需要经过复杂的、长期的学习过程。

教师角色的性质就在于帮助学生成长,或者说,教师是促进学生成长的人。

（2）角色任务

如果认为教师只是一个知识传递者的角色,那么教师的任务就是将知识传递给学生。

如果认为教师是一个将学生作为一个完整的人看待,全面地促进学生成长的角色,教师的任务就是引导、帮助和促进学生的成长。

（3）师生地位

教师角色是通过教育实践活动塑造的。在教育实践活动中,教师通过与其他角色——主要与学生——互动,建立起一定的关系,发挥着自己的角色功能。这里就有教师在教育活动中的角色地位问题。教育活动主要发生在教师与学生之间,因此教师的角色地位主要通过师生关系来确定。

在教育活动中,教师与学生的角色关系就是孰为主体孰为客体的关系。

对此,大致有三种观点:

第一,教师为主体,学生为客体。这种观点认为,教师在教育活动中处在绝对的支配地位,学生处在绝对的受支配地位。这种观点被称作"教师中心论"。

第二,学生为主体,教师完全受制于学生的要求。这种观点认为教师在教育活动中处在绝对的被支配的位置。这种观点被称为"学生中心论"。

第三,教师与学生互为主客体。这种观点认为,在教育活动中,教师出于一定社会的教育目的,承担起了一定的教育任务,在自己所掌握的知识与技能的基础上,运用一定的教育资源,对学生开展教育实践活动。教师作为教育实践活动的主体是毋庸置疑的。

在教育活动中,学生虽然是教育活动的对象——客体,但是学生作为有一定认知与实践能力的人,也是作为主体在活动着。针对教师作为主体所开展的教育活动,学生主动地认识着、实践着,学生也把教师及教师在教育活动中所运用的一切教育资源作为认识与实践的对象。

鉴于教师与学生互为主客体关系的认知,在现代教育思想中,人们一般认为教师在教育活动中发挥着主导的作用,而学生在学习活动中发挥着主体的作用。

(4) 职业道德规范

"爱国守法,爱岗敬业"是对教师职业的基本要求。

忠诚于人民教育事业,志存高远,勤恳敬业,甘为人梯,乐于奉献。对工作高度负责,认真备课上课,认真批改作业,认真辅导学生,不得敷衍塞责。

"关爱学生"是师德的灵魂。

关心爱护全体学生,尊重学生人格,平等公正对待学生。对学生严慈相济,做学生良师益友。保护学生安全,关心学生健康,维护学生权益。不讽刺、挖苦、歧视学生,不体罚或变相体罚学生。

"教书育人"是教师的天职。

遵循教育规律,实施素质教育。循循善诱,诲人不倦,因材施教。培养学生良好品行,激发学生创新精神,促进学生全面发展。不以分数作为评价学生的唯一标准。

"为人师表"是教师职业的内在要求。

坚守高尚情操,知荣明耻,严于律己,以身作则。衣着得体,语言规范,举止文明。关心集体,团结协作,尊重同事,尊重家长。作风正派,廉洁奉公。自觉抵制有偿家教,不利用职务之便谋取私利。

"终身学习"是教师专业发展的动力。

崇尚科学精神,树立终身学习理念,拓宽知识视野,更新知识结构。潜心钻研业务,勇于探索创新,不断提高专业素养和教育教学水平。

(5) 权利义务

权利:

《中华人民共和国教师法》第七条对教师的基本权利作了明确的规定,共有六个方面:

（一）进行教育教学活动,开展教育教学改革和实验;

（二）从事科学研究、学术交流,参加专业的学术团体,在学术活动中充分发表意见;

（三）指导学生的学习和发展,评定学生的品行和学业成绩;

（四）按时获取工资报酬,享受国家规定的福利待遇以及寒暑假期的带薪休假;

（五）对学校教育教学、管理工作和教育行政部门的工作提出意见和建议,通过教职工代表大会或者其他形式,参与学校的民主管理;

（六）参加进修或者其他方式的培训。

义务:

《教师法》第八条对教师义务作了规定,共有六个方面:

（一）遵守宪法、法律和职业道德,为人师表;

（二）贯彻国家的教育方针,遵守规章制度,执行学校的教学计划,履行教师聘约,完成教育教学工作任务;

（三）对学生进行宪法所确定的基本原则的教育和爱国主义、民族团结的教育,法制教育以及思想品德、文化、科学技术教育,组织、带领学生开展有益的社会活动;

（四）关心、爱护全体学生,尊重学生人格,促进学生在品德、智力、体质等方面全面发展;

（五）制止有害于学生的行为或其他侵犯学生合法权益的行为,批评和抵制有害于学生健康成长的现象;

（六）不断提高思想政治觉悟和教育教学业务水平。

（6）其他法律法规等

① 教育基本法

《中华人民共和国教育法》

② 教育单行法

《中华人民共和国义务教育法》

《中华人民共和国高等教育法》

《中华人民共和国教师法》

《中华人民共和国未成年人保护法》

《中华人民共和国预防未成年人犯罪法》

③ 规范

《中小学教师职业道德规范(2008 年修订)》

《中小学班主任工作规定》

4. 新时代,新的教师观

"培养什么人、怎样培养人、为谁培养人"是教育的根本问题。党的十八大以来,习近平总书记在系列讲话中,对新时代教师的地位与价值、初心与使命、素养与发展等问题作出了重要论述,形成了完整的教师观。习近平新时代教师观是中国特色社会主义教育理论的最新成果,具有重大意义。包括:促进形成尊师重教风气,发展更高质量的教育;丰富中国特色教师发展理论,引领新时代教师的发展;形成推动教师队伍建设的中国方案。广大教师应当深刻领会和自觉践履习近平教师观:主动修炼,增强价值自觉;不忘初心,增强使命意识;五育并举,提升教育实践力。

(1)"四有好老师"

"四有好老师"是 2014 年 9 月 9 日习近平总书记在北京师范大学参加座谈会时提出来的,即"全国广大教师要做有理想信念、有道德情操、有扎实知识、有仁爱之心的好老师"。这是"好老师"的衡量标准。

(2)"四个引路人"

"四个引路人"是 2016 年 9 月 9 日习近平总书记在北京市海淀区八一学校慰问师生时提出来的,即"广大教师要做学生锤炼品格的引路人,做学生学习知识的引路人,做学生创新思维的引路人,做学生奉献祖国的引路人"。这是侧重教师教书育人使命和责任担当方面的要求。

(3)"大先生"

"大先生"是 2016 年 12 月 7 日习近平总书记在全国高校思想政治工作会议中提出来的:"教师是传播知识、传播思想、传播真理的工作,是塑造灵魂、塑造生命、塑造人的工作。""教师不能只做传授书本知识的教书匠,而要成为塑造学生品格、品行、品味的'大先生'。"意思是说,教师在教育学生的过程中,要把德育放在首位,要把教学生如何做人当作教育的根本任务。

(4)"三传三塑"

2018 年 9 月 10 日,在第 34 个教师节之际,全国教育大会召开。习近平总书记发表重要讲话,他强调:"教师是人类灵魂的工程师,是人类文明的传承者,承载着传播知识、传播思想、传播真理,塑造灵魂、塑造生命、塑造新人的时代重任。""教师做的是传播知识、传播思想、传播真理的工作,是塑造灵魂、塑造生命、塑造人的工作。"这一重要表述,对新时代广大教育工作者的时代使命作了定义和归纳,为培养德智体美劳全面发展的社会主义建设者和接班人,加快推进教育现代化、建设教育强国、办好人民满意的教育,提出了时代之问和发展要求。

（5）"六要"

"六要"是 2019 年 3 月 18 日习近平总书记在北京主持召开学校思想政治理论课教师座谈会上提出来的,即"政治要强;情怀要深;思维要新;视野要广;自律要严;人格要正"六个要求。此要求突出思政课教师地位,并针对性地对其提出素养要求,是思政课教师队伍建设的行动纲领。

（二）教师成长与教师专业发展

1. 教师成长

教师成长是教师从新手教师到合格教师、到骨干教师、到优秀教师、到未来教育家教师的不断改变的过程。在这一过程中,需要针对教师成长进行思考与设计,用于解决教师成长过程中存在的各方面问题,并且运用一定的思维和方法提高思考与设计的问题解决能力及问题解决质量的全部内容。对于教师成长方式方法的认识,是基于教师的专业化现状分析,把握教师专业化成长的国家标准,注重教师专业化成长的基本环节,提出教师专业化成长的实践对策,建设好教师专业化成长的文化环境,着力于教师专业化成长的个人修养,等等。

2. 教师专业发展

教师专业化是课程改革、教育改革的必然要求,是教师走向成功的必由之路。美国最大的教师专业组织美国教育协会自 1857 年成立之日起,就以"提升教学的专业性,维护教学专业的利益,促进美国公共教育事业"为宗旨,并始终以促进教学专业的发展为己任,在教师专业化中发挥了其他组织和个人难以替代的作用,对美国教师专业化产生了广泛和深远的影响。美国教育协会曾为专业化定下八个标准,即:应有高度的心智活动、具有特殊的知识技能、受过专业的训练、须不断地在职进修、属永久性的职业、以服务社会为目的、有健全的专业组织、能制定并遵守专业伦理。教师专业化作为推动教师教育改革与发展的策略选择,已经被置于各国教育改革最核心的位置。我国早在 20 世纪 30 年代就对教师职业展开过讨论,当时有一种很鲜明的观点:"教师不单是一种职业,且是一种专业……性质与医生、律师、工程师相类似。"20 世纪八九十年代,《教师法》《教师资格条例》等有关法律、条例的施行,为推进教师专业化提供了基本的制度保证。为适应新时代教育的发展,国家进一步增加举措,加强了教师的专业化发展建设。

教师专业发展是基于教师成长考虑的基础上考虑职业化、专业化发展。20世纪60年代末最早兴起于美国,70—80年代在欧美达到兴盛,21世纪初期在我国广泛发展。严格说来,由于受文化社会背景、教育政策、教育教学环境等因素影响,我国与欧美国家所说的"教师专业发展"并不完全一致,所以不宜生搬硬套,但可以学习借鉴,取长补短。

3."教师专业发展"与"教师成长"辨析

教师专业发展与教师成长发展的内涵外延、发展内容与侧重点、发展目的与途径存在区别,但也联系紧密。可以说,教师成长发展是在人的全面成长发展基础上的教师专业发展,既强调人的发展也强调专业发展。教师专业发展是教师成长的结果,也是教师成长的过程,而不是教师职业阶梯上的前进。这一过程是贯穿于教师整个职业生涯的无止境的过程,是一个非线性的过程,包括了多个不同的阶段,并且在不同的阶段有不同的发展速度和侧重点。仅将教师专业发展理解为静态的结果,即专业成熟的标准,可能会导致实践中对教师专业发展的可能性的质疑。

从当前教师的职业基础看,教师专业发展应将重点放在过程上。期望所有教师在比较短的时间内达到专业成熟的水平是不可能的,我们可以期待的一个现实的目标是让所有教师都能在原有基础上有所提高,并有意识地朝专业成熟方向持续前进。

作为一名现代教师,要认识到自身专业化发展的过程就是认识自我的过程。我们不仅要知道"教什么",更要懂得"如何教"。陶行知先生对如何做一个现代人有过精辟的论述:"做一个现代人必须取得现代的知识,学会现代的技能,感受现代的问题,并以现代的方法发挥我们的力量,时代是继续不断地前进,我们必须参与现代生活,与时俱进,才能做一个长久的现代人。"由此可知,只要你还做一天教师,就必须加强学习,学习新知识和新理念,在学习中成长、在互动中提升、在实践中提高自己的专业化。

4.教师能力

教学能力总是与特定教学活动相联系,教学能力是教学知识和教学技能的有机融合。

有研究者认为,教师能力是一种多维度的能力结构。除包括良好的语言表达能力、组织管理能力、教材处理能力、课程开发能力、了解学生能力、自我监控能力等一般能力外,更重要的是教师的教学能力。教师的教学能力究竟由哪些要素构成呢? 有专家提到,教学能力不仅指教学技术,而且要加进人的素质层面。总体来看,到目前为止,学界对教学能力的内涵把握或探讨很难说已形成了系统的研究结论。目前有关教学能力的论述依然是从主观经验论和精神论角度阐发的居多,而科学的实证性的论证尚不多见。在这里,我们借鉴日本学者小山悦司关于教师能力的研究结果来分析教师的教学能力。他认为,考察教师的教学能力应从两个层面来进行,即技术层面与人格层面。

表 1-1 教学能力分类

技术层面			人格层面	
专业技能	智谋技能	交际技能	个性	动机
专业知识技术 科技性知识技术 表达能力	创造力 广阔的视野 先见性 应用实践能力 综合研究能力	人际洞察力 人际关系能力 集体指导力	感受性 决断力 灵活性 自律性 协同性 开创性	教育观念 自我教育力

从表中可以看出,教学能力的技术层面由专业技能、智谋技能与交际技能组成。专业技能是看得见的实践性技术,而智谋技能与交际技能则意味着牵涉人的内部思考方式的概念性技术与交际能力。

二、教师成长的基础理论

教师成长是一个动态的、伴随职业生涯始终的过程。古今中外出现过很多关于教师成长的理论论述,从哲学视角看,主要集中于以下五个基本问题:"我"是谁? 专业成长是什么? 专业成长有规律吗? "我"在专业道路上能走多远? "我"在专业道路上如何才能走得更好? 其中,马克思哲学认为教师专业成长是统合了道德实践论和技术实践论的存在实践论意义上的实践,教师专业成长实践的最终目的即在于使教师从自在的存在,升华到自觉的存在,从而实现教师的解放,也就是教师的完整性。而从实践视角看,20 世纪中期美国一些学者开始反思理论取向的课程与教学研究,揭示它们造成的课程危机、专业教育信心危机以及教学研究的范式缺失。他们认为,教育研究应当以"生活世界"为基础,扎根于人类生活实践和教育实践,以理性的睿智对普遍的问题进行价值意义的阐释,通过追寻、概括、判断、批判等对教育实践活动及其原则进行理性洞察,渗透教育智慧。教师成长也应该以课程实际为落脚点,遵照实践哲学的指引,追求教学的"实践转向"。教师成长各个环节均围绕"实践"进行,将教育教学实践与理论课程的学习整合在一起。

(一)中国古代教师成长的思想理论

对于教师的角色及作用,我国古代先哲们就曾做过精辟的论述。《周礼·地官·司徒序》中写到教师是:"德者也。"《礼记·学记篇》说:"君子既知教之所由兴;又知教之所由废,然后可以为师。"孔子说:"温故而知新,可以为师矣。"韩愈在《师说》中云:"师者,所以传道受业解惑也。"韩愈对于教师的理解虽然没有明确对教师成长作出界定,然而他集中国古代优秀文化,特别是儒家文化的精髓为一体,把教师成长放到儒家思想基础上进行认识与研究,其理论可以视作是对教师成长的思想基础的认知与初步的研究结论。中国古代教师成长的思想理论,归纳起来有三个方面的要点:一是教师成长基础在于教师的成人,中国人的成人之道:正心、修身、齐家、治国、平天下,这同样是教师成长的过程;二是教师成长方向和目标在于成为君子,君子可以"和而不同",但君子必有其高远的志向与个人的优秀品行;三是教师要有师道尊严,教师是位于"天地君亲师"五位一体地位的人,教师成长必须注重"慎重为师",做到"学而不厌,诲人不倦",树立"为天地立心,为生民立命,为往圣继绝学,为万世开太平"的历史责任感和时代使命感。

(二)现代教师成长的阶段理论

1972年,英国的詹姆斯提出了"培养、任用、进修"三个连续的教师培训阶段,即著名的"三阶段理论",这一理论从根本上重新构建了师范教育的计划,而且把重点放在第三阶段即在职培训上;美国福勒和布朗二人也提出教师发展的三阶段理论,认为可以根据教师的需要和不同时期所关注的教师成长的焦点问题,把教师成长划分为"关注生存、关注情境和关注学生"三个成长阶段;傅乐提出了教师生涯关注阶段理论,认为在成为教师之前的过程中,教师的关注事物可分为四个阶段:教学前关注、早期生存关注、教学情境关注、关注学生。这种教师的关注理论,重点在教师职前的培训时期,它认为此阶段准教师们心中所关注的是如何学习成为一名教师,是对所经历不同事物的关注,这套关注理论在师资培育方面具有参考价值,但不足以对教师生涯发展进行全面考察。卡茨针对学前教师的训练需求和专业成长提出了教师生涯规划时期理论,提出了四种生涯发展的看法:生存(survival)时期、强化(consolidation)时期、更新(renewal)时期、成熟(maturity)时期。虽然卡茨所提出的教师生涯发展是以学前教师为主,但是其内容对中小学教师在训练需求、教师专业成长等方面也都有参考与实用价值。美中不足的是对学前教师成熟阶段以后的生涯发展与规划提得较少。伯顿提出了教师生涯发展阶段论:求生存阶段(survival stage)、调整阶段(adjustment stage)、成熟阶段(maturity stage)。另一个教师成长研究者费斯勒提出教师成长的职业生涯阶段论,将教师的职业周期分为八个阶段:职前准备阶段、入职阶段、形成能力阶段、热心和成长阶段、职业受挫阶段、稳定停滞阶段、职业泄劲阶段、职业生涯结束阶段。费斯勒的教师生涯发展论,可以说提供了一个较为完整的生涯发展理论架构,对于教师生涯辅导和生涯规划帮助很大。司德菲依据人文心理学派的自我实现理论,建立了教师生涯阶段模式,并被视为一种人文发展模式(human development model),他将教师生涯的发展分为五个阶段:预备生涯阶段、专家生涯阶段、退缩生涯阶段、更新生涯阶段、退出生涯阶段。司德菲的教师生涯阶段模式,可以说非常明确地反映出教师生涯发展的特性,他所提出的更新生涯阶段,更可弥补费斯勒教师生涯发展循环论之不足。换句话说,学校和行政机关若能妥善规划教师进修活动,将有助于教师度过其生涯发展的低潮期。伯林纳提出了教师教学专长发展五阶段理论,他认为,教师教学专长发展可以划分为新手(novice)型教师、熟练新手(advanced beginer)型教师、胜任(competent)型教师、业务精干(proficient)型教师和专家(expert)型教师五个阶段。伯林纳还在大量的定性与定量研究的基础上,对教师教学专长不同发展阶段的特征进行了详细论述。我国台湾学者王秋绒提出教师成长的社会化阶段论,将教师的专业化发展过程分为"师范生、实习教师和合格教师"三个阶段。

(三)教师专业成长的需要理论

马斯洛是西方著名的人本主义心理学家,他在《人类动机论》一文中首次提出需要层次理论(如图1-2)。该理论认为,人类的需要按照从低到高的顺序可以分为五种层次,包括生理需要、安全需要、归属与爱的需要、尊重需要以及自我实现的需要。教师成长有其不同时期的需要,每个成长阶段所需要满足的内容有所不同,在教师成长的初期需要的是教师教育教学基本功的形成与技能化;而在教师成为骨干教师后的需要则是如何总结好的教育教学经验并上升到一定理性思维层面,不断形成个体的教育教学风格,保存必要的教育思想内容。

(四)教师成长的全面发展理论

人的全面发展是马克思主义的基本原理之一,也是我国教育方针的理论基石。马

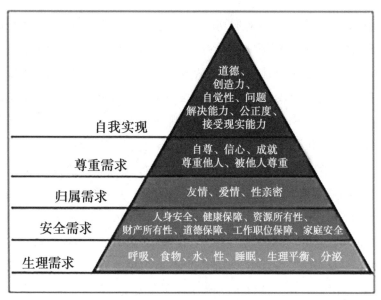

图 1-2　马斯洛需求层次理论

克思主义从分析现实的人和现实的生产关系入手,指出人的全面发展的条件、手段和途径。人的全面发展有其基本内涵,具体包含人的体力、智力及思想道德等方面的全面发展;包含人在社会众多领域的才能及其创造;也包含在既定的历史条件下,人的个性的自由发展和如愿从事各种社会活动。当然,这又得以不妨碍其他人的自由全面发展为前提。马克思主义理论学说中关于人的全面发展理论是教师成长全面发展的理论基础,该理论认为教师成长的过程是教师全面发展的过程,教师的全面发展有三个核心内容:一是教育理想的确定,也可以认为是教师成长的全面规划与方略的确定;二是教师专业化成长的确定,专业化(职业化、标准化、技能与能力并存,知行合一,成为优秀教师或品牌教师的成长方略);三是教师人文修养方略完善的确定,人文修养是教师成长的重要内容,"行为世范"的核心是"德高为师",教师必须成为"人师"。

(五) 新时代中国教师成长的理论

马克思哲学中"人的全面发展"理论是我国教育的理论基础之一,新时代特有的新机遇赋予了教师成长以更多可能性。在新时代,教师成长在方向上必须以党和国家对于教师提出的"四有",以及教师的"三传四引"角色地位与作用相一致,目标上一是专业发展,二是成为优秀的人。随着人工智能、大数据、AI等现代信息技术在教育领域的广泛运用和深度赋能,教育无可争辩地成为了信息化影响最直接和最前沿的领域之一。信息化时代把人与社会带入"屏幕化世界、人机交互作用、资源分享时代、大数据流转、价值多元化"等现代化场景之中,必然促进教师成长的现代化。从方向上讲,教师成长的方向是成为优秀的人,成为有君子之品德和品质的人。从方针上讲,教师成长以党的教育方针为方针,也就是全面实施素质教育,立德树人,培养党的建设者与接班人。从方法上讲,一是要有专业发展的途径与对策,如教师专业发展的校本研修途径和校本课程建设的对策;二是要明确教师个人的教育修养完善途径与对策,如教师的人文教育途径和教师文学修养提高对策。从方式上讲,教师成长的方式可以走理性化的方式,成为教育理论研究或教育思想研究的教师,俗称理论型教师;可以走实践化的方式,成为实践研究或实践经验丰富型教师,俗称实践型教师。教师成长的方式多样化,有的成为传承优秀文化的代表,有的成为信息技术的高手,有的在课程与教学上做出成绩,有的在教育科研上取得研究成果。对于教师的成长而言,百花齐放、百家争鸣才是真正的方略现代化。

三、关于教师成长的思考

教师是学校发展的重要基础,习近平总书记强调要把教师的成长放到基础性教育工程上加以重视。一所好学校,需要有一批好教师,好教师不是天生的,而是在不断的教师成长过程中形成的。教师成长过程,有三个方面的内涵:一是教师的不合格到合格,不成熟到成熟,也就是从师范生到成为一名职业教师的过程;二是教师从低水平教育教学能力向高水平教育教学能力的发展,这是教师职业素质从量变到质变,提高其对于教育教学工作认识与实践的过程;三是教师从骨干教师向未来教育家型教师的转变,也就是从实践型教师向研究型、学习型、创新型教师的发展过程。因此,教师成长总体上应当指向三个不同教师成长方面,即新教师的成长、骨干教师的成长、教育家型教师的成长。

教师成长有其共同的规律,可以表述为四个方面:一是作为教师职业的认同,教师有特殊的社会地位与作用,习近平总书记提出教师的"三传三塑四引"——教师承担着传播知识、传播思想、传播真理的历史使命,肩负着塑造灵魂、塑造生命、塑造人的时代重任;教师要做学生锤炼品格的引路人,做学生学习知识的引路人,做学生创新思维的引路人,做学生奉献祖国的引路人——可以说是对于教师角色地位与作用的高度概括。二是教师成长都有基本的影响因素与成长的方式,从影响的因素上讲,教师成长都有其环境、教育、实践、学习等重要条件的制约,都需要有良好的物质与人际环境,都要有必要的教师专业化成长的培训教育,有长期的教育教学实践经验的积累,以及个体的不断主动学习等条件；从成长的方式上讲，教师成长都需要"专家的指导，同伴的互助，个体的反思，以及参与学术研讨与交流，完成必要的写作提升"等方法与对策。三是教师成长都表现出教师能力与人文素养或个性化品质的提升。在教师的教育教学能力上，有研究者认为主要是从教育教学实践能力向教育教学研究能力，经验总结表达能力的提高；在教师的人文素养或个性化品质提升上，主要是教师对于各种人际关系的改善，特别是对于师生关系、干群关系的改善，个人表现出比较优质的心理品质与良好的人际关系。四是教师成长多表现出教师的主动发展、全面发展、优质发展的总体取向，主动发展是教师有个体的成长需要，有个人的主动发展认知与实践；全面发展是指教师成长不是单方面的能力与素养的形成，而是一个整体的相互制约的发展过程，是成为专业教师的整体改变；优质发展是指好教师、名教师、未来教育家型教师的成长，是在同类教师中间各个方面都表现出优化、优秀、优先的发展。

例如骨干教师的成长过程就是一个主动发展的过程。

苏格拉底说："教育是点燃火焰"。教师的自主成长更是需要点燃。在大渡口区小学数学名师室里，刘凤引入"他山之石"，将"学员教学主张的建构"纳入工作室的重要日程，引导全体学员大胆提出教学主张的核心概念（寻找属于自己的言语）、科学诠释教学主张的理论基础（建构有机的理论体系）、自主建构教学主张下的课堂范式（让主张落地，回归课堂）。按照"启——导——督——琢"的路径，学员们初步建构了自己的主题教学观点，打磨了代表性的典型教学课例，并受邀在区、市多地进行了教学主张宣讲。而在刘凤老师的文章中，也提到了她成为一名骨干教师的具体发展过程：

1. 新教师成长期

初为人师，一张白纸，我参加了"区新教师培训"，在培训中汲取养分，学习如何做一名合格的教师。

区进修校小教室主任、小学数学教研员刘德珍和副校长周桂兰走进课堂，一个月连续不定期、无规律地跟踪听课，甚至听完课后立即点评又立即追踪听"调整课"，"逼"着我"站稳讲台"。

比这还"惨"的是，在工作的第一学期，刘德珍老师就交给我了一个区级研究课的任务，"逼"着我迎接挑战。从教材的研读到学情的分析，从教学目标的制定到教学流程的设计，从第一次试教到最后的成功亮相，刘德珍老师和卢景芳主任、周桂兰副校长全程指导陪同。

而第一次区级赛课更是让我记忆深刻，从抽签到正式上课，仅仅一周的时间，每天上午、下午2次的试教、研磨、修改，甚至赛前的头一天还制作幻灯片到凌晨4点多……一次次的任务驱动，"逼"着我成长！

2. 骨干教师成长期

2000年，我被评为"区首批区级骨干"；2005年，被评为"重庆市市级骨干教师"。在这个阶段里，我记忆深刻的是"重庆市首届专业基本功市级决赛"的经历。

比赛分为演讲、说课、课件制作三项，且不单独分设学科赛，一律拉通评比。三个项目对于从教数学学科的我而言，除了说课相对有积累，另两项真的颇有压力，比起语文教师的语言组织和表现力、信息教师的操作能力，真是不具有任何优势。说真心话，总有想临阵脱逃的感觉。但面对区进修校周洪书记关怀的目光和春风细雨般的心理疏导，面对教研员刘怒、牟敏老师共同分析着各版块代表性教学内容的"画龙点睛"，面对瞿涛主任、陈思源老师对每种演讲素材的选择、每个演讲技巧的指导，面对朱宏老师对课件制作的每个环节、每个技术要点的分析与示范，又怎能轻言放弃？历时2个月的磨砺，区进修校的领导、专家一直在线指导、全程陪伴，让我感受着阳光雨露，而我们这些赛手也在磨砺的过程中成长、蜕变。当我收到"全能一等奖"的成绩通知时，眼里竟已噙满泪水……

3. 学科带头人、名师成长期

2009年，我被评为"区首批学科带头人"；2013年，被评为"重庆市首批学科名师"；2014年，被评为"区首批中小学名师"；2008年、2011年连续两届获聘为"区小学数学学科工作站"站长；2015年获聘为"区小学数学刘凤名师工作室"主持人。

带着团队一起成长，挑战再次降临。给予我智慧与力量的，依然是区进修校的引领和所在学校的支持。

说到这里，2016年小数名师工作室的第一次年度展示情景一下子浮现出来，工作室以"主题课例研究"为主题设计展示活动，现场呈现了"小学生数学核心素养培养"主题下的课例研究的过程与成果，并对如何深入实施主题课例研究进行了进一步培训。活动末，区进修校曾葵校长的一席话引发了我的深度思考——"名师工作室项目的实施，其中一个重要任务就是要促进进入工作室的这些已相对优秀的教师的个性发展，使他们成为新一届名师的后备人才。所以，名师工作室的工作重心要区别于常规的教研活动,要有达成这一任务的有效措施"。

一个好的领跑者才能带出好的团队。曾校长的提示让我重新审视自己对工作室的目标定位与建设策略,再次深入分析学员现状,根据学员特质,与之共同捋清其发展方向、发展需求,进而调整工作室的建设目标和项目载体——"数学文化课堂教学实施策略"研讨,我们所探究的"数学家与数学""数学与经济""数学与生活"课堂教学模式得到了市教科院初教所所长康世刚博士、西南大学于波教授等专家的高度认可,并多次在国内、市内进行展示;"我的教学主张建构"项目,工作室 10 名成员均建立了自己的话语体系和代表课例,并在海南、河南、重庆多个区县、区内兄弟学校进行宣讲和做课。"大渡口区小学数学刘凤名师工作室"在市内小数同行里、在区内学校中也具有了一定的影响力,区进修校师培部及吉秀英主任还鼓励我们走出去参加国内的名师工作室论坛活动。

大渡口区教师进修学院的引领,以及各级领导为我们搭建的平台,助推我们实现"个人+团队"的成长。

回首自己的成长路,我的心里充满了感激。正是因为区教师进修学院"重规划、重内涵、重过程、重成长"的教师培训机制,引领着我一步步前行,一次次实现"跨越式成长",从一名普通、青涩的年轻教师成长为"骨干教师""学科带头人""名师",成长为两届"区小学数学学科工作站"站长、"区小学数学刘凤名师工作室"主持人,成长为"校级干部"!

1. 重规划

回顾自己的成长之路,我参加的区级层面的培训和项目有:新教师培训、骨干教师培训、"双导师"培训、学科带头人研训、骨干教师提高培训、校级干部培训、学科工作站建设项目、"三名"工程……而正是区教师进修学院整体规划、系统设计的进阶式教师专业成长培训体系,让我和区域内的教师感受着挑战,收获着成长,体验着成功喜悦,憧憬着再一次的"蝶变"。

2. 重内涵

区教师进修学院为我们设计的培训项目,涵盖了"理论+实践"并重的培训内容,也精心考虑了丰富多样的培训形式。虽然过去了那么多年,但我依然对"双导师培训"记忆犹新——理论导师带领我们走进教育学、心理学、哲学、数学专业理论等领域,拓宽视野,深度认知,提升本专业乃至跨界的素养;实践导师则带着我们立足本位,学以致用,在教育教学实践活动中去感悟理论、验证理论,提升应用与创新的能力。亲身的示范,面对面的解惑,让我们这些学员倍感温暖,也在时间的流逝中悄然成长。

3. 重过程

区教师进修学院的每一个培训项目都实行专人负责制,如骨干教师培训的负责人刘恕,双导师培训的负责人牟敏,学科带头人研修、名师工作室的负责人吉秀英……全程、全方位的项目实施,精心细致的过程指导,负责人始终陪伴着我们,见证我们的整个磨砺蜕变的过程。

4. 重成长

区教师进修学院为每个培训项目搭建多层次、多维度的展示平台,让教师们在展示中感知自己的成长,收获成功的喜悦。

总之,28年的逐梦路虽然艰辛,却也很有温度。虽然苦累相伴,但也有一路繁花相送。一路走来,最想说的仍然是——逐梦路上,感恩有您!

成长无止境,在国培计划的催化下,刘凤在不断地学习着、求索着。2019年她再次出发,又被推荐参加了"2019重庆市名师名家培训——市级小学学科带头人培养对象培训"项目。我们相信,也祝福着她的追梦之路!

"授人以鱼不如授人以渔"。国培计划如同教师们的"成长加油站",不断唤醒着教师们不忘初心,孜孜以求,提高为人师者的专业成长长度、宽度、高度,也传承、创新着师者的自我成长路径与方法,并始终激励着教师们与时俱进、自主个性化地发展。德国哲学家雅斯贝尔斯说:"教育就是一棵树摇动另一棵树,一朵云推动另一朵云,一个灵魂召唤另一个灵魂。"教育学生如此,教师培训亦如此。

第二节 教师成长理解

在不断的实践过程中,通过行动研究,我们总结提炼了教师成长的典型方式,也对教师成长有了深入的理解。教师的成长受到众多因素的影响,包括个人、学校、社会等。综合来看,可作如下理解。

一、理解一:教师成长的思想基础

思想是人的灵魂所在,思想是人思维的结果与思维语言的凝固。思想是人外在语言的内化,也是人对于客观事物反映的高级形态。人的认识可以是初级的心理认识,如感知客观事物的外在现象与活动形成的认识;也可以是高级的认识,也就是对于客观事物的本质性认识。思想就是人对于客观事物的本质性认识。

人的成长是一个从量变到质变的发展过程,也是对于客观事物从现象到本质的认识提高过程。唯物辩证法认为:人的思想不是天生的,而是后天通过学习、实践、不断地积累认识,并通过一定的逻辑思维方式而形成的。人的思想认识属于人发展的质变形态认识,成为一名有思想的人,对于教师的成长而言,就是成为一个有教育思想的人,其实这是教师成长研究需要的思想基础性问题。

第一,教师是人类社会生活中的一员。教师同所有人一样,其发展都有一个从低级到高级,从简单到复杂,从量变到质变的过程。有一些社会学者主张人的发展是从生物性到社会性,从社会性走向个性化的过程。个性化的人,不再是简单的人,而是有着思想认识的人,是一个有着个人的客观世界反映的价值观、人生观、世界观等若干倾向的人。心理学认为:人的心理活动有共同的认知心理活动,但更多的是个别的心理活动,简称为个性心理活动,如性格、气质、意志品质等。

第二,教师是社会生活中有着教育影响或者说是文化渗透性的人。人类社会的生产与生活经验,从传统的师徒言传教育,到现在的教师专职教育,到未来的社会与网络化高度结合的教育,都可以认为是一种教育的影响。谈教育影响,自然不能不回答什么是教育的问题。从理论上讲,教育是一种上层建筑,是经济基础决定的社会活动,教育的本质是人类的文化传承与知识的积累,教师是文化的代言人,也是知识积累的代表,成为一名教师,其实就是成为一个有知识的人,成为一个有文化的人。教师成为有知识、有文化的人,虽然说途径与对策可以有很多,但根本方式就是教育影响或文化渗透。通俗来说,教育者必先受教育,文化者必先成为有文化的人。

第三,教师是一个不断改变的职业。随着社会的进步,科技的发展,教师必然是一个不断变化的职业。教师职业最讲究的一点是人格和品性,只有具备社会公认的好人格与好品性的人,才有资格进入教师的行列。人格与品性,有人认为是职业道德,其实不仅是职业道德,更多的是教师的教育影响素质,也可以说是教师职业的核心素养。现在对于教师的资格考试,对于教师的准入制度,是很有必要的,但是需要随着社会发展,特别是教师职业的改变而改变的。我个人主张对于教师的职业资格考试,要进行教师职业改变的研究,要用教师职业资格考试的人格与品性的最新研究成果进行命题。

第四，教师职业有着为人师表的"道"，也可以说是内在的规律。当一名合格教师，当一名好教师，当一名教育家型教师，是有着不同的内在规律的。中国道家学派创始人老子提出："道可道，非常道。""无为而无不为。"其实完全是在说人的成长，教师的成长中必须讲"道"，也就是遵循规律。有研究教师成长的专家认为：教师成长需要有教师的修炼，也就是如同道家的道人一样不断地"修道"才能成为有"道"之人。

第五，教师成长必须要有对自我的人生进行思考。人生可以有思考，也可以对于自我有一种假设，有人认为这是人生规划课程需要讲的内容。对于教师而言，确实需要有一种人生的思考或人生成长的规划设计。如教师的教育写作功效问题，教师的文学修养提高与专业化发展的问题，教师的生活教育问题，等等，说到底仍然是一个教师成长的规划设计问题。不同教师的成长，差异如同我们所说的"同窗相学，造就各异"，有着"八仙过海，各显神通"的成长效果，其实最重要的是个人在人生规划上有不同的思考与设计。

第六，教师成长最为强调的应当是如何成为一名优秀的人。就教师成长而谈教师的成长，是一种简单的认识，教师成长应是一种思想认识，其核心是教师要成长为一名优秀的人，一个有理想、有能力、有个性、有作为的人。优秀的人是人群中间有着话语权，人类社会中有着一种社会影响与社会财富创造能力的人，是个性化比较成功的、有自我实现目标达成度的人。教师成为优秀的人，不仅是在教育行业中成为大家认可的专家与学者，成为教师中间的优秀代表，更重要的是成为社会发展的先行者，成为未来社会生活中人们希望学习与模仿的人，成为人类文明与社会生活中人们认为成功的人。

最后，在写作中成长为一名有思想的教师。这可以说是自己在寻找答案的命题作文。有了好的题目，用什么样的文体，用一些什么样的语言，再有如何建构逻辑性强，道理简明的文章，其实就是写作的科学性与合理性问题。我个人一生喜爱写作，也时常为了写作而生活，本着源于生活、体验生活、幸福生活的写作初心，担负着写作提高人生质量，以写作完善人生，用写作丰富个人的思想与情感的使命。我认为我的成长在教师中间有一定的代表性，透过我的个人成长经历，我想有三点提供给所有教师作为成长为一名有思想的教师的参考：一是要不断地实践，随时记下个人的实践经验或思想素材。多年来我坚持每学期汇编个人的写作与工作材料，其实就是一种保存思想素材的做法。二是个人的思想要有生长点，也就是思想的主题或话题，在学习生物的经历中，最让我不能忘记的一点有用的知识就是生长点知识，它对于我成为一名教育研究者是有很大作用的。教师发展如何克服"停滞期""高原期",需要的就是找到思想的生长点,我认为就是要有思想的主题或话题。三是教师要本着一种使命感或者说责任心去思考教育,有思想的教师一定有着一种责任心,有思想的教师必然会有一种担当的勇气,如果说有思想的教师本身有着创新的素质,其实不如说是一种责任与担当的必然结果。

研究教师的自我,从我的个人成长上谈成为一名有思想的教师,这就是我对于教师成长的思想基础在"写作"上的答案。

二、理解二:教师成长的文化传承

习近平总书记针对考古学而发表了冷门研究的讲话,认为考古学对于中华文明有着:本体故事、关联故事、总结故事、学术故事和世界故事的"无字地书"重要作用,同时更是努力建设"中国特色、中国风格、中国气派"的社会主义强国,更好认识源远流长、博大精深的中华文明,弘扬中华优秀传统文化、增强文化自信的坚强支撑。为此,谈教师的成长,理应重视教师成长的文化传承:文化人的成长过程。

在中华优秀文化传承过程中,有着关于太极文化的传承认知与思考拷问的问题。太极文化是中华文化的集成体系,它本源于人对自然、自身的认知,后与中国社会关于"天人合一、道法自然",以及"形神统一"等中华传统文化思想密切结合,发展成为对中国人的成长、生活价值取向产生极为重要影响的文化体系。归纳太极文化,有五个方面的重要内容:一是世界之大,无所不及,也就是太极,认识客观世界,也就是认识与把握"太极"。因此,太极意味着客观世界的所有存在。二是人的本身是一个太极,它有着阴阳、上下、左右、历史和现实等不同的运行或生命活动规律,认识人,其实就需要有效地把握人是太极的问题。三是太极内含有事物运动的总体规律,古时称为太极八卦,现在称为客观事物的运动规律,如人体的阴阳调和,大自然的白天与黑夜,社会发展的生产与消费等规律都是一种太极的表现。四是太极强调着力点的凝聚与选择,注重形散而神在;太极中的"神"可以是一瞬间的爆发力,也可以是在平静中的一种潜在的运动力,太极文化中有太极拳武术运动,它突出了体育运动的借势与发力,其实就是一种"神"的存在,写文章强调有"神态"之功,也是一种太极的"神似"能力所系。五是太极是一种哲学化的人生思维状态,人作为一种生命体,其最具代表性的就是思维状态,太极思想的核心就是反映人的思想状态。具体来说,人的思想状态在太极中可以描述为:两极状态——不清楚与不明确是一极,清楚明确并有思想内容是另一极。现在的若干思想,如管理思想、成长思想、学习思想,等等,都可以用太极哲学思想作为指导。

有专家研究太极文化,一是认为其出于中华始祖伏羲氏发明创造的经典太极图;二是认为太极出于黄河与洛河交汇处——河出图、洛出书和伏羲悟太极、画八卦的地方,此论认为,中华人文始祖伏羲看到河洛交汇现象,触发灵感,创造出了太极,后有人用《易经》归纳总结出了丰厚的太极文化;三是认为太极是道家的修道之源,是"无为而无不为"的人生态度和人生之道;四是主张太极文化是中华《易经》文化的思想内容,《易经》中的"天行健,君子以自强不息;地势坤,君子以厚德载物"。其实就是一种太极文化的体现;五是认为太极的核心是取向中立,平衡与和谐是太极的重点,人与自然、人与社会、人与人都需要在太极的状态下才能实现其生命健康与有为的生长。

引用太极文化谈教师的成长,不得不进行有关教师成长的文化拷问。总体来看,中国古代对于教师的理解大多为有文化的人,教师是中华文化的代表与传承人。中华有礼仪之邦的说法,其实"礼"的本质在于太极,是一种"和善"与"和谐"的表现。定义教师是文化人,在实际的生活中,读书写字,传道授业,立德树人,都与教师的文化人形象有密切的关系。教师作为文化人,一是语言文化的代表,教师的说话要求普通话,教师的说话要求文明礼仪,教师的说话要简洁、鲜明、生动、形象,都是对于教师语言文化的太极表述;二是教师是生活文化的代表,生活文化有物质与精神文化,也有一种生活方式或行为习惯的文化习俗,如中华文化中的传统节日:中秋、春节、重阳等节日文化,其实都是中国人的生活文化,教师是生活文化的践行者,也是其重要的示范者;三是教师是人类文明的承载者,文明是文化更上位、更有广泛影响的文化称号,中华文明最集中的所在就是社会主义核心价值观,教师德高为师、行为世范,其实就是要有一种文明的承载,要践行社会主义的核心价值观并有所教育影响。

从太极文化上理解教师的成长,或者说拷问如何面对教师的成长。如何传承太极文化,可以对从太极文化的拷问中促进教师成长给予初步回答:

1. 教师成长的问题,本身需要有太极的哲学思维。太极哲学是自然之学,也可以认为是人性之学,当然更可以认为是教师成为优秀的人之学,我们或许可以以太极的阴阳之思,太极的平衡之理,太极的神形统一之策,以及太极的管理之道等作为教师成长过程中的指导思想,把握教师成长过程中的"学与思、教与学、研与行",以及教师成长过程中需要面对的教师生涯规划,教师成长的标准。

2. 教师成长的文化进化,本身是教师的太极转化。人是文化进化的产物,人的文化进化,有语言与思维的提升与转化。大多数专家主张太极文化在于其转化的自然,量变到质变的程序完整,在于转化过程中的一种天然的"道"理。其实,研究中国古代到近代的思想原理,以及近代科技进步所提出的信息处理代码:是与否,1 和 0,其实都离不开太极的两极论表现。太极的两极论的核心原理,其实就是转化原理。所谓转化原理,就是"乐可以生悲,福可以生祸,美可转化为不美"。如果说教师的成长从起点到终点是两极,则教师成长也是一个转化的过程,有时终点就是起点。长期以来有一种说法是"从科学的起点开始学习科学",也就是把起点作为学习科学的开始与终极目标。中国古代的"格物致知",其实也是一种转化思路的学习思路,教师的成长需要有太极转化的思路。

3. 教师成长的心态必须是太极的心态,教师要用太极心态处理成长的问题。我们讲教师需要主动发展,教师的专业发展离不开教师的教育理想与教育情怀。然而,理想与现实,客观与主观,其实都没有一种标准的答案与行为方案,都必须是"一切从实际出发","实事求是"地面对与处理,这就是太极的文化心态。有人说你是好教师,有人说你把教育教学弄得乱七八糟;有人说改革创新是教师的核心素养,也有人说教师的成长必须按部就班,从合格教师到骨干教师,再从骨干教师到学科带头人,等等。太极的成长心态,是教师在教育教学实践中必须保持的正常心态。

4. 教师成长的专业化不能没有人文化,教师的人文化,就是要有太极文化素养。太极文化可以说是人如何为人处世的礼仪文化、行为管理文化;是校园的精神文化;教师成长写作的范例文化,等等。教师专业发展固然十分重要,但人的文化发展及个人的品质提升,文学素养的提高对于教师的成长来说也起着关键的作用。教师成为一个有文化的人,在现实与未来中,都需要认真学习与把握太极文化的精髓:身心合一、形神一致、灵与肉高度统一。

5. 教师成长的终极目标有必要在太极文化目标上加以确立。我们曾经提出教师成长的"达"与"不达",教师成为一个优秀人的成长目标。什么是优秀的人,从太极文化上讲,就是有着太极哲学思维方式,有着太极为人处事行为习惯,有太极发展结果或修炼称"正果"的人。一部太极文化史,概述了中华文化史;一个太极式的教师成长过程,其实就是教师成长为有文化的人的过程。

三、理解三:教师成长的修炼

教师成长需要有一个修炼的过程,也就是一个符合中国人"正心、修身、齐家、治国、平天下"的成长过程。当然,中国人的"内圣外王",以及中国人的"入世"成人的要求,对于教师的成长也是一个有着修炼意义的要求。

首先,中国人的成长起源于"正心"。这里的正心,可以说不仅指心理活动的正常认知,也是指对人性的正常调整。中国古代对于个人的人性是十分强调并重视的,有不同的关于人性的说法,其中正心就是用一种符合社会规范、人的本性的人性,把人的发展调整到我们认为是正确的人性上。教师的正心,或者说教师成长的起点,我认为是指教师的教育初心,也就是培养人、教育人,为社会文明、社会发展发挥积极作用的人性的确定,这是保持初心的正确。

其次,中国人成长的重要途径是"修身"。孔子曾提出"克己复礼"的修身要求,并且强调人要做到"非礼勿视、非礼勿听、非礼勿动、非礼勿言"等修身的要求。道家的老子对于修身则更重视"有道",认为人需要先进入无为的境界,然后才可以成为有为的人。教师成长的"修身",其实是一种教师角色的意识强化过程,也可以认为是教师的专业发展的过程。现在有许多关于教师专业发展的理论,如生命论、生活论、生长论、生态论,等等。其实教师的修身成长,我个人认为有三点是比较重要的:一是对"何为教师"的回答,也就是对"教师是什么人"这一问题的回答,成为一名怎样的教师,每个加入教师职业行列的人都有自己的答案;二是"教师应当是什么",也就是教师的职业标准或者说是全社会对于教师的认知与界定,国家有对教师专业标准的界定,社会也有对于教师角色的认知与评价标准,总体来看,教师的修身,其实就是依据专业标准或者说按社会认知与评价的要求去为人师表、立德树人;三是"教师成为了什么人",也就是事实上教师成长的结果如何,现在我们把教师分为合格教师、骨干教师、学科带头人、教育家型教师,等等,其实就是教师成长结果的不同表现。

第三,"齐家"思想对于成长有重要影响。"齐家"可以认为是"治家",也可以说是"管家",或者是有一个"完整的家"。中国人注重家庭观念,这种"家"文化不仅是一种稳定的社会文化,更是一种家国治理的文化。儒家传统观念认为,看一个人能否有作为,首先从他是否有"齐家"的能力,有没有一个符合人们期待的"完整的家"来进行判断。通俗地说,中国人需要先治家后治国,没有一个"完整的家",就没有治家的能力,治国理政的能力也就无从谈起。教师的"齐家"能力,对于其"德高为师,身正为范"的师道权威的树立有十分重要的影响。

第四,教师的成长道路上也有"穷""达"的不同命运。儒家认为:"穷则独善其身,达则兼济天下。"人成长的有所"达",实际是指人在事业上有一定的成就,在社会上得到一定的肯定,这样的"达"人,是发挥"治国"作用的人,是对于社会进步与改革发展起着推动作用的人。从教师成长的"达"上讲,我个人认为是指成为了好教师、名教师、教育家型教师的人,他们为社会培养了素质高、社会影响大,在各行各业发挥核心力量的建设者与接班人,可以说"治国"的人才培养效果比较突出。相反,教师成长的"穷",则是指一名教师对于教育事业的发展,对于学生的教育效果不是很理想的人,教师成长的"穷"不一定是不合格教师,不一定是没有对教育事业作出积极贡献的能力,也许更多的是"技不如人,情没有到深处"。对于教师成长的"穷",社会整体上认为是需要提高"师德师心",只能做到独善其身的教师,要好自为之,努力修炼自己,争取往"达"的方向努力。

第五,中国人的成长在"平天下"上是讲成人的结果。"平天下"可以认为是人修炼成长获得的"结果"。有人认为,四大名著之一的《西游记》即是一部教育之作,是历经磨难取得"正果"之作。其中四个人物修炼成的正果虽然有所不同,但都在西天极乐世界里有了一席之地。教师成长的"平天下"结果,有国家认可的职称评定,有对于学生成长的培养效果认定,但更主要的还在于教师自身修炼的"正果",即教师个人成长为一个优秀的人,成为了一个"为他人所用、为他人所想"的人。

有了以上关于教师成长中所渗透的中国传统思想的认知,下一步需要明确的是教师能否有"入世"的积极人生。"入世"即"不能清高在上,不能居功自傲,更不能眼中无人,心中无理想,行为无目标"。教师成长就是要在"入世"的过程中成长,就是要有"入世"的个体修炼。

教师"内圣外王"的成长之道探索,其实是探索教师成长的理论与实践问题的需要。习近平总书记提出"打铁还需自身硬",邓小平提出"发展才是硬道理",与之类似,教师"内圣外王"的成长之道,核心即回答古希腊哲人苏格拉底"认识你自己"的问题。教师要不断地认识自我,思考自己的"内圣"和"外王"在何处,"内圣外王"的成长之道从"课程、课堂、课题"三课建设上讲做得如何。没有教师成长的"三课"建设,教师成长的修炼便是无根之木,无源之水。

四、理解四:教师成长的教学实践

教师的终身学习是教师成长的必然要求,而终身学习的最好实践就是教学。长期以来,很多教师认为教师的教学就是像蜡烛一样燃烧自己,发出光芒,但没有把教学同终身学习,同一个人的成长需要结合起来。教学是一种实践性很强的学习,同时教学更是一种对话式的交流,是对于学生学习进行示范、引领、协调、评价管理的重要途径。

教师工作重心是教学,教学的实质是传授知识、传播真理、传递教师个人的志趣与人生愿景。传授知识需要掌握方法,灵活运用。教学更主要的是传播真理,真理即客观事物发展的道理,是一种必然的规律与问题解决的本质性知识经验。真理往往掌握在少数人手里,其实是说真理需要我们认真地学习与体会,真理多数时候不是人云亦云,而是一种符合事实,有助于问题解决的道理。教学传播真理,要求教师本身相信真理的存在,要有一种对于真理面前人人平等的勇气。教师不是完人,教学中有可能出现差错,有错不可怕,怕的是知错不改,要把错误视为成功之母,这有助于在错误中认识自我,在改正错误的过程中把握真理。教学的真理所在,其实就是把教学当作是知识学习的相对论,看作是对于学生学习助力的全面发展过程。教师的教学需要有三个重要的理解需要把握:一是教学是理论与实践相结合的活动,要在实践中不断地检验教学,教学的关键在于有思想基础,有实践的整体建构,有最优化活动的效果;二是教学是相对的教与学,有教必有学,有学才有教。现在提倡教学相长,其本意是教师需要在教中学,在学中教。教师能否在教学中成长,其主要还在于教学中的"学";三是教学有"三课"——课程、课堂、课题建设的问题,现在把教师的教学放到"三课"中进行整体的研究,总体上是一种教学走向整体育人,教学面向现代化,教学落实到校本化的需要。

教师参与教学,从教学的管理上讲,需要有"认知教学、体验教学、反思教学"三个方面的教学参与要求。认知教学,其实是对于"什么是教学?""如何教学?""教学的质量何在"的一种回答。就我多年对于教学的认知而言,我认为,教学是教师的职业活动,有其课程标准与课程育人的目标,教学需要遵循标准和讲究目标的达成;教学要有设计和对策,教学的方式最重要的是对话与研讨,教学最好的优化是对于学生学习的有效引导与管理;教学的质量在于学生的学习质量,在于对于学生终身发展产生的可持续影响,学生的学习质量不仅体现在分数上,更多的是学习过程中的进步与人性的完善,以及行为品质的提升。体验教学,其实就是一种教学中的亲身实践,教师体验教学,一是体验学生如何学。要知学后教,如果没有体验到学生的学,教师也就无法确定教学的设计、方式与手段;二是体验课堂教学的对话效果。心理学研究中的人际心理效应表明,课堂教学追求的就是人际关系效果的最优化,也就是师生关系、同学关系上的心理效应最优化;三是体验个人的生活健康水平。有教师相信自己的教学是有效的教学、高效的教学,但更多的教师对自己的教学持有一种怀疑态度,他们认为理想与现实、教学目标与学生的实际学习效果之间总是存在不协调、不一致的问题。教师发挥教学对于成长的正面作用，其实最大的体验在于相信自己的教学，肯定自己的教学。反思教学，是指教师在教学过程中，在课堂教学结束后，要有一种回顾教学、翻转教学、摹课教学、微视教学的活动，没有反思的教师是不可能健康成长的，反思其实是一种反向的思维，是一种依靠课例、案例进行的思维剖析活动。有人认为"教师成长＝教学＋反思"，我认为是有一定道理的。

教学质量是衡量教师成长的关键因素。有能力的教师、好教师、名教师，评价时都以教学质量作为主要的标准。然而，什么是教学质量？用什么样的尺度去比较教学质量？这是一个需要从教师成长的角度去研究解决的问题。教学质量是教师的职业能力与职业水平考评的内容，教学质量是教师为人师表，立德树人产生的影响力与取得的实际效果；教学质量有分数的内容，但更多的是教师作为人的素质优化的内容。如果一个教师自己没有得到素质的优化，没有一种人的成长结果，教学质量的提高也就无从谈起。因此，比较教学质量的尺度，其实在于教师成长的结果，在于教师素质优化的评价标准，在于教师所教学生的终身学习能力的水平。

教师的教学思想是培养教师成长的核心素养必须面对的问题。教学思想可以是教学认识，也可以是一种教学思维方式，同时更可以是教师对教学的态度与行为习惯。因此研究教师的教学思想，总体上是一个教师成长的教学"知情意行"的整体性问题。教学思想从认识上讲，是前面我们回答对"什么是教学""如何教学"的理解与把握的问题；从思维方式上讲，是对于教学关系如何协调处理，教学过程如何设计，教学活动如何有效管理，教学效果如何最优化的思维活动的问题；从教学态度与行为习惯上讲，教学态度是一种选择性，是心理活动的指向，积极与消极，热情与冷淡，可以说是教学能否有所提高，有所进步的关键。有研究者认为教学行为习惯主要是教师的一种"风格"，也就是一种对教学的处理方式方法，有着不同经验、不同教育思想的教师，其教学"风格"有明显的差异。我们主张教师教学"风格"个性化，其实有两点需要证实：一是教师有没有正确的教学思想。正确的教学思想决定正确的教学行为，正确的教学思想来自于正确的教学认知与教学思维，正确的教学思想是一种与学生发展、个体成长方向相同、力量合力最大的教学思想；二是教师个体的教学思想基础是否牢固。有的教师有教学思想，但容易改变，是不稳定的教学思想，有的教师的教学思想基础不够扎实，经常会受到来自于不同层面的教育思想挑战。因此，打造个人的教学思想是教师成长的一个基本功。个人认为打牢教学思想的基础，一是要系统地学习教学思想，如对于当代的人本主义教学思想、技术改变教学的思想、教师是主动学习者的教学思想，等等；二是要不断地总结丰富自我的教学思想，如对于学生学习共同体的教学思想即建立在人的科学认识、学生的学习科学态度、教学最优化过程，以及教学面向学生终身学习能力培养等认知与理解的基础之上。

最后，对于教师的教学如何面向未来谈点个人的思考。面向未来是未来教育的走向，也是教育现代化的必然进程。面向未来的教育有"三化"表现——法治化、标准化、信息化，落实"三化"即要做到：依法治教，强调教师要公平、公正、全面地开展对于学生的素质教育，要有法治的意识与能力建设，要提高教学的维权问题处理能力；标准化是在教学过程与教学质量上依据课程标准、教师专业标准，以及教学质量的评价标准规范教学，不盲从所谓的专家、领导对于自己的教学评价意见，不盲目地追求教学质量提高；信息化显然是一种技术能力或者教学熟悉程度以及教学手段的科学先进性，教师要适应科技的发展，特别是"互联网＋教学"的需要，有效地提高自我的信息技术掌握运用水平。

教师的教学是教师成长走向成为优秀教师、名教师、教育家型教师的重要途径与实践策略。

五、理解五：教师成长与教育科研

教师成长为研究型教师，主要途径是教育科研。教育科研是教育科学研究的简称，是对于教育教学现象到本质认识的重要途径。教育科研是一种教育发展的生产力，也可以说是教师成长的加速器。教师参与教育科研活动，不仅是实践经验总结上升的需要，也是教师理论结合实际，对于教育教学过程中出现的一些基础性、重点性、发展性问题进行理性思考，并制定方案，按方案进行必要的研究性、实践性的活动，以及有效地解决这些问题的要求。

教育科研既是教育深化改革、教师加速成长、学生学业质量提高的重要对策；也是教育理论、教育研究方法，以及教师参与教育教学改革发展的必要途径。教师的教育科研应做到五个方面的"学会"：学会理论学习、学会教育设计、学会与人合作、学会与人交流、学会教育写作。教师在成长的过程中，可以是匀速运动的方式，也可以是变速运动的方式。对于教育科研的实践认识表明：相较于没有参与或较少参与教育科研的教师而言，参与教育科研的教师提升个人素质与品质发展速度更快，也就是说，教育科研有加速教师成为研究型教师，成为好教师，成为名师的作用。

认知教育科研，首先要对其进行准确界定。学界对于教育科研虽然有不同的理解与界定，但有一点是教育科研区别于普通的教研活动，也区别于一般的教师培训内容的关键：教育科研是科学性、实践性、可行性、创新性解决教育教学真问题，以问题解决为思维活动的主要途径，集中教师的教育理论学习，教师常规教研活动的优势，以及教师参与校本培训，校本研修等多种个人素质与能力提高的方式，在规定的时间与具体的研究方法中，有效地解决好科研课题的问题解决活动。如果说必须给教育科研做出界定，我认为教育科研是"运用教育理论，结合教育研究的方法，有效解决教育科研问题的教育研究活动"。教育科研从研究性学习，以及"五个学会"的功能上讲，它对于教师的成长有着不可替代的促进或加速的作用。

认知教育科研，其次是厘清教育科研的本质。教育科研是解决问题的思维活动过程，也就是发现问题、明确问题、提出假设、检验假设的思维活动过程。就教育科研目前在实践操作上的步骤而言，主要需要经历：选题、论证、申报、立项、开题、过程研究、专题资料整理、中期报告、工作报告、研究报告、结题评审等主要的环节。教育科研的质量与效率提高有两个方面的影响因素：一是教育科研的问题意识必须清楚明确。应当针对研究的问题而采取"手段—目的"分析性思考与设计，由此才能最大程度地减少教育科研过程中对于人、财、物、信息资源的浪费。二是教育科研的成果意识也要明确。教育科研需要有研究的论文与研究的报告作为成果支撑，没有取得教育科研的成果，或者说教育科研研究的问题没有切实解决的方案，或者说课题研究没有问题解决效果的呈现，也就无法认定教育科研的质量。

认知教育科研，第三是教育科研的文献资料的收集与整理。教育科研在课题的选题论证中，特别强调的是文献综述。很多时候基层学校申报教育科研课题，特别是教师合作参与申报的研究课题，多在文献综述上欠缺有用的文献查新。这种现象出现的原因一方面也许是受文献来源的限制，另一方面是面对浩如烟海的文献，不能把最核心的、能够体现研究进展的，以及体现创新的地方把握好，因此不少评审专家认为大多数课题研究的选题是重复性、机械性的，不符合教育科研课题选题的科学性、实践性、可行性、创新性要求。在开展教师教育科研培训工作时，有专家提出应加大教育科研资源的开发与利用，特别是教育科研资料收集整理运用方法的培训。事实上，一些很有价值的教育科研选题立项后，本身没有高度重视资料的收集整理，过程性资料明显不够，大量的研究结论缺少验证性、支撑性的资料。因此，教师参与教育科研活动能否有所成长，我个人认为主要还在于资料的收集与整理运用。学会教育写作，其实核心是教育科研资料的分析与利用,是运用必要的教育理论、教育科研方法、教育写作的格式去规范相关的资料,以寻求问题解决的最佳途径、最有效的对策、最可行的方案等。

认知教育科研,第四是对于教育科研的成果认定问题。一般来说,课题成果遵循三段式写法:课题立项到结题研究的一般性研究表述,课题研究突出的研究成果与重要做法表述,课题研究需要进一步改进提高或推广运用的建议表述。在这三段式课题评审意见的写作过程中,核心是第二个方面的论述。很多时候专家的评审意见对于成果的肯定有不同的理解,选题的价值,研究的主要创新做法,课题研究所得出的结论,以及在研究过程中该项课题所起到的对于教师成长、学生学习促进、学校管理质量提高等方面的积极作用等,都可以认为是成果。更有专家直接将成果分为物化成果与产生的社会影响或教育教学问题解决的效果。成果可以是课题研究解决问题的方案、对策、实践操作建议,以及课题研究形成的论文、研究报告等。教师的成长是否在教育科研课题研究中得到加速,关键在于教师是否通过课题研究发挥了"五个学会"的功能。其实教育科研的"五个学会",本身就是推动教师成为优秀的人,引领教师成长的方向与具体目标最有效达成的内容,简要地说就是教师学会成长的内容。

学会成长,不仅是教师成长的理论与实践问题,同时也是教育科研促进教师成长,加快教师成为优秀的人的问题。对于教师的学会成长,有三点建议:一是要重视理论的先导性、指导性,思想的比较性,实践操作的有效与高效性影响,没有理论的教育科研是盲目的、效率低下的;二是要提高对于教育研究写作的意识与能力,不会教育科研的写作,事实上已成为教师成长的普遍问题,教师成长更加需要教师的教育研究性写作;三是明确教育科研的成果内涵与外延,如果不能把握教育科研的成果内涵,也不能有效地提高教育科研成果的外延影响力,其教育科研成果在作为教师评职晋级、荣誉认定、个人素质提高的依据时,也就可能会没有发挥到最大功能,直接造成教师成长的加速度减缓。

教育科研似水,可以载舟,亦可以覆舟。希望教育科研成为教师成长的加速器,正视教师成长中需要解决的科研问题。

六、理解六:教师主动成长的环境

心理学研究中把环境、教育、学习、遗传四大因素确定为影响人的发展或成长的不可替代的因素。著名的行为心理学家华生提出人的环境决定论,认为环境是人成长的决定因素。解答教师成长的问题,不能不对教师成长的环境进行分析。

首先，需要对环境作出一个明确的界定。环境其实是物质与精神的存在条件，物质条件称为物质环境，如教师成长过程中，进行教学设计，开展课堂教学所使用的教具，学校所能提供的办公条件，等等，都是物质环境组成的内容；环境也可以是精神条件或者信息条件，具体包括人际关系，学校的文化渗透，以及教师教育教学所能接触到的书籍、网络等信息资源等。在精神环境中，文化是主要的组成内容，教师成长环境的优化，最需要主动优化的环境其实是精神环境，其中最关键的是文化环境。

其次，必须对环境与成长的关系作出分析。从每个人的出身背景上讲，环境有很大的不同，有的家庭能从小为孩子的学习、生活、人际交往提供好的物质条件与精神条件，这种家庭或者文化底蕴丰厚，或者家庭殷实富足，显然这样的环境条件对于人的成长的影响是很大的。

第三，要把环境认知为一个可以改变的因素。环境固然对个人成长有重要影响，但并非是不可改变的。很多家长都努力工作，挣钱以改善孩子成长的物质环境条件，但在现代社会中，物质条件的改善并非是成才的必要条件，需要努力改善的恰恰是精神条件，如孩子学习成长过程中的学习压力、学习资源的利用条件等。在现代社会的教师成长中，主动积极地改善个人成长的文化环境条件，我认为是环境影响教师成长特别需要分析、提高认知的问题。增强环境的改善意识，改善教师成长的文化环境，多指在教师教育教学活动中对教师的文化素质进行培养。对教师的文化教育有重要影响的文化内容，主要可分为两大方面：一是校园文化环境，也就是学校创设的校园内的读书学习、人际交往、管理制度、个人言论发表等文化环境条件，如现在提倡建设学习型校园、书香校园，要为师生提供最先进的网络文化资源，这都可以认为是最大程度地改善教师成长的文化环境；另一方面是教师所能参与并且从中可以受到人文教育的环境，如学校的书画艺术、唱歌跳舞等艺体活动，学校的外出郊游与挂职学习等等，它在很大程度上成为教师成长由量变到质变的催化剂或加速器。不少骨干教师、名师，都是在"墙内开花墙外香"的经历中成长起来的。

第四，教师主动寻找改变环境的积极对策。信息社会的最大特点，就是人们拥有了极为丰富的网络资源，教师只要会用网络，会用手机进行相关的人际联系，就基本上没有了时空差异和地域差异的影响。然而，精神环境条件的改善，特别是人文环境的改善则是一个复杂的过程，同时更有长期的人的固有思维与认知，因此很难改变。我们曾对山区学校与城区学校的教师主动发展问题，教师个人成长过程中如何发挥文化教育，如何积极主动进行人文环境改变等方面的现象进行了分析，发现其二者在环境条件改善的主动性、创造性、技术性、生活性等方面的明显差异。不少的山区学校教师，不是没有时间上网学习，不是没有时间总结教育教学经验，更不是物质环境条件与城市教师的条件有很大的实质差异，差异的根源在于文化教育、个人文化生活习惯、学校所倡导的人文素质培养或者说是所能提供的人文环境条件上的差异。由此我们提出四个方面的对策：一是要系统地对教师成长进行人文教育，所谓人文教育，就是要用先进的文化资源、文化活动替代传统教育中的一些保守的、落后的、不利于教师成长的文化娱乐活动资源与方式；二是作为教师个体，需要加强人文环境条件的认知，要努力营造适合个人向上、向阳的人文环境，比如对于生活的乐观态度，对于自我的积极肯定，对于教育教学优秀实践经验的总结提升，等等；三是学校应适应现代社会的发展，在规章制度、校园文化、人际关系等各个方面尽可能地改善，让教师的工作、学习、生活都能在学校良好的人文环境条件下有好的心情、好的工作意识、好的个人成长的人文教育的潜移默化影响；四是教师群体应努力转变为学习共同体，特别是专业发展的学习共同体，要整体上提高教师群体的学习、交流、研讨等学术条件，改善校本的研究氛围。

第五，改善教师成长最需要的人文环境。根据对教师成长的实践观察，结合现代学校制度建设的课题研究成果，借助学校文化系统的顶层设计、学校制定的规划、学校教师的教育科研活动等有效的做法，我们可以认为教师成长最需要的人文环境条件体现在三个方面：一是教师个体的人文环境。教师要做现代文化人，现代文化人要有传统优秀文化的积淀，如有修道式的教师成长修炼，有对于儒家文化的仁义礼智的理解，有家国情怀之情义，等等；现代文化人更要具有网络互联网平台的学习、交流、研讨、资源的共享意识与写作的能力。二是学校校园的人文环境。校园不仅要成为学习型校园，更要成为教师幸福生活、彰显健康积极向上心态的校园。如教师职业认定上的教育公平、公正，教师群体合作与交流的目标认同与方式认同，等等。三是全社会的人文环境。社会是教师的生活之源，学习成长最大的人文环境——尊师重教固然有利于教师成长，而对于教师的社会价值取向，对于教师工作的认同与宽容，对于教师家庭及社会关系的正确处理等环境条件的改善，则在很大程度上成为改善教师成长环境，特别是人文环境改善所追求的内容。

最后，对于教师主动成长的环境条件认知与改变，可以放到更大的时空中去思考。环境条件同时代的发展有密切的关系，同教师主动发展的要求有密切的关系。环境无好坏之分，关键是如何认知与改变。笔者主张，基于教师的主动成长，基于教师的未来发展，环境需要教师的主动认知与改变。主动认知环境，其核心是对于环境的优势要有最佳的利用,如山区的环境在于干扰不多,空气益生,在于教师的教育教学实践责任和担当;主动改变环境,重点在于将环境的不利转化为有利,如山区教师成长的学术环境不利,完全可以通过人际联动、网络互动,通过个人的主动去改善或者改变。

研究教师成长的环境影响,其实是研究教师主动成长过程中如何认知环境与改变环境的问题。

七、理解七:教师成长的健康管理

教师成长是教师成为生活幸福的人,成为"为他人所想"的人所必须经历的过程。研究教师成长,不仅要从教师的职业活动"教学、教研、科研、学生管理"等方面进行认知与理解,而且也需要从教师的生活状态、教师的身心健康上去认知与理解。

对于教师成长的生活教育,《教师的生活教育论》曾进行过相关的讨论,但以教师成长的需要,以教师健康生活的必然角度进行讨论还是很少的。教师成长的专业发展是重心,生活品质的提升,特别是幸福生活的追求是内在的需要与外在行为的动力。随着人民生活水平的不断提高,教师成长的健康问题,也就进入了教师成长的研究之中。基于教师的健康生活,基于教师成长的健康评价管理讨论,这一问题有必要在教师成长的健康研究中进行思考与回应。

首先,教师成长的健康是一种正常人的社会生活状态。有许多的人认为教师需要有师道尊严,教师就是要有不同于一般人的生活表现,要成为大众眼中的生活原型:一个有着文化品质,有着闲情逸致和生活情趣的人。从联合国世卫组织关于人的健康标准上讲,教师成长的健康标准,自然也会落实到教师的身体健康、心理健康、社会行为责任感,以及对于个人的自我满意度上进行评价。长期以来,研究教师成长健康问题的专家学者都认为教师成长有很多不健康的影响因素,从而导致教师成为"亚健康"或心理上有问题的人。我认为教师成长的健康影响因素主要有三个。

一是教师的工作压力或者说是职业角色期待的因素影响。这是对于教师成长是否健康影响比较大的一个因素,教师职业有其光环效应,更有其在社会生活中的一种角色期待压力。多数时候,教师是身不由己地在进行着教育教学工作。笔者在与一部分教师的交流中,发现教师的工作烦恼始终是存在的。有时候家庭、工作、社会交往的矛盾或挫折,成为角色扮演的错位引子。于是,一部分教师在社会公众的眼中成为办人民满意教育的路障,是社会治安问题、学生的心理健康问题引发的根源。

二是教师成长的身体机能改变因素影响。这可以说是内在的健康成长影响因素,它表明教师的教育教学工作从劳动上讲需要付出很多的体力与脑力,体力上仅就站着讲课,坐着备课与批改作业而言,就需要消耗很多的能量;脑力上,教师有智慧地审视课程内容,选择教学方法,等等,需要付出很多的脑力劳动。正因为如此,才有教师有其职业身心不健康病根的说法。

三是教师成长的人际关系因素影响。人际关系是一种心理联系或心理影响关系,也是一种利益的联系。教师因为利益的着力点不同,利益追求的心态不同,特别是在教师成长过程中,教师之间的利益比较态度或者说是心理认知协调方式上的差异,有不少教师存在"不在于付出多少,而在于收支的不平","不在于贡献的大小,而在于领导管理上的有欺骗",从而产生诸多不健康的心理与行为。

其次,教师成长的健康是教师生活的幸福感水平。社会发展、人民生活水平的提高、小康社会的发展目标中有很多内容都与人的幸福感有关。一个人的幸福感,在认知上主要有两点:一是人对于自己的满意度。幸福来源于人的内心,幸福更是人对于自我的成长、自我的实现、自我的完善进行评价的满意度;二是人对于他人的认可度。人的幸福与他人的认可度和自己对他人的认可度是密切相关的,对他人的生活、工作、家庭和子女的教育认可度愈高,表明你的幸福感就愈好。有时候我们都有一种"人比人,气死人","人与人,都是仁"的心理感受,这其实就是幸福与不幸福产生的根源。教师成长的健康与教师幸福感联系在一起,需要教师不断地肯定自我,认同自我。当然,教师的健康成长,最为重要的还是要有一种肯定他人的合理方式,有时候同样是肯定别人,同样是赞美他人,但其方式不同,就会造成不同的效果。因此,教师成长的健康与否,同教师成长过程中如何肯定别人、赞美别人的方式是有关的。如果从欣赏教育,以及体验快乐的角度上讲,教师肯定别人或者赞美别人的方式有三点很需要引起重视:一是教师的表情。人都是有表情的动物,人的表情可以是语言、身姿、手势等,在肯定别人和赞美别人的时候,一定要注意表情的协调、表情的外在印象的影响;二是赞扬的时机。同样的赞美和肯定,时机不一样,效果会有很大差异,别人处于好心情或坏心情等不同状态时,肯定与赞美的效果自然会有不同,教师能够察言观色,做到"进门看脸色,出门看天色",就是健康成长的表现;三是表达的对象。对象不同,肯定与赞美的内容和形式也会有所不同,教师对于学生的肯定,与教师对于其他教师成功的赞美,因对象不一样,在肯定与赞美的内容和形式上要有所不同。

第三,教师成长的健康水平要不断提升。教师成长本身是一个如何成为优秀的人,如何提升身心健康水平的过程。提升教师的身心健康水平,是教师成长的健康研究问题,也是一个把教师放到做人做事的常态上进行评价管理的问题。从教师成长的健康研究上讲,教师成长的健康要基于社会的发展,特别是小康社会生活中人的健康提升的需要,要为教师成长的健康创造必要的外在环境。如学校每年为教师发放体检费用,每年都要在重要节庆发放慰问教师的费用等做法都是教师成长的健康所需要的外在环境打造。从教师成长健康的评价管理上讲,学校和社会对于教师成长的健康评价管理,应做好三件事。

一是大众化的教师成长健康评价管理。不要有意地把教师列为特殊人群进行评价与对待。现在社会上有不少人认为教师存在"小事都计较,大事装糊涂"的问题,其实,教师也是人,教师也有七情六欲,评价教师成长得是否健康,要回归到评价普通人上,以解决其健康或不健康的问题。

二是要本着利益着力点不同的原则评价管理教师的成长健康。全社会都要站在教师的生活离不开物质与精神需要的满足,也要从劳动中获取利益的回报上评价管理教师成长得是否健康。教师需要调整好利益着力点,也就是始终要与社会服务水平提高,以公平、公正对待社会劳动的分配为利益着力点,才可能在成长健康上避免认知的偏差,不让别人对自己的健康评价管理产生误判。

三是对于教师成长的健康评价管理进入专业化、大数据时代。传统的教师成长的健康评价管理显然是粗放式、分散数据式的评价管理,不具有整体性、可分析性,只能是片面的教师成长的健康评价管理。现代化的教育需要对于教师成长的健康评价管理进入专业化、大数据处理的时代,有整体的、可持续的对于教师成长的健康进行评价管理的措施。

从上述教师成长的健康问题讨论中,我们可以归纳三点结论:

一是教师成长的健康问题是一个值得研究的问题,其本质上是一个教师成为正常人,成为大众化的人的问题。

二是教师成长的健康问题研究,是基于教师的幸福生活,服务于教师成长过程中的自我认同和自我成长的研究,是要寻求真问题的研究。

三是教师成长的健康评价管理要随时代的改变而有所改变,要进入信息化时代与标准化的健康评价管理。

八、理解八:教师成长的必要问题

关注教师的成长,其实是对于教育事业的一种积极的思考。教师成长是一种教师在教育教学实践中的思想与行为转变,而这种转变主要是围绕教师如何增进对教育的理解、提高对于教育事业发展的认识,如何实现教育初心,提高教育质量的转变。因此,教师成长本身是教育事业兴旺,教育事业成为一种教师个人所需要的职业认知与理解的结果。对于教师的成长,应当把它放到整体的教育事业发展需要上进行研究,即习近平总书记提出的教师队伍建设是教育发展的基础性工程,要加强教师队伍的建设,必须高度重视教师的成长。对于教师成长的研究,本人提出十个方面的问题进行解答。

问题一:教师成长需要怎样的思想认识?教师的教育思想认识是一种主观意识形态,它虽然是建立在对客观事物,也就是教育教学实践活动的基础上,然而人的主观能动性,特别是人在对教育现象的本质或内在规律的反应过程中,思想认识会产生很大的差异,正是因为这种差异,才导致教师成长的不同结果。事实上,不同生长期的教师,不同水平的教师,以及不同学科和不同时间地点的同一个教师,都会因为对于教育现象的本质把握产生不同性质的反映,结果是思想意识的交流与研讨效果上的差异。大多数教师保持了正确的教育教学思想认识,也就是教育教学的根本任务是立德树人,教育教学的核心在于帮助学生成为他自己相信,自己能动发展,自己有独特个性的人。

问题二:教师成长需要怎样的理论指导?研究教师成长,需要有关于教师成长的思想基础:教师是一个什么样的概念,教师成长需要解决什么样的问题,教师成长对于教师的教育职业活动能产生什么样的作用等等作出明确的回答。对于教师的认识,有认为是指一种职业,职业决定人的教师理论主张要系统研究现在教师职业,制定教师职业标准,提高教师职业的管理水平与评价水平。因此,教师成长应当是如何适应职业的需要而转变个体的思想与行为。有人认为教师是指培养、教育人的人,人的发展决定教师的成长,研究教师培养人的需要,研究教师如何更好地培养建设者与接班人,教师本身需要不断地学习与提高,因此,教师的理论不是职业理论而是人的理论。对于教师成长需要解决的问题,主要在于三个方面:

一是教师角色地位与作用的问题。从古到今,对教师的角色都有一种知识、能力、技能,以及个性品质方面的期待与要求,现在习近平总书记论教师角色,更是把教师放到了文化传承、社会创新、学生未来命运的决定者等很高的地位与作用上。

二是教师成长的目的问题。一个人没有成长目的,也就没有成长方向,它包含成长指向什么,成长为了什么,如何评价成长等相关的问题。我个人认为,教师成长应指向教师的自我,也就是成为优秀的人,成为有文化的人,成为有品质的人;教师成长有两个为了：一是为了本身的幸福健康，二是为了更好地从事教育教学职业活动。

三是教师成长的评价问题。教师成长的评价有三个方面的评价指导：

教师作为培养人的评价。这方面的评价除了国家关于教师专业成长的标准外，笔者认为还有社会评价与教师的自我评价。社会评价就是教师是否是办人民满意教育的教师，有一部分教师的言行，特别是素质，是不能让人民满意的，简单地说这部分教师生活没有质量，行为没有品质，个性更缺乏吸引力；教师的自我评价，主要是一种自我成长的满意度评价，或者说是教师的自我感觉。

教师从事的教育教学活动的评价。也可以认为是对教师的职业评价，这主要是教师知识水平、能力水平、教育教学实践活动技能技巧性的评价，目前可以认为集中表现为教师的素质教育质量评价，教师素质修养提升的增值性评价等。笔者认为对于教师素质教育的质量评价或增值性评价，要注重整体而不能过于细化，要从素质教育的"为人师表、传道授业"的总体要求上，把教师的素质分为核心素质与必备素质，核心素质再做必要的简单划分，形成一个有系统性、科学性、可行性和针对性强的教师素质教育质量评价体系。目前"区管校聘"制度的建立，困难之一就是教师的职业素质没有一个完整的评价体系。

教师在社会发展中产生影响力的评价。这可以认为是一种目标导向性评价，或者说是以教师成长所产生的效果评价。这方面的评价主要是学生成长的评价，它是一个随时代发展，特别是随社会发展需要而改变的评价。比如说市场经济下培养的学生评价标准，同计划经济下培养学生的标准就有本质上的差异，前者要求适应市场需要，能够推动市场经济发展的创新型人才，而后者则主要是依据经济计划，培养经济计划的适应型、管理型人才。计划经济下的教师影响力在于应试教育的影响力，在于考试型人才的培养知识、能力、技能等；市场经济下的教师影响力，则多是指向教师成为有个性的教师，教师成为学生参与社会实践活动，特别是科技创新活动、社会劳动中的杰出人才的影响力。

问题三：教师成长需要怎样的实践生活？

教师成长的途径。主要有三条：一是研究性学习。只有带着问题进行学习，只有在解决问题中成长，教师的成长才是最直接、最有效果的。二是教育教学实践。实践是检验真理的唯一标准，教师成长的水平与质量，只有在教育教学实践，特别是教师培养人才的实践效果中才能得到正式的、各方面认可的成长。三是教师的生活。生活中的教师成长是教师成长不可忽视的途径，这里的教师生活是指教师在教育教学以外的各个方面的交往、在为人处世上的一种品格、在他人心目中的形象,等等。

教师成长的对策。从教师成长的职业化倾向上讲,对策主要落实到师德提高对策、教学能力提高对策、参与学校教育管理与评价的对策三大对策体系上,师德对策有师表的对策、师为的对策、师育的对策,等等;教学能力提高的对策主要有"三课"建设的对策、"三性"(技术性、人文性、管理性)培养的对策,等等;参与学校教育管理与评价的对策则主要是教师教育理想、教育情怀、教育个性形成与完善的对策。

教师成长的方式。有研究者提出三种方式:内力推动式,取决于教师自我发展与自我完善的需要,形成一种"不用扬鞭自奋蹄"的成长关系状态;外力推动式,取决于社会及行业的管理与评价要求,教师资格考试、教师评职晋升、教师的绩效考核等,强调教师要为适应社会及行业的管理与评价而成长;内外因素交替作用式,这取决于教师成长的不同影响条件,更与教师成长在不同时段的心理成熟水平有关。有研究者认为,青年教师成长大多时候是内驱式动力,中年教师成长大多是外驱式动力,而老年教师的成长则可能是内外因素交替式动力。

问题四:教师成长需要怎样的技术路线基础?教师成长首先建立在人的正常成长的基础上,因此教师成长的技术路线,也需要建立在人的成人的路线基础上。中国人有中国人的成长路线,如"格物、致知、正心、修身、齐家、治国、平天下"的成长路线。对于教师而言,成长需要对于中国国情有深厚的认知与了解,需要从学习中增强自己的社会生活能力,提高教师的职业素养方面入手,个人理想上有一种家国情怀,有一种教育的责任感或使命感,要通过人才的培养,把个人的教育思想和教育理想转化为学生的成长,要以学生的社会贡献和社会发展的推动作用彰显教师的"治国平天下"效果。因此,教师成长在技术路线上先要研究教师的成长路线,然后再提出教师成为优秀教师,成为名师的技术路线。如果教师本身不是一个优秀的人,没有人的良好人性,没有人的心理与行为的良好品质,没有人的有所作为的思想与为他人所用所想价值的人,则教师不可能为社会、为人类的文明传承培养出优秀的人。

问题五:教师成长的文化条件如何创设?创设必要的教师成长的文化环境条件,不仅是教师成人的必要,更是教师成为一个真正的文化人的要求。很多时候,没有审美的眼光,没有会欣赏音乐的耳朵,没有人文品质与修养,恰恰是不少教师有能力而没有文明,有素质而没有文化修养的表现。教师的能力不能仅体现在教学上,也不能只是在课堂上,它应是教师所表现出来的人文素养,特别是高尚的情操,与人为善的心灵。对此,建议在教师成长的研修课程开设上,在教师成长的生活教育上,学校与社会都要创设机会与文化条件,尽可能在提升教师的人文素养方面提供便利。

问题六:教师成长的自我实现如何落实? 人的自我实现,其实就是一种自我的实践与升华。马克思认为,人的劳动进化是人自我实现的实践过程,马克思关于人的异化学说主张人在社会生活中,特别是在文化的熏陶中,成为一种不同原来含义的人,成为一个有着社会意识与社会责任感的人,从而人异化成了理性化的人,成为了有社会成熟度的人。教师如果本身是社会生活的正常人,在特殊的教育劳动实践及不同的教育文化活动的熏陶下,教师不再是原来的社会人,而是一个教育的文化人,成为了有教育责任与使命感的人。教师成长的自我实现,其实就是教师如何在异化为教育文化人的过程中,用什么样的方略求证教师的异化,用什么样的异化人的标准评价自我,把自己的教育人生写好写真实,得到自己认可与社会认可的过程。有教师认为成为了知名教师、成为了未来教育家培养的对象,就是教师有了最完善的自我实现,其实这只是一个方面的教师自我实现的方略,教师成长的自我实现还有其他的方略,如桃李满天下,爱洒人间的自我实现,以及教师个体感到人生的幸福,有一种功德圆满的自我实现感,等等。

问题七:教师成长的最佳状态是何种状态? 事物的形成与完善往往会因为状态的不同而有很大的不同。人本身有无意识、有意识、有指向的意识三种状态,也有对于自我的本我、自我、超我的三种认知状态。在教师的成长中,也同样需要教师对于成长的认知有良好的状态。平时我们对于人与人的交往需要有一种良好状态,教师成长,本身是心理与行为状态的不断转化,努力朝向优化与最佳状态发展的过程。心理学研究的情感状态,比如心境状态、意识状态、个性心理的指向性,提出了心理效应的若干影响成长的效应,如首应效应、进门效应、皮格马利翁效应,等等。在教师成长中,教师需要进入成长的良好意识状态,需要有积极进取的情感状态,需要调整好个人的心理指向性,这才有可能做到成长的"事半功倍"。教师在自我优质感不断增加、自我价值得到他人或社会认可的过程中所产生的心理与行为状态,有时可能是人生的高峰体验,但更多的是一种生活幸福感与教育文化的深度体验状态。当我们对于教师素质教育能够从教师的三大方面:教师的成人素质教育、教师成为文化人的素质教育、教师成为优秀人的素质教育进行探索时,便有可能产生一种进入成长的最佳状态的感受。这有点像佛家的修行,道家的修道一样,只有进入心无的状态,才有可能有装进"物"的最大空间。

问题八:如何看待教师的感情成长? 感情是一个内涵丰富的概念,人的感情可能是简单的感情,如美食美景引发的愉悦感,也可以是复杂的感情,如爱情、友情、朋友之间的情谊等等。有些人喜欢认异性兄弟姐妹,其实就是一个感情成长的需要满足问题。在每个人的人生成长中,都有情感的成长过程,情感的成长同样是影响和决定人的整体成长的重要组成部分。讲人的情感商数,不是智商的问题,而是一种个体情感如何健康成长的问题。教师的情感成长,应当作为教师成长的问题加以关注和研究。

问题九:如何看待教师成长中的智慧问题? 智慧是一种深化了的思想或知识结晶、经验的极大丰富化并适用的表现。聪明是指心灵的窗户打开,是对于客观事物的变化善于体察,能够最简洁、最有效地解决问题。聪明智慧的良好表现,主要是在个人的生活、学习、工作各个方面都有特别的作为。人是应当有所作为的,具备智慧聪明潜质的人不可胜数,但真正表现出有所作为的智慧聪明的人并不占多数。教师成长的智慧聪明成长,主要是教育的理性思考智慧以及教育实践的智慧两个方面的成长,前者最终使教师成长为有教育思想的教师,后者使教师成长为教育实践的高手,成为教育的艺术家。

问题十:如何理解教师成长中的生活品行与品质问题? 长期以来社会对于教师的形象理解存在误区,社会公众忽视了教师的七情六欲,把教师摆在了生活的对立面,这与教师成长的生活品行与品质有关。

教师成长研究对于教师的生活品行,也就是教师的吃穿住行状况也需要提高认知水平与理解把握水平。教师的生活品行,说到底,是教师除教师身份以外的角色扮演状况,虽然有不少教师对教育事业勤勤恳恳,但对于生活则马马虎虎,不讲究生活的品行,说话伤人的多,做事不成功的多,交往上知己更是没有几个,为人处世上不懂人情世故,因此教师成长如果忽视了教师的生活品行成长,更多的危害是有可能存在的。有时候教师成长的关键性影响因素不在于教师的职业素质与成果,而在于教师的生活品行。过去有时提到教师的作风问题或生活上的问题,其实就是品行问题。

教师成长的品质问题,是指教师全面发展在个人质量上的问题。教师个人生活质量的提高,也是教师成长的研究问题。从教师成长上讲,生活质量就是教师个人生活的规律性遵循效果,就是教师的身心健康状况,就是教师具备成为优秀人的素质总量。有很多有才气、有灵气的教师英年早逝,也有一些名师在工作中倒下,其实是因为其生活质量比较差。提高教师的生活质量,要求教师成长要遵循人的生命活动规律,要有健康的心理卫生习惯,更要有健康环保的饮食与居住条件,同时教师同学生一样,在教育教学生涯上,也要有规划、有研学、有一定的个人业余爱好,有知己的朋友往来,等等。教师的成长,我们主张要有生活的品行,也要有生活的品质,只有教师有了好的品行,有了高品质的生活,教师成长才有了可以成长为优秀人的素质基础与修养。

真正的教师成长研究,是敢于直面教师人生,勇于面对以上十方面问题的教师成长研究。

九、理解九:教师成长的情感成长

人是有社会情感的动物,人虽然与高等动物有着很多的相似之处,但在社会文化与劳动生产中,发展了很多与高等动物不同的情感内容,如道德感、理智感、美感等。因此对于人的发展而言,成长不仅是身体的直立行走,双手的解放,语言的符号化,更多的还有心理上的质的变化,也就是包括情感在内的个人情感的丰富化与社会化。

人的总体成长方向是社会化与个性化,然而具体的成长上不能不高度重视其情感的成长。一方面,情感是人心理活动极为重要的组成部分,人的行为活动,没有情感的内在驱动,没有情感的体验作为一种行为的调控,是无法适应社会生产劳动和社会化语言交流的。单就语言交流而言,人的口头语言与书面语言的交流,都离不开情感作为媒介。有专家形象地称面部表情、姿态表情、手势等为情感语言。另一方面,人的情感脱离了动物的低级表现形式,进入道德、理智、审美的社会高级形式,其对于人的社会化与个性化的加速作用是任何心理方面的影响都无法替代的。为此,研究人的成长,必然要研究情感的行为动力与调控作用;研究教师的成长,也必须研究教师的情感成长的问题。

教师成长的情感问题,是一个相对教师智力因素而言的非智力因素的研究问题,是教师成长的重要基础性的问题。虽然现在大多时候重视教师转化成长的研究,但教师不仅是教师,更是社会生活中的人,不研究教师成长的社会生活,只是将教师成长固化在专业成长的一个层面上进行研究,显然是不全面、不完整的。教师的情感成长,主要有三层内涵:一是研究教师作为正常社会人的情感问题。教师的七情六欲,并不会因为他是教师的身份而消失,教师应首先被视作一个有七情六欲的社会正常人;二是教师情感成长的职业化研究。教师是学生成长的引领者,是社会文化的传承者,教师的情感有其职业的取向,教师的师德,教师的理智感、审美感等,自然有职业化的选择;三是教师个体情感在教育教学实践中的转化与升华研究。教师成长的情感转变与升华正朝着个性化的方向进行,有研究者认为教师应当有一种教师的气质,有教师的教育风格,教师的情感个性化表现是教师情感成长的必然。

教师的情感成长，其实与两个方面的因素分不开：一是教师职业中爱的情感因素。教师职业的情感核心是一种大爱，是一种人类的本性所在，教育源于爱，正是因为教师有爱的情感，才在教育教学活动中感化学生、渲染情景、改变学生对于情感的体验，没有爱，也就很难谈教育的教化、教育的情景营造、学生爱的情感培养等；二是因为教师成为学生的灵魂塑造者。教师本身的灵魂不单是一种思想的灵魂，更多的是情感的根之所系，教师的情感是教师灵魂不可分割的部分，因此塑造灵魂其实也有其塑造情感的教育内容。

教师的情感成长，关系到教师是否真正能成为一个有师表作用，有教育教学能力的教师，关系到教师在影响学生成长的行为示范上，是否能成为学生学习、生活、个性化的引领者。研究教师的情感成长，目前虽然有不同的学说，如情商说、社会语言说等，但有四个方面是值得特别关注的：一是对于教师的爱的研究。西方社会心理学家埃里希·弗罗姆创作的《爱的艺术》一书认为：爱是一种人类生存的表现，爱更是人的一种主动贡献，因此，教师的情感成长的研究，首先是要对于爱的升华、爱的情感内容的丰富化研究。二是对于教师的高级情感：理智感、道德感、美感是如何转化为教育艺术的研究。情感如何成为教师个人成长的内在动力和外在行为的目标导向，有研究者认为，教师高级情感的教育化、实践化是教师情感成长的需要，是教师教育艺术的研究内容。三是教师情感的状态调控研究。有专家认为人的情感的成长与情感状态的调控性增加，与情感的自我协调稳定有关，随着教师成长到不同阶段，教师情感的调控不断地增加其协调性，不断地改变教师自我的情感调控能力。四是教师情感的最高级表现状态：教育审美的研究。美是客观存在的，也是每个人内心都希望有所体验的，然而美也是极为复杂多样的，从外在美到内在美，从形式美到内容美，对于教师的成长而言，最需要实现情感成长的自我心理中，教育审美是其成长的最核心的心理素质之一。

把握教师的情感成长，是教师成长中增强自我心理调控能力，提高自我认知水平，增进行为有效性的要求。把握教师的情感成长，主要还是需要教师提高对于情感成长的意识，要有一种情感成长的紧迫性。事实上，现在的年轻教师，特别是独生子女出身的教师，在情感成长上存在诸多的情感荒地荒坡的问题，其对于社会与家庭的情感状态极为让人担忧，他们表现出的反社会正常的情感状态，以及对于人际交往中的情感交流途径、内容、对策等知识学习极少，教师中间成为情感另类人的大有人在。当然教师的情感成长，同时也是学校管理中的一个重要问题，很多校长提出要对于教师成长提供优质的人文环境,其实主要是如何创造好的教师情感成长的环境问题,如:教师学会感恩社会,学会关心父母,学会与人交往中的共情,学会对于学生最大程度的情感容忍等方面的教育环境营造。教师情感成长的社会环境有正面的,也有反面的,教师情感成长的正面教育,要对全社会提供的情感成长环境进行一种过滤,要选择正面的情感成长教育内容,如见义勇为、帮助弱势群体、参与教育扶贫等等有助于教师情感成长的活动内容。

教师成长的情感方略问题,是教师成长方略论的重要组成部分。可从三个方面入手加以研究:一是对于人的情感成长方略问题进行普及性的研究。当前全社会实施素质教育,人的情感培养也在素质教育的研究之中,有的课程如音乐、美术、体育等艺术活动课程的主要育人功能,就在于学生情感的素质培养上;二是对于教师成长的情感问题研究。此研究主要是教师高级情感的职业化研究,其中的教师高级情感转化与升华,发展为教育化情感的研究是重点;三是教师教育审美情感的培养研究。教师情感成长的最高形态是教育审美化的情感体验与情感素养的完善,研究教师情感的教育审美化是教育现代化中教师现代化的课题研究。

最后,特别希望学校教育与社会教育从现在开始也参与到教师成长的情感成长课程建设与有效教育活动中来。

十、理解十:教师成长的评价管理

管理是对于人和事进行的一种规范与价值判断,管理可以表现为计划、组织、领导、协调、控制等不同的手段,也可以区分为计划管理、组织管理、领导管理、协调管理等不同的方面。评价管理是一种依据评价标准,从规范的要求上进行的管理,评价管理具有对于人和事物发展、行为改变与状态改变的调控作用,评价管理随管理的标准变化而变化。因此,评价管理又可以称为标准化管理或规范化管理。对于教师成长进行的评价管理,是用一定的教师成长标准,如《教师专业标准》《学科教学的课程标准》等进行评价的规范性管理。现代社会强调法治化,要依法治校和依法治教,其中的评价管理就是一种法治的需要。

首先是教师成长的标准问题。从古到今,教师成长的标准都是存在的,有的是一种思想标准,如《论语·述而》:"三人行,必有我师焉;择其善者而从之,其不善者而改之。"这里"师"的标准就是善与不善;有的是一种行为标准,如韩愈的《师说》:"师者,所以传道受业解惑也。"其中也包含着教师的职业标准。现代社会,国家制定了不同教师的专业标准，表明国家对合格教师有其基本的专业要求，是教师开展教育教学活动的基本规范，是引领教师专业发展的基本准则，是教师培养、准入、培训、考核等工作的重要依据。《教师专业标准》中的基本理念：师德为先、学生为本、能力为重、终身学习，是教师成长评价管理的重要依据，也可以说是教师成长的主要内容体系。因此，对于教师成长的评价管理，首先需要认真地学习把握教师成长的标准。

其次是教师成长标准的规范性与合法性。教师成长的标准需要不断规范，更需要依法制定与实施。从规范性上讲，有三种规范性：一是内容的规范。可以把教师成长内容从职业道德、职业能力、个性发展，以及教育质量不同方面进行规范；二是形式的规范。教师成长的标准，应当符合教师成长的规律，更应是用教师成长的理论与实践所呈现的表达形式，如关于教师能力形成与提高的标准，必须是从教学、科研、学习等不同方面进行表述；三是制定与实施程序的规范。标准制定要有法律法规的依据，要根据一定的程序——民主管理和教师认同等，在学校章程总体的规范性上进行实施。很多时候，一个标准的制定与实施，不在于内容与形式，而在于程序的规范性。教师成长标准的合法性，主要是结合党和国家对于教师成长的要求，结合当代教师的成长需要，结合新的技术等对教师成长进行科学、民主、合法、自主化的成长标准的制定与实施。

第三是教师成长的评价问题。评价是一种手段，更是一种对策与方略，它涉及到评价的目的、评价的主体、评价的组织、评价的效果认定、评价结果的认同等很多关于评价的方面。教师成长的评价，目的在于促进教师的成长，主体是教师自我；评价的组织可以是学校，也可以是教育主管部门，但关键是教师群体的主动参与；评价的效果是教师在评价过程中把握成长的标准，把标准转化为职业行为与个体的成长行为，以标准去提高教育质量；评价结果的认同，是教师群体与个体对于评价效果的认同。研究教师成长的评价，从方略上讲，主要有两个方面：一是对成长标准的学习、理解、共同形成评价的需要方略，没有共同评价的需要，特别是教师对于评价标准落实的需要，评价是不可能起到促进教师成长的作用的；二是对于评价效果的认同方略。认同是感觉评价结果的公平、公正、针对性强，多数时候教师成长不是没有评价，也不是评价标准不科学、不合法，而是评价的认同度比较低，教师认为评价不公正、不公平、不合程序，等等。因此，评价的认同方略可以说是评价管理的重要方略。

第四是教师成长的评价管理问题。评价本身虽然是管理的对策与方略，但评价管理是对于评价行为的一种规范与判断方略。一是对于评价标准的执行管理，如在教师师德的评价上,国家专门制定了中小学教师的职业道德标准,各个学校也相应制定了教师师德的一些评价要求,在具体执行上就有一个管理上的问题。现在的管理有多种提法,如人性化管理、科学管理、质量管理、任务驱动式管理,等等,其中最适合的管理其实是一种标准化管理、法治管理、信息化管理。标准化管理自然是以标准进行评价的管理,法治化管理必然是有法可依、有程序可讲的规范化评价管理,信息化管理是对于教师成长的评价管理要结合新技术革命,要进入网络通信与互联网时代的技术化评价的管理。

第五是教师成长的评价管理实施。有了好的评价标准、评价管理途径与对策或方略,如何落实是很重要的问题。教师成长的评价管理实施,核心在人,在授权。人是指管理者,教师成长的评价管理者,有人认为是校长,有人认为是教研员,有人认为是教研组长或学科负责人,其实,这些观点都认为评价管理者来自于外界的认可,而真正的管理者来自于教师个体的认同者,来自于教师参与的评价管理活动的组织者与相互的参照人,参照人不一样,教师成长的评价管理者也就会有所不同。评价管理的授权问题是教师成长评价管理实施方略中一个很关键的问题,很多时候教师成长的评价管理者其实是一种代理人,是一个授权管理者,其权限需要有认定和认同。事实上,评价管理的权限扩大,以及评价管理中存在的权钱交易,以及科研课题的专家评审腐败,如课题结题评审意见的假大空等,都是一种在授权过程中的权限把握上出现了问题。

第六是教师成长的评价管理效果。效果不仅是一种结果,更是其结果的处理。评价教师的成长,有人主张按现在的过程评价要求进行,有人主张按最终结果评价要求进行,更有人主张要与学校发展、学生发展结果相结合进行。其实,教师成长的效果在于两个方面:一是教师成为优秀的人,成为有所作为的教师,成为有思想、有品质、有品德、有品位的教师;二是结果的影响,包括教师培养学生的影响,教师参与学术交流的影响,教师在社会上的影响,等等。关注教师成长的评价管理效果,其实是一种教师队伍建设的方略,如现在提出教师的"区管校聘"改革,就目前的主要改革举措讲,是对于教师聘用的评价管理的改革举措,对于教师职业的认同举措,也是教师教学效果的质量标准把握的举措。

加强教师成长的评价管理,是深化教师成长方略论的研究方向。

十一、理解十一:农村教师成长的教育

教师的素质教育是贯彻党的教育方针,落实立德树人根本任务,提高教师对于教育的认识,以及教师教育能力与教育情怀等多方面素养的问题。结合当前农村学校教师素质教育开展,与大家一起探讨教师的思想教育问题,也就是对于教育职业的认识与观念的问题。

一、教师思想教育的意义

教师思想教育的意义有三个方面:一是正确认识教师的教育,明确教师的教育无论在城市还是农村,无论学生多与少,都需要立足于学生的发展,都需要教师有一种教书育人、不断改进自我的教育认识。二是教师在教育观念上,始终要重视基于学生生活,为了学生的成长,促进学生的发展。基于学生的生活,是因为不同生活经历的学生有着不同的学习行为方式与行为习惯,教师的教育教学要有针对性;学生在成长中有着不同的需要,要以满足学生的成长需要为教育教学的首要任务,立德树人。促进学生的发展,是指学生学习进步,学习质量提高,终身学习能力得以培养。三是教师的自我意识与行为调控。教师是有着自我意识的人,是需要不断调控教育行为的人,教师只有在素质教育的总体要求下,先接受素质教育,才有可能对学生全面实施素质教育。

二、教师思想教育的问题

教师的思想教育问题有两点:一是什么是教育思想,二是教育思想是如何形成的。教育思想是对教育的认识与观念,是教师在对教育理论与教育实践经验的总结的基础上而产生的教育认识与教育观念;形成教育思想,一要学习教育理论,把教育理论运用于教育教学实践。教育思想来源于教育理论思维,有一个教育理论的学习过程。二是教育思想有个体的差异性,有什么样的教育思想,就会有什么样的教育行为。比如说:教师注重生活教育,以陶行知的"生活即教育"的思想为引领,就会对学生的主体性加以重视,把学生的生活作为教育设计和教学研究的起点。基于本人在农村学校的听课、观察,以及与学生和老师们的交流,我认为农村学生的学习主要有三点问题:一是大多数学生由于学习环境和家长的教育缺失,没有形成主动学习的良好习惯,在学校的教育设计上,应当重视学生学习方式的教育与培养;二是大多数学生有学习进步的需要,但学习进步的目的或方向上不明确,没有对自我的成长或发展的清醒认识,因此教师的教学研究重点要针对学生进步的目的与方向;三是大多数学生在学校的学习是最有效的,其在家庭和社会实践中的学习由于各种因素的干扰,有很多是无效或负面的,教师要充分利用学生在校学习的时间,积极开发与利用学生的有效学习时间。

三、教师思想教育的现状

每个教师都有教育思想,然而质量参差不齐,有的也不够明确。从前,在教育界长期存在教学以教师为中心、教材为中心、课堂为中心的"三中心"认识,目前这种状况在农村教师中间仍然是普遍存在的;同时,在农村教师中还存在没有教育价值的观念,也就是始终没有办法解决好教师个体如何发展,教师如何实现自我价值的观念的问题。具体而言原因如下:一是教师生活中文化的重要性比教学重要,因为教师同样需要有丰富的文化生活,正是因为文化生活不够丰富、文化生活导向不明确,才使农村教师的教育思想有脱离时代的表现。所以农村教师最迫切的是加强文化知识的学习,吃老本是跟不上教育深化改革与发展的。二是在教师的个体行为上,教师生活行为的教育意义或教育影响超过了教育行为或教学行为的价值,农村教师的为人师表作用,教师对于学习的热爱,教师本身的审美方式与参与社会实践的程度,将在潜移默化中对学生的成长产生影响。教师应有一技之长,这是教师成长的着力点:会唱歌、会跳舞、会写作、会交流、会某个体育项目,等等,然后用一技之长去感染学生,其实更能够体现以生为本的教育理念。

四、农村教师思想教育的对策

农村教师所处的学生背景是其教育思想最核心的认知背景,也是其观念如何表达的最需要思考的因素。我们谈教师的教育思想,必须基于学生的背景,我们思考教育教学行为,也要有学生的成长背景和生活背景作参考。农村孩子大多有健康的身体,有一种主动学习内驱力,但教育正面的影响不够,学习的文化环境缺失,他们最想要的是一种直接的学习生活,一种能够引导其认识生活、体验生活、想象生活的教育。认识生活,解决的是学生明确在家庭、在学校自己是一个什么样的人;体验生活,是找到孩子的快乐、幸福、成长的生长点在何处;想象生活,自然是孩子对于未来生活的一种向往,是对于个体成长的一种设计与思考。农村教师的教育思想,需要形成与完善的主要还在于认识与思考学生的地位——学生才是教师教育思想的起点与归宿。农村教师思想教育,最根本的是立足学生背景,把现代教育理论同学生的生活实际结合,比如说大量的农村学生因父母外出,缺少父母的爱,没有好的学习方式。因此,农村教师在教书的同时,更要教做人做事,从自己做人与做事上去思考与设计教育,从培养学生的做人与做事上去研究与实施教育,这样就有了正确的教育思想,就会成为一个有农村教育思想的教师。

教育思想是教师成长的先导,也是教师取得教育较好质量与效果的决定因素。

十二、理解十二：教师成长的差异

　　差异是客观事物与人的变化发展过程中始终存在的事实，没有差异，也就无法体现出事物与人的不同，也就难以具体认识教师成长过程中的统一性与特殊性。对成长的差异问题的探索与实践，是教师成长方略中一个必须面对的问题。

　　首先，教师成长差异的出现有诸多因素影响。根据心理学关于人的成长有遗传、环境、教育、实践四个方面因素影响的研究，人成长的差异，从遗传因素上讲，大脑的神经活动本身因为神经递质和大脑物质结构的不同，不同的人的发展状态是有差异的，大脑神经活动的差异决定人对于客观事物的反应存在主动性的差异；从环境条件上讲，不同的社区环境，不同的地理环境，特别是不同的文化氛围，人们对于客观事物的反应内容、反应形式、反应时间与空间等都是不同的，因此会导致人与人在文化素质与文化修养方面发展差异。教育是一个特别的条件，是对于人类文化知识经验、人类的生产劳动能力培养提高的最佳途径，教育中的学校教育，更是具有其科学性、方法性、针对性、正面导向性等其他任何条件不可替代的影响人的成长的作用的。教育的公平、公正，以及学校教育的课程开设，教师队伍的素质状况，在不同的社区与学校中是有很多差异的。可以认为，人的成长的早期差异，主要是教育影响上的差异，特别是家庭教育的差异；实践是人的生活实践与劳动实践，也包含了在学校参与的教师引领下的学习实践，每个人的实践受各方面条件的影响，如家庭经济条件、社会文化条件、社会公共资源条件等。所以，人的差异性成长，本身是综合性的差异结果，是人在成长过程中自我对于客观事物与其他人的认知、理解、思考、问题解决等各个方面差异的发展结果。

　　其次，教师成长的差异有其内在的规律。教师成长总体上有两个方面的表现：一是教师从低水平教师向高水平教师的转变，从对于教师角色的简单认识到对于教师角色的社会扮演艺术提高的改变；二是教师成长的差异化与个性化，特别是成为合格教师、优秀教师、名师、教育家型教师等方面的改变。教师成长中的改变，是教师参与教育教学实践，加强学习与研修，同时承担必要的课题研究任务，增进对于教师角色扮演能力，提高其教育艺术的过程；教师成长的改变，不仅是外在的教育教学行为上的品质提高，行为习惯的养成，更是内在的思想意识上对于教师职业的认同，对于教师成长的阶段性、社会文化影响性、教师学习共同体建构的必要性等方面的认知与协调，是提高其理解能力与运用能力的过程。因此，教师成长的改变，本身有其快慢、质量与水平上的差异。差异是教师改变中的必然表现,差异决定教师成长不是一个简单的发展过程,教师成长的研究需要面对教师的改变。

第三,改变教师成长中的差异,要高度重视传统文化中"和而不同"的文化观念。"和而不同"内涵极为丰富,主要有三个核心的内涵:一,"和"是一种自然的规律,是人类社会发展的方向,是人的成长的平衡或认知理解上的协调,更是系统的结构与功能的统一,因此,成长与改变必然有"和"的追求;二,"不同"是指事物与人的发展差异,是事物与人的改变上的质量与效果的不同,"不同"决定人和事物的对立统一、学思结合、阴阳两极中的双方的差异,因此,教师的成长肯定会存在事实上的不同。此外,"和而不同"是一种发展或改变的过程,有"和"才可能表现出"不同",有"不同"才会让"和"呈现出它总体的改变目的与方向。"和而不同"是客观规律,是中国古代"道"之根源,是儒家学说中"君子与小人"的最大差异根本。教师成长的"和而不同"强调教师需要整体提高教育修养与教育品质,但也不可忽视教师成长过程中的差异事实。

第四,不同教师成长为优秀教师与教育名师、普通教师与骨干教师,本身就是一种"和而不同"的结果。"和"是所有教师都要完成立德树人的根本任务,都需要教书育人,都应当成为学生成长的榜样;"不同"是不同的教师,优秀教师与名师发挥的作用不同,是普通教师与骨干教师的人生的差异,是教师在成长过程中所获得的改变上的质量与效果的不同。坚持从教师成长的"和而不同"角度探索教师的成长,应当有三点思考:一是"何为教师"。人们对教师虽然的工作虽有不同理解,然而对其文化素养高,品行端正的认知与理解,我们可以认为是从古到今的教师的"和";二是教师的优秀与名气何在。教师的名在于其有一种育人的气质、性格和品位,教师成长过程中有一定的社会影响知名度,这就是教师成长的"不同";三是教师如何发挥教师的作用。教师虽然有"和"的教育作用,但更多的是"不同"的作用,教师发挥作用,总体上是"和",具体的效果上"不同",每个教师的个体作用,都是一种"和而不同"的作用。

如果说教师的成长有诸多的方略,则教师成长的"和而不同"方略可以认为是最可持续发展的方略。一方面"和而不同"来自于中华优秀文化,是中华精神的内涵之一,研究教师成长,必须要有一种"和而不同"的认知与理解思想观念或意识;另一方面"和而不同"是中国特色的做人与做事的事实,孔子说:"君子和而不同,小人同而不和。"教师成长的终极目标在于成为君子,成为一个优秀的人,成为有高品质生活的人;再一方面"和而不同"的关键在于它是客观规律,没有这个规律的遵守,也就不可能从本质上去把握教师成长中的差异和效果。研究教师成长过程中的差异方略,其实正是从个体的资源、个性化的教师成长高度上去认识和研究教师的成长需要。

"和而不同"作为一种方略，在教师成长过程中是需要学习与把握的可持续发展方略。

十三、理解十三：教师成长需要有理想

理想是人生的翅膀，教师需要有理想。什么是理想？理想本身是对于明天或未来的一种思考与想象。理想的思考源于对未来的想象，理想对于人的成长而言，本身就有一种激励作用，一种方向与目标的引领作用；理想需要人有明确的心理认知与个人选择，理想会把教师引领到一个不同于普通的人生境界。

我们想象教师的明天，是因为教师从古到今都在发展着一个教育的初心：教书育人。书对于学生来说是用于学习的，然而对于教师而言是用来育人的，因此，书可以认为是课程，是学生学习的资源；书更可以认为是一种理想的设计，我们因为阅读书籍，才把自己从愚昧中解放出来，我们因为阅读书籍，才体味到人生的滋味。教师是文明的使者，更是一种理想的化身，教师的成长，其实是理想成为现实的过程。

研究教师的成长，首先需要明确教师的想象。想象是一种形象的思维活动，有专家认为想象是表象的深化，表象是客观事物在人头脑中的印象，然而表象不是复制客观事物，而是一种心理的加工形象。因此，表象的本身是一种图式，是人对于客观事物加工后的印象。想象基于表象，是表象的一种运动或深化，想象能否对于教师的成长有助力的作用，主要看事物的表象本身是否对于教师的成长有一种正面的影响，有一种情感的迁移，有一种思维的形象化。大多数时候，人们难以把想象同人的成长密切联系在一起，但人的成长，必然需要有想象。教师的想象有三个重要的方面：一是教师的想象来源于教师的表象，教师对于教育职业与教师生活的一种认知，都是教师能否确定自我想象的方向因素；二是教师的想象关键在于指向教师成长的目的：成为一个优秀的教师，成为一个有生活品位的人；三是教师的想象对于整个教育基础的建设而言，是基础中的基础，教师的想象本身就是一种基础性的教育效果。

人们谈论希望，其实就是期待一种结果，希望在于明天，希望其实对于个人而言就是一种想象的结果。教师不能仅生活在今天，更需要生活在明天。在教师成长的过程中，教师不能没有想象。对于教师的希望而言，有两点极为重要：一是教师的希望是培养有作为、有理想的学生；二是教师的希望是对于明天有一种幸福的期待。我们将教师的希望寄存于明天，是因为教师的成长要定位于人的现代化进程中，教师更要成

为办人民满意教育的教师。

教师成为有理想的人，其实是教师要成为一个对于明天有自己想象的人。教师成长重要的是形成与完善自我意识，就是认识与肯定自我的意识。自我意识的形成与完善，实践是必然的途径。然而，实践是外在的，而内在的重要因素则是个人的想象。有专家研究学生的学会学习，主张在于一种创新学习，而创新学习的关键在于要有想象的学习。想象学习是有思考、有图示模式、有深度的学习，教师成为有理想的教师，需要加强个体的深度学习或想象学习，这是自我意识形成与完善的要求。

明确教师的理想，是因为教师的理想决定教师的明天行为。现在提出的很多关于未来教育的设计，如未来教育家、未来学校、未来教师等等，指向明天的未来教师成长，其实是教师理想的核心。理想是一种心理指向，更是一种需要面对的明天行为目标，教师有理想，其实是要求教师本身保持一种学习、研究、面向教育现代化的思考与设计；教师有理想，根本的在于教师要有一种积极的进取责任心与担当；只有理想才可能让教师具有成长的热情与希望。现在强调教师的主动发展，要求教师首先应确立自己的理想。

有理想的教师成长，这才是教师成为优秀的人与有品位的人的内在动力。

十四、理解十四：教师成长的实践论

教师的成长最离不开的是实践。实践本身是一种行为活动，它有着行为活动的目的性、针对性、效果性，教师成长的实践分为三个主要的方面：工作实践、生活实践、个人爱好实践。在教师的成长中，专业成长最离不开的是工作实践，个人素质提高最需要的是生活实践，当然，养成有个性化的行为习惯，以及个人性格特征方面也需要有个人爱好的实践。在中国特色社会主义建设中，有一个独具特色的理论要点，就是实践是检验真理的唯一标准，因此，实践是教师成长的关键因素。

第一，教师成长的实践具有主动性。人的主观能动性，是指人对于客观事物的反应可以因不同的人而得出不同的结果。人的主观能动性在教师成长的实践中，最重要的表现就是一种教师主动成长的需要，它对于教师自我成长的认知与理解会产生不同结果。无论教师成长的实践有多少内容形式，都会因为教师的主动性而发生变化。教师成长的实践，本身可以有相同的内容和形式，但会因为教师个体的不同而发生实质性的变化，研究教师成长的实践，首先要有一种教师主动成长的认知与理解。

第二，教师成长的实践内涵需要科学把握。实践是针对需要解决的问题，有目的、

有计划的行为活动过程。教师成长的实践核心是教书育人,同时,教师成长的实践,是在劳动实践前提下,参加个人的生活实践与学习实践。教师的成长关键在于如何科学把握自我的实践内涵,其实就是要科学地认识劳动实践,积极主动地开展生活实践与学习实践。

第三,教师成长的实践要有理论思维的先导。实践虽然是一种具体的行为活动,但过程更是一种理性思维的结果,是需要用理论作为先导的行为活动。任何实践在做法与对策上都可以发现其有不同的理性思维稽导的作用。总体上讲,实践活动是理性思维的一种结果,理性思维可以为大量的实践行为提供思想基础与语言表达的组合方式。教师的成长实践,必须要把握住实践的理性思维,教师成长如果不关注实践的理性内涵或实践的理性思维的先导性,就很难取得一种得到认可的实践价值或效果。

第四,教师成长的实践内容极为丰富。教师成长的实践大体上可以区分为职业实践、生活实践、个性化实践,但由于教师本身在成长,便可以根据不同的成长资源和资源开发的途径情况,有区分地选择实践的内容。因此,多数情况下,教师成长的实践内容是极为丰富的,可以分为:教师的职业教育教学活动内容,教师的生活健康活动内容,教师成长的人生理想教育或人生规划教育内容,等等。如果说教师成长有其专业性、创造性,有其立德树人的根本任务性,其实践内容的丰富性则体现在教师如何做人与做事的全部内容。为此,教师成长的丰富实践内容,要求教师基于成长的不同资源,最大程度上开发利用成长资源。

第五,教师成长的实践要立足于教师为人师表的核心素养培养或综合能力的提升。教师成长的本身也符合人的核心素养培养过程与规律,有培养的重点和关键期;同时,教师的成长更需要有其不同成长阶段的重点、实践的具体内容指向性。教师的成长如果说在综合能力的提升方面需要把握实践的对应内容与活动方式,则其综合能力可以按教师素质教育的要求区分为:创新能力、社会实践能力、社会责任感三个方面。所以教师成长的实践,严格来说是教师素质教育的实践。

第六,教师成长的实践必须确定出实践的条件。实践虽然是行为活动过程,但它受制于很多的物质与精神条件。教师成长的实践条件从物质上讲,可以表现为教师教育教学需要的信息技术设备、通信条件、校园的教室环境条件,等等;从精神条件上讲,可以表现为学校管理的制度条件、学校校园文化条件、教师群体的学习条件,等等。确定好教师成长实践的条件,需要从教师成长的实践对策的有效性上确定必要条件、充分条件、预备条件,等等,其确定的标准有两个:一是教师成长的实践条件最重要在于其教育教学的专业性,教师成长的实践要建立在教师成长的专业标准上;二是发挥好的教师成长的实践条件效果关键在于发挥条件优势,很多时候条件的作用在于其本身优势。限制教师成长的实践条件很多时候是可以转换的,不利的条件会因为一种好的机制与结构转化为有利的条件。

第七,教师成长的实践结构。所谓实践的结构,其实是实践活动过程中人们确定好的程序和选择的技术。教师成长的实践有其程序与技术要求,如教师成长的课题研究实践,需要按课题申报立项、课题研究学习、课题研究成果的提炼、课题研究论文的撰写、课题研究的结题等程序进行,同时还需要诸如信息技术使用、科研方法的运用等,这些都是促进教师成长的实践结构。

第八,教师成长的实践功能。实践功能一是认识形成的功能,任何对于教师成长的正确认识,都来自于教师成长的实践;二是思想完善的功能,实践是人的思想产生的必要基础,思想源于实践,用于实践;三是检验效果的功能,实践是检验真理的唯一标准。教师成长的实践,要重视和加强对于实践功能的研究。不同的实践功能有不同的教师成长作用,有的实践重在促进形成正确的教育职业认识,有的实践重在引导教师形成正确的教育思想,有的实践则在于检验教育教学效果。可以说,教师成长的实践是教师成长的教育认识、教学思想的产生、教育教学行为评价标准的制定等最重要的功能发挥所在,实践是教师成长的最重要的途径。

总之,教师成长的实践,是教师对于实践的理解、实践的价值把握、实践的结构分析与实践功能发挥的认知等各个方面综合理解与运用的实践。

十五、理解十五:教师成长与教师写作

教师写作在专业与业余生活中都有很大的意义。从专业上讲,教师写作能促进教师的专业成长,一篇篇论文,一份份调研报告,一个个教案与教育反思,比起教师的教育教学具体行为而言,可能会更具有思想集中性、情感的倾注性,让教师更加自信。更能体会到专业成长的不同方面:专业理想、专业情操、专业能力,使教师的业余生活更有意义,让教师成为一个有文化的人,一个有生活品位的人。教师写作故事、写作散文、写作小说,都会有典型人物,有丰富的生活素材与表达对象,它会让教师的思路更具有直观形象性,让教师的创造性思维更具有可行性。写作,是教师协调思想与情感的最好方式。写作同样是教师实现自我的最好途径,教师不仅需要做得好,还要写得好,这样的教师,将会飞翔在自由的时空中,成为一个自为的人,一个有人生理想与信

念的人。

会写作的教师，就是一个善于总结的人；会写作的教师，就是一个情感丰富的人；会写作的教师，就是比一个只会做不会写的教师强。人是思想性的动物，人的写作就是一种思想的汇集，情感的交流的过程。会写作能说明这个人，这个教师的思想与感情表达更为有效，更加有针对性。所以，成为一个会写作的教师，应当是教师一生中所应追求的。

什么样的教师才能成为会写作的教师？可以说每一个教师都可能成为会写作的教师。成为会写作的教师，需要有信息收集能力，要有好奇心，要对客观发生的各类现象有关注的心态，只有做一个有心的人，才可能成为会写作的人。成为会写的教师，还应对于不同的文体写作有一定的了解，要学习用不同的文体表现不同的思想与情感。当长则长，当短则短，就是一个不同写作选择与不同文体写作的问题。成为会写作的人，一定会是一个勤劳的人，动手、动脑、动心、动情，这才有写作的积累，有写作的积累，才有写作的收获。

教师要写出出彩的人生。写什么更容易出彩，写多少才能出彩，写出彩后又能获得什么，这就必然需要解决为什么写与写了如何处理的问题。教师为什么需要写，不仅是工作与生活的需要，更是出于写作能给教师带来许多好处：首先，丰富自我的精神世界；其次，保存许多难以忘怀的记忆与乐趣；第三，因为写，才能结识更多的古今中外的名人与名作，拓宽自己的视野。教师写作一开始没有必要计较它能起多少作用，也不要以为写了就可以用得上，写了必须要发表，写了就会传给后人。教师写作，就是一种记忆，就是一种生活实践，就是一种精神的家园。教师写作可能终身无用，可能写作后很长时间都没有机会、没有能力达到发表的要求，但教师的写作，能将自己最得意的篇章，最有代表性的作品保存下来即可。

出彩的写作，需要有出彩的点子，也需要有出彩的写作技巧。知名作家莫言写作，是因为他把他自己比喻为"罪人"，写作就像治病一样把疮疤切开。总结人生经历，莫言认为作家应更多地将目光由世界转向自身。所以，教师的写作如果想出彩，要有三个方面的思考：一是教师写作的应当立足于教育生活，同莫言一样将自己作为教育的"罪人"，不断地解剖教育的病症所在，提供良方或良药；二是教师的写作必须要写专业的教育文学，必须要用专业的文学语言表达教育，读过林格《教育是无用的》一书，就会知道教育多么需要有教育文学的写作；三是出彩的教育写作，当是最能代表教师的生活，最能代表社会对于教育期望的实现。就目前而言，教育文学、教师的写作出彩的还很少、很不够。这是因为很少有教师懂教育内在的规律性；另一方面懂教育的教师又不擅长用写作表现我们的教育改革与发展。正因为如此，教师的写作才更需要有机会去争取，去努力出彩。中国教育文学网、中国教育科研网上面有很多的优秀作品与论文，希望能带给我们的教育写作以参考。

第二章　教师成长的切入点——师德修养

教育者,尤其是作为职业教育者的教师,每天与鲜活各异的生命直面,他的独特性在哪里? 什么是教育者存在的使命和不可替代的价值? 需要对教师有什么道德层面的规范? 回溯教育的诞生和历史沿革,可以发现师德修养是一个亘古不变的主题,《礼记·中庸》中就有记载:"君子尊德性而道问学。"德性自古以来就被看作是读书人的毕生追求,尤其是师者的修养追求。党的二十大报告指出:"加强师德师风建设,培养高素质教师队伍,弘扬尊师重教社会风尚。"

"德者,本也。"对个人、社会而言,"德"具有基础性的意义。作为教师,只有树立正确的道德观念、提升自己的修养,才会在不断变化和发展的社会中主动探寻教育的真谛,用开阔的胸襟看待教育工作,用科学的方法开展教育工作。为此,"道德修养"是教师成长的切入点,亦是支撑点。

第一节　教师师德的时代内涵

一、师德的基本内涵

师德,为教师职业的道德。"道德"从词源上看:"道"本义为道路。由道路之义可引申作动词,表示取道、经过。由道的本义还可引申出抽象意义的方法、技艺、规律、学说、道义等意义。《论语·卫灵公》有云:"道不同,不相为谋。"此道即思想学说。"德"始见于商代甲骨文。德的古字形从彳(或从行)、从直,以示遵行正道之意。也有人认为"德"的本义是登上、升。"德"常用于指道德、品德,引申为有道德的贤明之士。"德"是美好的,故又引申有恩惠、感恩。"道德"有四层意思,一指一种社会意识形态;二指合乎道德的;三指老子《道德经》的省称;四指僧道修行的功夫、法术。道德是通过行为规范和伦理教化来调整个人之间、个人与社会之间关系的意识形态,是以善恶评价的方式调整人与社会相互关系的准则、标准和规范的总和。道德规范的调控作用几乎体现于人们的所有活动领域,既体现在日常生活中,也体现在有组织的社会活动中。道德属于上层建筑,必须适合经济基础状况。此外,道德是社会意识形态之一,是人们共同生活及其行为的准则和规范。道德通过社会的或一定阶级的舆论对社会生活起约束作用。由此,教师职业道德关乎社会关系准则和规范,关乎善恶评价。

师德是教师职业道德简称,指教师和一切教育工作者在从事教育活动中必须遵守的道德规范和行为准则,以及与之相适应的道德观念、情操和品质。主要包括教师道德认识、教师道德情感、教师道德意志、教师道德信念、教师道德行为、教师道德习惯等不同部分。"师爱为魂,学高为师,身正为范"可概括其基本内涵。作为教师,坚持正确的道德观、高尚的情操和品质,才会有正确的事业观,在不断变化和发展的社会中明辨是非,主动探寻教育的真谛,用科学的方法开展教育工作,发展教育事业,培养社会主义建设者和接班人。无论何类学科,何种教育岗位,师德为教师职业素养之本。

二、师德的政策意义

《中共中央国务院关于全面深化新时代教师队伍建设改革的意见》(2018年1月20日)中提出:着力提升思想政治素质,全面加强师德师风建设,要引导广大教师以德立身、以德立学、以德施教、以德育德,坚持教书与育人相统一、言传与身教相统一、潜心问道与关注社会相统一、学术自由与学术规范相统一,争做"四有"好教师,全心全意做学生锤炼品格、学习知识、创新思维、奉献祖国的引路人。国家为规范教师的师德,制定了《中小学教师职业道德规范》,将"爱国守法、爱岗敬业、关爱学生、为人师表、终身学习、教书育人"六个方面作为主要的师德要求,表明教师的师德在教师成长中的首要地位与作用。

三、师德的时代理解

党在新时期的教育方针中特别强调,"立德树人"是育人的根本任务,对教师而言,其中的"立德"就是要树立正确的道德观。对教育者而言,就是要立师德。习近平总书记强调:"要把立德树人的成效作为检验学校一切工作的根本标准,真正做到以文化人、以德育人,不断提高学生思想水平、政治觉悟、道德品质、文化素养,做到明大德、守公德、严私德。"立德树人的"德",应该是"大德、公德、私德"之总称,与德智体美劳中

"德"的含义相同,包括政治、道德、法律,即理想信念、道德品质、法治素养三个方面。教师的立德,第一,需要教师时常用真善美来雕琢自己,不断培养高洁的操行和纯朴的情感,努力使自己成为高尚的人;第二,要在做人做事上讲求崇德修身、为人师表,坚持以传道授业解惑为职业操守,"学会感恩、学会助人、学会谦让、学会宽容、学会自省、学会自律";第三,要重视"法安天下,德润人心",不断完善法治兴教,着力引导学生把正确的道德认知、自觉的道德养成、积极的道德实践以及法治兴国结合起来。

第二节 教师师德的理论基础

一、教师师德养成的研究,是一种普遍性秩序规范的建构

教师道德的规范性研究,是教师职业立足社会,赢取社会公信的重要切入点。教师的师德,首先是一种人的大德。习近平总书记在要求领导干部"立政德"上,强调立政德就要明大德、守公德、严私德,其中的大德是指:铸牢理想信念、锤炼坚强党性,在大是大非面前旗帜鲜明,在风浪考验面前无所畏惧,在各种诱惑面前立场坚定,树牢"四个意识",做到"五个纯粹"。教师的大德,主要是指教师对于学生的无私奉献精神,在于"一切为了学生的发展"的教育理念,在于对于教育事业的热爱与理想目标上的高站位上。教师的师德,其次是一种教师公德,也就是教师为了维护社会公共利益应该遵守的社会公共道德。从实践的角度讲,教师的师德具有高尚情操、渊博学识和人格魅力的内涵,具体包括教师道德情感、教师道德意志、教师道德信念、教师道德行为、教师道德习惯。教师的师德,第三是一种师魂,也就是一种大爱或者说是师爱,也就是教师对学生无私的爱。师爱要求教师应做学生的良师益友,师爱需要教师以生为本,以学定教,以学为标,以学生的成长为教育的着力点。

二、教师师德养成的研究,是教师个体道德人格的完善

教师道德的个体养成,是教师职业成长的自我完善,成就自己职业生涯的重要支撑。习近平总书记提出:"人而无德,行之不远。没有良好的道德品质和思想修养,即使有丰富的知识、高深的学问,也难成大器。"古今中外,但凡有所作为之人,必先有德。不养德修身,难以成才,更难成大师、大家。2020 年 12 月 7 日,中宣部授予云南省丽江市华坪女子高级校长张桂梅"时代楷模"称号。张桂梅同志扎根边疆教育一线 40 余年,默默耕耘、无私奉献。她教书育人、立德树人,引导学生从小树立远大志向,倡导女

性自尊自信自立自强,注重言传身教,传承红色基因,在她的悉心教导下,"感党恩、听党话、跟党走"成为广大学生的自觉追求;她坚韧纯粹、甘当人梯,用爱心和智慧点亮万千乡村女孩的人生梦想,展现了当代人民教师的高尚师德和责任担当。张桂梅正是用自己的"德"立了学生的"德",为我们的新时代"树人"。张桂梅在自我道德人格的不断完善过程中成就了自己平凡而又伟大的教师职业之路。

第三节　教师师德的现实问题

一、师德现状

教师师德是一个抽象的语言和观念,其体现为具体的教育教学行为。纵观当下教师的教育教学行为,因个人教育经历、所处环境等不同,不同区域,不同年龄段的教师在道德认识、道德情感、道德意志、道德信念、道德行为及习惯等方面存在成长差异化的现实问题。

教师师德是教师成长的切入点,是撬动教师整体素养提升的重要支点。我们看待和评价教师师德应当与其各方面的能力素养相协同。例如:年轻教师学历起点较高,教育理论知识储备丰富,对待学生工作富有热情,但实践能力相对较弱,导致对待工作热情起伏大,容易情绪化,持续性不强;年长的教师学历层次各有不同,教育实践经验丰富,工作虽着眼于学生成长,但容易受限于自身教育理论储备及个人具体经验。学科类教师对待教学一丝不苟,注重学生基础知识与基本技能的掌握,但学科本位观念较强,缺少五育并举的教育观念与育人格局;艺体类教师个人专业技能强,追求自身专业特长发挥,着力学生能力素养的培养,但与学生的深度接触较少,缺乏对学生成长的系统研究。班主任教师与学生走得近,在具体工作中常带有较强的主观情感,在情感注入与师德法规之间容易关系模糊;任课教师教学对象多,工作态度相对理性,遵守师德法规,但又容易缺少应有的人本关爱。

总的来说,在适应教育现代化、学生终身学习能力培养及"双减"政策的大背景下,教师师德标准与内涵要求缺乏一定的前瞻性,教师师德现状呈现出差异化以及德能协调发展不足的情况。

二、师德养成

教师成长中的立德,我们可以认为是一个师德成长或者说不断完善提升的过程。

目前有很多教师培训机构与进修学院开设了相应的师德课程,包括时事政治教育、心理健康教育、法制教育以及马列主义毛泽东思想教育课程,等等。然而,依据教师职业道德标准,特别是结合传承中华优秀文化中的《师表说》与《师说》而开展的师德教育,并没有在师德成长中发挥主导作用。从新的师德认知上讲,师德的成长教育,主要有三个方面:一是国家民族的大德教育,也就是"天下为公""先天下之忧而忧,后天下之乐而乐"的教育。教师要不忘初心,牢记使命,肩负中华民族伟大复兴之梦的实现,完成好立德树人的根本任务;二是社会主义核心价值观的公德教育。24字的社会主义核心价值观,可以说是教师师德成长的总体方略,教师不仅要在成长过程中自觉培育和践行社会主义核心价值观,更要在教育实践中正确处理国家、集体、个人三者关系;三是个人修养和人文素质提升的师德教育。私心是人人都有的一种德之所系,然而教师的师德成长,就是要不断调整公心与私心的比例,就是要努力把教育的公平、公正、法治落实到具体的教育实践之中。

此外,教师师德的养成要放在具体的教育教学实践中去,要在实际育人能力提升的过程中协调发展。师德与师能是辩证统一的,教师的师德养成与能力提升是相互协调和影响的。师德为本,师能为基。教师不断提升认识,完善师德,能促进教师不断修正自身教育行为,主动探索正确的育人方法,从而提高教育教学能力;掌握较高的教育教学能力,能促使教师在具体的教育实践和研究中主动更新教育观、学生观,与时俱进,提升教育理想站位,提高师德素养。

2020年12月18日,在庆祝改革开放40周年大会上,党中央、国务院决定授予100名同志"改革先锋"称号,颁授改革先锋奖章。优秀教师于漪是100人中唯一一位基础教育界代表!

作为基础教育改革的优秀教师代表,于漪的人生完美地诠释了师德与师能的和谐统一。在几十年的教育工作中,她写下400多万字的论文专著,上了近2 000节的公开课,她将自己的岁月毫无保留地奉献给三尺讲台,她心中有一个信念——"我们是想让中国的教育在世界上有话语权,我们要有中国教师自己的教师学!"带着这样的信念,她的职业能力在课堂授课与教育改革的实践中不断提升。

于漪认为对待孩子应当丹心一片,没有爱就没有教育,只有把真爱播撒到学生的心中,学生心中才有老师的位置。她平等对待每一个学生,包容各种各样的学生。这样的仁爱之心,这样的教育情怀,让她走到学生的心里头,体会他们的情感和想法,更懂得如何因材施教。

于漪认为生命之魂是德性与智性的统一,教师要在传授知识、培养能力的同时,向学生撒播理想的种子、美好情操的种子,这样,这个孩子才能明确人生奋斗的方向,明确人生的意义和价值,既懂得做人的底线、有追求的目标,又有生存的本领。这是"立德树人"教育理念的最好实践,是教师德能统一对学生的最好影响。

三、师德实践

师德实践是对教师师德养成的教育实践,可以从培养有"德"、有"品"、有"味"、有"范"的"四有"之人等方面进行研究和实践。

教师师德的有"德"是教师有职业道德。职业道德对于教师而言,核心是社会公德,也就是社会主义核心价值观的落实与践行。在方略上,必须加强社会主义核心价值观的学习与理解,其重要的对策有三个方面:一是对核心价值观的时代内涵理解与把握。虽然它传承了中华优秀文化,也融入了时代发展的新理念新内容,然而如何用时代的发展眼光、如何从时代教育的要求上去理解与把握核心价值观,我们认为是教师师德成长方略需要研究的问题。二是教师如何立德(大德、公德、私德)的对策。教师要立德,首先是要有对"德"的认知与"德"的成长意识,其次才是立德的方式与方法。从方式上讲,教师应加强对自我的认知与行为管理,一切从自我的"德行"完善做起。从方法上讲,主要的还是接受思想政治教育、法制教育、行为规范性的职业道德教育,等等,当然更有在为人处世上的讲礼、讲义、讲和谐与和善。三是要以"师表"说为指导,对为人师表的内涵及外延都有所把握,在生命、生活、生长"三生"的实践中起到"表"的作用。

教师师德的有"品"是教师的品德或品行。品德与品行是身心统一、知行合一的师德成长表现。一个"品"字,内涵极为丰富,其实就是教师品牌,教师的工作、生活行为习惯的总体表现。有"品"的教师,本身就是一个形象识别,本身的身教重于言教。师德成长讲究成为一个有"品"的教师,具体来说有三个方面的对策:一是把"品"落实到品质、品行、品格三位一体上,教育能力有品质,教育实践有品行,教育方式上有品格。二是加强对于"品"牌的打造,教师不仅要有个人的教育风格或个性,更应做到行业上的"品"牌口传,酒香不怕巷子深。三是要有一种君子的志向,君子是教师成长的一个指标,也是一种为人的志向,有"品"的教师,必然是一个"君子",而不应是"小人"。

教师师德的有"味"是教师师德表现的亲和力。亲和力原意是分子中原子之间的吸引力或附和力,后引申为人与人之间的关系密切程度及相互的影响力。一个教师要做到师德高尚,师德影响力是很重要的。长期来我们树师德标兵、评师德模范,其实就是强调师德的有"味"。师德的有"味"在成长对策上,也可以提出三个方面的对策:一是关注师德的生活原型,要在师德成长中寻找有生活原型的教师作为学习的榜样,所谓生活原型,是指不是形式上或主管部门命定的师德原型,而是教师能够具体感受到的值得学习的师德原型。二是把师德作为一种教师的情操加以恪守。中国古时有:"三军可夺帅也,匹夫不可夺志也"之说,教师要有志气地活着,更要有志气地从事教育。三是可用师德的"味"香、"味"美去调节教育实践中的苦难,克服心理上的疲软,为师德成长寻找新的生长点。

教师师德的有"范"是教师师德的有示范或者有形象。教师是育人的模范,做人的楷模,教师的形象论认为:教师有自己的形象,其形象是教师内在的德、识、才、学、体貌、体格等综合表现出来的风貌,如慈爱、善教、博学、方正、爱国、爱学生,等等。教师师德的有"范",首先是教师要像教师,无论在什么场合,与什么人谈话,让人一看就知道他是教师;教师师德的"有范",是教师的个人气质形象上表现出有文气和正气,真正的优秀教师,是真善美的捍卫者,是抨击假恶丑的勇士。习近平总书记提出教师"三传四引"(教师是传播知识、传播思想、传播真理的工作,是塑造灵魂、塑造生命、塑造人的工作,教师要做学生锤炼品格的引路人,做学生学习知识的引路人,做学生创新思维的引路人,做学生奉献祖国的引路人)的作用,其中很大程度是对于教师师德有"范"的希望。

重庆市大渡口区多年来将教师师德养成作为师资队伍建设的工作重点,通过"翎雁"工程、"青蓝"工程等一系列举措,促进教师师德养成,培养了一大批德能兼备的好老师,全国时代楷模王红旭,重庆市教书育人楷模胡伶俐、何敏等,就是其中的代表。

2021年6月1日,本来是一个充满童真的欢乐日子,大渡口区育才小学体育教师王红旭却因抢救两名落水儿童不幸牺牲,年仅35岁。6月2日,各大媒体纷纷报道他的壮举,在社会上引起强烈反响。

在短短的生命旅程中,王红旭始终践行着"有理想信念、有道德情操、有扎实学识、有仁爱之心"的"四有"好老师标准。

王红旭生前常说:"以爱育爱,我以尊重为前提,用心去感受他们的喜怒哀乐,走进孩子的内心。"在他看来,教育是一项充满爱的事业,爱是教育的灵魂。关心爱护、尊重平等、包容信任是他对"师者仁爱"的注解。为了纠正孩子们偏食的习惯,他自编自演了蔬菜营养情景剧;为了让孩子们达成训练目标,他既手把手地教、点对点地练,还张弛有道,在训练间隙和孩子玩耍游戏,就为"陪孩子放松放松";为了让孩子们可以随时找他倾诉烦恼,他们约定了说说心里话的"特别时光"。王红旭与学生间的美好故事,从来不需要彩排,因为,爱与责任已经成为本能!

在王红旭眼中,校园里的每一个生命都是宝贵而精彩的个体,好的教育是让每个孩子都阳光自信,让每个孩子在不同的领域找到属于自己的闪光点。所以,他从不把这个孩子和另一个孩子做比较,他只把每一个孩子的今天和昨天比、明天和今天比;他从不吝惜对孩子的夸奖,常鼓励有特长、有潜力的孩子积极参与学校的兴趣活动;他发现有体育特长的孩子文化课成绩暂时落后,就会在操场上抽查学生背语文课文。正因为他以爱育爱,一个又一个孩子跟着王红旭在田径场上重拾自信,明确了未来奋斗的目标。王红旭那如红日旭光一般的爱,也照亮了孩子们前行的路!

王红旭十分热爱教育事业,这份热爱也驱动着王红旭在教学上不断精进。他认为,体育育体,更育智育心,学校体育的重要任务是增强学生体质,也是高昂正气、凝聚人心,培养学生阳光积极人生态度的重要载体,所以他说:"教育不分学科,我们要培养的是全面发展的人。"为此,他查阅了大量资料,撰写多篇论文,为体育课"正名",他拒绝以任何理由占用学生体育锻炼的时间;他还走向课程深处,特别设计一些有意义的游戏,让学生在体育游戏中感悟小细节也能决定大结局的道理,感受团结、信任和协作的力量;直到 6 月 1 日牺牲那天,他的工作台上还放着第二天的教学计划……正因为有仁爱奉献的初心,他倾尽心血点亮学生心灵;正因为有热爱教育的定力,他倾尽全部智慧为学生一生奠基!

一门三代,矢志育人。一声声"老师好"伴随着王红旭成长,也伴随着他走上教师的工作岗位。"爱生如子"是这个家庭中每一位老师心中坚守的信条。父辈要求晚辈,做老师,就要对得起每一个学生,要教良心书、教清廉书、教公平书。正是因为精神、品格、爱心的三代传递,王红旭才成为父亲眼里的好儿子、妻子眼里的好丈夫,延续着家庭的传统美德,最终成为一名新时代的好老师。

习近平总书记指出,合格的老师首先应该是道德上的合格者,好老师首先应该是以德施教、以德立身的楷模。师之楷模,王红旭当之无愧!

第四节　教师师德的养成途径

一、现代化与法治化并进

（一）师德养成现代化

习近平总书记在《之江新语》一书中曾指出:"人,本质上就是文化的人,而不是'物化'的人;是能动的、全面的人,而不是僵化的、'单向度'的人。"教师的成长,现代化是一个重要的方略,现代化指教师思想观念的现代化、心理状态的健康发展,形成具有崇高政治素质和良好的思想素质、良好的职业道德、高尚的道德素质等现代化的师德素质。教师从传统向现代化的转化方略,也是人的现代化发展战略:优先发展教师师德,努力提高教师为人师表、立德树人的质量,教师从"教人先正己"做起的要求。中共中央、国务院印发的《中国教育现代化2035》指出:推进教育现代化要更加注重以德为先,更加注重全面发展,更加注重面向人人,更加注重终身学习,更加注重因材施教,更加注重知行合一,更加注重融合发展,更加注重共建共享。因此,教师师德养成是教育现代化的首要理念与方略的制定内容。该文件在战略任务中还提出:建设高素质专业化创新型教师队伍,要大力加强师德师风建设,将师德师风作为评价教师素质的第一标准,推动师德建设长效化、制度化。随着教育现代化的推进,教育整体发展呈现出:个性化、终身化、大众化、一体化四大趋势,教师师德的现代化提出了:全新的价值取向:如高尚的职业理想取向、全面的素质教育理念等;全新的职业取向,如教师专业发展的"服务、理论、实践、经验、判断、团体"等;全新的职业定位,如学习共同体的助力者、引领者等定位。

（二）师德养成法治化

依法治国是中国特色社会主义的治国方略,而教师师德的法治化是治国方略在教师师德养成中的重要体现。法治兴则国家兴、法治衰则国家乱,全面依法治国是坚持和发展中国特色社会主义的本质要求和重要保障,社会主义法治是中国特色社会主义的制度基石。教师师德养成的法治化,一是教师要有牢固的法纪意识,教师应知法、懂法,认真学习贯彻各项有关教育的政策法规,并在教育工作实践中带头遵纪守法,严格履行教师的责任和义务,自觉维护受教育者和教育者本身的正当权利;二是通过教师有效的教育活动,努力使学生树立法律意识,培育与养成青少年遵法、学法、守法、用法的基本理念和行为习惯,引导其做遵纪守法的现代公民;三是教师是立教之本、兴教之源,是依法治教的直接推动者和具体实践者,是依法治教的主体和力量源泉,因此教师要做到依法执教、依法管教、依法评教。作为教师,不是要死记硬背法律法规,重要的是将法律法规的要求与实际教育工作相联系,在具体工作实践中对自己的行为加以约束和规范。提高教师法治意识的主要方法就是通过对具体法治案例的宣讲,让教师对具体行为的要求加以理解和认知,提高自己的法治意识。重庆市大渡口区一中学,长期利用政治学习时间进行法制案例宣讲,2020年5月,《关于建立侵害未成年人案件强制报告制度的意见(试行)》正式实施,学校第一时间利用政治学习小组组织全校老师做了专门学习,介绍了"侵害未成年人案件强制报告"的基本概念、"侵害未成年人的九大情形"和"报告主体及流程",之后,学校联系当地检察院获取相关案例,邀请检察院相关工作人员进行生动讲解,增强教师对法律、规定在实际工作中的理解。

二、师德养成与师能成长协同

(一)思想意识与育人观念协同提升

古今中外,每个国家都是按照自己的政治要求来培养人的。习近平总书记指出:"关于教育和办学,思想流派繁多,理论观点各异,但在教育必须培养社会发展所需要的人这一点上是有共识的。"办学总是与国家的政治要求紧密相连,也总是在服务自己国家发展中形成和壮大的。习近平总书记强调,我国教育要培养的是社会主义建设者和接班人,不是旁观者。因此,教师首先要主动提升自己的思想意识,对自己的教育工作讲政治,坚持社会主义办学方向,让教育充分发挥在坚持社会主义核心价值体系、培育和践行中的基础作用,传承和弘扬中华优秀传统文化。第二,教师要明确我国"立德树人"教育根本任务,树立正确的育人观,多途径学习,丰富教育理论素养,不断更新育人思想,修正教育行为,在具体的实践过程中提高教育质量。

高标准的职业道德要求能让教师规范教育行为,树立正确意识。教师的业务能力不能局限于教书,育人思想、育人观念既是教师师德的一种体现,更是教师业务能力的重中之重。树立正确思想意识,多途径学习和吸纳先进育人观念,是教师师德与师能协同提升的重要体现。

(二)学生观与教学法协同提升

提高教学能力,熟练掌握教学技巧,是教师对自身业务能力提升的追求。参加教学研讨,进行课例展示等是教师提升自己教学方法的主要途径。随着自身经验的不断丰富,教师的教学方法会日益熟练、逐渐纯熟,而制约教师成长和发展更多的是其学生观。教师以怎样的视角看待学生,以怎样的心态对待自己的教学对象,将会极大地影响教师教学方法的运用和成长。对学生有着仁爱之心的教师,能客观公正地看待每一个学生,因材施教,注重个体差异,灵活教学方法;坚持以学生发展为中心的教师,能理解学生成长过程中不同阶段的差异,正确看待不同年段学生的行为和心理状态,教学方法会更加适度,更加有效;懂得尊重学生的教师,会在具体的教育教学实践中注重观察、倾听,在与学生的良性互动中认识学生、理解学生,主动反思教学行为,在及时归纳中总结教学方法。教学不止为其道,心中有人更能得其法,正确的学生观下的教学方法是有真正教育内核的教师业务素养。

(三)时代意识与学科专业协同提升

教师学科专业知识与能力储备是业务能力的重要支撑,只有具备过硬的学科专业能力才能有效开展教育教学活动。学生学习的目的是解决生活中的问题,这也是教师教学的目的。教师不仅要通过学习、研究等途径积极提升学科专业能力,更要懂得关注生活、关注时代变化,积极掌握学科知识与生活实际的联系,发现学科知识在实际生活运用中的变化与发展。与时俱进,关注时代变化的教师才能让自己的学科教学有生活的支撑,才会主动打破学科界限,跨学科整合,以解决实际问题能力为目的,在课堂教学中充分调动学生的各个感官,让其沉浸于课堂学习与实践中,从而最大体现自身的学科专业魅力。学习要与生活联系,学科教学要紧跟时代变化,不断丰富专业知识和技能的同时,教师只有关注生活、关注发展,才能不断拓展自己的学科边界,真正成为"有学识"的好老师。

在师德养成方面,大渡口区中小学教师做了多方面的探索。以下是相关教师的实践探索和经验分享。

案例 1

从"妈妈"到"班妈妈"

——一位老教师的新班主任成长历程

大渡口区钢花小学　王姣

案例引自重庆市大渡口区教委主办《自得教育》(ISSN1672－528X)2021 年第 6 期

一、案例介绍和分析

2001 年大学毕业,步出校园走上讲台已刚好 20 年。20 年间,一直深耕在自己的专业学科教学中,取得的各项成绩也跟学科有关。新春伊始,我从一位普通的妈妈,走马上任成为×年级2班的"班妈妈"。

班里有44个孩子，由于频繁换班主任，孩子早已习惯适应不同班主任的管理习惯和规则，也早已运用这份"灵活"将良好的学习习惯抛之脑后，逐渐成为语数老师心中的"吊车尾"、科任老师口中"不爱学习"的问题班级。

成为班主任，我也曾倍感忐忑。作为一名科任学科的老师，和孩子相处的时间没有语数老师多，不知道自己能不能带领孩子们进步。不过我没有退缩，希望通过我和孩子们的努力，不仅实现"不出安全事故"这一个小目标，而且各科成绩、学习习惯能达到全面提升。

二、问题解决策略及过程

（一）培养良好的学习习惯，学会自律

班里的孩子大多已经满10岁，其实可以换一个角度跟他们相处。

他们已经不是言听计从的一年级小朋友，相处中更应该尊重他们的想法，站在他们的角度去思考问题，思考他们如何面对学习中的各种困难。

班里的孩子只比我自己的孩子大一岁，我很清楚这个年龄段孩子的思维方式，我将班里的每一个孩子当成我自己孩子一般严格要求，着力培养他们良好的学习习惯，让他们学会自律。

1. 课前准备要充分，不手忙脚乱

充分的课前准备是上好课的前提，如果每堂课的课前准备不充分，势必会影响课堂注意力，从而影响课堂效率。

课本、笔盒、课堂练习本、草稿本，我都要求孩子们在课间就开始准备，预备铃响后再检查一次物品是否齐全，避免出现课堂上翻书包找学习用具，分散注意力的情况。

2. 课堂不随意插话，尊重老师和同学

安静的课堂有利于提高学习效率。认真听讲，勤于思考、并积极举手回答老师提出的问题，是有效利用课堂时间完成知识积累必不可少的环节。

老师在课堂上输出的知识都是辛勤劳动创造出的成果，不随意插话，不打断老师的教学计划和教学思路，不分散其他同学的注意力，是对老师和其他同学的尊重。

3. 保持教室清洁，共同营造整洁的学习环境

干净、整洁的学习环境，需要每一个孩子的悉心呵护。环境卫生不仅是当天值日小组的事情，每个孩子都要参与其中，提升参与感和责任感。

每个孩子都负责自己座位四周的清洁卫生，从"垃圾不落地"，到"不问纸屑来处，只需弯腰拾起"，共同爱护教室整洁是每一位班级成员的责任。

最开始,我会利用每个课间到教室巡视,提醒孩子们捡垃圾,慢慢地,孩子们养成了习惯,教室也更整洁、干净了。

(二)家校联动,共育花开

家庭是孩子的终身学校,家庭教育与学校教育相辅相成才能形成全方位的教育体系。家长和学校相互沟通、及时交流学生各方面的情况,共同创造一个良好的育人环境,才能够事半功倍、获得双赢。

1. 跟家长多沟通,全方位了解孩子的学习状态

小博同学的妈妈跟我反映,孩子回家后完成当天作业要花 3 小时,严重影响睡眠时间。得知这一情况后,我首先找孩子了解做作业用时太多的原因,然后跟语数老师对接,了解孩子平时的学习情况。

综合分析下来,出现这种状况的原因是小博同学数学学科的基础太薄弱,课堂上老师教授的知识他听不太懂,再加上本身性格内向,课后又羞于去请教老师,导致做作业时遇到难题便无从下笔。

为了解决这个问题,首先让数学老师平时多关注这个孩子的课堂表现,主动询问他是否有不懂的知识点,争取当天的知识难点当天解决,并分层布置作业,适当缩减他的作业量;其次,需要小博妈妈回家后多补充孩子基础知识的架构,让他多做习题,争取尽快跟上班级学习步伐。

2. 放低教师姿态,生活中关心孩子,让孩子体会被爱

在生活中关心孩子,成为孩子的朋友,他们会更愿意跟老师讲心里话。

有一天,萌萌一直趴在桌上,表情痛苦。问她,只说脖子不舒服。让她回家休息,她也不愿意。经过多次询问她才道出实情,脖子有一块骨头那里很酸胀,抬头就很痛。

由于我的颈椎也不好,完全了解肩颈酸痛的不适感,第一反应便是帮她按摩、放松。并找来一瓶矿泉水和一块毛巾,用医生教我的缓解颈椎疲劳的方法演示一遍给她看,让她回家后尝试一下。

第二天,萌萌高兴地跑来告诉我:"谢谢老师,我昨晚用了你的方法,很有效,现在脖子舒服多了。"看着萌萌纯真的笑颜,我也觉得很开心。

3. 维护孩子自尊,潜移默化培养自信

虽然孩子们已经"习惯"排名在全年级最后,但我相信每个人都有一颗向阳的心,就像我相信没有哪一个后进生不想考满分一样。

每次检查个人卫生不合格、迟到时,我都让孩子、家长共同督促,并将各项没有做

好的孩子的鞋子的照片发在群里以作提醒,虽然图片上只是不同样式的鞋子,但家长肯定认得出自家宝贝的装束,这样既告知了家长哪些孩子需要改进,也最大程度上维护了需改进孩子和家长的尊严。

每周的班队课上,我都会告诉孩子们:每一个人都是与众不同的个体,不要总跟别人比,要先跟自己比。先定一个小目标,尽量保质保量完成,进步一小步,再逐渐提高目标难度。

立一个让孩子踮着脚尖能够得着的目标,就能让他们的信心越来越大,能力越来越强。路是自己走出来的,每一步都算数,每一个小进步都是前进的动力。要让孩子们相信自己,相信"也许我不是最好的,但是一定不比别人差"。

(三)我们,是一家人

爱,是每个人生活中必不可少的东西。爱是纯洁的、无私的,爱心能让世界变得美好。我们不仅要学会爱、学会感恩,还要一起来传递爱。手牵手、心连心,让班集体充满爱。

1. 爱,就要大声说出来

中国人含蓄、儒雅的传统,让代代人都将"爱"掩在心头,羞于表达。

在"三八"妇女节、中秋节、重阳节等传统节日到来之际,让每个孩子都对自己的长辈做一次爱的表达。可以做卡片送祝福、可以给妈妈洗脚、可以用自己的零花钱给长辈买一份小礼物、可以给长辈一个大大的拥抱,说一声"我爱你"。

孩子每一次表达爱时,家长们都非常感动,并不约而同地发布在自己的微信朋友圈,秀一秀来孩子的爱,拉近了彼此的距离。

2. 关爱弱势群体,共建和谐"家园"

小学六年,能成为同班同学是一种缘分。

班里有2位智力残疾的孩子,希希和嘉嘉。希希很乖,虽然有高度近视,但是在一整天的学习中,她在自己的位置上坐得住,从不扰乱课堂秩序。嘉嘉就比较活泼一点,时常假借上厕所的名义在校园内闲逛,制造了不少安全隐患。

孩子们从一年级便和她们相处,已经完全了解她们的个性。不仅不会歧视她们,还会主动帮助、关怀她们。我让孩子们成立"关爱小组",将帮助落实到人。希希和嘉嘉有困难,知道去找哪些孩子帮忙,孩子们也会每天主动询问她们有什么需要,并在每节课的预备铃声响起时负责寻找还没回教室的嘉嘉,确保安全。

3. 提高生活技能,培养自理能力

现在的孩子都是家庭里的"掌上明珠"。家长的爱虽然不常表达,却渗透在每一件与孩子相关的小事中。父辈们的大包大揽让孩子失去了生活自理的能力，不会洗碗、不会洗衣服的孩子大有人在。

所以，我给孩子们每月制定一个生活技能主题。"缝扣子""蛋炒饭""换被套"……，无论是回家父辈教、还是利用网络搜索，希望让孩子们在学习之余，有一定的自理能力，除了自己的事情自己做，还能帮家长分担家务，在家长偶尔不在家时不会饿肚子。

不要小看孩子们，每次拿到主题后回到家，跟长辈学会了这项技能，班队课上他们都兴致勃勃地主动上台跟大家分享自己学到的新技能。通过"技能大比拼"，孩子们知道了缝扣子怎么打结最快、最结实、最美观；蛋炒饭怎么才能蛋不粘着饭、粒粒分明；换被套怎么才能独立完成且最轻松……

另一方面也极大地增进了家庭亲子关系。平日里调皮的儿子为爸爸的西装缝上掉了的纽扣；妈妈晚归时，递上一碗热腾腾的蛋炒饭……家长体会到了来自孩子的爱，孩子们也在实践中锻炼，在锻炼中成长。

（四）树立正确的价值观

学生时代是正确的价值观形成的关键时期，虽然他们只有十岁，但是"把孩子当成人看"，从小树立正确的是非观、做人标准，是把握人生方向、抉择人生道路的指南。

1. 不打扰别人，是对自己的尊重

人是群居动物，在群体生活中，默默做自己的事情又不打扰到别人，是一种很好的修养，也是对自己的尊重。提醒孩子们不要将自己的快乐建立在别人的痛苦之上。

2. 勇于选择、敢于担当，培养孩子的责任心

在成人的世界里，都是一步一个脚印。自己的选择，决定着今后人生的方向。对十岁的孩子而言，我希望他们"做了就要认、错了就要改"。也就是既要有勇于选择的气魄、也要有敢于承担后果的担当。

逃避者是弱者，只有勇于担当者才是强者。

三、成效与总结

通过努力，孩子们的学习习惯、行为习惯都有很大进步。

点滴成果，感受颇丰：

（一）与语数老师齐抓共管，合力推动学生进步

由于我是科任老师，学科教学任务限制了我与孩子们相处的时间，只能利用每天课间、午餐时间强调纪律、规则。只有与语数老师形成合力，才能在每节课的细微之处

规范孩子们的习惯,让孩子们逐渐成为更好的自己。

(二) 没有规矩,不成方圆,言出必行

坚持是一件困难的事。都说 21 天定律,21 天要养成一种好的习惯,也需要不止 21 天的坚持。

贪玩是孩子的天性,既然制定了规则,就要奖惩落实到地。如果孩子觉得老师都说话不算话,就不能让孩子信服并持之以恒。

结束语:

虽然我是一名"新"班主任,是一名科任老师,没有丰富的班主任经验,但通过家校联动、完善班级管理,让孩子们无论是学习成绩、学习习惯都不断进步。我想,只要有一颗爱孩子的心、对孩子负责任的态度,和对班主任工作的热忱,科任老师也一样可以做好班主任工作,做好班级管理。

我将和我的孩子们一同进步。

静待花开,未来可期。

编者语:王姣老师投身班主任工作的实践研究,打破学科界限,以习惯养成为突破和重点,探寻班级管理的方法,在与孩子们一起进步的同时,永葆对孩子的爱心、对孩子的责任、对工作的热忱,提升了自己的师德修养,也提升了自己的教育实践能力。

案例 2

<h3 align="center">流动的情感给孩子远离手机的能量</h3>

大渡口区百花小学　伍静

案例引自重庆市大渡口区教委主办《自得教育》(ISSN1672－528X)2021 年第 6 期

一、让人着急的丹丹

科技日新月异,手机、平板、电脑进入千家万户,与生活息息相关。特别是手机,孩子们简直"爱不释手",孩子们从早到晚地盯着手机屏幕,还有的像发"鸡爪疯"一样十指在屏幕上点个不停。更有甚者,有家长用手机来代替为人父、为人母的陪伴,手机成了孩子的玩伴、身心的依赖。

去年九月,我接手一年级,丹丹分到我班上,从开学起,迟到成为常态,头发要么披散着,要么乱成鸡窝。上课经常趴在桌子上睡觉,老师上课叫到她,她不知所措地站起来,望望老师,望望同学,漫无目的地看看书,许久才说"我不知道"。书包里那叫一个乱,经常在桌子底下找本子,找书,学习用品都是找同学借。

才刚刚入小学的孩子,就如此散漫、马虎,作为班主任,我十分着急上火。

二、与家长交流刻不容缓

我立即打电话给丹丹妈妈,告诉她孩子在学校的情况,并且询问她孩子的生活状况,原来,丹丹早上起不来,到学校睡觉,都是因为晚上玩手机。

这一切,罪魁祸首竟然是——手机!

丹丹,七岁,一个手机陪伴长大的孩子。很小的时候,父母离异,就跟着妈妈、外公外婆住。外公外婆溺爱她,可以让她在被窝里用手机看电视。妈妈卖手机,周末带去上班,没空管她,给手机玩。下班回家,妈妈自己要玩手机,丢给她手机了事。

孩子虽然有大人在身边,但是缺少高质量的陪伴,更别说科学的教育引导。孩子安静地看动画片,或者打游戏,安静的背后是孤独无助。她有烦恼,也有快乐,需要有人倾听,需要帮助,需要陪伴,需要关注,需要正能量,需要好榜样。

面对这种状况,我决定家访,与家长来一次倾心交谈,分析利害关系,让家长知道:孩子的成长,离不开家长的陪伴。

三、走进丹丹的家,引导家长是改变的源头

一天放学后,我牵着丹丹的小手,迎着夕阳,穿过几个街口,来到了她的家里。她的妈妈不知我的到来,甚是一惊,急忙把我请进家里坐下,泡了热茶,端来水果,还说:"老师,丹丹让您费心了!"一番寒暄之后,我告诉家长孩子的情况,家长简直不敢相信自己的孩子无心学习,沉迷手机,已严重影响到学习,甚至身心健康。年轻的家长很无助,也曾在我打电话后试着与孩子交流,陪着孩子学习,可是孩子不想写字,不想读书,静不下心来,对学习无所谓,就想玩手机。事已至此,家长和教师合力帮助孩子改变迫在眉睫。

首先,我领着家长走出思想困境,告诉她,孩子的情况不是一天造成的,孩子的改变要慢慢来,需要家长的爱心、鼓励、陪伴和坚持。

同时给了家长几个建议:

一是家长做好榜样,不玩手机,用心陪孩子,做做游戏、看看课外书、跑步、跳跳绳,让孩子享受运动的乐趣,感受课外书的魅力,有了父母的陪伴,孩子的生活才会充实快乐,并且变得丰富多彩。

二是家长监管好孩子,家长不在孩子面前玩手机,平时不给孩子玩手机,如果真正需要才给,给了也要控制时间,不能太长,尽量减少手机对孩子的负面影响。

三是保证孩子充足的睡眠时间,可以八点就洗漱,早点上床休息,尽快进入睡眠状态,保证第二天有充沛的精力。

孩子妈妈听了不住点头,说:"老师,您放心,我一定按照您说的去做。"孩子在妈妈旁边,妈妈让她坐到我俩中间,说:"丹丹,你看老师都来我们家了,你给老师保证,保证不玩手机,早早睡觉,要好好学习!"丹丹小声地说:"老师,我保证!"我拉起她的手,说:"来,我们拉钩保证,一百年不许变。"丹丹顿时脸上洋溢着快乐的笑容,妈妈被感动了,灿烂的笑容顿时在小屋里荡漾开去。谁都想成为一个好孩子,她需要被看见,需要鼓励和信任。老师要做的,就是让孩子感受到,有爱、有信任、有关注、有陪伴,这是孩子改变的一个动力源泉。

其实,家长也想孩子健康成长,只是有时很茫然,不知从何入手。这就需要老师去带动,引起思想上的重视,给方法、提建议,去做总会有效果。如今,玩手机是普遍现象,班主任要指导家长,用丰富多彩的活动,去代替手机的陪伴,玩手机自然就少了。锻炼身体、课外阅读、家务劳动、户外运动等,有意义的活动就会多起来。

四、特殊时光,带着爱走进丹丹的心田

仅仅做家长的思想工作,是远远不够的。如何让丹丹远离手机,走进生活、走进学习、走进大自然,拥有丰富多彩的童年生活呢?解铃还须系铃人,要从孩子这里找出口。

接下来,我要跟丹丹建立亲密的友谊。一天中午,冬日暖阳,我和她坐在操场的草坪上晒太阳。我给她讲起了我的故事。小时候我最喜欢爬山,每天翻几个山坡才能回到家,还喜欢跳绳、放风筝、捉螃蟹。说着说着,小女孩跟着我打开了话匣子,说她也喜欢去公园玩蹦床,喜欢在阳光下奔跑,喜欢在沙滩上光着脚丫走来走去,看着一串串脚印开心极了。趁此机会,我便告诉她,如果想玩了,在学校老师陪你晒太阳,陪你树阴下跑步,陪你读课外书;在家里,爸爸妈妈也可以带你出去玩,可以捡翩翩起舞的银杏叶,可以在山顶欢呼,还可以去图书馆看《父与子》,等等。

孩子一开始不相信,我告诉她,爸爸妈妈很爱她,今后也会陪伴她。当着孩子的面我给她父母分别打了电话,孩子才相信了,顿时欢天喜地,脸上是抑制不住的兴奋。同时,也给她提了一个小要求:不玩手机,有重要的事情才用手机,并且时间在半小时以内。最后我们俩拉钩,保证说到做到。

做了这两件事后,孩子慢慢在改变。最大的变化就是不打瞌睡了。父母毕竟是爱孩子的,真的照做了。从孩子第二天上课的状态上就可以看出来,孩子休息得很好,注意力很集中。我上课有个课前三分钟,轮到丹丹时,以前上台干站着的她,居然讲了《猴子捞月亮》的故事,虽然不那么顺畅,但是她收获了成就感,脸上渐渐扬起了自信。

这一次着实让我感动,心想:孩子得救了。

五、线上时光,带着爱走进家长的心田

其实,孩子玩手机很普遍,只不过有些玩得少,没上瘾,还可增长见识;有些长时间玩,毫无节制,既影响学习,又影响视力。我告诉自己:不能让手机影响孩子!这一切需要家长的理解、支持、配合。召开家长会是必要的,我要让家长行动起来,减少手机的负面影响。

疫情原因不能在学校开家长会,于是我们在线上开家长会。有家长认为,孩子不用手机,跟不上时代的发展。我告诉他们,手机带给孩子的不仅仅是眼睛视力下降,颈椎曲度变直,更重要的是毁掉了孩子的大脑,甚至心理健康。我告诉家长,手机就像孩子们的奶嘴,对孩子是弊大于利。手机会让孩子逐渐丧失思考能力,失去对生活的热爱,磨灭斗志和努力的欲望,并举出例子:一个小孩子使用手机,没有父母监管,一年后竟然戴上了800度的眼镜,学习直线下滑,一家人后悔不已。

家长们明白手机害处大之后,才能主动监管,主动配合老师,积极做好榜样,让孩子少用手机,甚至尽量不用手机。他们带着孩子去体育锻炼,看课外书,保证充足睡眠,和同学朋友玩耍,和家人聊天互动,让孩子的生活丰富有趣起来。当然,这不仅需要家长的关注,更需要家长的用心付出。

通过这次事件我发现,原来家长会的建议只要合理,家长们都会支持的;教师的良苦用心,家长们也是理解的;线上家长会,家校达成共识,就架起了沟通的桥梁。良好的沟通,使家长愿意配合学校、配合老师,把孩子的课余生活丰富起来,之后即使有些家长比较忙,也会让爷爷奶奶帮忙,有质量地陪伴孩子,减少孩子玩手机的时间。家长的陪伴是最宝贵的,这是孩子心中爱的源泉,是战胜诱惑的能量,是努力向上的精神支柱。

六、日常时光,带着爱走进全体孩子的心田

孩子用手机,过度放纵和严格禁止都是不理性的,把握好分寸才是正确的做法。怎样才能把握分寸呢?家长需要引领,孩子也需要引领。班主任是孩子的领路人,要努力引领孩子走到正道上来,这是责任,更是义务,是孩子心中的灯塔,于是我决定上班会课,让孩子们知道手机的危害。

我问孩子们:"除了手机,你和爸爸妈妈什么时候最快乐?"

有孩子说:"和爸爸妈妈一起包饺子,我包得像个包子,但是很开心!"

"和爸爸妈妈一起游泳,扑腾扑腾,自己居然就会游了。"

"在步行街，看银杏叶翩翩起舞，我就在地上捡起来，撒向天空，从我头上落下时，感觉自己就像小公主！"

"和小伙伴在沙滩边打地洞，钻来钻去，可有意思了！"

"在广场上放风筝，看风筝在天上多自由！"

"图书馆看书，太吸引人了，让我忘记时间！"

……

孩子的快乐需要分享，纷纷说个不停。趁此机会，我告诉孩子："和父母一起，无忧无虑，亲近自然、走进厨房、来到图书馆、学习生活技能，都会让我们成长，让我们更加快乐，这就是我们大家最幸福的童年时光！你们的父母多么用心呀！孩子们，多和爸爸妈妈走出家门吧！好吗？"孩子们脆生生地回答："好！"孩子听到我表扬他们的父母，夸家长做得好，非常自信。同时，在其余孩子心中，树立了家长的榜样，去带动班级其他家长。

班会课之后，大家纷纷行动起来，孩子的课余时光正在悄然变化……

七、迎来高光，爱让我们一起成长

从一个家长到一个班级的家长，从一个孩子到全班孩子，从点到面，我扎扎实实地引导孩子锻炼、读书、做家务，指导家长榜样示范，放下手机，用心陪伴孩子成长。只有尽心尽力去做，去引导，去改变，去等待，孩子才会远离手机诱惑，在父母、老师的用心陪伴下健康成长。

之后，我便给了学生展示的舞台。语文课有三分钟讲故事时间，中午有才艺表演，展示墙展出幸福的家庭照，甚至微信群、QQ群里也可上传美好的亲子时光照片，点点滴滴的幸福与快乐，在班级中流淌。

特别是丹丹变化最大，经常上台给大家讲故事，在微信上分享回家跳绳的视频，还在展示墙上贴亲子照——和爸爸妈妈爬上山顶的照片。在班级舞台中，孩子们展示着自己的童年，分享着课余的快乐，体会到家庭的幸福，找到了成就感，获得了同学们的关注，手机也不知不觉中离他们远去了。同时，我也及时给予家长和孩子鼓励，以增强孩子的自信心，提高家长们的自律性，巩固成效。有了展示的大舞台，家长们你看我，我看你，纷纷互相效仿、取经，陪伴孩子更用心了。

再后来，孩子们居然能够帮助家长做饭、洗碗、拖地，积极和父母分享学校生活的喜怒哀乐，家庭氛围也是其乐融融。孩子们生活丰富了，睡眠充足了，连写话也变得多姿多彩起来。期末水平测试，孩子们进步明显，特别是才艺表演变得更加精彩了。这学期运动会中,我们班的体育成绩让人精神振奋,获得了年级总分第一名的好成绩。

这份成绩的取得,来自于爱,来自于老师、家长、孩子之间正向情感的流动。情感的流动才能积淀改变的能量。

编者语:伍静老师及时发现手机给孩子成长带来的影响,用爱的教育、正向流动的情感帮助孩子成长、改变。落实手机管理,是师德养成中现代化与法治化并进的体现。

案例3

小午休 大作用
——互助小学"恬静午休时光"养成模式探索

李文刚　刘露霞

案例引自重庆市大渡口区教委主办《自得教育》(ISSN1672-528X)2021年第5期

【案例描述】

"同学们,午休时间已到,请大家回到座位,保持安静,进行午休。"每天中午一点钟,学校的广播铃声都会准时提醒全校同学开始午休。几分钟过后,每间教室一片安静,几乎所有的孩子都开启了睡眠模式,这样半小时的午休时光既有利于他们的身体成长,也能保证下午学习的质量。

然而,任何事情都不是一蹴而就的,这样恬静有序的"午休时光"起初也不是一帆风顺的。

"老师,那几个打乒乓球的老师很晚才回教室,影响别人午休。"

"老师,×××同学不睡觉,总是找我讲话。"

"老师,我睡不着,可以看书吗?"

一开始"午休"试行期间,每个班级都会出现像这样的告状声音,其实,这和我校推行"午餐有礼"的经历类似,最初实施"午餐有礼"时也是困难重重,可是经过长时期的实践和坚持,现在整个学校的"午餐有礼"不是进行得很好吗?而且自从学校延时课后服务实施以来,学生在校的时间明显增多,很多孩子在下午上课时精神状态都不是很好,长时间的学习如果没有充足的休息作支撑,学生很容易就会感到身心疲倦,而且学习质量也得不到保证。所以,"午休"管理一定要做下去。

【解决策略】

为了让此项活动有效地开展下去,校长召集全校老师积极思考对策,他让老师们仔细调查班上学生不爱午休的原因,并积极与家长沟通,找到症结,然后制定出相应方

案,在全校着手整顿:

一、加强引导 提高认识

在与家长的交流中,班主任老师发现班上很多孩子在家都没有午休的习惯,所以一时半会儿还不能完全适应,这就是一开始个别孩子睡不着的原因。为了让孩子们认识到午休的重要性,老师们收集了关于《午休睡眠的影响》《充足睡眠的好处》以及教育部下发的《关于进一步加强中小学生睡眠管理工作的通知》的内容,做成ppt和微课,给孩子们讲解午休的作用。中高段的班级还开展"午休利大于弊,还是弊大于利"的辩论会,在激烈的辩论中孩子们一点点认识到了午休的好处。

二、传授方法 提高效率

孩子们光重视午休还不行,有的孩子虽然也知道午休的好处,但就是睡不着觉,于是老师们又上网查找了很多资料,询问身边的朋友如何快速进入睡眠状态,然后在学校例会中分享和交流;班主任老师还在班会课上请有经验的同学分享"午休"小妙招。经过一段时间的试验,全校大部分同学都能在半小时里进入深度睡眠。

经过一段时间的实践,学校总结出了以下几点"午休"小妙招:

(一)午休的环境

午休时间一到,管理人员就拉好窗帘(窗户打开通风)形成一个相对昏暗的环境,如果天气热要适度开风扇,任何人员不再走动,以免引起异响,老师手机调静音。

(二)午休的姿势

有些同学直接把眼睛蒙在手腕上睡,容易压着眼睛,血液不流通,长期下去对颈椎也不是很好,胳膊也酸痛。午睡的时候可以适当找一些薄的、软的衣物或睡枕,蒙上一个眼罩,头最好侧躺,这样有助于睡眠。

(三)午休前适当活动

学生在用过午餐后一般还有二十到三十分钟的休息时间,这段时间最好不要一直坐在座位上,应适当走动帮助胃消化,到了午休时间,肠胃蠕动速度就不会那么快,这样能有效促进睡眠。

三、加强管理 温馨陪伴

为了让"午休"管理工作持续、有序、高效地开展下去,每个班还设置了专门的"午休管理员",由班干部轮流值守,每天负责午休提醒、午休管理、午休考核的工作。午休期间也有专门的老师进班陪伴。老师不仅监督和管理午休纪律,与学生一起午休也能及时发现问题,及时整改,而且老师们以身作则,对学生端正态度也具有言传身教的影响。

【效果反思】

经过了近一个月的"午休"管理常态化实施,我校的"午休"状况已得到明显改善,无论是学生纪律还是睡眠质量都有了很大提升,学生也基本养成了良好的午休习惯。特别是以前上课喜欢打瞌睡的几位同学现在基本不打瞌睡了,学生上课的精力也比以前充沛了。家长们也纷纷反映,现在学校实行的午休政策非常好,虽然只有短短半个小时的休息时间,但却能够给孩子补充一定的能量,帮助他们提高学习效率,家长们也都很支持。

下一步,我校将继续做好学生的"午休"管理工作,大力普及科学的睡眠知识,深入宣传充足睡眠对学生健康成长的重要性,同时引导家长重视孩子的睡眠管理。

编者语:李文刚、刘露霞撰写的案例是为贯彻落实教育部发布的《关于进一步加强中小学生睡眠管理工作的通知》,积极探索的"恬静午休时光"养成模式。落实政策法规与关爱学生成长密切结合,让新时代政策的落实落地有了爱的智慧,这正是师德养成现代化和法治化的体现。

案例4

教者,格局决定育德的深度
——《勾股定理》课程思政教育随笔

重庆市商务学校　牟强　杨琦

案例引自重庆市大渡口区教委主办《自得教育》(ISSN1672-528X)2021年第3期

【案例背景】

在北师大版《数学》八年级上册《探索勾股定理》一课的设计中,我们对勾股定理历史意义的介绍就是很好的课程思政契机。但大多执教者都是以比较浅窄的角度进行渲染与阐述——仅仅立足于颂扬我国古代数学家接触"勾三股四弦五"的"早"和"智"。

公元前1100年,西周时期的商高发现并提出了"勾三股四弦五"的勾股定理特例,注意是特例。据公元前1世纪成书的《周髀算经》记载的周公与商高的对话能知晓——"故折矩,勾广三,股修四,经隅五。"其实据史料记载,我国早在大禹时期就已经在运用这个特例了——"陆行乘车,水行乘船,泥行乘橇,山行乘樏。左准绳,右规矩,载四时,以开九州,通九道,陂九泽,度九山。"其中的规和矩就是运用勾股定理的实用工具之一。公元前6—7世纪,我国杰出数学家陈子突破了勾三股四弦五特例,把直角三角形这种三边关系运用在对太阳高和远的测量之中，"以日下为勾，日高为股，勾、股各乘并开方除之得斜至日"。然而直角三角形三边数量关系的发展历史，以及对直角三角形三边数量关系本身的探究，并不仅限于我国古代数学家最先发现的"勾三股四弦五"和一般的运用。在西方，最早提出并证明此定理的为公元前 6 世纪古希腊的毕达哥拉斯，他用演绎法证明了直角三角形斜边平方等于两直角边平方之和，毕达哥拉斯对直角三角形三边的平方关系的结论才真正具有普适性，于是人类对直角三角形三边关系的认识由"勾三股四弦五"特例推广到了一般。

【问题呈现】

不少老师会在此强调，我们中国数学家独立发现勾股定理比西方最先的研究要早五百到六百年，老师们对中国古代数学家智慧的肯定与推崇，目的就是让孩子们了解我国古代数学的辉煌历程，以利于在课堂上实施很好的爱国主义教育。诚然，这样引入的出发点和立场完全正确，但在实践中最大的问题是很多老师就仅仅止步于此，没有后续，让一次本来应该有更大格局的课程思政丧失了深度。

【思考分析】

大多数老师所作的前期对比铺垫达成了对我国古代数学家领先世界的智慧和文化的颂扬，但缺少对后期毕达哥拉斯更理性思考的客观分析与评价，缺少了一种认可世界文化的胸襟。在文化的宣讲上有故步自封和本位主义的嫌疑，在知识的理解上有重视特殊性，忽视一般性的缺陷。这种做法容易给学生传达一种意识，即西方的发现没我们早，也没我们好。

要知道，我国只是最早发现并研究运用勾股定理的古老国家之一，不是唯一。史料记载，早在公元前 3000 年，古巴比伦人就已经知道并运用我们所知的勾股定理了，同时直角三角形三边数量关系的特性，不是一个"勾三股四弦五"特例和运用所能表达的，而毕达哥拉斯定理更能全面反映这一特性。我们在执教宣讲时也不必自惭形秽，这不是哪个民族智慧优劣的问题，而是社会生产力不同的社会背景所致。我国史料中记载的"勾三股四弦五"特例之所以多半是在生活中的应用，是因为当时生产力低下，社会科学文化还不发达完善，人们仅仅是在解决生活中的实际问题时所得到的发现或积累的经验，还没有沉下来进行理论思考的时机和氛围。而毕达哥拉斯所处的社会背景生产力相对发达，文化占社会生活的比重较大，学派氛围浓厚，研究数学的目的已从实用中转换为研究自然科学本身，故能对理论进行更深入的研究，因此也研究得更加全面。我们当前书本中的勾股定理，正是吸纳了毕达哥拉斯理论完善后的结果，这是我国文化发展中兼容并包、不断完善的优化结果。故对历史文化的回溯不可只重前者商高而忽略后者毕达哥拉斯，不可只局限于我国古代历史而不涉及世界文化历史进程，这是一个知识传播者起码的态度。

不管是我国的夏禹、商高、陈子、赵爽，还是西方传说中的古巴比伦人、古埃及人，乃至毕达哥拉斯，人类对于勾股定理的内容在不同年段、不同区域的发现，及不同的论证与运用，都不能简单局限为哪一个民族的私有或特有发现，而应该是人类的共同精神财富，都应该获得尊重和认可。

而执教者在教学过程中，对勾股定理的发展历史要有比较客观和宏观的认识，在课程思政中渗透世界眼光的大格局才是立德树人的方向，才能跳出课程育德本位主义的狭隘，从而坚定知识传承中的文化自信。习近平新时代中国特色社会主义思想就是马克思主义中国化最新成果，这就是一种具有世界格局的文化自信。故在本节内容实际教学中，应引导孩子们既认识数学历史传统文化中的古人智慧与成果，同时要以科学的立场看问题，以博大的胸怀吸纳更优秀的文明成果，并转换为民族自身的精神财富，这样才能让自己在文化自信的道路上越走越坚定。

我们的课程思政，不能为做而做，不能浅尝辄止，须思考、须积淀、须拓展自身的教育眼界与格局。

以大情怀育德，一路探索；以大格局思政，一路积淀……

编者语："课程思政"指以构建全员、全程、全科育人的形式，将各类课程与育德及思想政治理论同向同行，形成协同效应，把"立德树人"作为教育根本任务的一种综合教育理念。牟强、杨琦老师在对教育教学的摸索中认识到，教师首先要提升自身格局，方能提升"立德树人"教育渗透的深度。二人围绕八年级《探索勾股定理》一课介绍课程思政的思考与实践方法，体现了自身在提升学科教学能力的同时对自己师德修养的养成过程，印证了师德养成与师能成长协同的重要途径和策略。

案例 5

身份多变　初心不变

案例引自重庆市大渡口区教委主办《自得教育》(ISSN1672－528X)2021 年第 3 期

人物小传

李炼，中共党员，花园小学教导主任、数学教师，大渡口区骨干教师，廖帝学名师工作室第一批学员。从教 20 多年来，她扎根教育、吃苦耐劳、默默无闻、无私奉献，曾多次获区政府嘉奖、先进个人、优秀女性、优秀教师等称号,执教课例《沏茶问题》获重庆市特等奖,撰写的论文多次获市、区级一、二等奖,小课题研究成果、微课制作等也多次获区级一、二等奖。

镜头一:假期里,离校不离教!

早上7:00

亲爱的孩子们,早上好! 新的一天开始了,今天要完成下面四个七巧板拼图的练习哟! 你可以拍成视频发到群里,让大家欣赏欣赏!

下午2:00

@敏浩 图形拼对了,棒棒哒! 速度还不够快,继续加油哟!

@梓睿 今天比昨天用时更短,图也拼得更规范了,你真棒!

@芯颐 这个过程很标准,棒棒哒! 速度还要继续提升哟!

@优宝贝 在桌子上摆会更好哟,要把三个图形一起摆,摆完后举手,评委(家长检查没得错)同意了才可以摆下一个哟!

晚上10:00

@全体成员 孩子们,1月30日的作业情况已传到群里,请看一下老师有没有漏掉或登记错了,如果有问题请及时联系我哟。今天,摆得最快的十个孩子得到了五星奖励,没有得到的孩子别气馁,明天继续努力,加油!

这是李老师受线上教学启发,在寒暑假开设的线上指导,让孩子们离校不离教。这样,孩子们在老师与家长的共同协作下,每天都能规律地学习、生活,不再把作业堆积到开学前几天完成。有了李老师这个"合伙人",即使在假期,家长们也不用为孩子的作业担心。也正因为有了这样的落实假期的指导,在学校的七巧板竞赛中,李老师班上的三个孩子囊括了一、二、三名,梓睿还在大渡口区的比赛中取得一等奖的好成绩。

镜头二:开学前,温馨提醒早准备!

@全体成员 尊敬的家长,愉快的寒假即将结束,请您和孩子一起盘点一下假期学习、生活、玩耍的情况,给我们愉快的寒假生活做一个简单的小结! 也请您和孩子们一起准备以下学习用具:①三角尺、直尺、橡皮、铅笔、练习本等用具;②把上期末发下来的数学书包好并写上名字;③调整作息时间,早睡早起。让我们共同努力,帮助孩子做好上学准备,以最佳的状态迎接新学期的到来! 欢迎孩子们回到学校,回到二年级一班的数学课堂!

开学前夕,李老师会在数学家长群里发布这样的一段话,指导家长和孩子们一起盘点假期生活,调整作息时间,迎接新学期的到来。有了李老师这个"合伙人"事无巨细的安排与指导,忙于工作的家长们知道了怎样指导孩子们做好开学准备,以最佳的状态迎接新学期的到来。

镜头三:困惑时,探讨交流共解惑!

@李老师　我发现裔卿这两天的状态不太对,不知道是不是在学校发生了什么事,还是因为最近我上班去了,没有太多地关注他的情况,他闹了情绪。

@裔卿妈妈　您不要着急,这段时间裔卿在学校的状态还不错,田径训练的老师还表扬了他呢!不过,这个孩子比较敏感,可能是因为您现在外出上班,他回家看不到您,在心理上有点接受不了吧!但孩子总归有长大、离开父母的一天,我们要试着引导孩子独立,明天我会找他谈谈,您也要多和他交流一下,告诉他您是爱他的……

每当家长们遇到困惑时,都会@或打电话给李老师,此时不管李老师在做什么,都会停下来与家长聊聊,一起分析,寻找原因和策略。李老师说,能和家长们共同参与孩子们六年的小学生活是一种缘分,我们要珍惜这段缘分,尽心当好家长教育的"合伙人",家长们把家庭教育做好了,也是对她工作的一大助力!

孩子成长的"引路人"

镜头一:悄悄回来的眼镜。"芯颐的眼镜不见了,相信那位同学只是有点好奇,想借去看看,又不好意思说,等会儿看完后一定会自己放回去的,我们原谅他!但以后要记住,拿别人的物品时要先给物品的主人打个招呼哟!"不久,眼镜果然静悄悄地回到了芯颐的抽屉里,班上也没再出现过类似的事件。

镜头二:什么奖品,我才不想要呢!李老师正在和孩子们一起讲数学集星换奖品的活动规则,教室里却突然冒出了这样一句"不和谐"的声音,只见李老师朝那个男孩微微一笑,继续讲起了后面的要求。讲完后,李老师把那个男孩子叫到身边,细细询问,才知道其实他并不是不想要奖品,只是觉得自己不行,可能得不到,以此来掩饰自己能力的不足。了解到这一情况,李老师轻声对男孩子说:"别人说话时,你这样说是十分不礼貌的,有什么意见可以私下向他提出来,懂吗?你是一个很能干的孩子,只要肯努力一定可以拿到奖品的,老师看好你哟!"

这样的场景,在李老师与孩子们相处的过程中经常出现,没有死板的说教,也没有高调的宣讲,只有在每个学习、生活细节处的商量与正确做法的引导,以及老师的亲身示范与引领,真正做到既教书又育人,让孩子的成长路不偏航。正如《礼记》所说:"师者也,教之以事而喻诸德也"。

新技能的"解锁人"

数字化时代给教育带来了巨大的挑战,自"翻转课堂"风靡时起,李老师便开始进行微课制作学习,成为一名新技能的"解锁人",她制作的微课多次获大渡口区微课竞赛一等奖,微课《圆锥的体积》还被学习强国选用。更没想到的是这一技能在线上教学期间发挥了极大的作用。线上教学时,李老师为配合家长们的时间,让孩子们能真正因需而学,她将新课的教学、作业讲评制作成一个个微课,并为每个微课撰写"使用说明",以美篇的方式分享给家长,让孩子们根据自己的时间、作业情况有选择地学习,出错的看、会的不看、不懂的重复看。短短三个月的线上教学,李老师共制作微课152个。此外,李老师还主动分享,带领老师们一起进步,她将自己常用的小工具的使用方法、经验制作成一个个小视频分享给在学校群里,帮助大家更好地完成线上教学任务。返校后,李老师又充分发挥线上教学优势,开展线上、线下教学有效衔接策略的小课题研究,研究成果获大渡口区一等奖。

"融合"路上的服务人

"李炼,我和他的情况差不多,为什么我有这么多节课?""啥子'读书笔记'哟,我们学校从来没写过!""我们学校可从来都没有检查过这些内容哟! 这么做不得行哟!"……"三胜合一"使花园小学的师资得到了充实与互补,可来自三个学校,有着各自不同"文化"的群体要真正融合在一起谈何容易,稍有不慎就会引来各方的不理解,于是各种指责、质问迎面而来,让作为教导主任的李老师一个头两个大,可她没有发火、撂挑子,而是本着一个"服务者"的身份耐心地解释与调整,虽然因种种原因未能事事尽如人意,却也让教导处的工作得以有序开展。学校大了,事也更多,老师们要赛课,她又忙前跑后,听试讲、调课件、制教具……加班到十一二点是常有的事。每年的招生季也是李老师最忙的时候,来自家长们的各种问题让李老师应接不暇,在那段时间里,李老师的电话几乎没断过,3000多分钟的通话时长打完了,嗓子也哑了,换来的是家长报名成功、孩子顺利入学的好消息! 当家里人说她太辛苦时,她总是一笑而过,说:"没办法,为大家服务嘛!"

教育之道无他,唯爱与榜样而已! 20多年来,李老师以爱为原点,以一名合伙人、引路人和服务人员的身份默默地与家长、孩子、同事一起携手共进,用平凡的言行践行着一名人民教师的初心与使命!

编者语:离校不离教,始终关注学生的成长;解锁"新技能",拥抱教育数字时代;

服务教师同事,配合学校整合发展……李炼老师身上所体现的正是师德养成现代化、时代化的缩影和典范。

纵观以上案例,教师思想及行为的基本规范、教师师德的养成要体现时代化、现代化,多途径促进教师师德养成协同发展,教师各项专业能力的成长。因此教师师德养成是教师成长的重要切入点。

第三章　教师成长的着力点——课程创生

课程建设是教师成长的重要方略,新课程的一个标识就是让教师与课程建设一起成长。课程有很多方面的建设要求,如课程的理论建设、课程的体系建设、课程的学科特色建设、精品课程建设等。教师成长的方略,其实就是教师在课程建设中发挥课程建设的领导者、组织者、建构者、实践者、管理者等多方面作用的方略,也是教师成为优秀的课程育人承担者的方略。

第一节　教师课程创生的本质属性

一、课程

课程是指学校为了实现教育目标而选择的教育内容及其进程的总和,课程是学校教育的核心内容,也是学校教育思想、教学理念的集中体现,更是实现教育目标、支撑办学行为、促进学生全面发展、教师成长的重要载体。课程需要确定课程标准、课程教学的原则和要求,课程实施后效果的评价与课程管理等不同的课程内容。教育部在《深化课程改革落实立德树人根本任务的意见》中指出:落实立德树人根本任务,要加强基础教育课程建设;学校的发展,需要基于学生的核心素养的培养,把课程育人建立在学校的课程体系建设,建立在统筹和整合课程资源上。教师是课程的具体实践者和建构者,依据新时期深化教师队伍建设的总体要求:以德立身、以德立学、以德施教、以德育德、坚持教书与育人相统一、言传与身教相统一、潜心问道与关注社会相统一、学术自由与学术规范相统一,争做"四有"好教师,全心全意做学生锤炼品格、学习知识、创新思维、奉献祖国的引路人。教师成长在课程的方略上,需要以教师的"课程领导力、课程学习力、课程建构力、课程实施力、课程评价力"五力作为着力点[①],构建成长的方略体系。

二、课程建设

课程建设是学校深化课程改革的关键所在,依据《基础教育课程改革纲要(试行)》关于课程建设的三个要求:综合性、均衡性和选择性,以及立德树人课程体系建设的指导意见,学校课程建设的对策有三:一是把握好课程建设的顶层设计,用比较简洁的图例表示呈现;二是关注课程建设的七个要素:理念、目的、结构、内容(学习领域)、实施、管理、评价;三是针对课程分类,多采用核心素养培养功能分类:基础课程、拓展课程、活动课程(探索课程或实践课程)。课程建设首要的是要有课程建设的标准,而课程标准则是课程的理论表达、政策表达、实践表达,是集课程的知识性、科学性、创造性为一体的文本文件;课程标准是规定某一学科的课程性质、课程目标、内容目标、实施建议的教学指导性文件,是教材编写、教学、评估和考试命题的依据,是国家管理和评价课程的基础,具有课程与教学的法规性和标准性[②]。教师成长在课程建设方略上,一是要加强课程标准的学习与认知,充分把握课程标准中的理论、政策、实践三个方面的表达内涵,对于课程的性质、目标、内容、实施建议等有充分的理解与把握;二是对于课程标准的教学资源:教材、教参、学参、考试大纲等资源,要有比较系统的学习、理解、资源的积累,能够结合学科教学的知识性、科学性、创造性灵活地利用。

马克思主义认为:"动物的生存与人的生活都是生命活动的存在方式,但两者的根本区别在于人的生活是一种不断地创造新的意义和价值的高级生命活动。"为顺应知识经济时代对创新人才的目标需求,创新型教师只有具备了强烈的创新意识,才能从根本上摆脱旧的教育思想观念的束缚,变革旧的教学模式,创建新的教学方法,建立新型的师生关系;只有具有了强烈的创新意识,才能拥有开启创新性思维大门的希望,拥有创新意识和创新能力的基础和内驱力[③]。

第二节　教师课程创生的理论基础

教师必须在新课程中牢固树立创新意识:实践发展永无止境,解放思想永无止

---

① 郑金洲.中学教育基础[M].上海:华东师范大学出版社,2020.
② 马大建.校长成长　教师成长[M].郑州:大象出版社,2015.
③ 丁云霞.初中思想品德教学中创新能力的培养漫谈[J].未来英才.2016(8):238.

境,改革开放永无止境。面对新形势新任务,全面建成小康社会,进而建成富强民主文明和谐的社会主义现代化国家、实现中华民族伟大复兴的中国梦,必须在新的历史起点上全面深化改革,不断增强中国特色社会主义道路自信、理论自信、制度自信、文化自信。因此,倡导和弘扬教育主体的创造性,关注教育主体的生命价值和意义,让课堂教学焕发出生命活力,成为我国新一轮基础教育课堂教学改革的核心和主题[1]。

一、教师成长的课程标准方略

国家课程标准体现国家对不同阶段的学生在知识与技能、过程与方法、情感态度与价值观等方面的基本要求,规定各门课程的性质、目标、内容框架,提出了教学和评价建议。事实上,教师成长在课程建设的方略上,主要是把握课程标准的性质、课程标准的实践资源利用的方略。

课程标准的性质一是规定性。国家课程标准是教材编写、教学、评估和考试命题的依据,是国家管理和评价课程的基础,课程标准的规定性表现为四个有:一有时限,即课程目标要同特定的教育阶段相互联系,不是对所有教育阶段预期结果的笼统规定;二有针对,即课程目标要详细描述学生身心发展的预期结果,明确学生所要达到的发展水平;三有预测,即课程目标所描述的结果是预期性的,不是实际的结果,是学生发展状态的理想性规划;四有操作,即课程目标是明确的,可以付诸实现,不是一般性地规划。

课程标准的性质二是依据性。确定课程标准,其主要依据有:一是能体现国家对不同阶段的学生在知识与技能、过程与方法、情感态度与价值观等方面的基本要求,规定各门课程的性质、目标、内容框架,提出教学和评价建议。二是国家课程标准制定要依据各门课程的特点,结合具体内容,加强德育工作的针对性、实效性和主动性,对学生进行爱国主义、集体主义和社会主义教育,加强中华民族优良传统、革命传统教育和国防教育,加强思想品质和道德教育,引导学生树立正确的世界观、人生观和价值观[2];倡导科学精神、科学态度和科学方法,引导学生创新与实践。

课程标准的性质三是导向性。课程标准的导向功能是指国家课程标准具有重要的统领作用,应当成为教材编制、教学实施和学生评价的依据、基点和标尺。也就是说,国家课程标准是上位概念,居主导地位,而教材编制、教学实施和学生评价则是下

① 高书国.教育强国　中国教育发展战略选择[M].广州:广东高等教育出版社,2018.
② 黄瑜,贺磊,黄文华,等.中小学精细化管理[M].徐州:中国矿业大学出版社,2017.

位概念,居从属地位,国家课程标准是教学实施的基点。课程标准能够把老师的"教"和学生的"学"导向掌握科学知识,培养健康思想,探求科学技能,训练创新思维的康庄大道。课程标准一方面是教学总体要求,具体的教学需要细化这一要求,另一方面是评价学生学业的标尺,规定学生评价的内容、范围和要求①。

课程标准的实践资源主要是教材、教参、学参、考试大纲等资源。教材又称课本,它是依据课程标准编制的、系统反映学科内容的教学用书,教材是课程标准的具体化,它不同于一般的书籍,通常按学年或学期分册,划分单元或章节;教材主要是由目录、课文、习题、实验、图表、注释和附录等部分构成,课文是教材的主体;教材依据呈现的媒体可区分为:文字教材和音像教材。教参是教学参考的简称,教参可以是一种辅助教辅资料,是教材编写者教育教学经验的结晶,它给教师提供具体的教学内容,以及各项教学目标,教师通过教参的阅读,可以宏观把握教材内容;给予教者在重点、难点及相关内容的指导;教参也可以是工具书、挂图、图表和其他教学辅助用具②,以及教学程序软件包、幻灯片、电影片、音像磁盘等课程资源,教师灵活运用这些资源,可以最大程度和最优化地提高教学质量。学参是学生学习参考的文本和相关的多媒体资源,长期来学生的学习主要是对教材的学习,而对于学参的重视不够,这其实是教师以教学为中心所产生的问题。事实上,现在以学生的学习为课程教学的中心,以学生的学习活动组织与实施为教学的主线,必须改变重教参轻学参的实践问题。教师的成长要基于学生的成长,要以学生的学、学生的用为成长的方略,因此,把学参的资源建设纳入教师的成长方略之中很有必要。同样,考试大纲是课程标准的重要实践资源,考试大纲简称为考纲,是各种正规的大中型考试如中考、高考、考研、国考等考前所颁发的考试范围和知识考点文本,一般在考试前几个月发布给考生,作为考生学习及复习的标准范围。教师成长需要加强考纲的学习与把握,有专家直接主张教师教学、科研、培训、研修要做到"心中有目(课标),手中有纲(考纲)"。

二、教师成长的课程要素方略

课程建设主要有七个要素:课程理念、课程目的、课程结构、课程内容(学习领域)、课程实施、课程管理、课程评价。教师成长的课程建设方略第二就是要明确课程建设的七要素内涵,准确把握七要素对于教师成功教学和教师成为课程建设的领导

① 王本陆.课程与教学论:第3版[M].北京:高等教育出版社,2017.
② 张道祥.当代普通教育学[M].长春:吉林大学出版社,2006.

者、组织者、建构者、实践者、管理者的实践作用。

课程理念是课程的灵魂,是课程建设的思想意识与行为内在的心理指向,深化课程改革,首先要树立新课程理念:学生发展为本,学生先学后教,学生主动学习,学生学用结合、学思结合等等。有研究者将课程理念界定为:对课程认识的集中体现,是人们对课程教学活动的看法和持有的基本态度和观念。课程理念的转变是教师对于课程的科学性、先进性,以及学生学习活动、学习方式、人生观、价值观、认识观等的不断变化。课程建设序曲走向现代化,要在观念上强调课程理念的"对象"意识、"全人"概念、时间与效益、可测性和量化、教学模式等等先进的理念。

课程目的是课程目标的具体化,而课程目标是指课程本身要实现的具体目标和意图,它规定了某一教育阶段的学生通过课程学习以后,在发展品德、智力、体质等方面期望实现的程度,它是确定课程内容、教学目标和教学方法的基础。从某种意义上说,所有教育目的都要以课程为中介才能实现课程目标,课程目标在确定时要正确处理两个关系:教育目的和培养目标的关系,学生发展与社会的需求关系①;同时,课程目标只有能够指导课程编制,以及转化为不同的课程目的,才能发挥其改变课程功能、调整课程结构、精选教学内容、改进教学方式、改革考试和评价制度、重建课程管理体系等课程目标的功能。

课程结构是课程目标转化为教育成果的纽带,是课程实施活动顺利开展的依据。课程结构是课程各部分的组织和配合,即课程内容有机联系在一起的组织方式。课程结构是学校课程体系的骨架,它规定了组成课程体系的学科门类,以及各学科内容的比例关系、必修课与选修课、分科课程与综合课程的搭配,等等,体现出一定的课程理念和课程设置的价值取向。课程结构可以有知识结构、形态结构、纵向结构、横向结构、递进结构,等等②。课程结构充分体现在课程计划、课程标准、教科书中间。

课程内容是指各门学科中特定的事实、观点、原理和问题及其处理方式,它源于社会文化,是学生学习的主要对象,随着社会文化的发展而不断发展变化。课程内容有基础性、生活性、综合性等建设要求,特别是信息技术背景下的课程内容,特别强调基于课程内容的整合方略,如将信息技术作为课程内容,用信息技术来传播课程内容等。

课程实施是课程建设方案的具体化过程,是实现预期课程育人结果的手段。课程

① 曹占东,孔令桐,张亿钧.现代教育理论[M].海口:南海出版公司,2007.
② 上海市教育委员会教学研究室.学校课程计划完善实践指南[M].上海:上海科技教育出版社,2020.

实施不仅仅是教师教育的过程,更是学生学习的过程。深化课程改革,更加强调课程实施中学生学习方式的转变,要改变课程实施过于强调接受学习、死记硬背、机械训练的现状,倡导学生主动参与、乐于探究、勤于动手的意识,培养学生收集和处理信息的能力、获取新知识的能力、分析和解决问题的能力,以及交流与合作的能力[①]。

课程管理是对于课程建设与课程实施的管理,课程管理可以是课程标准、课程内容、课程评价等多个方面的管理,当前对于课程管理的研究有三个方面的取向:一是课程体系的结构性管理,强调课程与课程之间要有教育内容的结构性,重视课程建设过程中课程内容的互相渗透融合,特别是信息技术在课程内容中的融合;二是从国家课程统一管理转向校本化的课程管理,增加校本课程建设的管理内容;三是课程实施的学生素质教育管理,把学生的核心素养培养,以及终身学习能力的形成作为课程评价管理的重点。

课程评价是根据一定的课程育人功能发挥标准和课程评价技术,对课程建设与实施的效果进行检测与评定的过程。课程评价可针对课程目标、课程计划、课程教材、课程活动、课程学习等多个方面作出判断。课程评价具有:导向、诊断、调节、激励、反思、记录等课程建设与实施的功能。课程评价有基本的模式,也有评价的信息搜集、组织材料、资料分析、报告结果等主要的环节。在评价报告的撰写上,多数要求写出评价题目、评价主要手段或工具、评价的要素、评价的结论、评价的建议等内容,主要是对指定课程进行具体的评论与分析。

第三节 课程改革对教师成长的挑战与要求

课程建设是教师成长的重要对策和方略,一个教师的发展,课程必然是其先进育人理念的显性化和物化的过程,课程建设的优质也必然成为教师成长的优化体现。实践中,课程建设是"教师成长的灵魂"打造,是促进教师专业发展的重要手段,是培养学生发展核心素养的重要载体。教师通过课程建设,一是有效提升专业化水平,在课程建设中加深对于课程育人的理解与把握,提升课程教学的能力;二是教师成长以课程建设为抓手,能在学校的科学管理上寻找到教师管理的重点,形成比较系统的教师成长管理制度与评价方式。

---

① 范春林.课堂环境与自主学习[M].北京:国家行政学院出版社,2013.

一、课程建设的主要原则

一是继承与创新原则。学校课程建设需要学校传承课程的优势与课程结构,在培养学生核心素养、提高学习能力的总体要求下,可以进行不同课程之间的整合与优化,同时对于不同学段、不同学科、不同学校而言,课程建设的着力点、课程育人功能发挥的最优势点可以进行不同的课程调整与创新。二是立足现实与面向未来的原则。学校课程建设要落实"立德树人"根本任务,学生的发展,改革的变化,未来社会的走向,必然是课程建设的新的定向、新的内容、新的育人途径,课程建设需要面向未来进行设计。三是立德树人与培养能力的原则。课程育人可以是立德教育,培养学生的必备品格;课程育人也可以是能力教育,特别是终身学习的能力教育。学校的课程建设从根本上需要从品德与能力课程两个大的方面进行。四是综合素质与提高质量原则。人的德与能,红与专,社会化与个性化,都是有整体性、差异性、阶段性的,课程建设以生为本,以学定教,要注重评价导向上的综合素质和质量提高的需要。

二、课程建设的主要理论

一是素质教育理论。素质教育是针对学生成长,面向全体学生和学生素质发展的所有方面的教育,首先,素质教育是以马克思主义关于人的全面发展原理为基础,注重学生的全面成人,体现全人教育的思想与方法;其次,素质教育是以学生的终身发展为重点,针对素质形成与发展的基本规律,特别是儿童心理发展中的知、情、意、行发展规律而提出课程与教学对策的终身发展教育,体现心理教育的思想与方法;第三,根据课程育人过程中加强学生核心素养培养的需要,素质教育注重培养学生的创新精神与实践能力,社会责任感的重点任务落实。把立德树人作为教育的目标,体现立德树人的原理与方法。

二是生本教育理论。生本教育是以学生发展为本,以学生的自主学习、主动学习、合作学习、探究性学习为课程与教学的思想原理与方法的教育。生本教育源于"人之初,性本学,学生是天生的学习者"的教育思想,主张教育"一切为了学生,高度尊重学生,全面依靠学生"。其核心的教育理念是:为了学生的全面发展和科学成长;其课程建设注重小立课程,大作功夫,整体感悟知识和生命内涵;其课程与教学的重点是十六字方针:先做后学,先学后教,少教多学,以学定教;其课堂教学就是以学生为主体,让学生主动、自主学习的课堂,表现的形态为"四突出""三转变"和"四个基本程序"①。生本教育以"学生也是学校重要的学习资源"为课程与教学的哲学原理,提出教师要为学生的"好学"设计"教好"的基本理念,教学质量在于:真正达到"知七得十""举一反三"的效果。

三是自然教育理论。自然教育理论创始人卢梭认为:教育应顺从于大自然的法则,发展人的天性。教育必须使人的教育与物的教育配合自然,以自然教育为主轴,使人的教育和物的教育围绕它而有秩序,以儿童的内在自然为依据,通过恰当的教育,使儿童的身心得以顺利发展。自然教育集中表现在对人的自然本性的充分肯定中,在于重视培养自然的人性和学生理想的人格上。自然教育的理想准则是"接近自然,取法自然,返回自然,归顺自然②"。

四是儿童中心理论。该理论创始人杜威主张教育的重心在于儿童,课程与教学要"以儿童为中心",所有的教育应是促进儿童身心发展的进步教育,儿童是教育的起点,是中心,而且是目的。儿童的发展、儿童的生长,就是教育的理想和质量所在。儿童以本能活动为核心的习惯、情绪、冲动、智慧等天生心理机能的完善和成熟,是教育的追求过程。儿童中心理论要求教师的课程与教学必须考虑儿童的个性特征,使每个学生都能发挥他们的特长,尊重儿童在教育活动中的主体地位,"做中学"是儿童中心理论的基本教学原理与方法。

五是生活教育理论。人民教育家陶行知指出:"生活教育是生活所原有,生活所自营,生活所必需的教育。"进一步理解生活教育,可以将其视为给生活以教育,用生活来教育,为生活向前向上的需要而教育。生活教育的根本意义是学生生活之变化,有三个方面的主张:"生活即教育""社会即学校"和"教学做合一"。生活教育理论从生活与教育的关系上说是生活决定教育;从效力上说,教育要通过生活才能发生力量而成为真正的教育。生活教育的目的在于"千教万教教人求真,千学万学学做真人③"。

六是建构主义理论。建构主义理论又称为结构主义理论,是当代认知心理学派中的一个分支。建构主义理论主张图式是个体对世界的知觉理解和思考的方式,是人认知结构的起点和核心,图式的形成和变化是认知发展的实质。认知发展受三个过程的影响:同化、顺应和平衡。建构主义主张课程与教学不能无视学习者的已有知识经

① 罗日明.顺德一中课堂教学改革全记录[M].广州:华南理工大学出版社,2017.
② 科兴教育(原翔高教育).教育综合真题汇编及模拟试卷:第3版[M].北京:中国石化出版社,2014.07.
③ 周洪宇,宋俊骥.全球视野下的陶行知研究:第6卷[M].北京:北京师范大学出版社,2015.

验,简单强硬地从外部对学习者实施知识的"填灌",而是应当把学习者原有的知识经验作为新知识的生长点,引导学习者从原有的知识经验中生长新的知识经验。教师要成为学生建构知识的积极帮助者和引导者,应当激发学生的学习兴趣,引发和保持学生的学习动机;学生要用探索法和发现法去建构知识的意义,要善于把当前学习的内容尽量与自己已有的知识经验联系起来,并对这种联系加以认真思考①。

七是科学管理理论。科学管理理论创始人泰勒主张人的管理应是"积极性加刺激性"的管理,或称任务管理,管理的具体内容可以划分为三个方面:作业管理、组织管理和管理哲学。从课程与教学上讲,管理的原理是以"课程目标"为中心,根据课程目标选择与组织作为"教育手段"的"学习经验",任何课程的设计都须解决四个基本问题:一是学校应该达到哪些教育目标,二是提供哪些学习经验才能实现这些目标,三是怎样才能有效地组织这些学习经验,四是怎样才能确定这些目标正在得到实现。因此,简单来讲,课程与教学的管理就是:确定目标、选择经验、组织经验和评价结果②。

三、课程建设引领教师优化成长方略

课程建设基于学生全面发展,强调对于学生核心素养的培养,把培养学生"学会学习,健康生活;责任担当,实践创新;人文底蕴,科学精神"等作为学校育人的质量标准,这对于教师成长标准中最核心的内容。学校教育要培养出适应时代发展,符合国家和社会需要的人才,就必须要把"办人民满意的教育"落实到课程建设的核心素养培养标准上。课程建设基于教师的专业化成长,强调教师要在课程建设中提高课程的领导力、学习力、组织力、教学力、评价力,而教师的专业化成长,是学校发展的关键,一所好学校必然是教师专业化成长水平比较高,整体素质好的学校。课程建设基于学校的依法治理,规范学校的课程育人体系与育人标准,必然重视课程体系的建设和课程育人标准规范化、法治化,而教师的成长,从国家全面推进法治社会的总体要求上,需要面向未来,加强教育现代化进程中的法治化建设,依法治教同样是教师优化成长的制度保障。

此点在新高考标准出台后,教师对于课程标准把握过程中有所体现。

2017年,教育部出台了普通高中各学科课程标准。然而,随着新课程新课标新高考改革在全国陆续开展,一线教师却发现新课程标准落地面临了一些困难,他们感受

---

① 吴勇.我的大学情怀[M].广州:暨南大学出版社,2008.
② 冯俊.干部教育培训教学方式创新[M].北京:人民出版社,2011.

到前所未有的困惑。基于问题与困惑,一线教师又做了一些努力。根据教育价值与教育实践的困惑、课程改革的局部与整体的困惑、课堂教学的"新"与"旧"的困惑、评价体系的"理想"与"现实"的四个困惑,一线教师提出了几个方面的应对策略。

1. 改变教学观念。新课程标准确立的核心素养与三维目标有其科学的内涵和要求。落实核心素养,完成三维目标的过程就是实施素质教育的过程,提倡素质教育,就要树立终身学习的教育理念,多参加各类新课标、新教材的专项培训[①],多学习一些课程改革方面的专业著作,在理论上达到能驾驭新课标、新教材实施的高度,这样才能使学生的全面发展落到实处。

2. 探索教学模式。探索互动式教学模式,重新认识"教师是主导,学生是主体"的教学本质及教学规律,尊重学生在教学中的主体地位,充分挖掘学生学习的积极性和主动性,把教师在教学中的主导作用建立在尊重学生主体地位的基础上,鼓励学生畅所欲言,发表自己的观点、看法,让学生自主学习、独立思考,加强师生间的互动和情感交流,培养学生的问题意识、自主意识、合作意识。

3. 丰富教学内容。基础教育的改革应坚持理论教学与实践教学相结合、课堂教学与课外教学相结合、全面发展与学科特长相结合的原则,促进学生有个性、有特长地发展。教学内容要生活化,联系生活实际,解决生活中的实际问题;教学内容要情景化、直观化和形象化,知识本身要具有丰富生动的实际内容。

4. 多样教学方法。教学方法以探究式为主,教师要巧妙利用一切教育资源进行开放式教学,将社会教育和家庭教育的正能量与学校教育体系设计有机结合,实现民主式教学。教师要积极引导学生自主学习、合作学习和探究学习,通过质疑、参观、访问、讨论、研究和情境体验等形式,让学生在实践中个性化地学习。运用现代教育技术丰富教学手段,提高课程教学效果,教学评价科学化,增加情感态度价值观的考核比重,使学生的核心素养落到实处,促进学生健全人格的养成。

第四节 教师课程创新的过程与方法

课程观是对课程的各种认识和看法的总称,包括对课程的概念、课程的编制、课程的实施、课程的评价等各个方面的认识[②]。提及课程观的明晰,前提在于能明晰教的

---

① 杨继昆. 新课程标准下中学政治课程教学的困惑与出路[J]. 教学与管理(理论版),2016(1):82—84.
② 王炜杰. 多尔课程观对高中历史教材革新的启示[J]. 黄冈师范学院学报,2013(4):149—152.

目的,以及怎样教、怎样教好等问题。

教的目的是什么? 有人认为可以有两个答案:为了教师的发展,或是为了学生的发展。事实上,不少教师教育的目的只有一个——为了学生的发展(教师并没有指望从教中得以发展)。"学"根植于"教","教"服务于"学",拥有明晰的课程观,是成就卓越教师的基本途径。例如,倡导形成"双学目标(教师之学和学生之学的协同)"型的课程观,有师生双学的同时存在,绝对不会出现重教师的学却忽视学生的学的现象出现,更不会因有教师的学严重影响学生的学的现象发生。

一、确立课程观
(一) 教主要是为了学生发展

教师确立课程观,采用让自我的教学行为有更明确的目的和目标,以教促学才不会浪得虚名,学才可能发展,其中包括教师的发展和学生的发展。只不过对于课堂而言,教师发展与学生发展的属性有着层级的不同,二者代表课堂教学中的两种生产性属性,学生发展是第一生产属性,教师发展是第二生产属性,第一生产属性是课堂效能形成的保障,第二生产属性是课堂效能形成的基础,没有第一生产属性(学生的发展),第二生产属性(教师的发展)便会失去意义。

建构课程观,走向高效课堂,提升课程力,达成双学目标,我们必须明确:只要是横向的教,其目的只有一个——为了学生的发展,不为了教师的发展。课堂上教主要是为了学生发展,心中有学生,教学才会有合目的性;心中关注学生,教学才会有针对性;心中呵护学生,才会收到真正的课堂教学效果。有些课堂依旧存在教的目的不明的现象,教师的学与学生的学存在混淆。如果教师只是一味地考虑自己的教学行为和方式,而不考虑学生的接受态度、接受能力,不关注学生的思维和情绪状态,也就是说,很多课堂因为教师的学影响了学生的学这一学习主体的存在,其课堂效能就会大打折扣,在这样的课程中提升课程力也只是一个假象,自然也并非有专业素养的真正提升①。

——**教得好不好关键看学生学得好不好。**教学中"双学目标"的建立,即教师之学和学生之学目标的建立,是课程力提升,达成高效课堂的保障。但我们更应该感知到,双学目标的定位是当前课堂教学中十分困难的事。"双学目标"的存在带给课堂无数

---

① 郭力众,冉小琴. 打造高效课堂——教师的宣言[M]. 长春:吉林大学出版社,2011.

的困惑，只有分别予以解决，课堂教学才可能真正实现高效。其实，对于具体的课堂而言，只有分清了双学目标的层级问题，才可能真正解决困惑。"双学目标"并不是对传统教学目标的否定，相反，更是为达成"学生之学"这一单一目标发挥助推作用。打造高效课堂，确立课程观，教师心中必须先有教师之学，然后再有学生之学，才可能真正地还原课堂的本真，教学才会真正有意义，教育才是最美丽的。

链接 3-1

老师让学生吃葡萄

有一名教师在讲授人教版第三册《酸的和甜的》一课时，教学情景如下：

教师在进行新课导入时，除了播放满架的葡萄录像外，还准备了一盘新鲜甜蜜的葡萄，让每一个小朋友吃一颗。当教师将葡萄盘送给台下的学生时，出现了小朋友迫不及待、争先恐后拿葡萄的场面。这种教学方式既满足了孩子们追求新奇、好动的心理，让孩子们兴高采烈地吃葡萄，兴趣盎然地进入课文学习，也为课文中理解"迫不及待"这个成语做了场景和情绪的准备。当教学过程中教师问小朋友"小猴子为什么迫不及待"时，他们都知道是因为小猴子太想吃甜蜜的葡萄了。当教师问学生："我们刚才为什么也迫不及待了？"时，课堂上吃葡萄的场景就会重新出现在小朋友的眼前。他们知道自己拿葡萄的时候也是迫不及待的，这种迫不及待是因为怕自己吃不到。

——教师心中要以"学生之学"作为主体。教师要思考教什么、怎么教，学什么、怎么学；"准备怎么教""正在教什么""学生正在怎么学"。尽管教师在教学中的主导地位不能动摇，但由于人们对于发挥主导地位的作用表述含糊，致使"双学目标"难以和谐统一。从这一案例中，我们能感知到，课程力提升后，由于教师充分考虑到学生的内心感受和需要，心中有学生这一学习主体的存在，自然便打开了这节课的切入点——"学生之学"。

学生之学的最高境界是回归生活。课堂教学本身就是特殊环境里的一种生活，一种生存方式。教学时，只有提升课程力才会遵循学生的年龄特征，尊重学生的人格，保护学生的兴趣爱好，才可能促进学生快速进入有效或高效的学习之中。在课堂教学中，我们要创设自由、开放、包容、合作、进取、诚信的良好教风和学风，创设自由探究和共享知识的宽松、愉悦的环境，尊重学生的个体和个性差异，让每一个学生都能充分发挥自己的潜力，这才是教师课程力提升之后施展自己才华之举。

链接 3-2

让"死知识"真正"活"起来

特级教师于永正执教《七颗钻石》一课时，先是工工整整地把生字词写在黑板上：喜出望外、焦渴、干涸、一瞬间等，并将对这些字词的内涵理解全部放在具体的语境中，很好地体现了结合上下文理解词语的思想。但是，学生会读了、理解了，这些词语仍然只能作为具体的知识积累在学生的知识系统中，好比是将它们存入知识的仓库中。

存在仓库里的知识只能是"死知识"，只有将"死知识"经常运用，让它们周转起来，成为后续学习和解决问题的基础和支撑，这些"死知识"才能变成"活知识"。在深入理解课文后，于老师把板书的几个词语标上序号，启发孩子们说："词语只有在说话和写作中灵活运用，这些词语才真正属于你自己。请同学们试着用上这几个词语，并按照词语的顺序来讲述'七颗钻石'的故事。"有了这几个词语引路，学生就好比抓住了一条讲述的线，在简短的准备后，纷纷举起了小手。

著名教育家苏霍姆林斯基创造了一所"蓝天下的学校"，意在引领学生在自然中学习"活知识"，鼓励学生将所学知识运用在生活中，让"死知识"真正"活"起来。所以真正的学习不是让学生积累越来越多的知识，而是给学生创造机会，鼓励学生运用所学知识解决问题，让每个知识经过"活用"后真正成为学生自己的。

（二）课程是教学的产品

探讨课程观的确立，对课程观主观性的认知是绕不开的话题。探讨课程观，人们必须先弄明白课程的属性（是教育的产品），而后方可知晓提升课程力、打造精品课程的方向。人永远不是教育教学中的产品，若把人当作产品，只能是认知的倒退。学校为实现培养目标而选择的教育内容及其进程的总和直指课程。为此，我们可以得出结论：课程才是教育教学的产品。

二、打造精品教材和教学内容

提供精品教材是高效课堂最基本的需求，是对教师课程力的直接要求。教材是课堂中师生双方开展教学活动的纽带和载体，教与学进行的关键在于能否围绕教材让教学内容有序展开。走向高效课堂，提供精品教材，是卓越教师的理念与追求。教材与教学内容之间的讨论是永恒的话题，人们通过辩证的认知基本达成"教材不等于教学内容"的共识。事实也是这样，教材虽然是理性知识的有序集合，但教材里的所有知识都不具有智慧，都不具有温度和目标，需要教师抓住教材充分理解和设计，需要教师将个性化的专业素养融入其中,才可能最终演化成切合自我及此班此生的教学内容。如何有效地使用教材,这几乎是一线课堂教师最迫切需要解决的问题。争论多年,有人试着给出了解决的方案和对应的答案,结果是谁也没有真正解决这一问题。其实解决这一问题只能靠教师自己,其他任何人都不可替代。打造精品教材、精品课程,源于强大的课程力催生的创新。有精品才有创新,有创新才有精品。创新就是走前人未走过的路,是对未知领域的探索,是追求美好的过程。课堂教学需要面对学生真实的认知起点,展现学生真实的学习过程,让每个学生都有所收获和发展。

链接 3-3

《黄河颂》教学片段

师:你们听说过黄河吗?

生:听说过,我们中华民族的母亲河。

师:为什么说是中华民族的母亲河呢?

生:黄河发源于青藏高原巴颜喀拉山北麓海拔 4 500 米的约古宗列盆地,流经青海、四川、甘肃、宁夏、内蒙古、山西、陕西、河南、山东九个省、自治区,最后注入渤海。它是中国的第二大河,全长 5 464 千米,流域面积 75 万多平方千米,黄河流域内有耕地 3 亿多亩,1 亿多人口。

生:黄河是中华民族的发源地。150 万年前在今山西省黄河边的芮城县境内出现西侯度猿人;100 万年前的蓝田猿人和 30 万年前的大荔猿人在黄河岸边取鱼狩猎⋯⋯从旧石器时代起,黄河流域就成了我国远古文化的发展中心,拉开了黄河文明发展的序幕。

师:同学们收集的资料还真不少。那黄河流域现在的情况怎样呢?

生:现在的黄河遭到了严重污染,在宁夏,造纸企业被公认为污染大户,据统计,每年排入黄河的工业废水多达 6 007.2 万吨,占宁夏工业废水排放总量的 52.1%,其主要污染物化学需氧量的年排放量约 6.57 万吨,占宁夏排放总量的 79%,污染"贡献率"居各行业之首⋯⋯

《黄河颂》是著名音乐作品《黄河大合唱》第二乐章的歌词,也是一首反映抗日救亡主题的现代诗歌。诗歌着眼于"颂",以热烈的颂歌形式塑造黄河的形象,充满了强烈的冲击力和震撼力,展示了黄河桀骜不驯的血性和中华民族的英雄气概。而在这节课中,教者不是引导学生去读诗歌,从语言中去感悟这篇作品的气魄和情感,而是放大了历史、地理、环保知识，把语文课上成了历史、地理、环保等诸多内容的大杂烩。这样的教学，就是没有处理好教材的教学，是教学内容不集中的教学，它忽略了教材的学科特征，肆意放大教学的范畴，让课堂变得杂乱无章。

从打造精品的角度处理教材，找到合适的教学内容，是教师专业核心能力的体现。教师处理教材的能力低下，或没有正确的教材观，往往会将教学带入误区，严重影响教学效果。很多时候，我们的课堂教学表面看来热热闹闹，学生积极参与，课堂氛围浓厚。但是仔细研究就会发现，因为教师对教材内容处理不当，甚至于连"教教材"的程度都不能达到，更不用说"用教材教"，"用教材学"了。这会导致整个课堂教学严重偏离正常轨道，教材的教学价值没有得到体现，教材的教学资源没有得到发挥。学生思的启迪、美的熏陶、情的感染，以及知识的获得、能力的形成也都统统成了空中楼阁，没有附着的可能。这就是对教材的乱用、滥用，对教材的不尊重，是对课堂教学的不尊重。如此，教学导致课堂的低效也就不足怪了。

——规避偷懒，全力打造精品课程。教材不等于课程，教材属于课程建设中的核心。我们打造精品教材时应遵循课程建设的基本属性。比如，课程属于"航道"的功能，如若将处理后的教材转化成促进"双学目标"达成的教学内容，才可称真正地拥有课程意识。只是我们还应该明白，拥有教材精品意识，必须认识到精品就是好中之好、优中之优。实践证明，创新是一个探索、打造、完善的过程，是在追求精品的过程中完成的。塑造精品教材是创新的基础，高效课堂中的教学内容往往因课程精品成就品牌，课堂有精品，才会因此有教师主角对课程力的需求，因精品成为人们参观、学习、仿效的对象。对于全面提升课程实施能力的教师而言，精品意识往往会牵引导向意识——打造精品教材，从而有对所提供的教学内容转化成精品或优质课程的要求。教材的处理，除了有较强的业务素养、专业能力和对教材的理解力，还需要有对课程教材的把握力，同时，它也需要花费一定的时间和精力。

重庆市大渡口区实验小学教师李秀英、李涛研究分析了当下劳动教育中存在的问题，提出了在小学开展劳动教育的策略与方法，建立了1—6年级学校、家庭、社会三位一体的劳动任务清单，建立了与任务清单一致的小学劳动教育的长效评价机制，贯彻落实党的方针政策。让"劳动教育"回归本位，具有重大的时代价值和鲜明的现实针对性。

表 3-1　重庆市××××小学"启慧种子"不可不会的事

劳动教育清单				
年级	学期	校园劳动实践	居家劳动实践	社会综合实践
一年级	上期	自己背书包	自己穿衣,整理衣帽	和家长一起观看一次街道、小区、社区的活动
		整理学习用具	分发餐具、摆放座椅	
		分发午餐,整理餐具	分类清理垃圾	
	下期	擦课桌	会扣扣子	
		倒垃圾	会系鞋带	
		收拾书包	收拾筷子	
二年级	上期	擦黑板	收拾整理书包	学习乘坐交通工具
		关风扇和班班通	倒垃圾	
		洗小手帕	洗小袜子	
	下期	打扫教室卫生	端茶递水给客人	
		整理扫除用具	种花浇花	
		清理扫除柜	择菜	
三年级	上期	包书皮	擦鞋或刷鞋	工厂车间体验产品生产
		垃圾分类	使用吸尘器	
		会钉钉子	穿针引线	
	下期	会使用电锯	会用洗衣机	
		会使用锤子	会洗碗筷	
		会使用螺丝刀	会取快递	
四年级	上期	合作完成教室大扫除	钉扣子	参加生态农场环保种植活动
		合作完成班级黑板报	会洗内衣	
		回收废旧电池	会洗挂窗帘	
	下期	会简单包扎	用电饭锅煮饭	
		会使用钳子	为大家准备早餐	
		会防疫消毒	用缝纫机跑直线	
五年级	上期	学会使用锯子	清洁卫生间	参加校内外公益活动
		使用锄头	挖一次红薯或土豆	
		学会使用刨子	会直接换、洗床单和被套	

年级	学期	校园劳动实践	居家劳动实践	社会综合实践
	下期	会使用万用表	会包饺子和抄手	
		种植植物	熨烫衣服	
		专用码钉栓	饲养小动物	
六年级	上期	超市 ABC	制作小挂件	参加校外的志愿者服务
		手工 DAY	会做重庆小面	
		设计"跳蚤市场"海报	会做1—2样特色菜	
	下期	为自己设计一张毕业卡片	制作金属丝晾衣架	
		设计班级毕业典礼海报	制作相片框	
		为学校设计一条招生广告	鸡蛋的N种吃法	

拥有强大的课程力才可保证精品课程的产生。课堂教学内容的处理不能应付,如若只注重"面子工程""眼球工程",只搞形式主义、照搬主义,结果必然会被自我的导向打败。只有老老实实、扎扎实实、踏踏实实处理好教材,并将其向自我教学内容有效转化,真正让其变成精品教材,课堂才会变成为自我拥有的精品课程。

打造精品教材,打造精品课程,突出学科的本体性是根本。精品不是凭空而来的,只有拥有正确的理念、渊博的知识、多样化的本领,才能在工作中不走老套、不拾人牙慧,有自己独到的见解和创新工作的思路和方法,从而促进课程力的提升,使得课堂教学有效直至高效。拥有教材的精品意识,在教材的处理上必须突出学科本体。学科本体意识是打造精品课堂的一个重要方面。究竟谁才是课堂教学中的教学本体,教材如何才能达到突出教学主体的效果,除统筹安排外,更需要体现理性。尤其应该注意教材一定只是一个学习工具,是一个手段,掌握本体知识才会保住课堂的根本。突出学科本体必然突出"用教材教""用教材学",这是突出本体教学不可丢失的教学理念,它最终会让学生的学习主体作用在课堂教学本体内容的习得上凸显。

——教学内容是重要的课程资源。教学内容是课程资源开发的重要方向,教学内容从"非本体"向"本体"的转变是对教师课程力检验的一个筹码。教材是手段,教材是资源,教材是课堂教学中用以实现教学目的的工具和凭借,不注意课程资源的开发和利用,没有对课程资源的持续支持与转化,再美好的教学目标也难变成现实。有效地开发教材和课堂资源,是成熟教师创造性工作的标志,是促进教师自身课程力提升的主要途径。在整个实施过程中,资源的开发和利用直接影响着学生素质的发展,但很多时候,我们却总忘"本",忽略了对教材课程资源的开发。

余映潮老师处理《满井游记》第一课时,对课文进行了美点赏析,就是教师对教材资源充分挖掘的典型案例。

链接 3-4

《满井游记》美点赏析

1. 听读课文。

2. 朗读课文。

3. 译读课文。

4. 教师:这篇课文充满了"美",请同学们从课文中找出实例,用课文"美在……"这样的句式说话。要求每人都说,至少要说一句话。

5. 同学们读课文,写"话",进行"美点赏析"式说话。

6. 综合同学们的"说话"内容,小结如下:

课文的写景之美:写了春水之美:"冰皮始解,波色乍明,鳞浪层层,清澈见底";写了春山之美:"山峦的积雪被晴日所化,青葱的山色如同经过洗拭一般,显得格外鲜艳明媚,好像刚洗过脸的美人正在梳掠她的发髻";写了春柳之美,还写了麦苗之美。它们构成了一幅北国郊原的早春风光图,令人目不暇接,心旷神怡①。

课文的写人之美:作者写了游人的几种情态:饮泉水煮茶的人显得清雅而悠闲;边喝酒边唱歌的人显得豪爽而痛快;穿着艳丽服装的女子显得从容而舒适。这些各得其乐的种种情态,无疑是一幅郊原春游图。游人们既领略到最早的春光,又给冬寒初退、大地春回的景色增添了不少的生气和暖意。

课文的写物之美:曝沙,写鸟的安闲恬静;呷浪,写鱼的自由天真。作者通过鸟、鱼一静一动的情态,概括了大自然一切生物在春光中的"悠然自得"之感。作者甚至发现和感受到在鸟的羽毛和鱼的鳞鳍之间都洋溢着一股喜气②。

课文的写情之美:作者的感情表现在出游之际。来到野外,看到堤岸两旁高高的柳树,闻到泥土的芳香,他的心情就像脱笼之鸟一样,飞向那辽阔的春天原野。作者的感情况还表现在写景、写人、写物之中,表现在他游玩之后的美好感受中——春在郊田之外,

---

① 丁波. 浅谈新课程标准下如何有效切入文本[J]. 语文学刊,2012(16).
② 余映潮. 余映潮阅读教学艺术 50 讲[M]. 西安:陕西师范大学出版社,2005.

而居住在城里的人还不知道,辜负春光,岂不可惜! 表达了向往大自然的美好的情感。

至此,同学们完成了对课文多角度的整体理解。

课程设计是课程从理念到行动、从目标到实施的中介。重庆市茄子溪中学以活动课程为中心,构建"三点一环"课程与实施机制,有效地将家庭、学校、社会有机融合起来,形成相互促进、相互提升的圆环,提升传统节日教育的育人实效。

基于传统节日的特色活动课程设计既要考虑课程目标、课程内容,更要考虑学习场所。因此,"三点一环"的活动课程构建了以课程设计为中心,激活育人空间和资源,让节日教育"活"起来的模式。一是让育人空间"活"了起来。传统节日课不局限于课堂,发挥学校、家庭、社会三个空间(场所)的优势;二是让育人资源"活"起来。要整合利用校本资源、家长资源、区域资源、社会资源等各种资源,为传统节日活动创造有利环境。

在每个节日活动课程中,通过"体验感知""思考辨识""文化理解""实践探究""创新创作"五个维度将家庭、学校、社会有机融合在一起,共同循序渐进地引导学生认识、理解、认同中华传统节日,实现课程的认识性、情感性、探究性和创生性的思维目标(如下表)。

表 3 - 2　课程思维目标

序号	课程活动板块	课程实施者	目　标
1	体验感知	家庭、社会	认识心中的传统节日
2	思考辨识	家庭、学校	加深对传统节日的探究兴趣和情感
3	文化理解	学校、社会	理性认识传统节日
4	实践探究	学校、家庭、社会	探究文化的精神内涵
5	创新创作	社会、家庭	创新表达对节日内涵的新理解

在每一个活动板块中,课程的实施者并不是单一的,而是多个实施者合作参与。如在家庭主导的"体验感知"活动板块中,学校根据学生"你眼中的传统节日"展示作品,了解学生对节日的认识,设计"思考辨识""文化理解"的课程内容;在"思考辨识""文化理解"板块中,学校需要借助社会力量,采用引进来或走出去的方式,提升学习深度,加深理解;在"实践探究"过程中,家庭成员根据学生提供的任务清单走进社会完成探究;在"创新创作"板块中,学生结合实践探究的成果,制定"如何更好庆祝传统节日""如何更好传承节日文化"等创新活动。

课堂教学要求教师有较高的课程力,有对课程的把握力,对"本体"内容的甄别力和选择力,能够依照教材本身的特点,创造性地对教材进行处理和运用,并抓好教材资源的创生与学生有效学习的衔接。这也要求教师努力找准教材与学生学习的结合点,让学生能用自己喜欢的方式走进教材,研读教材,始终牢牢把握学科教学特点,紧扣教学目标,让各种手段很好地为教学服务。这样的课堂教学中生成的课程产品,更有利于强化学生情感的培养、知识技能的获得,更容易让学生高效学习。

三、课程观永远行走在教师成长的路上

人之所以不同于自然界的其他生物,最重要的原因在于人有自己的思想,有一种改变实践的原始冲动,改造自然的强大生产力。正是因为有思想、有生产力,才让人脱离了低级行列,成为万物之灵长。巴尔扎克说:"一个有思想的人,才是一个力量无边的人。"对我们教师而言就是:"你得有自己的思想,你得有自己的课程生产力,你才成其为真正的教师。"思考是思想的起点,思想是实践的产物。成就卓越教师,我们必须行走在修行路上,才会有"我,我的"教育思想,才会因为拥有教育思想富有而改变教育和课堂的生产力。教师的思想体现在课堂上,体现在课程建设中,用拥有生产课程的生产力(在全书中,我们简化为课程力)铸就。换句话说,拥有课程力的教师才称得上是能改变教育拥有思想的教师!

——对课程及课程力的说明。课程改革的核心直指课程建设,课程改革的关键直指教师专业素养提升。课程力不仅是课程建设的核心能力,还是教师专业发展的核心素养,深入推进课程改革的突破口。当前,立足课程建设,围绕教师专业发展角度,全面促进课程力提升与发展,针对"课程力协同提升"展开应用研究非常具有现实意义。课程(本质属性)是教育教学的产品。课程力广义上指教师的教育教学能力,狭义上指教师的课程建设能力,课程力包括课程组织力、实施能力、评鉴能力、选择能力、设计能力和开发能力等。很明显,这样的界定依旧没有包含课程里的所有外延。

——没有课程力支撑,难以形成"我的"教育思想。具有先进课程生产力的人师,用其强大的课程彰显着自己先进的教育理念、先进的教育教学方法,以及先进的教育教学方式。反之,没有思想,无明晰的课程观,课程力自然就低下。教师课程力的提升与发展,是教师课程观发展的需要,是受教育者发展的需要。人们应该看到,没有课程力的提升、课程力的明晰,没有应时而铸就的教育思想,一定办不好教育,一定培养不出有抱负的学子。作为教育者,应永远行动在修行的路上。

其实,教育思想的实质是理性的,课程力的实质是反映课程(产品)生产力的大小。

当下的人们知道思想存在,却不知道思想的表达方式是什么,对于教师来说,在于全面提及教师自我的教育思想,也直指课程力的提升。教师形成自己的教育思想,必须遵循意志客体化产生的原则和规律。拥有课程力,铸就教育思想,方可能成为人师。教师作为教育者,只有拥有人师的风格、人师的气度、人师的思想、人师的才情与智慧,才能引领学生,呼唤教育,让教育焕发光彩。

——课堂里铸就"我的"课程观。课堂是课程力提升的地方,更是教育观产生的地方,就像灵魂需要有安顿的地方一样。教师离开课堂,没有课程力提升,难以生成富有生产性的教育观。课程观并非都是带有生产性和正能量的。在课堂中集中于课程力的提升,练就自我课程观的过程中,软弱的带有破坏性的思想并不能轻易消失,只有让自我带着强大的意识和力量,才会在对抗中将一些负面的东西加以抑制甚至消除。就像田地一样,种上庄稼就会少长杂草或不长杂草。其实,高效课堂的形成之理就在于此,课程力的提升之理在于此。

链接 3-5

课堂节奏　美在自然

（大渡口区实验小学　钟莉）

讲《荷塘月色》一课,李老师用了两个课时,这两个课时的安排看起来似乎有些漫不经心。第一节,李老师抓住单元特点,重点引导学生"整体感知、揣摩语言"。顺着这条思路,他撇开作者介绍,紧扣"揣摩语言而进入作者心灵"这一主题任务顺流而下。于是,学生开始进行"把自己放进去"的朗读。朗读中发现学生读得太快,掉字换字,李老师马上停下来,针对问题,及时解决。他一边范读,一边讲解,不厌其烦地鼓励学生以自言自语的话语方式,把自己当做朱自清,把文章的语言变成自己的心声自然而然地流淌出来,直至与作者产生共鸣。

对朱自清的介绍,李老师放到了诵读和字词学习之后,而这一介绍又甚为详尽,导致第一节下课还未介绍完毕。李老师不慌不忙,留了个"下回分解式"的悬念。

第二节课,李老师从介绍朱自清的人格魅力入手,顺势发动学生交流文中最打动自己的文字,大家一边赏析,一边互抛问题……课近尾声,李老师借用王国维《人间词话》中的名句总结朱自清"出淤不染,皎洁无瑕"的人格,使学生陷入深沉与庄严的思考之中。课堂之舟一路飘行而来,其艺术魅力深深吸引着学生。

重庆市大渡口区实验小学教师钟莉利用 STEAM 理念是指将科学、技术、工程、艺术、数学五门学科整合为一体,借此发展学生思维结构的一种全新教学理念,但并不是这五门学科知识的简单融合,这种跨学科融合的理念与技术工程领域中能综合所学的各方面知识的特点相结合。在 STEAM 理念的跨学科融合思想下,让学生像工程师一样经历提出问题—设计—制作—改进的过程,并在此过程中发展学生的系统性思维、设计思维、思维的实践性、迭代思维,进而培养学生的工程思维能力。

(一)创设问题情景,让学生像工程师一样思考

以现实生活问题为背景,创设问题情景,让学生带入工程师角色,对工程的前期问题进行思考、交流,促进思维的形成,并让工程师的身份够激发学生的思维主动性。以《建海上城市》一课为例,《建海上城市》是基于五年级下册《沉与浮》单元开发的一节 STEAM 课例。在这节课中,通过新闻视频,学生了解到随着全球气候变暖,冰川融化,海平面上升,陆地减少,城市面临着被淹没的危机,有科学家提出建海上城市的想法。"建海上城市需要解决什么问题?"在这样的问题情景下,产生了以下教学片段。

师:你认为建海上城市首先需要解决的问题有哪些?

生:我认为需要解决水的问题,因为人是离不开水的。而在海上都是海水,不能直接喝,所以我们需要制造淡水。

师:那可以用什么方法制造淡水?

生:可以通过加热,让水蒸发,获得淡水。

师:你能利用分离盐和水的方法解决淡水的问题,还需要解决什么问题?

生:还需要让城市浮起来。

师:这个问题很关键,如何让城市浮起来呢?

生:可以在城市的底部和周围增加很多质量轻但体积大的东西,增加城市的浮力。

师:还有什么是需要解决的?

生:海上城市和陆地城市有很大的不同,比如会遇到海浪、海风的危害,我们还需要确保城市的安全性。

师:你考虑得很全面,这需要学习更多的知识来解决问题。

生:我认为其实海浪海风虽然会给我们的城市带来危险,但是它同时可以被我们利用,比如风力发电等,并且我认为一座城市需要有最基础的设施,比如住宅、医院,等等。

师:你能分析事物的利与弊,还提出来新的想法。这些问题一部分我们可以通过已经学过的知识解决,还有一些问题暂时不能解决,需要通过自学来补充这部分知识。

从以上教学片段中可以看出,学生在建海上城市这样的现实问题情景下,能够主

动地在大脑中搜索已学的有关沉浮、能量、混合物的分离等相关知识来解决问题,同时也能对涉及的知识通过自主学习获取。在问题情景的引导下,让学生像工程师一样主动思考。

（二）基于招标书,让学生像工程师一样设计

设计是工程的关键,学生需要根据具体的项目要求进行设计,保证工程顺利推进;同时需要学生对工程的具体要求进行分析,保证思维的活跃、能动,从而简单评估项目的可行性。以《建海上城市》为例,根据图 3-1 海上城市项目招标书,学生可以迅速明白这个项目的核心是让城市能够浮起来,且具有抗风能力。在此基础上还需要考虑城市的安全性、功能性、成本、占地面积等。为了达到招标要求,学生需要具备 STEAM理念的跨学科融合的思想,利用科学、数学、工程技术等多方面知识设计海上城市。学生需要经历整体设计、成本核算等活动,需要有整体规划、统筹思考的能力,这能够很好地培养了学生的系统性思维。

表 3-3 《海上城市》项目招标书

项目	运用科学、数学及工程与技术等有关知识,设计制作一座海上城市模型,解决未来因海平面上升,陆地减少,人类迫切需要家园的问题。
招标要求	1. 能漂浮在海水上,具有一定的抗风能力; 2. 能够体现城市功能; 3. 模型制作的成本控制在 20 元内; 4. 海上城市的模型占地面积不能超过 600 平方厘米;高度不能高于 25 厘米;
竞标人须知	1. 按招标要求完成设计,设计方案包括设计图,缺少设计图作废; 2. 按时提供设计图及作品;

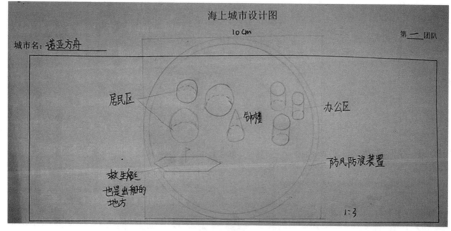

图 3-1 海上城市设计图

结合海上城市设计图,他们团队的介绍如下:

生1:这是我们团队设计的海上城市——诺亚方舟,考虑到招标要求中城市占地面积不超过600平方米,我们按照1:3的比例首先画了一个边长为10厘米的正方形,只要我们的设计图不超过这个正方形,就可以保证占地面积不超过600平方厘米。

生2:我们城市的居民楼等城市基础设施均采用圆柱体、半球形这种无棱角的外形结构,可以减少海风的威胁,增强抗风能力。

生3:城市四周有防护设施,当海浪、海风较强时,防护设施可以自动升起抵御海浪的袭击,这个防护设施还可以根据海浪的强度作出不同的防御,当海浪非常强时,可以将城市完全包裹起来,浮在海水中。

生4:城市还配有救生小艇,当危险来临,城市已经不能保证我们的安全时,我们可以坐着救生艇离开,确保我们的安全。以上就是我们对海上城市的创想,你们有什么疑问吗?

生5:城市的中间是钟楼,既可以提示时间,还有一个很重要的作用,它很高,可以感测到离城市四周很远的地方,提前通知人们危险的到来。

生6:我认为你们对城市安全性考虑得很全面,特别是钟楼,这是我们团队没有想到的,但是你们缺少能源设施,海上风很大,你们可以建风力发电机。

生1:我们接受你们的建议。还有其他疑问吗?

生7:你们如何保证海上城市能够浮起来呢?

生2:我们的城市底座会采用吹塑纸这类很轻的材料。

生7:我觉得还可以利用塑料瓶增加浮力。

生3:如果目前的设计不能让城市浮起来,我们会考虑。

在交流环节中,可以发现学生在设计时能够结合招标要求对海上城市的创意进行介绍,而倾听的同学也能够根据这几点提出自己的疑惑,这能够充分调动全班同学的思维活力,围绕关键问题,持续不断地进行思考,保证思维的活跃性和能动性,让学生基于招标书,像工程师一样设计,发展学生的设计思维。

——教师成长为人师的课程观。教师成长的不同在于课程力大小及其铸就的课程观,在于其思想的有无。教师都有课程力铸就的课程观,但其附有的伟大的思想并非专利品。对于更多的教师而言,我们并不缺乏意志,我们也有用不完的力气,最期盼的是通过努力,能实现自我价值的提升。教师不在于地位的高低,而在于有没有一颗伟大的心;不在于能否操控课堂,而在于能否达到目的。俗话说得好,心有多大,舞台就有多大,尽管我们都是普普通通的一线教师,但并不妨碍我们用课程力铸就伟大的思想①。

——一位教师是否有成就,需要用正确的课程观引领。教师成长带有个体标识的后验,是具有专属于"我,我的"独有、特有的倾向。正如魏书生所说:"同样是课堂,有的教师视为畏途,有的教师视为乐园。同样一篇文章,一位老师讲,学生学得兴趣盎然,忽而眉飞色舞,忽而屏息凝神,觉得上课是一种享受;换另一位老师讲,学生学得索然无味,忽而闭目养神,忽而惊觉欠伸,上课简直成了受罪。课堂效果不同,原因是多方面的,但主要原因在于教师的功底和教育思想的差异。"②谁拥有先进的课程观,谁就拥有了真正的课堂建设生产力、课程组织力、实施能力,课程评鉴力、选择能力和课程的设计与开发能力,这其实也是优秀教师和普通教师之间的分界线。

① 晁恒,赵忠彩.教育者要呵护课堂[J].体育师友,2015,38(6).
② 赵国忠.语文教学最需要什么[M].南京:南京大学出版社,2011.

第四章　教师成长的关键点——有效教学

教师的教学活动是教师职业的标准性、实践性、可评价性的活动,也是教师成长的主要途径与重要方略。教师主动开展教学,并对教学从"课程、课堂、课题"三课建设层面上进行教学的研究,是教师成长所关注的核心内容。

第一节　教师教学的理论与实践

一、教师教学的定义

教学是一种传授知识、传播真理、传递正能量的活动过程,对于教学的认知有四个要素:教师、学生、内容、形式。教师是教学的构建者,是学生学习的引领者与助力者,是教学内容的组织者,也是教学形式的决定者。教学以教师为中心的传统观念虽然需要改变,然而教师的地位与作用,特别是先学、导学、助学、评学者的地位与作用是无法替代的。学生是教学的主体,也是教学的最终追求目标,学生是教学活动的学习者、实践者、创新者,学生的发展,特别是终身学习能力的培养是教学的目的[①],学生的可持续发展,特别是学生对于教学活动参加的主动性、积极性、健康性、理想性等个性化素质的形成,是教师教学必须高度重视的问题。教学内容是一个不断丰富化、信息化、时代化、生活的资源库,教学要充分利用教学内容资源库,即学校的课程建设,或者三结合教育(学校教育、家庭教育、社会教育)所需要开发利用的资源库建设。教学形式是教学的途径与教学的方式与方法,当代教学的形式同传统的师徒式、课堂讲授式、部分教育者认为的自由生长式相比较,可以说有三个方面的实质性改变:一是对话式的改

---

① 朱立明.开发潜能造就好学生[M].北京:中国社会科学出版社,2012.

变。人际对话改变为了人机对话、多维度对话、多媒体对话;二是互联网学习式的改变。线下学习方式改变为线上学习方式的图文结合、动静结合、时空放大式的改变;三是个体学习式的最佳改变。理解性学习、深度学习、品质学习、智慧学习、创新学习等学习方式成为个体最大的选择。

二、教师教学的功能

教学促进学生发展,引领学生成长,助力学生的身心健康,培养"四有"学生。教师的教学功能,是指教师在教学功能的发挥中所能起到的作用。从"三课"建设上讲,教师教学有三个方面的主要功能:一是课程建设的功能。教学内容的全部都可以认为是课程内容,虽然目前对于课程是什么有不同的争议,但主要有两种解说:一是内容说,即课程的组成在于其育人的内容,内容的丰富化、现代化、生活化、个性化、特色化等都是课程内容的建设需要;二是形式说,即课程功能的最大发挥限度在于内容表现的形式,如教育家杜威主张以儿童为中心的内容表现形式,心理学布鲁姆主张以课程内容的结构优化与合理化表现课程内容的形式等。教师教学的第二个功能是课堂实践者功能,课堂可以是线下的师生合作交流对话的课堂,也可以是线上网络互动、人机对话式的课堂,传统的课堂以教师为中心,现在的课堂以学生为中心,但课堂始终是围线课程的功能发挥而设计和实施的;课堂必须要有教学,虽然说现在的教学有先学后教、以学定教、以学促学、学思结合、知行统一、因材施教等教学设计与实践[1],但教师始终都是无法替代的引领者、助力者、组织者和评价者,因此教师的教学功能,总体上是课程与功能发挥的全部责任人,是学生成长过程中的灵魂塑造者、知识的丰富者、能力提高的促进者。

三、教师教学的理论

理论一词,多指有抽象逻辑思维结果的知识内容,如马克思关于人的全面发展的理论,其中的"人"不再是具体的人而是抽象的人,其中的全面发展也不是具体的人的教育促进发展,更不是人的单方面发展,而是一种有目标、有指向、有利于社会财富增长、人类社会进入共产主义时代的发展。教师教学的理论,原则上我们认为有三个组成类型:一是教师教学的思想理论,以孔子为代表的中国古代的教化思想、成人思想、

---

[1] 杨小微.从被动接受到主动学习 教学改革发展之路[M].上海:华东师范大学出版社,2018.

和善教育思想等归入其类。二是教师教学的方法理论，总体上是人对于客观世界认识的方法类型，如唯物辩证法、认知心理学的方法、教育实践体验的方法等，但对于教师教学的方法研究的理论极为丰富，一部教学史就是教学方法史，现要我们研究教师教学的方略，其实重点还是教师教学方法的方略研究。教师教学方法的理论大体上可以分为"教"的方法与"学"的方法，其"教"的方法在传统的教学理论中比较著名的就有夸美纽斯《大教学论》中所提出的理论，也有前苏联教育家赞可夫《教学与发展》中提到的理论等，"教"的方法也有现代的理论，如人民教育家陶行知的生活教育理论，主张做中学的教学实践；教学方法理论中关于学生"学"的理论，有传统的孔子"学思结合"，王阳明的"知行合一"等理论，更有现代布鲁纳的发现学习理论，信息加工的记忆理论，马斯洛的需要层次学习理论，等等。三是教师教学的经验总结或反思理论。教师成长在反思中得到最优化，其实是对于教师教学经验总结或反思的理论研究问题，这个问题结合课程建设、教师的素质教育、教师的校本研修而提出的理论学说比较多样，如教师专业成长的生态理论，教师个体成长的主动理论，等等。

从生态理论上讲，一个教师的成长关键就在于促进自身的专业发展，为教师的专业发展赋能，应着力从专业情怀、专业知识、专业能力出发。具体来说：一是唤醒教师专业情怀；二是丰富教师专业知识；三是提升教师专业能力。

教师的专业情怀，主要指向教师的理想信念与师德师风。主要解决"为什么要做一个老师"的问题。

提升教师的理想信念与师德师风是唤醒教师专业情怀的关键，我们首先从凝练教师文化入手，以此形成教师共享价值观，激发教师对学校文化的认同感。在"启迪智慧，化育生命"理念引领下，践行"智慧、笃行"的教师文化，让教师懂得并学会"尊德性而道问学，致广大而尽精微，极高明而道中庸"，成为有理想信念、有道德情操、有扎实知识、有仁爱之心的智慧型教师①。

尽管教师文化的凝练在唤醒教师的专业情怀上起到了价值观共享的作用，但要落地生成还需要师资培训为其奠基。我们凝练师培文化，就是为了寻找形成教师专业情怀的创新驱动力，提升教师专业情怀，让教师的专业情怀在师风师德建设、课程领导力、教育教学研究中彰显与提升，用学术的方式做教育，鼓励教师聚焦细节、掘井及泉，提升教师微能力培养。引导教师"微课程""微课堂""微教研"等的研究与开发，提升教

---

① 龚春燕，胡方，张礼. 重庆特色学校建设[M]. 北京：首都师范大学出版社，2012.

师的"微"能力。

唤醒教师的专业情怀,还需要加强以人为本的学校制度建设。法国作家拉·封丹的"南风法则"给我们营造笃智、笃行的教师文化带来了重要启示,那就是尊重、帮助、沟通。

尊重比惩戒更重要。校长要为教师的梦想搭台,甚至要包容教师一时犯下的错误,让教师感到"我很重要"。帮助——帮助教师将事业目标根植于自身的价值追求中,通过开展新教师入职仪式、"人在旅途"等,活动让教师感到"我很成功"。沟通——我们鼓励管理团队的成员积极与教师交流,让教师感到"我很温暖"。

作为校长,要做的就是转变角色,从"权力领导"转为"魅力领导",变"给我上"到"跟我来"。凝练"思想引领,目标导向;人文和谐,制度保障"的管理文化,既在制度上进行约束,又在人文方面予以关怀。

四、教师教学的实践

实践多指一种有目的、有计划、有方案、有效果的行为活动。人类社会的实践活动主要有三:一是儿童时期主要的游戏活动。游戏是儿童必须参加并有其课程意义、生长促进作用的实践活动,成人也有一定的游戏活动,但不同于儿童游戏活动的实践意义大和深远。二是每个人每时每刻都在参与的学习活动。广义的学习就是人的生命、生活、生长"三生"活动,是人成长为人,人认识自我并完善自我的活动,狭义的学习活动是指阅读、思考、写作、问题解决的活动,主要表现为学生对于课程的理解、掌握与运用的活动。三是社会生产劳动。人类社会的生产劳动有两个显著的特点:一是工具的使用。劳动的改造不仅是人的改造,更重要的是工具的科技化与人文化改造;二是人类语言交流的丰富化与普及化。语言同样是劳动的组成部分,没有语言,劳动将成为一种动物式的重复,劳动创造人,其实是指劳动丰富与改进人的语言符号系统。教师教学的实践,是教师从事的教育教学实践也有三个方面:一是教师的学习活动。先学后教,不仅是对于学生,更多的是在于教师的教学实践。为教先学,学是为了教。只有在学中教,才能有效地教,教师教学实践活动的"四有",基础在于学,有人形象地用"一桶水灌注一碗水"标注教师的教学实践,其实意义在于强调教师的先学实践。二是教师的劳动实践。对教师的劳动存在三种有争议的理解:一认为它是重复劳动,从成为教师开始,周而复始地教学,基本是老的路子与教法;二认为它是创新劳动,教师的每堂课、每次教学活动的组织都有不同于其他老师的功效;三认为教师劳动是综合劳动,是体力与脑力结合,心智技能与动作技能结合的劳动。三是教师的生活实践活动,教师每天除去教学与学习,更多的就是参与生活实践活动。生活实践活动可以有游戏的内容,也可以有学习的内容,当然也可以有劳动活动的内容。

第二节　教师教学效能的现状

通过对我国中小学教师教学效能的调查研究,探讨其在性别、教龄、学历、任教阶段和区位等不同维度上的特点和差异,了解新课程改革深化推进过程中小学教师教学效能的总体现状和特点,并针对其存在的问题提出改进策略和实施建议,以期为中小学教师教学价值观念的转变、教学能力的提升、教学行为的改善以及学生学业负担的有效减轻提供现实参依[①]。

在中小学教师教学效能总体表现水平上,教学业绩的均值最低,这可能是由于在学校教育场域中教师所秉持的"分数至上""成绩本位""升学为要"等传统教学价值观念尚未转变,致使教师在教育教学过程中,依旧将多数甚至全部精力用于提升班级学生的学业考试成绩,将升学作为最重要的教育教学目标和终极价值追求,而很少有时间和精力对教育教学进行反思、参与教育理论与实践研究,造成中小学教师教学业绩的整体水平较低且存在结构性偏失。

女性教师在教学过程中表现出较高的教学效能水平,这可能是由于女性教师比男性教师具有更积极的教学情绪、较高的教学期望以及对教学环境的良好适应性。具体来说,首先,由于受到我国传统儒家文化的影响,大多数女性呈现出"温婉、细致、朴素"的人格特质,这种人格特质有益于情绪的合理管理与积极调控。另据调查显示,与男性相比,女性在社会化历程中形成了更好的情绪表达和管理能力。因此,女性教师比男性教师具有更高的教学情绪水平。其次,大多数女性教师较男性教师更喜爱和认同教师职业,在教学过程中女性教师能够获得较高的职业成就感和幸福感,进而产生较高的教学期望水平。再次,女性相比男性具有较强依赖性,其在进入教育教学场域后,为提升教学有效性,会有意识地更新教育观念、专注教学准备、改进教学行为、提升教学质量,进而有助于其快速适应并融入教育教学环境,因此女性教师在教学环境层面

---

① 靳玉乐. 中小学生学习效能的现状及提升策略[J]. 中国教育学刊,2015(8).

具有较高水平①。

小学教师的教学效能在总体水平及各个维度上均显著高于初中教师和高中教师,这可能是由于特殊的教学任务和独特的教学环境所决定。小学教师相较初中和高中教师,尚无过重的教学任务和明显的升学压力,这为教师更新教育教学观念、践行新课程改革理念、提升教学效能、促进学生综合素质的培养和发展等创造了良好的环境和氛围。此外,初中教师在教学能力和教学策略两个维度上高于高中教师,可能是由于初中学生处于情感、思维、智力等成长的关键时期,同时又处于人格成长的"叛逆期",要求教师投入更多的时间和精力并完善自身的教学技能以给予学生更多的引导和协助②。

在中小学教师的各个教龄阶段,0—5 年教龄的教师在教学期望和教学环境两个维度上显著高于其他阶段的教师,这可能是由于新进教师所特有的心理环境所决定的。刚从高校毕业的新进教师,对教师角色充满了期望和憧憬,幻想自己能够成为自己所理想的教师,因此,其会在教育教学工作中表现出较高的激情和期望,并主动适应新的教学工作环境。此外,6—10 年教龄的教师在教学业绩维度上显著高于其他阶段的教师,这可能是由于这一教龄阶段的教师正处于职业上升期所决定的。处在职业上升期的教师期望在教学过程中有一定的成就和建树,因此会在做好基础教育教学工作的基础上积极进行教学反思、开展教育研究。

研究生学历中小学教师的教学效能水平显著高于本科学历教师和大专及以下学历教师,可能是由不同学历阶段的教师所接受的知识、思维训练的深度和广度不同所导致的。研究生学历的教师,其学习生涯经历了本科阶段和研究生阶段。在本科阶段,主要学习实践性和操作性较强的课堂教学与班级管理等知识与技能;在研究生阶段,主要培养理论创新思维能力和学术科研能力,在新课程改革背景下,与本科学历、大专及以下学历教师相比,研究生学历的教师能够更快地理解、接受和运用新课程改革所提倡的教学理念、教学策略和教学评价模式,其教学效能呈现出更高水平。此外,本科学历的教师比大专及以下学历的教师所接受的教育更为系统和完整,其在知识掌握和实践操作层面更加丰富和完善③,因此,本科学历的教师比大专及以下学历的教师的教学效能高。

① 张燕军,裴文洁. 新课程改革下教师实施课程标准问题的实证研究——基于对 1130 位中小学教师的调查[J]. 基础教育,2020,17(2).
② 罗生全. 学业负担问题解决:模型建构与治理机制[M]. 北京: 人民出版社,2018.
③ 江楠,张家琼,李雪. 0—3 岁婴幼儿早期教养教师工作现状的调查研究[J]. 教育导刊,2019(6).

基于此,为促进中小学教师教学效能水平的整体有效提升,需要推进教师教学方略的探索与创新。

第三节　教师教学的方略探索与创新

教师教学的方略探索与创新,是对于教师教学的一种整体的规划、思考与设计,同时也是教师在实践中,以提高教学质量、提高课程建设能力、提高个人教学素养为重点的教学对策的认知把握。

一、教师教学的方略探索

教师教学有课前、课中、课后三个重要的环节,每个环节对于教师教学都有不少的教学方略值得教师进行探索。从课前环节讲,主要有三个方面的方略问题。

一是对于课程标准的学习与理解方略。教学是对课程标准(有时称为大纲、指导意见等)的主动学习,也是集体的教研,有时则是说课,因此在课前教学环节的方略中,不仅需要有在对课程标准的主动学习、合作交流、研讨中达成的共识,而且更要有立足于学情分析,提炼出课堂教学的目的、重点、难点、手段、使用的教具与学具,教学需要突出的知识与能力点(板书纲要)、学生参与教学需要进行的学习活动、学生学习的效果评价和管理(课堂作业与课外作业)等,最终形成教师的说课稿。说课即授课教师以口头(现场说课展示)或书面(撰写说课讲稿)的形式,向同行系统地阐述自己对某一节课的教学设想(教学思路)及其理论依据。说课要以课堂教学为背景,以教材中的单元(或章节)教学内容为课题,在正式上课之前,以现代教育理论与教学原则为指导,来探讨一节课的组成部分(教学要素、方法、手段)的最佳排列与组合,并合理地规划教学程序,使它们在课堂教学的时空中形成一种优化的结构形式;说课可用简要准确的语言表达呈现给听众,不失为一种考查教师教学基本功的有效方式,具有很强的操作性和实用价值。大多数说课稿有以下几个方面的要素:目标、教材、学生、教法、学法、媒体、设计、小结。

二是对于课堂教学的整体设计与组织方略。课堂教学简称为班级授课,是教师给学生传授知识和技能的全过程,主要包括教师讲解、学生问答、教学活动组织,以及教学过程中使用教具与学具增进对所学内容的认知与把握,提高其运用的实践等。课堂教学自兴起开始,就存不少的争议,肯定者认为其对于大部分学生的知识与技能学习、掌握与运用有积极的效果,同时对于课程标准的落实,以及学生的合作学习、规范性学习活动组织、学习效果比较性评价等都有不可替代的作用;怀疑者认为班级授课不能充分地适应学生的个别差异,兼顾每个学生的兴趣、爱好和特长,同时又难以充分照顾优生与差生的学习能力。有课堂教学研究者对课堂教学中存在的问题进行归纳,认为主要有:以教定学、以本教学、目标单一、教学方法单一、问题设计与解决单一等。现在课堂教学在先进的教学理念与教学理论的影响下,提出了课堂教学改革的五个重点内容:一是教学目标的多维和多元化,即课程标准的三维目标:知识与技能、过程与方法、情感态度价值观;二是教学原则的个性化,如因材施教原则、先学后教原则,以学定教原则,等等;三是教学方法的现代化,互联网与先进的通信技术成为教学信息化、大数据化、智慧课堂的代表;四是教学形式的多媒体化,课堂教学可以线下线上同时进行,也可以是网络远程教学;五是学生学习方式的主动性、综合性,学习共同体的建构,以及学生的深度学习、品质学习、研究性学习等成为当代课堂教学的改革热点。

三是课后教学的反思与微格教学研究的方略。教学反思是教师对课前、课中教学实践活动所进行的一种再认识,也是对于教学目标达成形成的一种肯定与改进意见,同时也是结合自身优势进行教学理性思考的过程。研究者认为,教师的教学反思是教师成长的关键性活动,教学反思是一种教学智慧积累与教学正迁移的需要,教师的教学反思不仅可以提高教学理论的运用水平,更重要的是对于教学的成功经验,特别是对于学生学习质量提高的管理与评价要点有一种"富积"的作用。实践中对于教师如何反思的方略可以说有很多的说法,但主要有三个方面的理解和把握:一是教学反思有其必要性,有人把教师的成长等同于教师的反思加教师的教学,主张教学反思可以是教师研修活动开展的主要途径,如课例分析、对课堂质量本质的把握等;二是教学反思有多样化的方式,可以是课前反思、课中反思、课后反思,也可以是横向反思、纵向反思、对比反思、成败反思,等等;三是教学反思要个性化,每个成功的教学反思都是建立在自我认知、自我认同的基础上的反思。

微格教学是一种新的教学反思途径。所谓微格教学实际上是一种精准化、信息化、标准化的教学实践,有专家把它称为"微型教学""微观教学""小型教学"。微格教学创始人爱伦认为微格教学是一个缩小了的、可控制的教学环境,它使准备成为或已经是教师的人有可能集中掌握某一特定的教学技能和教学内容[1]。为此,教师反思采

---

[1] 胡铁生.微课程的属性认识与开发建议[J].中小学信息技术教育,2014(10).

用微格教学的方略,不仅有主题学习、观摩示范、分析与讨论、编写教案、角色扮演、评价反馈、修改教案等方式,更主要的是现在发展出抖音、快手、微博、微视等多种信息化技术支撑的微格教学方略,从而成为教师成长的重要研究与实践方略之一。

二、教师教学的方略创新

创新教学是一种新生的、有效的、能够突出教师个性化教学风格的教学方式,教师教学的方略创新,既是对教师创新教学的认知与实践,也是一种开展创新教学的教师成长的课题研究选题。创新教学是当前创新教育的教学形态,是全面实施素质教育,培养学生创新精神为主导的教学。创新教学研究目前已成为教师成长的教学对策。考察教师是否在进行创新教学,有三个主要的评价管理标准:一是教师的教学思想或教学理念是否有所新。笔者曾经发表过《教师教学理念创新的对策》一文,认为教师在教学理念上的创新表现对于教学的认知与传统的教学有所不同,主要表现为教师个体在教学功能上的本质差异。在教学功能的利益点上,教师有着个体的教学利益点,先进的教学理念是合作共享、资源合理开发与利用的利益共同点,而传统的教学可以说是单纯的教师完成教学任务,教师成为利益获得的最佳者理念;二是教师的教学方法是否现代化。中国古代强调教学的教化方法,近代注重的是教学生活化的方法,而现代化的教学则强调的是信息化方法。教师的教学创新,重点在于教学方法的创新,现今研究教师课堂教学的评价标准,许多落实到了信息化的课堂教学方法上;三是教师的教学评价管理对策创新。长期以来影响与促进教学质量提高的因素关键是教学的评价管理对策,现在人们从单一的分数评价向过程的综合评价管理进行改革,同时又从资源充分利用与共享上提出增值性评价,在教育评价管理上提出供给侧结构性改革,这对教学评价管理的深化改革产生了全面的评价管理推进作用。

创新教学如何落实并成为教师成长的重要方略,其理论上需要有创新教育的理论作为基础。所谓创新教育,其实是一种教育的思想原理与方法体系。首先,创新是人的创新思维活动的行为表现,有创新思维才可能产生创新的行为,无论其模式构建如何,创新教学都是教师创新思维的积极表现,创新教学首先是教师的创新思维活动;其次,创新教学的重点与核心是教学方法的创新,好的教学方法是促进学生创新学习、提高学生学习能力、有效完成立德树人根本任务的方法,好教师与名教师的不同在于教学方法的创新程度与水平上的差异;第三,创新教育在教师所表达的教育思想与教育目标中体现,没有教师对于自我职业的认同并力图自我实现,也就没有创新教育之说。

创新教学是创新教育的实践呈现,虽然有很多的模式可以借鉴,然而从创新教学的方略上讲,主要有三种模式建构:一是知行合一的模式建构。中国古代教育思想中最具有创新教育原型的就是知行合一的思想,创新教学其实是高度知行合一的教学,学生的知就是教师的行,而教师的行,需要以学生知为出点和归宿,创新教学必须建立在知行合一的教育思想基础上;二是行知结合的模式建构。有对陶行知生活教育理论进行细化并落实到教学模式建构上的研究者认为,最有利于教师创新教学的模式建构是行知结合的教学实践。行知是说师生的行为都是为了"知"而互相联系在一起的,师生的"知"本身存在差异,有先"知"与后"知"的不同时间与空间上的实践问题。创新教学的关键是减小差异,增加联系的程度;三是研究性教学的模式建构。学生的学习如果有研究性学习,教师的教学就会有研究性教学。研究性教学也有很多代称,如问题教学、综合实践性教学或研学教学、三个面向的教学,等等,建构研究性教学模式,是教师成长教学方略研究的主攻方向。

第四节　基于素质教育的教师成长的策略建议

从教者必受教育。教师的素质教育是针对全面实施素质教育而开展的教师教育,也是结合教师成长而从教师的教学、科研、管理、人文等各个方面对教师的成长提出具体的实践建议。为此,解决教师成长过程中的教学问题,可以采取以下有助于成长的方式:

一、教师成长的教学应是素质教育的教学实践

素质教育是提高人的整体素质,面向学生的全面发展,促进每个学生成长的教育。素质教育落实到教学上,强调教学要基础于素质,为了素质的提高,追求的是学生有效学习,落实的是立德树人的根本任务。这里的素质,主要是指人的知识、能力、心理健康,以及人的态度与行为习惯等综合条件,教学基于素质,是教学的理念要以学生素质提高为本;教学的目标要为学生的素质全面提高为三维目标;教学的活动组织必须建立在学生有效学习、深度学习的基础上;而教学的原理与方法,最根本的就是满足立德树人的要求所使用的原理与方法,如立德的生活教育原理与方法,树人的生长教育原理与方法,等等。教师只有具备丰富的素质教育的教学实践经验,才能从经验的认知体验中,积累理性思考的素材,从中寻找到个体成长的知识、能力、技能提升的突破点,

也就是能从教学的实践中学习素质教育,从素质教学的体验和经验中实现素质教育。

二、教师成长的教学要成为教师的研修实践

教师成长的一个重要方略是教师的研修方略,研修在字面上讲有研究性学习与提高修养的内涵,广义的教师研修,自然是教师成长的全部有利的活动,包括教师参与各类教育教学理论学习、课题研究、课程建设,以及学术研讨、专家讲学、教学观摩等各种有利于成长的活动。从教学的角度讲教师的研修,就是指教师的教学本身是一种研修活动,教师在说课、上课、反思"三个环节"中所采取的方略,即教师的研修方略;教师在课程、课堂、课题"三课建设"上所采取的方略,更着力于帮助教师成长的视野扩展,在现代教学技术上的信息化,成长为研究型教师的理性思考与实践经验变得丰富。因此,教师成长的教学必须要成为教师的研修方略,它是把教学从具体的操作转化为有理性思考、有研究性学习、有小课题研究、有课程建设能力提升的积极主动发展的要求。

三、教师成长的教学是为了成长的教学实践

为了成长有三个方面的内涵:一是有成长的意识。教师成长建立在成长的意识基础上,所谓成长意识,是人对于成长的思想状态与认识理解,具体包括三个部分:成长欲望、成长水准、成长目标。二是有成长的方略。所谓成长方略,也即人对于成长的思考、规划、步骤、实践等都有一种方略的思维、方略的制定和完善,俗话说"人无远虑,必有近忧",教师的成长就是要一种长远的目光。三是有成长的理想。理想是人的志向,更是人的奋斗目标,有理想的教师是对于教育事业有志向,对于教育改革与深化有目标,对于个人的成长有方向、有规划的教师。教师成长的教学实践要建立在成长意识、成长方略、成长理想的认知理解基础上;为了成长的教学是一种主动教学、发展教学、素质教学、深度教学与创新教学。

第五节　教师成长的创新修炼

教师成长的创新修炼,重点在于追求专业化发展,路径在于自我约束,重点在于教学设计的雕刻、教学策略的驾驭、教学模式的建构、教学方法的选择、教学媒体的优化、教学情境的创设、教学评价的把控、课程观的明晰、教学反思发展力的提升和生涯规划

的确立等①。

一、教师成长的创新修炼之重点思考

成就卓越，才会拥有高效课堂。一位普通的教师唯有修炼专业，才有可能成为教育专家。

多年来，笔者一直致力于教师职场价值的提升和职场幸福创设的研究，值得肯定的是，虽然有些人认为以教师为职业有被逼迫之感，可他们并未浑浑噩噩地对待工作。

一个教师能够致良知，进德修业，只能说明其有发展的可能，并不表示完全发展。很多普通教师具有上进心，然而他们的专业修炼之很艰难，犹如在漆黑的夜空中寻觅。我时常对别人说："我的上进之心从没有死过。"多年来，我深知普通致卓越的艰难，深知促成卓越在于不走弯路。

亨利·艾尔弗雷德·基辛格曾说："世界共享相似的价值观，利益重要的不是放在分配上，而是放在增加上。"构建卓越教师的价值观，是希望更多的一线教师走向卓越，是"放在增加上"。苏芩曾说："我们的内心容纳着各种矛盾冲突，既是痛苦，也是才能，只有当你愿意承受打击的时候，才能成为自己真正的主人。"作为教师，我们认为明智之举是在教师职业中找到无限幸福②。

让·保罗·萨特在《存在主义是一种人道主义》中指出："归根到底，起作用的还是情感，情感真正把我推向哪个方向，那就是我应当选择的道路。换句话说，情感是由人的行为形成的，所以我不参照我的情感来指导行动。"在教育中，出现生命的困惑，出现教师职业生涯的成长高原期，这是好事情，这至少说明教师本人不安于现状，在不断探寻、不断化茧、不断突破、不断超越、不断追求进步。只要坚持，只要不断奔跑，就能看到希望，就能走出生命的困境，画出自己教育人生的美丽彩虹。

教育是最现实的事业，拥有智慧才可解决当下的问题。通过大量的调查我们发现，只要抓好教师的专业修炼点，便可快速地通过课堂教学实践促进专业素养的提升。很多教师因为缺乏教育智慧而缺乏教学智慧，对课程改革精髓的把握并不精准，他们解决很多问题时感到棘手，这是因为教师缺乏教学智慧，欠缺专业修炼，致使缺乏底气。众所周知，新课程改革成败的关键在课堂，制约课堂成败的核心来自于教师的教学智慧和教师的"梦想"，当前的课改似乎走到了"拐点"，一部分课堂的教学设计在爬

---

① 钟发全. 卓越教师的发展"图谱"教师职场的精进之路[M]. 福州：福建教育出版社，2019.
② 程艳. 陪孩子长大女孩带着害怕去勇敢[M]. 北京：中国铁道出版社有限公司，2020.

上坡,如无目的地费力攀登;一部分课堂的教学设计在走下坡,如无方向而撞得头破血流。站在课改的浪尖上,有人犹豫,有人徘徊,有人观望,所有这些都不是明智之举。在不能回到昨日的始点,在不知明天的路该如何走才更稳当之时,最需要的是沿着以前的课改之路走下去①,抓住教学实践的创新这一个点,对取得的成绩进行思考和分析,对方向进行考量,然后坚守。

课堂不仅是教学设计的舞台,更是教学思想碰撞的舞台。思考可以激励教师专业成长,也可以塑造成功的教师。刘良华教授曾说:"就这个老师上课的时候,他讲的知识比较丰富。这个丰富不是杂多、杂乱,而是这些丰富的知识让学生感觉到有足够的信息量,而不是贫乏、简单②。"

二、教师成长的创新修炼之教学设计

教学设计属于雕刻家的智慧,属于课堂路线的直接反应。一块石头因为雕刻而有了思想。教学设计也是如此,因为有了精心的雕刻,才有了教师的思想和智慧的传承,教学设计不仅仅是教师思想和智慧的传承,更应该是设计者智慧和灵魂的渲染,教学设计只有直抵灵魂,才可称富有灵魂。

教学实际上是教师对所持有的信息、概念、技能、程序、态度、价值和信念的融合,它留给教师更多的是感性的概念。简单地说,教学设计是为了实现一定的教学目标,依据课程的内容主题、学生特征和环境条件,运用教学原理,为学生整合学习资源和活动过程。它是在现代教育理念的指导下,为了促进学生学习和发展而设计的解决教与学问题的一套系统化程序。主要要素包括:教师、学生、教学内容、教学条件等,具体还包括教学目标、教学方法、教学媒体、教学组织形式和教学活动等。

教学设计行为是预约的精彩,是课堂智慧营造的前奏。表面上看,课堂上的很多东西来得非常随意,细品之,随意背后是用心良苦。这种"随意"以充分的教学准备为前提,教师在设计之前博览群书,未雨绸缪,这是大气圆融的随意。还有一种草率应对的"随意",草率应对的课堂因为缺少课前的充分准备,只要人们稍稍思考,便能发现课堂后面的准备存在感性不足、理性不够的问题。

常言道:"磨刀不误砍柴工",刀的锋利必须以"磨"的力度为前提,打磨得时间长固然好,技术的渗透、方法的不断改变提升也不可缺。因而,只要人们"打磨"得够巧,

① 钟发全. 学做学者[M]. 长春:吉林大学出版社,2009.
② 刘良华. 教师专业成长:刘良华教育讲演录[M]. 上海:华东师范大学出版社,2008.

够分量，结果自然是所向披靡，省时省力效果优。

教育家苏霍姆林斯基在《给教师的建议》一书中，写了这样一个故事：一位有着30年教龄的历史教师上了一节公开课，课题是"苏联青年的道德理想"，这节课上得非常出色，听课的教师和导视员本来打算在课堂进行中间写点记录，以便课后提些意见的，可是他们听得入了迷，竟连做记录也忘记了，完全被讲课吸引住了，就跟自己也变成了学生一样。课后邻校的一位老师问这位历史老师："您花了多少时间来备这节课？不止一个小时吧？"这位历史老师说："对这节课，我准备了一辈子。而且总的说来，对每一节课，我都是用终生的时间来备课的，不过对这节课的直接准备或说是现场准备，只用了大约15分钟。"

曾经有一位资深教师说："备课备不好，倒不如不上课，否则就是白费心机。"作为教师，一生将经历无数节课，有时会感觉到一堂课上得非常轻松愉快，相反，有时感觉到一堂课上得非常累，这又是为什么呢？只要稍加思考，人们便知，原因在于教学设计出了问题，在于备课时缺乏应有的智慧，在于自身缺乏应有的专业素养。因此，教师需要注意：

（一）把准教学设计的起点。教学设计是教学理念形象化后的路线图谱，教师在进行教学设计时，一定要融入自己的理念，使教学设计深深烙上自己的个性风格。具体包括思想深度、社会阅历、性格特征、兴趣喜好、年龄特征、知识水平，等等，把这些"个风格"贯穿在备课的整个过程之中，使所教授的课深刻地点染上个人的特色，这才是教学设计的真正门道。教师靳家彦曾说，教学成功85%以上的因素，与教学设计有关。成功的课堂，必有成功的教学设计；成功的教学设计，必须有成功的因素[1]，为此，下面将重点探讨教学设计的起点。

重庆市大渡口区实验小学谭成燕老师在一节科学课上，为了解本校学生对小发明是否感兴趣、学生是否认为做小发明具有一定的方法，设计了关于指导"小发明"的方法在科学中的运用的调查问卷，共发放100份，收回98份有效问卷。通过分析调查问卷，我们了解到本校学生的相关情况：首先，很多同学没有做过小发明，也没有学习过做小发明的方法，但是很希望能运用一些方法完成小发明；其次部分学生已经具备一定的科学研究方法；最后，大多数学生对"加一加"的方法更感兴趣。那么，是不是用"加一加"的方法做小发明更适合本校学生，这种方法的实用性和推广性怎么样呢？接

---

[1] 林金炎.给语文教师的建议[M].福州：福建教育出版社，2012.

下来,谭老师展开了研究。

问卷结果显示:超过 50%的同学没有做过小发明,也没有学习过做小发明的方法,但是学生很希望能做些小发明;30%的学生已经具备一定的科学研究方法、记录方法。最后在调查问卷中,超过 70%的学生对"加一加"的方法更感兴趣。作为科学专职教师(兼科技辅导员),她深切地感受到身上所肩负的责任和使命:立足本职工作,不断加强对科学教学的研究,充分利用课堂内外的资源,勇于探索,大胆创新。经过不断地实践,她积累了一些经验,发现用"加一加"的方法做小发明更适合学生,但在实用性、推广性上还需要进一步探索。

(二)着力提升教师的教学设计力。做最优秀的学科教师,修炼教学设计力是其走向成熟的基点。教学设计力其实是一位教师教学思考的体现,是教师在进行教学设计时融入智慧与恒心的过程,探讨其如何提高的过程,比探讨如何进行一堂成功的教学设计更利于教师专业能力的提升。教师真正要提升自我的教学设计力并非是一件容易的事,正如特级教师支玉恒说的那样:"一个课堂的成功,85%都可以归功于课前的预设。"在教学中不少教师已经感受到,教学设计已成为专业素质的考证,但人们也感受到,一些获得赛课一等奖的教师,其后来在课堂教学上却再没有较大的发展,原因为何? 是他们没有在后续的锤炼中形成"教学设计力"。要提高教学设计力并非一朝一夕的事,只有那些能长久坚持对教学进行研究与改良的人,才会主动地修正自我的教学设计,才会在主动的修正过程中去伪存真、积累经验,从而提升教学设计力①。

链接 4-1

刘发建如何"亲近鲁迅"

刘发建,湖南人。浙江省课堂教学能手。浙江省鲁迅研究会会员。长期致力于小学语文教学研究,先后在《人民教育》等刊物发表论文 100 余篇,出版《亲近鲁迅》等教学专著,近年来以"播撒鲁迅种子,培育民族精神"为己任,应邀到全国各地给小学生讲鲁迅 20 余场次,受到广泛好评。

刘发建老师因教授鲁迅文章而出名,在此,摘录其《我的伯父鲁迅先生》(以下简称《伯父》)的文本解读(有删节)。

由"伯父"到"鲁迅"

《伯父》是周晔在鲁迅逝世九周年时,追忆伯父鲁迅的纪念性文章。文本基本上是

---

① 张丽艳.卓越教师的专业修炼[M].福州:福建教育出版社,2014.

站在童年的视角,追忆和伯父在一起的快乐时光。文字具有浓浓亲情和款款童趣。最近几年我陆陆续续听了几节《伯父》,发觉老师们在教学中忽视了侄女和伯父之间的浓浓亲情,忽视了鲁迅在侄女面前的风趣幽默、和蔼可亲,一味地把对鲁迅的敬仰之情和横眉冷对的斗士形象渲染到极致,播种鲁迅的伟大。结果呢?教师越是使劲讲,鲁迅就离孩子越来越远。

我仔细阅读《伯父》,发现文章前后出现了34次"伯父",而"鲁迅"——作为一个伟大文学家的名字,仅仅是在课文的第一句话中出现了两次,加上题目中的"鲁迅",也不过三次。这发自心底对"伯父"的声声呼唤,字里行间流露着伯父和侄女之间的深厚感情。

这篇课文所写的应该是一个普通的侄女对一个普通的伯父的追忆和怀念之情,如果人们怀着"这是一个文学青年对大文豪鲁迅的思念和赞美"的想法去揣摩文中的微言大义,那就糟了。只有用平常心,把他看成最普通的人,才能接近最真实的鲁迅世界。孩子们在心底里把鲁迅定位为自己的伯父,那么鲁迅和蔼可亲的形象自然就鲜活起来。课文中每一次伯父和"我"聊天的时候,都是"笑了笑说""微笑着问""笑着说""哈哈大笑",面对这样一位慈祥和蔼的伯父,谁不想钻到他的怀里去享受那充满温情的爱抚呢?

当然,如果我们仅仅把鲁迅视为一个普通的伯父,那也是远远不够的,我们还必须从伯父的平常的故事中,引领孩子们去感受鲁迅的"非比寻常"。鲁迅的伟大,既在于他留下了丰厚的文学遗产,也在于他对旧社会的痛恨。这些内容对于一个小学生来说,太过于深奥和遥远,但鲁迅对国民性的批判,在当今社会依然具有积极的现实意义。放眼当前的社会现实,国民的冷漠心态依旧泛滥,课堂上,当孩子们感受到伯父的"叹息"是为那些"匆匆忙忙只顾自己赶路"的人群的冷漠自私而愤恨的时候,鲁迅就活在人们的现实生活中了。这样,伯父的恨,就有了明确的指向。更重要的是,伯父那种忧国忧民的形象,就能深深地感染孩子们对眼前现实生活的思考。

缺乏童心,是无法让孩子们亲近鲁迅、读懂鲁迅的。鲁迅从来不在孩子面前"横眉冷对、怒发冲冠",如果鲁迅真的有知,看到人们还拿他的伟大来吓唬孩子,恐怕他真的要对人们"怒发冲冠"吧?因为鲁迅是最爱孩子的。

提升人们的教学设计力功夫在课外。没有课外的投入,课堂就会得过且过。这就需要大家能像刘发建那样勇于思考,找到符合自我个性的文本解读,从而去预计教学。每一位教师都有属于自我独有的发展之路,关键是要行动起来,实实在在地去做,在实践中磨炼教学技能,生成教学理念和教学思想,这样才能获得教学设计力的提升。

(三) 教学设计从助推生本发展开始。事实上,一切教学设计归根结底都是为了培养学生良好的学习习惯,为达成好的教学效果发挥铺垫作用。中小学课堂由于受传统教学思想的影响,学生学习能力低下,追溯源头,便会发现这与教师的教学设计有关。近年来所推行的生本课堂,正是因为努力规避传统课堂的盲区而生。在教师的教学设计中,体现生本教育的理念,而后着手教学流程的设计,像在验证一道考题。

生本,简言之即"生是教、学之本"。教学设计助推生本发展,要求人们在教学设计的过程中,能以学生身心发展素质为基础,以科学学习规律为依据,以科学学习方法为纲要,以发展思维、提高学习能力为主线,以素质充分发展为目标,以高效的学习思路为设计蓝图,遵循相应的教学原则,遵循学生现有的发展基础、学习状况,从而让学生在积极主动的学习活动中,建立合理的知识结构,获得科学高效的学习方法,形成较强的学习能力,养成良好的思维品质,身心素质和谐发展[①]。首先,思想性以儿童的最终发展为出发点。教学设计从助推生本发展出发,思想性是整个课堂的灵魂。课前预设,对知识传授的关注是任何一位教师都不能放松的。其次,科学性以儿童的认知规律为出发点。教学设计是一个需要体现科学性的过程,不只是所传授的知识点不能出现错误,需要体现科学性,设计的过程中更应符合儿童的认知规律。为此,教师要设计出较高水平的教学预案,其中必然包括心理学、教育学的修炼,必须包括学科学法教法的修炼,甚至包括美学、社会学、遗传学等的修炼,才可能在其教学中循着特定儿童的认知发展规律,将知识的传授落实到具体的教学流程中,采取相匹配的教学策略。第三,艺术性以儿童的兴趣需要为出发点。课堂教学是一门艺术,很久以前就有"课堂教育教学艺术决定成就"的说法,然而要在课堂中体现出艺术性很难。问题更多地体现在教师自我的教育教学基本功不够扎实,以及专属于自我的带有个性特征的素养不够明显。

(四) 教学设计需要促进学生的自主学习。所谓"自主学习"是指在课堂上,在教师未开讲、未引导、未明确相关内容之前,学生就主动地进行相关问题的自我实践、自我探究、自我学习,力争通过个人力量独立地发现、分析、解决问题,获取知识,提升能力,发展情感[②]。倡导根据自主学习的需要进行教学设计,是指在教学之前,也即课程预设时先给学生布置学习任务,给学生一个充足的课前自主学习空间,让他们自己遭

---

① 卞惠石. 立足"学程":提升课堂效率的恒定选择[J]. 江苏教育(小学教学),2012(10):40—42.
② 刘喜梅. 好课是怎样炼成的[M]. 长春:吉林大学出版社,2011.

遇学习问题,自己解决学习问题,自我发现,自我成长,真正塑造出一个会学习的孩子。

链接 4-2

这样的课是"成功"的吗?

几年前,有一个美国教育考察团到我国某地考察中学的科学教育。在当地一所重点中学的课堂里,他们听了一位特级物理教师执教的公开课。这位教师开始上课时,即制定了非常明确的目标,过程根据目标展开,非常流畅。无论是教师的语言表达与问题设计,还是学生的回答,无不精当。特别是学生那对答如流的表现,以及教师对课堂时间分秒不差的准确把握,令陪同听课的一些领导和教师都非常自豪。按照评课标准,这节课无疑是一堂高效的、非常成功的公开课。但是,课结束之后,美国考察团的成员们却流露出疑惑的神情。他们坦率地提出:既然学生对教师提出的所有问题都能准确无误地回答,那么,学生上这堂课还有什么意义呢?……

把准教学设计的出发点,根据自主学习的需要设计,建议设计中能为学生之学做好准备,构建自主学习模式,把学生的自我学习作为课堂重点,让教作为助学手段出现在课堂上,不仅给予学生课前的自主学习时间,而且给予学生课内的自主学习的空间,让他们为自己的学习做主,实实在在地学习。

链接 4-3

洋思中学课堂教学六环节

以洋思中学课堂教学模式的一般操作流程为例,来对照分析传统课堂学习过程模型与先学后教学习过程模型的区别。洋思中学课堂一般分为六个环节:一是揭示教学目标;二是指导学生自学;三是学生自学、教师巡视;四是检查学生自学的效果;五是学生讨论更正、教师点拨;六是当堂训练。而一般的传统课堂学习过程模型是五个环节:一是揭示教学目标;二是教师讲解;三是学生学习;四是练习巩固;五是教师总结。

教学设计时根据自主学习的需要设计,最大的变化在于改变传统的教学流程。洋思中学课堂教学六环节能取得成功,其原因就在敢于尝试自主学习理念,并让此理念全面落实在具体的教学流程中。比如,能够让学生自己解决的问题不放在小组内解决,能够小组内解决的问题不集体解决,课堂上教师需要讲授的只有重点和难点。这种教学设计,大批量缩减了教师"讲"的时间,留给学生的练习时间自然就会更多了。

(五)教学设计要洞悉教学对象。教学设计可称作一个不断补漏的过程,通过教学设计透视课堂里"有什么",其中对教学对象的考量是一个重要的方面。教学对象的认知水平涉及智力因素和非智力因素两个方面，与智力因素有关的特征主要包括知识基础、认知能力和认知结构变量；与非智力因素有关的特征则包括兴趣、动机、情感、意志和性格。只有了解了教学对象原有的知识基础和认知能力，在进行教学设计时才不会想当然，才可能真正地促进教学对象主动学习，促进其知识系统不断完善。抓教学设计，倡导洞悉教学对象的特征，评定教学对象在新的教学开始之前的起点水平，其目的有两个：一是明确教学对象对于自己所面临的学习是否有必备的行为能力，应该提供给教学对象哪些"补救"活动，即"预备能力分析"；二是了解教学对象对所要学习的东西已经知道了多少，即"目标能力的分析"。具体抓点上，一是**把握教学对象的真实起点**。戴维·奥苏贝尔说："影响学生学习新知识最重要的因素，就是教学对象已经知道了什么，要探明这一点，并应据此教学。"真实起点如学生的生理、心理差异，学生在学习上的疑点、难点及对教学的意见、建议和希望，学生的知识水平和接受能力，等等。二是**重视对教学对象的学习风格分析**。学习风格是指学生对学习方法的定向或偏爱，指某个学生在教学过程中通常喜欢采用的学习方式。在进行教学设计时，考虑教学对象的学习风格，必然能助推高效课堂的产生。每一个学生的生活世界都是不同的，具体表现为生活阅历、智力结构体系、学习风格、人格气质方面的差异。罗素说过："须知参差多态乃是幸福的本源。"如同世界上没有两片相同的树叶一样，每一个人的存在对于世界而言都是一道独特的风景，每个人的一生都是对世界的一种独特的体验。苏格拉底说过："每个人身上都有太阳，主要是如何让它发光。"这正与人们主张的因材施教理念相吻合，抓住每个学生的特长，关注每个学生的学习特点就显得至关重要[①]。

　　重庆市大渡口区育才小学英语教师蒋贤莉在执教中发现，由于小学生处于活泼好动、好奇心强的年龄，学习的主动性很大程度上取决于兴趣的培养；对直观事物感受快而且敏感，形象记忆比抽象记忆发达得多，而且很多认识都还处在感性的视觉感官认识上。因此思维导图在口语表达中具有的奇妙作用，能给小学生带来浓厚的兴趣和无尽的遐想，于是她将思维导图用于口语表达。

　　例如在教学 They're cows 板块的时候，课前她让孩子们和父母一起观看英文动画片《疯狂动物城》，看完后把片子里的动物名称记录下来，并用思维导图的形

---

① 中央电化教育馆组.教育技术培训教程　教学人员·中级[M].北京：高等教育出版社，2007.

式把动物城的动物们呈现出来,介绍给同学们。在画思维导图的过程中,孩子们以动物 animal 为主题,把动物分为主干海洋类动物 water,陆地类动物 land,飞行类动物 sky。陆地动物又分为食肉类动物和食草类动物。孩子们利用思维导图,融合本课堂上的新句型进行口语练习,既巩固了课堂知识,又拓展了孩子们的课外思维。思维导图让学生在脑海里对知识点形成了一个整体的图像效果,单词脱离了散乱无序的状态,变成一张令人记忆深刻的图,从而改变了学生提取新旧知识的思维模式,提升了口语表达的能力。

(大渡口区育才小学 蒋贤莉)

(六)教学设计要实现多维导学。新课程倡导课堂教学要实现"三维"目标:知识与技能,过程与方法,情感、态度与价值观。教学设计时只有充分准备,进行教学设计时对其进行有效地把握整合,方可实现这一目标。其实,知识与能力既是课堂教学的出发点,又是课堂教学的归宿;过程与方法既是课堂教学的目标之一,又是课堂教学的操作系统,是在知识与能力为目标的基础上对教学目标的进一步开发;情感、态度与价值观既是课堂教学的目标之一,又是在知识与能力、过程与方法为目标基础上对教学目标深层次的开拓。三个维度的整合,是学科课程目标的构架,体现新课程的价值追求①。在课堂教学设计中,必须有的放矢地处理好"三维目标",实现多维导学,学生才可能从中受益。在教学设计的过程中,必须确立这样一种思想:目标为学习服务,多维导学必须考虑目标的达成度。具体做法上,一是**落实分层导学的认知目标**,洞悉不同学生的学习水平,因地制宜制定目标;从目标上具体要求,让每一个学生找到自己在课堂上的学习方向。如有教师教学《我的叔叔于勒》,在确定"内容目标"时进行了"加工":在"知识和技能"方面添加了"结合课文外貌描写,通过引申,全方位掌握外貌描写的含义、方法"。经此一"改","内容目标"的落实不但富有个性,更符合学生的"最近发展区",也使本文的"知识目标"更为实际,不会知识泛泛而谈。

链接 4-4

朱丹凤执教的《我是什么》一课学案

一、魔术激趣,导入新课

1. 师:同学们,你们喜欢魔术吗?老师给大家表演个小魔术,瞧!好玩吗?想学

---

① 马国顺.教学设计的智慧[M].长春:吉林大学出版社,2010.

吗？谁是今天最出色的孩子？下课了老师一定教给他。

2. 师：今天,老师还请来一位小魔术师,它就藏在人们要学的课文里,(师指课题问：瞧！我是什么呢?)相信会读书的孩子一定能找到答案。

3. 师：请同学们把书翻到 144 页,开始读吧！（生自由读课文）

4. 师：谁来说,是什么？

生 1：是水,因为水能变成汽,升到空中就能变成云。

生 2：水才能再变成雨、雹子、雪。

生 3：水能淹没庄稼,灌溉田地。

师：原来小魔术师就是"水"啊！瞧！多可爱的小水珠呀！（板书：水）,它还会变呢！你们愿意做小水珠吗？那好,今天咱们都是可爱调皮的小水珠了。

二、精读课文,指导朗读

学习第一自然段

1. 师：现在我们一起走进课文的第一段,看看我们能变什么呢？自己读一读这一段。（自由读）

2. 师：变成什么了？谁来说？那,是怎么变的？

生：我们变成了"云",太阳一晒,我就变成了汽,升到天空,我又变成了无数极小的点儿,连成一片,在空中飘浮。

3. 师：谁还变成了"云"？（指名说）

4. 师：我也喜欢变"云"（师读）

5. 师：还有谁喜欢变"云"？（指名读）

6. 师：现在我们都变成了"云",我们穿什么样的衣服来打扮自己？

生 1：我在早上和中午的时候穿"白衣服"。

生 2：我在下雨前和晚上时穿"黑衣服"。

生 3：我穿上"红袍",因为我是在出现朝霞和晚霞时才穿上。

7. 师：请大家一起来看看我们的漂亮衣服吧！（出示课件）喜欢吗？

8. 师：谁能读出这种喜欢的情绪呢？

9. 指名读。

师：喜欢吗？

生 1：一般

师：谁能读这种喜欢？好：看你穿上漂亮衣服得意的样子,谁来挑战他？瞧！你读得乐滋滋的样子一定很喜欢吧!

学习第二自然段

1. 师:我们可真能干,一会儿就变成了"云",还能变什么?(指名读)

2. 指名说。(雨、雹子、雪)

3. 师:我们现在变成了"雨",是怎样从天上下来的?

生:我在空中飘浮着,碰到冷风,就变成水珠落下来。

师:原来我们变成了"雨"是落下来的(板书:落)

4. 师:我们变成了"雹子"是怎样从天上下来的?

生:我是变成小硬球打下来的。

师:那你是打下来的,你可真有力气,为什么会"打下来"?

生:因为小硬球非常重,所以打下来。

师:那你打下来一定很有劲,你觉得你应该怎样读?

生:应该很有力,很重地读出来。

师:那你试一试?(生读)

师:还有谁变成了"雹子"打下来?(指生读)

师:我们一起读一读(边做动作边读)

师:瞧!大家多有劲,打在人们头上一定很疼。

5. 师:能不能给它们调换一下位置呢?

生1:可以。

师:好的,保留你的意见。有不同的看法吗?

生2:我觉得不能,因为"雪"很轻,慢慢地,所以"飘"应该读得轻而慢;"雹子"是小硬球,很重,所以"打"应该读得重,很有力;"雨"比起来不轻不重,所以"落"。

师:是啊!我们为了能用词更形象更准确,所以在说雨时是落下来,雹子是打下来,雪是飘下来。

6. 大家有信心读好这一段吗?读给你的同桌听一听。(也可以边读边做动作)指名读——评价——齐读。

学习第三自然段

1. 师:我们多会变啊!请大家闭上眼睛,听老师读第三段,想想我们是怎样生活的。

2. 师读第三段。

3. 师：谁来说？（指名说）

生1：我看到自己在池子里安安静静地睡觉。

师：那你一定睡得很香吧！

生2：我看到我在小溪里散步。

师：那你是怎样在小溪里散步的？

生2：我在小溪里慢慢走，因为小溪里的水流得很慢。

师：我也看到你悠闲自得的样子了。还有吗？

生3：我看到我在江河里和其他的水在比赛跑步呢！

师：那你一定是个跑步能手，你怎么会在江河里奔跑呢？

生3：因为江河里的水流得非常急，非常快。

师：谁在海洋里，你在干什么呢？

生4：我在海洋里跳舞，唱歌呢！因为海洋里的水翻起的浪花，就好像我们在跳舞一样，拍打起的浪花发出的声音就好像我们在唱歌，打在礁石上也发出了碰撞的声音。

师：我们的生活真丰富啊！（板书：丰富）你能读出这种感受吗？试一试。

（指名读——评价——小组比读）

学习第四自然段

1. 师：我们有着多样的变化和丰富的生活，那我们的性格又是怎样的？

2. 师：请同学们认真读一读第四段。

3. 师：谁来给大家介绍一下自己？

生：有时候我很温和，有时候我很暴躁。（板书：温和暴躁）

4. 师：谁知道什么是"温和"，什么是"暴躁"？

生：温和就是很和气，很温柔。暴躁就是在发脾气，很厉害。

5. 师：那么"温和"时我们会做什么？"暴躁"时呢？

6. 师：看，人们还把我们做的事给记录下来。（出示课件）

7. 师：刚才大家看到我们温和暴躁时的样子，能读出不同的表现吗？

8. 自由读——指名读——评——女生读"温和"的部分，男生读"暴躁"的部分。

9. 师：人们为了让我们多做好事，少做坏事，想出了种种办法管住我们，你们知道有哪些好办法吗？（小组讨论）

生1：我们可以植树造林。

生2：建三峡大坝来发电、防洪。

师：是啊！三峡大坝不仅可以发电、防洪，还可以航运。

生3：我们北方特别缺水，可以把南方的水运往北方。

师：你可真聪明，这其实就是我们的"南水北调"工程。

10. 总结：课文学到这，我们知道了水不仅会变，而且还可以帮助人们做事，勤劳智慧的人们也想出了各种办法来治理水，让我们很好地利用水、保护水。让我们一起和水交上好朋友吧！

11. 师：下面就请大家再把课文读一读，然后找出自己喜欢的部分背一背吧！（开始行动吧！）

二是将授之以"渔"的过程落实。"渔"，是方法。要改变学生的学习方式，给予学生新的学习本领，在进行教学设计时，建议先从授"渔"开始。变"带着知识走向学生"为"带着学生走向知识"；加强对学生学习方法的指导，让授之以"渔"真正落实。

链接 4－5

"几张凳"教学片段

（上海市二期课改数学新课程二年级教材上）

上课开始了，老师开门见山，出示了例题：

"……"

"同学们，这道题你们会做吗？"老师说。

"会做。"同学们齐声回答。

"那么，你们分小组讨论一下该如何解答。"老师说。

同学们马上6人一组开始讨论。

学生一边议论，老师一边巡视，但是老师刚才脸上的笑容慢慢没了。她走到一组学生面前，低声讲了几句……

"现在请哪一个小组来汇报你们讨论的结果。"老师一边说，一边请刚才指点过的一组同学来汇报。

"我们小组讨论的结果是：$37 \div 4 = 9$（张）……1（人）37人坐了9张椅子，还多出1人，所以还要加上1张椅子。$9 + 1 = 10$（张）答：一共需要10张椅子。"

老师说："你们的想法是不是和他们的一样？"

只见下面举起了几只小手，老师又把这道题再讲了一遍，同时又说："我们做题时要联系生活实际。"

接下来老师针对今天讲的知识进行了巩固训练。

最后老师又出示了一道拓展题,让学生思考。

"有一捆电线长 40 m,现在需要把它剪成每根长 7 m 的电线,这样的电线一共可剪几根?"

不一会儿,学生都完成了。

"可以剪几根?"老师问。

学生齐声说:"6 根。"(有个别学生说 5 根)

老师傻眼了。

授之以"渔"的过程落实,进行探究活动,关键就在于准备教学设计时,不能只看形式,而应该关注过程。要珍视学生在学习过程中的"经历、体验、感悟"。不管在任何场合,认识总是以人的直接或间接的实践活动为基础的,经历是发现的基础。在教学过程中,用丰富多彩的"经历"活动来充实学生的学习过程;"体验"知识的构建;"感悟"思想和研究方法,从而使学生的能力得以发展,获得深层次的情感体验,构建知识和解决问题的方法得以提升。这堂数学课,正是由于只求形式,而没有关注它的教学过程,导致学生在活动中,缺少这种"经历""体验""感悟"的过程,所以学生的学习效果不好。

三是走向学生的情感、态度、价值观。情感是学生的情感,态度是学生的态度,价值观也是学生的价值观。制定目标时,充分考虑到学生的需求,让学生的学习在与教师、教材、环境的相互关系中生存发展。让他们在目标的指向下,心中的需要、愿望、态度等主体认识的存在感一点一点显现出来,这就是最实用的情感、态度与价值观目标。

链接 4-6

"利息与税款"

情感目标:上课前老师首先在屏幕上投影本节课的教学目标:1. 通过合作学习,使学生了解有关储蓄和纳税的简单知识,理解利率、税率等概念,会计算利息和税款。提高学生联系生活分析、解答应用题的能力,发展学生思维的灵活性。2. 教育学生勤俭节约、学会储蓄,并做纳税的宣传员。

教学重点:理解利率、税率,会计算利息和税款。教学难点为对利率和税率等概念的理解。

教学过程:

老师创设情景,联系生活中的实际问题,引入课题。

师：前几天,老师领到了学校发给我的1200元奖金,暂时又没什么用,如何处理这些钱,同学们有什么好的建议吗?

生：把钱存入银行。

师：为什么要把钱存入银行呢?

生：因为存一段时间后会有利息,能得到更多的钱。

师：很好,刚才同学们帮老师分析了如何处理这些钱,大家推荐我把钱存到银行,因为有利息,利息是对个人的好处,请大家再想想个人存款对国家有什么意义吗?

学生热烈讨论。

师(总结)：国家建设需要好多好多的钱,例如刚刚我国神舟六号的成功发射向全球显示出中国空间技术的实力,整个中国为之自豪。据新华社报道,整个神舟项目耗资巨大,那这些钱从哪里来的?

生：通过收税来筹集资金。

师：是的,税收是国家建设资金的主要来源,所以我们要积极纳税来支持国家的建设,对不对?

生(齐答)：对。

师(总结)：这样我们可以总结出,把钱存到银行既可以获得利息又支持了国家建设,这是利国利民的好事。那李老师明天就把钱存入银行。

老师"采纳"了学生的建议,学生们很高兴,学习积极性也得到了提升,教师利用情感来调动学生学习积极性,是很高明的一招。

师：下面请同学们说一下,你们都知道哪些银行,到过哪些银行?

生：中国工商银行、中国建设银行、中国农业银行、信用社,等等。

师：同学们有没有注意到,这些银行的大厅墙壁上都挂着一个电子显示屏,上面是什么内容?(投影中显示利率表,学生观察、讨论)看了这张表,大家想说什么? 想问什么?

落实"三维"目标,实现多维导学,很多教师将教材内容理解为教学内容,从而在课堂中照本宣科,只作简单解释。其实,真正的教学并不是那样简单的教材文字叙述或讲解,而是对教材的加工处理。教师对教材的使用与处理,不仅要从学生的接收能力、认知水平考虑,还要全面深入地理解教材编写意图,同时又要根据教学实际情况灵活设计才行。

(七) 教学设计需要优化教学内容的行囊。 教师的教学内容其实是一个行囊,这个行囊可以不断地置入,也可以删除。教学内容的行囊,是一个教师专业成长的资本,优秀老师的教学内容行囊里,往往是那些足以牵引课堂脉搏的珍品。他们既懂得这个行囊里应该放什么,懂得行囊里应该如何取舍,更懂得行囊装到什么分寸就合适了。一个教师如果能够优化教学内容的行囊,在教学设计的路上便前进了一大步。它的实践做法一是创新教材的使用与处理,如教材内容的心理化、问题化、操作化、结构化、最优化。二是教材使用与处理的三个层次:创造性地"解剖教材",使教材解读烙上"我"的痕迹,把教材体系与学生实际水平之间的差距弥合起来。精选教材应该做到以下五点:引导学生有兴趣地学习和探索,促使学生认真听讲,有利于学生运用智力、积极思维促进学生解决问题的思路与方法掌握,有利于培养学生观察、实验、调查以及实事求是的科学态度)。三是合理处理教材,如全面了解教学对象的知识、技能和情感态度的起点水平,全面了解知识内容的内在逻辑,适当补充能够帮助学生理解知识的相关内容或实例,合理安排知识内容的呈现方式等等[①]。

如重庆市大渡口区育才小学语文教师胡伶俐在教授二年级语文教材《小虫子》时发现了这篇文章独特的教学价值,有四处新发现:

发现一:整篇文章有两条主线,一明一暗贯穿全篇,一条明线从设问开头引出,当一只小虫子一点儿都不好,当一只小虫子还真不错,喜欢当一只小虫子。不好——真不错——喜欢,就是文章清晰的明线,欲扬先抑,逐步推进;一条暗线则是文章列举的一些事例,写出了小虫子的烦恼和快乐,这一切都是围绕一个"小"字展开的,也都是因为"小",世界才如此趣味盎然。

顺着明线,可以帮助学生按照线索练习讲故事,学生可以自由选择喜欢的一部分练习讲,也可以四人小组分工合作;顺着暗线则可以请学生聚焦文本语言,重读课文,看看在课文中哪些地方让自己感觉到小虫子的"小",也可以让学生发挥想象,思考小虫子因为小还会发生哪些有趣的事情。想象力培养是思维发展的重要途径,通过让学生练习想象、说话,既发展了思维,又学习了语言。我们还可以结合书后的练习,让学生把文本的语言转换成现实语言,走进小虫子缤纷的生活和内心世界,与文本产生共鸣。

发现二:两处矛盾,对比品读巧思辨。

全文有两处矛盾,第一处是当一只小虫子好不好。当小虫子会被刺会被淹,

---

① 赵安庆.现代教师课堂教学技能学习导引[M].徐州:中国矿业大学出版社,2007.

被吃当然不好，但是当小虫子可以在草叶上伸懒腰，用露珠洗脸，把触须擦亮，还可以跳到狗身上，坐免费的特快列车，还有很多有意思的地方；第二处矛盾是小伙伴有意思还是没意思，屎壳郎不看路会撞上小虫子，粗心；螳螂贪吃，还想吃掉小虫子；天牛大婶脾气不太好，总想顶小虫子。这些小伙伴都有缺点，为什么小虫子会觉得有意思呢？这也是一个有趣的问题。

这些观点正反都有道理，我们可以用微辩论的方式，让学生自由选择观点，发表见解，这正是学生灵感迸发、相互碰撞的过程，是学生学习语言并迁移运用的过程。

发现三：句式多变，欲扬先抑趣味浓。

在开始读这篇文章的时候，许多老师会觉得奇怪，一篇小童话怎么这么有趣，让人忍俊不禁呢？除了小虫子本身的事例有趣之外，一定有什么语言上的密码需要老师破解。比如文中多用复句，以连词连接，变换语序，把有趣之处和读者意想不到之处置于后句。每句话先抑后扬，前半句觉得平淡，读完后半句才知精彩。

独特的语言表达为童话增添了无穷乐趣和强烈的感染力，在教学时要让学生切实感受其独特魅力，并主动学习迁移运用。我们可以出示两个句子，让学生比较鉴赏，思考哪句好，然后分析原因。再让学生找一找还有多少这样有意思的句子。最后让学生练习说一句这样的句子，把有趣的内容藏在后面，中间可以用个词连一下，比如：下雨了，我躲进大礼堂内，舒服极了，其实那只是一片落叶而已。

发现四：尊重生命，万物共生敬自然。

经历了新冠肺炎疫情，如今我对这篇课文的理解更深了一层。文章中的小虫子在我们眼里微不足道，但小虫子的生命却是那样的鲜活多彩，情感也与我们人类一样。在广大的自然界中，每一个生命都值得尊重，每个生命都有存在的理由，我们要尊重生命、敬畏自然，像爱护我们自己一样爱护世间万物，哪怕是一只小虫子。只有与自然万物和谐共生，才能在静谧的夜晚，感受到"今夜偏知春气暖，虫声新透绿窗纱"的美好境界。通过这篇课文，也可以向孩子心里传达这一深层的情感价值。

根据这四处发现，她制定了教案，取得了较好的教学效果。在发展学生核心素养的今天，不论是海量阅读，还是精细研读，如何有效引领语文学科，乃至所有学科的深度学习已经成为学校教育最为关注的焦点和最迫切的需求。基于语文深度学习的内涵和意蕴，并以此进一步探索明晰语文深度学习的实践路径、实施策略,乃至评价体系的解决方案,建立一种符合时代精神、融通中西智慧、面向人性整体全面发展的当代语文教育教学理论,值得继续研究。

(大渡口区育才小学　胡伶俐)

三、教师成长的创新修炼之教学策略

策略,简言之是在具体问题情境下的解决问题方案。"策略"最早见于军事领域,后应用于教育。一般来讲,教学策略是为了达到某种教学目的所使用的手段和方法,在这里,可以把教学策略理解为教学方法。广义上说,教学策略又不同于教学方法,教学策略不仅是一种手段或方法,还是一种技巧和艺术,是一种教学活动序列计划的技巧和艺术,是一种师生间连续的、有实在内容的交流技巧、艺术[①]。

教学策略,其实就是一个"菜篮子",如同人们在装菜时既要考虑食客的口味,依据食客的口味来挑选蔬菜,同时也要考虑某一种口味,即便食客爱吃,也要换花样,这样才能保留其喜爱度。推此及彼,教学策略这个"菜篮子"必须不断推陈出新,一种方法尽管好用,然而经年不变的话,势必引起学生的厌倦。所以,人们该想的是,如何能够让"菜篮子"出新招。

同时,教学策略还像驾车,只要车在快速向前奔跑,驾驶员是不会留下太多的时间去关注全程行进方向和路径规定的,因为一切似乎驾轻就熟。这样的状态其实是很多教师把控课堂的真实写照——表面上成熟,其实缺少真知,心底空虚,即便一路顺利,也必须考虑偶遇的突发状况,考虑怎样让顺利的旅途多一些乐趣。这也是为什么很多教师多年来只停留于感性的课堂,专业素养总停留于一个难以提升的瓶颈期,走不出课堂的真正原因。对于课堂而言,我们不能只是战士,也不能只是指挥人员,必须拥有自己的菜篮子,用自己的智慧来建立菜篮子,有目的地装入那些让人们觉得最实用的"菜",建设自己的专业成长工程。

卓越教师要想打造教学策略这一揽子工程,想要"菜篮子"出"新招",前提是先有招,而后再创新。审视教育,会发现这样一种现象,很多教师并不受学生欢迎,他们所拥有的菜篮子似乎永远都是旧的,里面似乎只有一种菜。旧的、单调的菜篮子口味并不能适应学生的需求,学生最喜欢拥有新知的老师,这种教师拿着新的菜篮子走进课堂,给学生以思维的冲击,学生喜欢跟着这种新鲜的感觉学习。

[①] 王呈祥.浅谈教学策略[J].消费导刊,2010(8):219.

然而,要学会调整口味并非易事。教学策略的建立,必须以教师个人的专业素养为基础。全面提升专业素养,懂得教学策略的内涵、作用、用法至关重要;懂得支撑教学策略存在的元策略,即懂得策略的落实和对行动方向的安排,注重策略的价值和应用,围绕价值进行策略构建,能将内容的价值链,包括资源组织、资源创造、资源获取、策略形成等,能把握价值转化的过程,包括价值回馈、价值传递、价值再传递、传播控制等,对于教师专业素养的提升更为重要。有了丰厚的专业素养,这时,教师再来调整口味,便会得心应手。课堂教学永远是一个日新月异的过程,因为教师每一年面对的都是不同的学生,他们生活在一个新的时代,他们对生活、对学习有着不一样的需求,菜篮子只有不断出新招,教学才能够适应学生的需求,赢得学生的喜爱。

(一)教师教学策略的外观透析。教师在课堂中的教学策略主要体现在两个方面:一是教师对自己教学状况的认知过程及结果的有效监视;二是个体关于自己的教学实施认知过程的知识和调节,是教师在教学中表现出的所有能力的总和,在具体的课堂教学中,是"教"与"学"相容的高峰体验。

教学策略的有机结构。任何教学策略都有其内在的结构。教学策略绝不仅仅是指一系列教学方法与教学技能的简单组合,而是一系列有计划的、动态的过程,具有不同的层次和水平。教学策略结构的复杂性是由教学活动的多样性特点决定的。教学策略的结构问题是教学策略理论研究的难点,也是教学策略操作的基础。教学策略的结构是教学策略内部各要素有机联系、相互作用、相对稳定的组织形式。蔡淑兰以教学策略运行机制为逻辑起点,将教学策略的构成要素分为元认知活动、调控性活动和操作性活动三要素,这三要素相互联系、相互作用,构成了具有不同层次、不同水平的有机系统。同时,她还指出操作性活动是指教师从事教学活动所采用的活动方式,而调控性活动由教师在一个连续不断的教学活动期间所进行的一系列调控行为组成。元认知活动是教学策略结构中的动力系统,是最活跃的因素,集中反映了教学策略的自我调控性这一本质特征。很多人将教学策略与解决问题的一般教学过程联系起来,考察教学策略的内部结构,认为教学策略的结构可以分为两个层次,由两种主要成分构成。第一层次是监控策略,主要成分是操作原则的知识,其功能是指示策略运用者"应该做什么";第二层次是应对策略,由操作程序的知识组成,其功能是指示策略运用者"应该怎么做"①。

---

① 张大均,郭成.教学心理学纲要[M].北京:人民教育出版社,2006.

掌握制订教学策略的依据。每一个教学策略都有着自身的本质属性,在教育教学的过程中,只有真正能做到恰到好处,方能体现出驾驭的智慧。就像矛与盾一样,有的教学策略只具有防御功能,有的教学策略只具有攻击功能,若在教学中没有根据具体的教学场域选择合适的教学策略的本领,兵器库里哪怕有着再多的兵器,其结果只能是因为选择不当而失去或攻或防的最佳时机,导致教学的失败。教学目标是第一决定性因素,不同的教学目标与教学任务需要不同的教学策略去完成。知识掌握的策略、技能形成的策略、激发动机的策略、行为矫正的策略等,显然是针对不同的目标和任务的。制定教学策略,此外,教师必须要考虑教学对象的时代特点。他们对事物的感知、表达能力,对未知事物的好奇性以及心灵的纯真等,都影响到人们应该如何选择教学策略。

重庆市大渡口区育才小学语文教师胡伶俐读过《我是小虫子》这篇课文后,首先确定了生字和词语实际等教学目标和培养想象力的教学重难点。但语文学习的目标难道仅限于具体文字知识吗?是否能找到更具价值的学习内容呢?她从三个角度出发展开思考:

首先,语文学科核心素养包括语言建构与运用、思维发展与提升、审美鉴赏与创造、文化传承与理解。在这篇课文中,有哪些语言图式需要让学生建构并迁移运用,有哪些思维点值得训练,又有哪些情感价值观需要学生认同?

其次,文本的独特价值,也就是这篇文章的特质是什么。具体到文本研读过程,就要思考文章的语言与其他文章的不同点,其表达方式与本单元的其他童话的不同,寻找具有独特价值的语言训练点。

再次,学生学习的兴趣点和疑难点在哪儿。教学的核心是学生,但教师在备课与实际教学中更多时候还是从自己的角度出发。因此,更要有意识地思考课文中哪些内容会引起学生的兴趣,哪些内容对学生来讲具有挑战性,可以激发其思维活力。

以上三点都需要深刻认识语文教学的本质,把握学生的学习特点和规律,准确认知学科核心素养,在此基础上深读文本,只有这样才能在教学中实现语文教学的育人价值。经过对文本的反复解读与思考,我把文课文的目标进行了调整,重构深度学习活动。除学习生字新词、认识和理解多音字、积累词语外,还要有感情地朗读课文,与同学交流感兴趣的部分,展开辩论,置换角色,将自己想象成一只小虫子,能讲讲这个故事,模仿文中的语言说一两句有趣的话,表达内心的感受,还能激发尊重和爱护大自然的每一个生命,懂得万物共生、和谐共处的道理的情感。

最终,胡老师基于度学习理念设计教学活动,获得了可喜成果,从关注教师"教"走向关注学生的"学",从语文语言学的角度建构了新的图式,培养了学生的想象力,发展了学生的批判性思维,引导学生树立了正确的价值观,使学生懂得尊重生命,敬畏自然。

(大渡口区育才小学　胡伶俐)

(二)教师教学策略的分类。有效的教学策略主要分成两个层次,一是明白"主要做什么",二是明白"主要怎么做"。"主要做什么"的策略是指:替代性策略是在学习过程中,教师代替学生处理信息,为学生提供学习目标、选择教学内容、安排教学顺序以及设计教学活动等;生成性策略是指让学生作为学习的主要控制者,学生自己形成学习目标,自己对学习内容进行组织加工、安排学习活动的顺序,并鼓励学生自己从教学中建构具有个人特有风格的学习。教师在此作为学习的指导者和帮助者,为学生提供一些必要的教学支持。学生主要依靠自己的力量,通过探究活动进行学习①。教学元策略是指关于教学策略制订的策略,更多的是订制教学策略是"主要怎么做"的策略。教学元认知策略大致可分为以下三种:计划策略、监控策略和调节策略。计划策略是根据教学认知活动的特定目标,在某一项教学活动之前制定计划,预计结果、选择策略、想出解决问题的方法,并预计其有效性,包括设置学习目标、浏览阅读材料、产生待回答的问题以及分析如何完成学习任务。监控策略是在教学认知活动进行的过程中,根据认知目标及时评价、反馈认知活动的结果与不足,正确估计达到认知目标的程度、水平,并根据有效性标准评价各种任职行动、策略的效果,包括对注意加以跟踪、对材料进行自我提问、监视自己的速度和时间。调节策略是根据对教学认知活动结果的检查,如一旦发现问题,则采取相应的补救措施;或者根据对认知策略的效果的检查,及时修正、调整。

(三)教学策略的内涵梳理。教学策略的构建过程,正是秩序梳理的过程。而建设教学策略,必须先要厘清其内涵,知其深处,方能大有作为。在这个内涵梳理的过程

---

① 王婷.基于元认知策略的商务俄语的教与学[J].黑河学院学报,2019(23):102.

中，要秉持这样一种理念：能够让教学对象产生学习的冲动。要达到这种效果，人们必须明确教学策略与教学设计、教学思想、教学模式、教学方法之间的千丝万缕的联系。

理清几组概念的区别。首先，教学策略与教学设计。如果把教学设计比作一个乐团，那么教学策略便是这个乐团的指挥。教学策略指挥的有效性，决定了最终教学设计的形成。当前，人们都在积极倡导以"学生"为中心的教学，教师集中精力了解学生，制定具体的教学策略，依据有效的教学设计，在课堂上与学生一起思考问题，形成良好的课堂秩序，这便是教学策略与教学设计的互惠共生。策略体现的是一种方法，设计是一种具体的表现形式。其次，教学策略与教学思想。教学策略的选择与运用必定要受到一定教学思想的制约或指导，但二者之间并不是一一对应的关系。教学思想位于较高层次，属于理论、观念形态；教学策略虽然含理论，但本质上是属于操作形态的东西，是对教学思想观念的具体化。同一种教学策略，也不必然源于某一种教学原理或思想，其来源可以是多样的。第三，教学策略与教学模式。在北美，有学者把教学策略看成是教学模式，诚然，从操作性上来看二者有共同特征，但不是等同的。从教学理论转化到教学设计，教学策略是对教学模式的进一步具体化，教学模式包含着教学策略。教学模式规定着教学策略、教学方法，属于较高层次；教学策略比教学模式更详细、更具体，受到教学模式的制约。从教学研究的发展来看，先有教学模式研究，然后才有教学策略的研究，也反映了二者的关系。第四，教学策略与教学方法。教学方法是为完成教学任务，达成教师的教和学生的学的相互作用所采取的方式、手段和途径。教学方法是教学策略的具体化，是更为具体的方式、手段和途径，它介于教学策略与教学实践之间，教学方法要受制于教学策略。教学方法是具体可操作的，教学策略则包含监控、反馈内容，在外延上要大于教学方法[①]。

把好教学策略的选择原则。教学策略的选择富有非常强的目的性，在特定教学情境下，为完成特定的教学任务而产生教学行动。纵观所有的教学，我们发现教学策略具有以下几个特征：

目的性和适用性。目的性是指教学策略对于实现教学目的的适合与有效程度；适用性是指教学策略对于教学内容、教学主题、教学过程及其规律的契合与适宜程度。随着教学改革的推进，新的教学活动产生了新的教学策略。例如小学识字教学就有分散识字、集中识字、注音识字、部件识字等多种教学策略。

---

① 高铁刚，陈莹，臧晶晶.信息技术环境下课堂教学模式的理论与方法[M].北京：清华大学出版社，2011.

共性化与个性化。教学策略要遵循教学规律、符合教学的共性。教学要素是指教师、学生、教学内容、教学方法和教学环境，等等。不同的教师、不同的学生、不同的教学内容、不同的教学方法、不同的教学环境都会影响教学策略的选择。例如李吉林的情境教学法，就是在借鉴外语情境教学的同时，结合中国小学语文教学实际以及自己的教育教学思想，吸收中国古典文论中"境界"说进行的创造性改造、加工，从而形成自己"独特"风格的教学策略。

稳定性与灵活性。教学策略一旦制定，即具有相对稳定性。但在实施过程中，教学的多变因素需要教学策略的不断调节来适应其变化，以更好地达到教学目标。所以，在稳定性中，它又表现出极大的灵活性。

思想性与技巧性。教学策略是在一定的教育思想、教学理念的指导下转化为方式、程序、手段等具体行为来体现的[①]。

教学策略的基本因素：一、指导思想。在不同的教育思想、教学理念的指导下，会产生不同的教学策略。例如：灌输式和启发式等教学策略就基于不同的指导思想。因此，要基于教学内容实际、学生发展实际，运用恰当的教育指导思想。二、实施程序。教学策略是针对一定教学目标而组织的程序化设计，虽然没有定式，但无论如何都得考虑怎样合理安排程序促进以下几个方面的转化：一是把他人的知识转化为学生自己的知识；二是把凝聚于知识中的智力活动方式转化为个体的认知能力；三是把蕴含于知识经验中的思想道德观念转化为个体的思想品德。三、行为技术。制定出明确、易行的操作要领是实施教学策略的有效保证。操作要领根源于教学思想，融汇于教学内容，达成于学生的学习活动之中。有效的操作要领便于学生有效而轻松地掌握知识，习得能力。四、效用评价。通过评价，可以检测、调节甚至校正教学策略实施的结果和途径。评价标准在于它与教学目标的一致性、与教学对象的沟通性、与教学情境的协调性、与教学过程的同步性等[②]。

（四）几种较常规的教学策略。教师在进行策略建构时，应重点夯实以下五种常规教学策略：一、教学准备策略。教学前的准备也是非常关键的，它包括教学目标的叙写、教学材料的处理、组织形式的设计等。二、教学行为策略。包括呈示行为策略（如讲述行为、板书行为、声像呈示行为、动作呈示行为）、教学对话策略（如问答行为、

---

① 杨永芳.大学语文教学技能[M].开封：河南大学出版社，2010.

② 孟晓东，方淑娟，赵宪宇，等.新课程教学设计：语文 一年级[M].北京：群言出版社；北京：华文出版社，2002.

讨论行为)、指导行为策略(如练习指导、阅读指导、活动指导)等。三、辅助行为策略。包括学习动机的培养与激发、课堂交流的有效组织、课堂强化技术的运用、积极的教师期望、课堂的调控等。管理行为策略。包括常规的建设、问题行为的调控、管理模式的设计、时空管理、偶发事件的处理,等等。四、教学评价策略。包括诊断性评价、形成性评价、终结性评价等。五、指导学习策略。包括简单的复述策略、复杂的复述策略;简单的精致化策略、复杂的精致化策略;简单的组织化策略、复杂的组织化策略;综合性的监控策略、情感与动机策略等。

教学策略实施应遵循的原则: 一、过程性原则。所谓过程性原则,就是要让学生有机会体验自己的学习过程,并同教师所呈现的学习策略加以比较,有意识地改进和优化自己的学习策略。二、训练性原则。所谓训练性原则是指教师在进行学习策略教学时,必须事先设计好训练内容,根据训练内容,为学生提供有助于策略学习的示范和足够的练习。三、分解性原则。分解性原则是学习策略教学的关键性原则。具体指在学习策略教学中,教师为了明确指点和解释某种策略的意义、功能、使用条件和使用程序,必须把完成某一学习任务的完整思维过程分解为几个阶段,总结出每一个阶段中最有效的学习策略,并最终帮助学生把所有的有效策略加以概括和总结。四、一体性原则。一体性原则是指学习策略教学必须与具体学科的学习内容相结合,并且能根据教学对象的实际特点和个别差异有针对性地进行。五、迁移性原则。在学习策略教学中,必须"为迁移而教",做到条件化、熟练化。六、效能感原则。学生应当清楚地意识到一份努力一分收获,要有信心学好学习策略,树立学习策略学习的自我效能感。教师要促进学生使用学习策略,让学生感到运用学习策略进行学习会有更大的收获[①]。

(五)三点教学策略创新实践建议。 怎样打造教学策略,怎样促进教学策略发挥作用等问题都是教师应该去追问的。许多教师在职业生涯中都有知识和技能的修炼过程,然而最终并没有达成"它者"与"自我"的高度融合,一个主要的原因在于大家对于两者之间存在着的适应性的表情所迷惑。适应的相对性还表现在它是一种暂时的现象,不是永久性的,当环境条件出现较大的变化时,适应就变成了不适应,有时还成为有害的甚至致死的因素。适应性中存在着暂时性的矛盾,需要使其具有相对的稳定性,在我们看来,这不仅需要实践与多次实践,只有包括教师的智慧型实践,才可能真正地最终转化为"我"和"我的"。为此,特提出以下三点建议:

---

① 曾文光,曹荣.学习主体分析[M].北京:中国文史出版社,2005.

解读好教点，沉浮有度。教学策略主要解决"怎样教好"的问题，必然包括对用什么教好、在哪里能教好和把什么教好等问题的思考，其最佳的修炼过程，便是结合具体的教学进行。解读好教点，关键在于明白"教什么"，这个"明白"，必然包括心中清楚、心中有数、知根知底；必然包括"自我"对实践对象的"明白"。然而现实是很多人并非真"明白"，只是一种假"明白"，或一种一知半解似的"明白"。"明白"教什么，这必然属于教学策略思考的范畴，是教师结合"教什么"所采取的具体安排。在此，必须强调"明白"的作用，才可能真正打破习以为常的安排。如《跨越海峡的生命桥》这一课，我们所找的沉浮点就是"爱"，以此辐射开来，有海外同胞对大陆同胞的爱，有医生对病人的爱。同时，还要仔细研读教材中的一词一句、例题插图、前后顺序、习题功能等，斟字酌句，透彻领悟，以发挥教材的最大功效①。必须指出的是，教学策略的驾驭技能如果上升到专业素养的修炼过程，并不能只看重某一具体的教学点，这一过程应该是一个较长时期内，由诸多教点所连接成的轨迹，包括领会教材编排的系统性与承接性，以及找准解读教材的支撑点与着力点。

落实好基点，适时扶一把。学生是学习的主体，了解学生，研究学生，从学生的需要出发，是提供教学策略的前提和基点。给予学生一篮子的教学策略，关键点是就是做到适时扶一把。虽然当前出于信息技术对教育教学的渗透，"自主学习"方式逐渐形成，然而学生在学习的过程中，仍然需要教师的扶持，整个扶一把的过程随着学龄的逐渐增大，才有可能舍弃。其功效为：

首先，能为教学对象已有的认知起点把脉，从而使教学更符合学生的实际水平与需要，使教学更具针对性。为此，人们在针对学生已有的认知起点的基础上适时扶一把，提供对应的教学策略，才可能真正体现出教学策略的有效性。如教学数学六年级上册"替换"的策略时，学生应该具备的逻辑起点是分数乘除法的意义、分数乘除法计算、一个数是另一个数的几分之几与两个数之间的倍数关系等相关知识，这是教材的逻辑体系决定的。从学生的现实起点来看，学生的学习差异性很明显，有的学生已经能够自主运用已有的知识经验解决这类问题，能把两种未知量转化成一种未知量，求出两种量分别是多少；而有的学生面对新问题无法在自己的经验库中找到相应的解题策略，面对新问题时束手无策。因此，教师在教学前要根据自己的观察与经验分析各层次学生的原有知识水平，也可以采用调查、谈话等途径分析班级学生的层次与水平，

---

① 盛建斌，凌亮. 我的教师梦：数学教师成长叙事[M]. 北京：北京师范大学出版社，2014.

设计符合学生发展水平的教学,使优秀学生吃得饱,使理解能力差的学生吃得好,这就给我们的教学提出了更高的要求。因此,在教学中更要灵活调整,设计有针对性的教学:对可以独立解题的学生提出更高的要求,让他们尝试从多种角度思考,用不同的方法解决问题;而对于那些理解有困难的学生,则要帮助他们学会分析方法,理解解题思路,感悟解题策略,找到解决问题的基本途径。

其次,能顺应教学对象的思维方式。教学对象对于新的学习内容必然有一个"理解"和"消化"的过程,教学对象通过先前的学习活动,已经掌握了一定的思维模式,这种思维方式也是教师应该考虑的因素。顺应学习性的思维习惯,适时扶一把,将对教学对象的发展起着促进作用,能帮助他们明确课堂发现问题、思考问题的方向,也能加深他们对问题的理解与灵活运用能力,特别是理顺"学什么"的问题,更能发挥促进作用。如数学教学中,在分析题意时,有的学生喜欢借助直观图等辅助手段来帮助理解数量关系,有的则喜欢凭借想象进行抽象思考;解答问题时,有的同学喜欢用算术解法解答,有的则喜欢用方程解答。所有这些都反映了学生不同的解题习惯和思路。教师要尊重学生的思维方式和习惯,给学生独立思考的时间与空间,使他们发挥自主性与独立性,鼓励他们选用最适合自己的方法来解决问题。俗话说:只有合脚的鞋才是最好的。在解决问题策略的教学中,要鼓励学生用最适合自己的方法来解决相关问题,不断激发学生的解题兴趣,提高解题效率。

第三,能以教学对象"不懂"的内容为中心。针对教学对象不懂的内容施教,才是真正的有效教学。然而很多课堂中出现了很多虚假的策略,一个主要的原因就在于学生已经"懂了",教师却将之作为重点,围绕这些内容设计了诸多的策略。以"不懂"为基点,而后给予怎么教的处理,其提供的策略可以说与那些专注于"懂了"依旧在教而提供的策略有着明显的不同。教师还应该看到,两种不同的教学策略的应用方式,反映了两种不同的教学观,我们的教师需要在策略选择与提供之前,能围绕"教什么"提供"怎么教"的有效策略。

把控好支点,和合有度。把好教学策略支点,是讲究和合有度的。这种和合有度,体现的是学生与老师之间的和谐,学生与学生之间的和谐,体现的是人和所有知识点的和谐,同时也体现人与教学环境的和谐,并且恰到好处。这其实也为人们选择教学支点提供了一个有利方向,即人们在给予学生策略时一定要体现其交互性,不能只是一个单边的策略性实习。其功能效果为:

首先,师生和合,关键在于教师靠近学生。教学策略并非纯客观的技巧,其中带有更多的"人性"，甚至带有人的复杂性与不同秉性。只有人与人之间高度协调与和谐，才可能真正促进课堂教学支点的形成。结合"教什么"与"怎么教"理解教学策略，这里必须思考人的因素，否则任何策略在教学执行的过程中，都将会打折扣。如教学《安塞腰鼓》时，我们建立的教学策略就是：抓住本文的文眼——"好一个安塞腰鼓"这一支点与学生进行交往学习。以第一部分为例，第一部分作者主要描述了安塞腰鼓壮阔、豪放、火烈的场面，而后盛赞：好一个安塞腰鼓！教学时，应先让学生找出第一部分生动形象的句子。学生一般会找"骤雨一样，是急促的鼓点；旋风一样，是飞扬的流苏；乱蛙一样，是蹦跳的脚步；火花一样，是闪射的瞳仁；斗虎一样，是强健的风姿。"这样蕴含修辞的句子。这个句子无论从用词还是句式上来看都充满激情，让人读后印象深刻。品读时，教师与学生的交往学习主要在于几个关键词："急促""飞扬""蹦跳""闪射""强健"这几个词语，让学生跟着这几个关键词，在课堂上与老师进行对话，发表自己的观点。而后面教学中教师与学生反复朗读文眼——好一个安塞腰鼓，让平静的课堂变得汹涌澎湃：时而激起浪花，时而平静如水，时而波澜壮阔。生命的激情在课堂上宣泄无余。

其次，生生和合，关键在于学生靠近学生。当今的学生，因为对现代信息技术的依赖度增加，他们与人的合作度减弱。反映在课堂中，表现为对事、对物不关心，对他人不关心，这种不关心会大大影响同学之间的"合"。教师面对此种情形能否改变，关键在于教师能否充分地发挥协调作用。其实，课堂教学的主导者是教师，而不是学生，这种学生在课堂中不能够很好地去倾听别人的发言，不能够很好地发现别人的问题，更不能够很好地表达自己的观点，这些"不合"，都可以追溯到教师专业能力欠缺所致。教师在课堂中，完全可以尝试因教学策略调制的主动性，而让学生主动聆听身边同学的发言、参与身边同学的讨论开始，一点一点地鼓励他们更多地去关心他人，从而让课堂充满"合"力。

（六）教学策略的"种桃术"。人们对于教学策略有一个形象的比方——跳起来摘桃子。课堂整体实施过程的关键点就在于让教学对象真正能跳起来，而不是让他们不努力而获利。教学策略必须带有一种促进敢于跳、应该跳、只有跳的特质，这样才利于学生知识的习得和技能的形成。当今教学策略的改变已经趋向于多维度要求，教师驾驭课堂必须有更神通的本领，才能够充分应对教学对象的新要求。具体来说，在创新实践的做法时应做到：

一是借"故"摘新桃。借"故"摘新桃，"借"和"故"属于教学策略的范畴，"摘"和"新桃"也属于教学策略的范畴。很明显,借"故"摘新桃,必须是教师的有意识行为,并且巧借的"故"一定包含教师的专业素养,所摘到的新桃一定是当季需要的果子。总体而言,教学策略的形成必然包括与时俱进的创新之举,只有不断地学习与更新,方可跟上步伐。

有这样一个例子。有一位经验丰富的老船长,当他的货轮在浩瀚的大海上卸货返航时,突然遭遇到了可怕的风暴,水手们惊慌失措,老船长果断地命令水手们立刻打开货舱往里面灌水。"船长是不是疯了,往船舱里灌水只会增加船的压力,使船下沉,这不是自寻死路吗?"一个年轻的水手嘟囔。但看着船长严厉的脸色,水手们还是照做了。随着货舱里的水位越升越高,船一寸一寸地下沉,依旧猛烈的狂风巨浪对船的威胁却一点一点地减少,货轮渐渐平稳了。船长望着松了一口气的水手们说:"百万吨的巨轮很少有被打翻的,被打翻的常常是根基轻的小船。船在负重的时候,是最安全的;空船时,则是最危险的。"

链接 4-7

跳一跳摘桃子的启示

有一天,一位家长在桃树下遇到一位智者。

一脸阴云的家长仿佛遇到了太阳,连忙拱手施礼请教:"尊敬的智者,我的儿子不思上进,怎么办呢?"

"怎么个不思上进法?"

"我给他制定的考入班级前15名的目标,他老是不能实现。"

"他现在在班级中的位置是多少?"

"55名。"

"啊? 你让他一步跨40步,这也太难了! 我有办法。"智者笑笑,然后指着枝头一个鲜红的桃子说:"现在我饿了,想吃桃子,你跳起来为我摘一个,然后我告诉你办法,好吗?"

家长举起手,双脚向上猛地弹跳起来。一次,两次,三次……但是,始终摘不到那个鲜红的桃子。

"高了,太高了,即使拿出吃奶的力气也摘不到。"家长看了看下面那个微红的桃子,估计跳起来就能摘下。于是,他和智者商量:"你能不能让我摘下面那个微红的桃子?"

"好了,好了,"智者哈哈大笑,"这下子我饱了!"

家长心里一惊:"那办法呢?"

"你自己不是找到办法了吗?"

二是摘"新桃",练"种桃术"。教学策略的修炼,是一个不断提升的过程,并且永无止境。在课堂中践行温故知新的教学规律时,当学生获得了新知的桃子后,有些教师往往陶醉于教学的成功,这其实是对温故知新的内涵把握不够到位。温故知新还有这样一层内涵,那就是温故是前提,知新是目的,知新后的方法提升则是知新的有效延续。毕竟,真正的课堂教学不是以知识为本位的,它强调学生综合素质的发展,尤其是其知识经验向方法层次的转化。也就是说,人们得到了新桃之后,并非是完成任务了,而是还要在此基础上练就"种桃术",这样学生才会得到吃不尽的桃子,学生在课堂的所得才会是终生受用的。而要做到这一点,就必须主动建构温故知新的教育理念,树立"懂了也要教"的教育思想,掌握等待的教育智慧。

链接 4-8

《平行四边形和梯形》教学片段

课已经进行了20多分钟,学生已能完整地叙述什么叫做平行四边形和梯形。而后教学中出示一个判断题:谁是平行四边形? 谁是梯形? 简要说明长方形是特殊的平行四边形。

师:请大家判断长方形是不是特殊的平行四边形。

生1:长方形是特殊的平行四边形。

生2:长方形不是特殊的平行四边形。

师:请你们两位同学说说自己的理由。

生1:根据对长方形和平行四边形的概念进行对比,发现平行四边形不但两组对边平行、相等,而且相邻的两边组成的角是直角,从这看出长方形是特殊的平行四边形。

生2:长方形就不是特殊的平行四边形。(在此,看得出学生故意狡辩)

师:为何你要坚持这样的观点呢?

生2:本节课中,我们探讨的是平行四边形。如果说长方形是特殊的平行四边形,这也只能放在特殊的平行四边形中去研讨。

师:说到底,平行四边形是不是特殊的平行四边形呢? 请你再读读平行四边形的概念。

生2一边读，教师一边表扬："放大了你的音量，其实也放大了你的思想！这位同学的辩论非常精彩，老师相信你课后研究什么是特殊的平行四边形时，一定会出成果。"

四、教师成长的创新修炼之教学模式

模式是一种简洁的工具，一种提高行动效率的工具。不知教师们发现没有，几乎每一轮课程改革，教学模式都以"顶层设计"的方式闪亮出场，激励人们去大胆实践。

乔伊斯和韦尔在《教学模式》一书中认为："教学模式是构成课程和作业、选择教材、提示教师活动的一种范式或计划。"实际上，教学模式并不是一种计划，因为计划往往显得太具体、太具操作性，从而失去了理论色彩。将"模式"一词引入教学理论中，是想以此来说明在一定的教学思想或教学理论指导下建立起来的各种类型的教学活动的基本结构或框架，表现教学过程的程序性的策略体系。

因此，教学模式可以定义为：在一定教学思想或教学理论指导下建立起来的，较为稳定的教学活动结构框架和活动程序。作为结构框架，突出了教学模式从宏观上把握教学活动整体及各要素之间内部的关系和功能；作为活动程序则突出了教学模式的有序性和可操作性①。

教学模式在构建时，注重"动静相宜"、融会贯通。通过对大量的新的高效的教学模式的分解，我们发现"动静结合"主要体现在两方面：一是课堂中教师的讲解，学生的触发、交流、分享，这谓之"动"；二是课堂中学生个体的自我思考、练习，这谓之"静"。协调好"动静"两者之间的比例，才能促进教学的有效性。在翻转课堂中，倡导教学内容的四分之一由学生交流课前学习成果，四分之一教师讲解，三分之一学生做静态练习，剩下的时间是交流分享。综合来看，课堂中学生静态的学习一定要占到课堂的三分之一。

改变现状，提升教师自我专业素养，寻觅构建教学模式的"天机"，寻觅课堂精彩的"天机"，最佳办法是教师自我主动出击，全面提升构建教学模式的主观意识，打造高效课堂教学模式，真正弄清"教师之我"要的是什么，而后在课堂教学中大干一场，最终得

---

① 孙龙国. "一主三学"教学模式在课堂教学中的操作程序及应用策略[J]. 河南社会科学，2011(1)：214—217.

到个人成长的"天机"。

（一）教学模式发展的静态回顾。探讨教学模式必须弄清一个问题：教学模式到底处于一个什么地位？现实中，广大一线教师由于工作的繁杂，无心也无时间去关注课堂教学中的建模，只有那些属于研究型的少量教师，对课堂教学中的建模感兴趣。通过对教学模式构建现状的分析，可以得出一个与教师专业素养发展层级相关的结论：不关心也不注重建模尝试的教师，他们的课堂无起色，其个人专业发展也会处于高原瓶颈期；而少部分教师因为对课堂教学建模的重视，课堂教学流程因研究而逐渐变得通畅，逐渐彰显其自身对课堂的自信，其专业素养的发展日渐处于上升期。教学建模的基本路径是：模仿尝试，积累自我课堂教学理论，在此基础上甩开臂膀大干一场。对于很多教师而言，不但要解决教育教学中的问题，最关键的还在于通过学前辈们构建研究模式的技巧和方法，进行有效的新教学模式的践行，一句话，通过参与而习得研究策略，而后放手开展同类型的教育研究。21世纪，我们所提倡的教学模式是学生四五个人一组展开合作学习，教师以课堂设计师或者学生学习促进者的身份参与课堂。教科书是配角，学生以探究合作为中心，借助大量的资料和活动获得高品质的学习。这是现今社会知识高度化、复杂化的需要，创造性思维、批判性思考、沟通能力、探究性学习符合这种需要。现在，我们追求的不是学习的"量"，而是学习的"质"。

（二）传统的教学模式。教学模式其实是一个动态的演变与发展的过程，以上论述的内容完全可以勾勒出中国几千年教学模式演变的图谱。不难发现，整个教学模式随着知识信息的丰富，以及人们储存的教育教学知识的丰富，逐渐由单一的演变成多维的。

教学模式带有鲜明的时代特征。教学模式不能拿来就用，必须秉承扬弃的精神吸收转化。孔子的教育思想影响了我们几千年，其虽"旧"却依然有着借鉴作用；陶行知的"行——知——行"模式，依旧有很多值得我们建模时借鉴、学习的地方。

中国较典型的教学模式源于中华文化和强大的教育教学实践。孔子"学、问、思、习、行"的模式强调学问结合，学思结合，学行结合，学习结合。（《中庸》一书概括为"博学之，审问之，慎思之，明辨之，笃行之"五个阶段。荀子则主张"闻、见、知、行"为基本的学习过程）

刘徽（约225—约295）：以《九章算术》（1世纪成书）和《数书九章》（13世纪成书）为代表。《九章算术》中提出246个问题，三国魏人刘徽为其作注，按照"问题——解法——原理"的程序解决问题。秦九韶在《数书九章》中提出81个问题，可概括为"问题中心,从例中学"。此种模式对研究生教育和继续教育有重要意义。

朱熹(1130—1200):提出教育分阶段论,15 岁以下为小学教育,15 岁以后为大学教育。他阐述了《中庸》的为学之序:"博学之,审问之,慎思之,明辨之,笃学之。"主张先知后行,行重知轻,知行相须。朱熹开办书院实践了一种"读书中心,研讨教学"的模式,他主张大学教育应让学生应勤读书勤做笔记,教师只作指导,讲问式、研讨式地进行教学。其门生总结读书之法有 6 条:"居敬持志,循序渐进,熟读精思,虚心涵泳,切己体察,着紧用力。"

他的"学、问、思、辩、行"五环,"行"为最终归宿,虽然知先行后,但"知之愈明,则行之愈笃;行之愈笃,则知之愈明","知行相须互发","始于读书,终于修身",最终落到"做事"和"做人"。他采用"讲会"的组织形式,"门户开放,来去自由,关系融洽"。

蔡元培(1868—1940):主张"五育并重,文理通科,工学并进,兼容并包,学术结合"等思想。主张学生自动、自主、自学,教师做引导和辅助。可概括为"自学—引导—综合—直觉—美"。

陶行知(1891—1946):主张生活即教育,社会即学校,教学做合一。生活教育是一种办学模式,同时也是一种教学模式。可概括为"生活中心,互教互学"。学会生活包括了学会生存,其过程是"行—知—行",贯穿其中的是"教学做合一","在做上做","在做上学"。

查有梁(1942—):主张"系统中心,模式综合"。认为教师中心、学生中心、问题中心、伦理中心、读书中心、生活中心、结构中心、目标中心、方法中心、人道中心、积累中心、证伪中心等,都有其合理性,应当承认中心,但并不是固定下来僵化不变的,必须各种模式综合使用,符合学生需要。

其次,国外较典型的教学模式。了解教学模式的发展,不能缺少对国外典型教学模式的了解。不可否认的是,在近现代史中,由于经济和国力的落后,中国教育的发展在很长一时间段里处于落后地位,使得中国的教育教学理论的发展产生一个时空断层。在课堂教学中,学习建模,特别是学习相关的教育学、心理学等知识,有必要对近代国外的相关理论加以学习,甚至是花费更多的时间深入研究国外的经验,而后在模仿的基础上开创适合自我的新天地。

柏拉图(公元前 472—前 347):首次提出完整的教育体系,从学前教育到成人教育。认为有二级知识,一级是辩证法,是不变的理念,用对话形式学习辩证之术。开设几何学科,学习推理之术,即理智,为第二级。可概括为对话模式:对话—辩论—思考—善。

夸美纽斯(1592—1670):"适应自然,班级教学。"适应自然应当包括适应社会,适应思维,夸美纽斯提出并论证了直观性、系统性、量力性、巩固性和自觉性等教学原则,提出基本教学过程是"感官—记忆—理解—判断"。

赫尔巴特(1776—1841):主张教师中心,从课中学。把教学分为四个阶段:明了——教师给学生明确地讲授新知识;联想——把新知识与旧知识相互联系起来;系统——教师作出概括和结论;方法——把知识应用于实际(答问、作业)。对应的心理要求是"注意""期待""探究""行动"。后发展为五段教学。他的教学过程阶段论有重要意义。

杜威(1859—1952):"学生中心,从做中学。"《民主主义与教育》:"第一,学生要有一个真实的经验的情境——要有一个对活动本身感兴趣的连续的活动;第二,在这个情境内部产生一个真实的问题,作为思维的刺激物;第三,他要占有知识资料,从事必要的观察,用以解决这个问题;第四,他必须负责一步一步地展开他所想出的解决问题的方法;第五,他要有机会通过应用来检验他的想法,使这些想法意义明确,并且让他自己去发现他们是否有效。"可概括为:"暗示—问题—假设—推理—验证。"

布鲁纳:"结构中心,发现中学。"此模式适于重点学校的理科或尖子生教育,其过程为获得(知识获得)—结构(形成结构)—转换(结构转变)—发现(转换结果是发现)—评析。

布卢姆:"目标中心,评价中学。"其过程是:目标定向—实施教学—形成性测试—反馈矫正—平行性测试。弊病是目标分解繁琐,不利于创造。

巴班斯基:除因材施教外,提出因课施教,即选择不同的教学方法。"方法中心,择优教学。"但只有优法,而无最优法。其过程是:选择—优化—组织—激励—检查。

受戈尔巴乔夫《改革与创新思维》一书的影响,推出合作教学,可概括为"人道中心,合作教学"。改变教师中心或学生中心的模式,使师生成为合作关系。但基础教育中过分强调合作,削弱了教师的主导作用,并不可取。"不强制学生学习,而是吸引学生学习","不用分数挫伤学生学习积极性","争取下半天让学生从事自己有兴趣的活动"等。其过程为"兴趣—引导—合作—发展"。

大量教学模式的构建分析发现其基本结构通常包括五个因素:一是理论依据。教学模式是一定教学理论或教学思想的反映,是一定理论指导下的教学行为规范。不同的教育观往往提出不同的教学模式。二是教学目标。任何教学模式都指向完成一定的教学目标,在教学模式的结构中,教学目标处于核心地位,并对构成教学模式的其他因素起着制约作用。三是操作程序。每一种教学模式都有其特定的逻辑步骤和操作程序,它规定了在教学活动中师生先做什么、后做什么,以及各步骤应当完成的任务。四是实现条件。指能使教学模式发挥效力的各种条件因素,如教师、学生、教学内容、教学手段、教学环境、教学时间,等等。五是教学评价。教学评价是指各种教学模式所特有的完成教学任务、达到教学目标的评价方法和标准等。

(三) 教学模式的影响。教学的个性化决定着教无定法,因此,教师们最渴求的是得法。为此很多教学模式应运而生。诸如,"洋思模式","六三三模式"等。伴随新课程改革的推进,大量的新模式如雨后春笋冒出来,一个模式往往会改善教学过程中的师生关系。传统的教学方法以知识为本;以课本、课堂、教师为中心;教师是知识的传授者、课堂的控制者和组织者;学生被动听讲、死记硬背;师生之间单向互动[1]。在这种教学模式下学习的学生,长此以往,便会选择逃离学校、逃避学习、逃离书本。教师越努力,学生们越是对上学没有兴趣。

(四) 明晰教学模式动态发展的构建方法。教学模式实则就是一个经验的集合,全面提升教学模式的建构智慧,洞察其中的"天机",每一位成功的教师都曾经历模仿、创造和定型的过程。教学模式与教师专业发展有着直接关系,只要深入教师的职业发展轨迹,便会发现,若一位教师在日常教学中不涉足教学模式,他必处于专业发展的最低层次。通过分析其教学模式应用与实践研究的情况,便可知教师的专业发展层次高低。在教学模式的尝试、探讨与构建过程中,教师只有秉持"自觉之心",才可能真正促进专业素养的提升。近年来,教学模式总以教育行政推行的"顶层设计"的方式出现,但是,我们应该看到,对"顶层设计"的教学模式的模仿与运用,只是教师最低层次的发展。通过模仿学习他人构建模式,而后再结合自身的个性发展,建构自我的模式,最终才会在教学过程中脱颖而出,带有智慧色彩。

教学模式的认知。从来都不存在独立于教育理论的模式,也从来没有一个毫无继承关系的教学模式,教学模式往往是教育教学理论层面、哲学层面和操作层面的直接表象,初学者从教学模式的认知着手,更能知晓建模的基本规律。笔者通过对认识论对应的教育模式进行深入的对比研究,发现其通常有以下几种模式:

感知模式:主体活动,感知中学。过程为:刺激—感知—活动—反馈。适于婴儿

---

[1] 谭小林,陈景红,等. 读思练课堂导学模式探索与实践[M]. 重庆:西南师范大学出版社,2015.

教育,成人教育亦可采用,如成人学习游泳。

游戏模式:游戏为主,从玩中学。过程为:兴趣—游戏—引导—鼓励。适用于幼儿教育。

具体模式:形象为主,具体地学;情景交融,直观地学。过程为:直观—记忆—理解—练习—评价。如分解一个动作,学习几种动作的配合,才能学会游泳,并非抽象地学习力学原理。学习电脑也是如此。适用于小学教育。

形式模式:抽象为主,形式地学;逻辑为主,历史地学。过程为:预备—提示—联系—系统—应用。适用于中学教育,初中学生可以根据语言文字进行假设推理。

发展认识论对应的创造教育模式。现代教学重视创建成长共同体,相对于传统教学只重视学科知识的传授而言,课堂的主要目的是学生学习新知。通过与发展认识论对应的创造教育模式的对比研究,我们发现主要存在以下几组模式群:

直觉模式:重视猜测,顿悟中学。过程为:问题—假设—推演—验证—反馈。适于高中教育。

结构模式:重视结构,转化中学。过程为:整体—分析—组合—结构—转换。适于大学,要重视学科结构。

综合模式:综合分析,创造中学。过程为:问题—发散—收敛—综合—创造。适于研究生教育。

体系模式:比较包容,发展中学。过程为:课题—理论—比较—包容—发展。适于各类专门人才。

科学课程论与学科教育模式。实施新模式推进课程改革可以说是一项很艰难的任务。依照旧有模式上一课,总结出一时的经验容易,真要拥有持久的课改精神,保持永久的动力,却不是一件简单的事。探讨教学的成功,教师的成功,课改的成功,除非全面超越,否则一切皆为空话。纵观科学课程论与学科教育模式的形成历程①,我们发现主要存在以下几种模式:

思维科学与认知模式。包括数、语、逻辑学等。此认知模式的特点是接受信息,循环地学;或重视理论,学术中心。其过程为:接受—累积—练习—探究。大体可包括加涅的积累学习模式,奥苏贝尔的接受学习模式,塔巴的诱导提高、归纳模式,萨其曼的问题解决、探究学习模式。

---

① 李健平.构建师生学习共同体实践研究[M].哈尔滨:黑龙江教育出版社,2012.

自然科学与行为模式：包括物、化、生、天文、地理、体育等学科,行为模式特点是经验和实验的方法。重视应用,技术中心。其过程是：刺激—强化—反馈—目的。

人文科学与个性模式：包括音、美、文学、艺术、美学等。特点是审美立美,乐教乐学。其过程为：模仿—审美—立美—创新。包括自我主导,自在地学;重视情感,创造中学;鼓励评价,成功中学;激发兴趣,愉快地学;情知结合,优化教学;情境陶冶,形象地学;审美立美,乐教乐学。

社会科学与群体模式：包括经济学、政治学、法学、管理学等。其特点是调查讨论,参与中学;或重视社会,群体中心。其过程为：问题—调查—讨论—参与。包括小组研究,问题假设调查中学,事例中心参与中学等模式。

综合科学与交叉模式：包括哲学、历史、地理、系统科学、信息科学等。其特点是交叉渗透,发展中学;或重视综合,创造中心。其过程为：历史—综合—分析—系统。如孔子,文用认知模式,信用行为模式,忠用个性模式,信用群体模式。

教学论与教育模式。全面开启新课程改革,以新模式实验为契机,定然可以使教师在践行过程中获得高峰体验,给教师带来专业发展的"天机"。围绕教学论师生关系这个核心问题,可有 5 种模式：

问答模式：提问—思考—答疑—练习—评价;

授课模式：传授—理解—巩固—运用—检查;

自学模式：自学—解疑—练习—自评—反馈;

合作模式：诱导—学习—讨论—练习—评价;

研究模式：问题—探索—报告—答辩—评价。

五种模式,五个发展序列,并且交叉渗透,应善于组合使用。"1＋2"适于小学,"2＋3"适于中学,"3＋4"适于大学,"4＋5"适于研究生阶段。

方法论与教育模式。概念的形成总是伴随问题的解决和方法的形成,如"狭义相对论"这一概念的形成意味着一类物理问题解决并产生了对称、对应方法的应用。

谈课改,谈教学,成功靠的是什么？许多时候靠的不是运气,也不是机遇,而是选择。谈教育教学的"超越",往往决定于选择的价值体系。在区域内开启新模式实践,选择通过课改的方式全面推进教育教学质量的提升,这是对传统教学工作的突破,是打破传统工作习惯,从而带来行为及思想上的更新。

(五) 教师构建新模式的方法。勇于参与教学实践的教师,不仅仅是在采用别人的模式进行教学。随着自我专业发展的需要,不断研究、创新,构建属于自我的新模式,是专业素养提升的一个捷径。通过大量研究发现,完整的教学模式包含七个方面的描述:一是教学目标;二是教学活动程序;三是教学方法;四是学习环境;五是师生角色关系;六是教学组织形式;七是适用的教学资源约束条件。这些结构要素往往是交叉的,因它们都是由教学策略要素组合而成[1]。

教学模式建构的基本步骤通常可分成七大步骤:一是明确目标;二是确定教学活动程序和学习内容的传递顺序。明确任何一种教学活动程序都能发展成为一种教学模式;三是确定教学程序中各个教学活动所采用的教学方法;四是组建学习环境,包括物理环境、学习空间、媒体资源、学习工具、有效学习环境的特征描述;五是确定"学生"和"教学"在教学活动中的角色分配和交互方式;六是确定各个教学活动所使用的教学组织形式;七是认清约束条件。

教学模式建构应谨慎。教学模式在践行过程中,往往因为人们对某些基础性概念的认识处于模糊状态,致使大量教师在教学一线存在囫囵吞枣的情况。特别是在教学的价值理性、工具理性与过程理性等诸多方面构建自我课堂模式时出现浮躁心理。

疑难一:模型与模式和范式。模型是所研究的系统、过程、事物或概念的一种表达形式;也可指根据实验、图样放大或缩小而制作的样品,一般用于展览、实验或铸造机器零件等用。它是对现实世界的事物、现象、过程或系统的简化描述,是对其部分属性的简单模仿。在一般意义下是指模仿实物或设计中的构造物的形状制成的雏形,其大小可以分为缩小型、实物型和放大型。

疑难二:教学模式与教学策划和教学方法的区别。教学模式是指:在一定的教学思想、教学理论和学习理论指导下,在某种教学、一定教学环境和资源的支持下,教与学活动中各要素之间稳定的关系和活动进程结构形式。其实,教学模式与教学策略是有区别的,与教学策略相比,教学模式的范畴相对要大一些。教学模式这一概念在教学过程诸要素之间的相互作用之中提出,是对课堂教学功能动态地、整体地把握。它是将方法、形式、原则、技术及至评价等内容纳入一个统一的范畴,对教学过程进行系统地分析,它常常是一组整合了的策略成分。

疑难三:课堂控制问题。从实践来看,在实施新模式时,教师们大都认为"课堂控制"是一大难点。新的教学模式的课堂情况与传统教学有很大的不同,比如在气氛上主张和谐、团结、民主、平等。如进入阅读环节,学生的学习更具有主动性,他们在读中

① 钟发全,周刘波. 为自己的教师 对职后发展的审查[M]. 北京:北京时代华文书局,2016.

启疑并能积极参与讨论。课堂上更易兴奋和激动,更带有个性化的特色。这种新现象的出现,会使得传统教学被颠覆,特别是在拓展练习环节,很多无法预料的思维灵感出现,这时只要教师善于发现闪光点,而不是刻意去牵制或粗暴干涉,便能提高学生学习的积极性、主动性、和创新性以及兴趣。在新模式践行中,我们应该把握以下原则:

一,教师尊重学生人格,教学过程是培养学生健康人格的过程。在教师"引导"的环节中,只有真正变成全心全意为学生的学习和成长服务,全面关注学生的"发展",让学生成为自我学习的主人,才可以真正保护学生的人格。

二,教学过程应成为学生再发现再创造的过程。创设学生主动参与学习的教育环境,激活学生的创造意识、探究兴趣,让学生从思与练中得到新的发现与创造,是教师的主要责任。

三,教师在导向、导法、导练的过程中,应千方百计地让自身处于"被动"状态,让学生"主动"。课堂上学生是否处于"主动"状态的主要判断依据是:看教师是否有自觉的"被动"意识和实际行动。当然,教师的"被动"状态,是一种"积极"的被动状态。

四,教师要善于监控课堂、优化教学过程。在课堂上,教师的注意力不仅应集中在内容讲解上,更要集中于学生的学习过程上,要善于观察并判断学生的思维状况,能及时有效地把控教学进度,实现教学过程的优化。

五,教学过程要实现师生共同发展的目的。能否真正让学生高质量地学习,是对教师教学能力的挑战。为此,必须明白课堂教学过程应是教学研究的重要内容之一。课堂教学过程是教师行动研究的主要部分,教室是教师教育教学研究的实验室。为开展行动研究,教师要在课堂教学过程中积累一些相关的数据和资料;课后能对自己的教学过程进行客观分析,并提出改进方法。这是衡量教师科研水平和教学能力的重要标志之一。

(六)教师要理性践行教学模式。理性践行教学模式,了解教学模式的特点、功能及原则,以及一些关于教学模式的定义非常重要。冯克诚、西尔枭主编的《实用课堂教学模式与方法改革全书》一书中将"教学模式"定义为:"教学模式又称教学结构,简单地说就是在一定的教学思想指导下所建立起来的比较典型的、稳定的教学程序或阶段。"查有梁《教学模式》一书中定义为:"一方面是在教育理论指导下,抓住特点,对教育过程的组织方式作简要概括,以提供教育实践选择;另一方面,对教育实践的经验作概括,抓住特点,可得到个别的教育模式,以丰富教育理论[1]。"第一个定义侧重强调教

---

① 严海蓉,刘宏珍,何坚.嵌入式系统创新人才培养教学模式初探[J].北京工业大学学报(社会科学版),2010(4):79—82.

学过程相互联系的几个阶段,把课堂教学的时间分为几个阶段,每个阶段做什么,怎么做,占多长时间略而不计,重在排列阶段的顺序。第二个定义侧重强调教学过程的组织方式。教学活动是师生双方的互动过程,由目标、方式方法、内容、工具、手段等诸因素构成,把诸因素按一定的理论或原则组合起来,形成完整的教学过程。这个定义比第一个定义要深刻,阶段的划分只是诸因素之一。

把好教学模式的特点。教学模式的感性认知,实属经验的集合。虽然属于后验的集合——或是个人智慧的结晶,或是集体智慧的结晶,但它们都有着共通性,如指向性、操作性、完整性、稳定性和灵活性等。

指向性:任何一种教学模式都围绕着一定的教学目标设计,而且每种教学模式的有效运用也需要一定的条件,因此不存在对任何教学过程都适用的普适性的模式,也谈不上哪一种教学模式是最好的。评价最好的教学模式的标准是在一定的情况下达到特定目标的、最有效的教学模式。教学过程中在选择教学模式时必须注意不同教学模式的特点和性能,注意教学模式的指向性。

操作性:教学模式是一种具体化、可操作的教学思想或理论,它把某种教学理论或活动方式中最核心的部分用简化的形式反映出来,为人们提供了一个比较抽象的,理论具体得多的教学行为框架,具体地规定了教师的教学行为,使教帅的教学行为在课堂上有章可循,便于教师理解、把握和运用。

完整性:教学模式是教学现实和教学理论构想的统一,所以它有一套完整的结构和一系列的运行要求,体现着理论上的自洽和过程上的有始有终。

稳定性:教学模式是大量教学时间活动的理论概括,在一定程度上揭示了教学活动的规律。一般情况下,教学模式并不涉及具体的学科内容,所提供的程序对教学起着普遍的参考作用,具有一定的稳定性。但是教学模式是依据一定的理论或教学思想提出来的,而一定的教学理论和教学思想又是一定社会的产物,因此教学模式总是与一定历史时期社会政治、经济、科学、文化、教育的水平联系,受到教育方针和教育目的制约,因此这种稳定性又是相对的。

灵活性:作为并非针对特定的教学内容教学,体现某种理论或思想,又要在具体的教学过程中进行操作的教学模式,在运用的过程中必须考虑到学科的特点、教学的内容、现有的教学条件和师生的具体情况,进行细微的方法上的调整,以体现对学科特点的主动适应。

掌握教学模式的功能。理性践行教学模式,若对其功能不了解,实践的过程就会像一个仿品,而不艺术品。通常来说,教学模式发挥着以下两个功能:**一,教学模式的中介作用。**教学模式的中介作用是指,教学模式能为各科教学提供一定理论依据的模式化的教学法体系,使教师摆脱只凭经验和感觉在实践中从头摸索进行教学的状况,为教师搭起了一座沟通理论与实践的桥梁。**二,教学模式的方法论意义。**教学模式的研究是教学研究方法论上的革新。长期以来,人们在教学研究上或习惯于采取单一刻板的思维方式,比较重视用分析的方法对教学的各个部分进行研究,而忽视各部分之间的联系或关系;或习惯于停留在对各部分关系的抽象辩证理解上,而缺乏作为教学活动的特色和可操作性。教学模式的研究指导人们从整体上去综合地探讨教学过程中各因素之间的相互作用和其多样化的表现形态,以动态的观点去把握教学过程的本质和规律,同时对加强教学设计、研究教学过程的优化组合也有一定的促进作用。

教学模式选择遵循的原则。教学模式的本质是经验的集合。世界上并不存在一种放之四海而皆准的教学模式,就像一个模子的鞋样,只适合与其尺寸大小相当的脚。选择合适的教学模式,能够反映教师专业素养的高低。建议人们结合具体的教学情境选择模式时,遵循以下原则:**一,学习准备原则。**学生为了完成老师要求的学习任务,必须熟练掌握必备的知识技能,具有一定的认识能力。这不仅能够保证他们在新的学习中有可能成功,而且还使他们的学习时间和学习精力变得更加合理。**二,学习动机原则。**如果学生对所学的知识具有学习的欲望,就会产生积极进取的态度,增加行为内驱力。这种欲望能够通过让学生确认掌握教材的价值,以及通过设计他们期盼的而且能够完成的目标来加以激励。说明学习对社会和个人的意义、选择学生感兴趣的教材、组织学生感兴趣的活动等,都能够增加其学习的欲望。教师提供的学习内容和活动方式,以及教学内容的呈现方式,应当对学生具有挑战性,并且要使学生相信能够成功。**三,目标范例原则。**不但要明确陈述教学目标,而且应当尽量展示给学生其学习活动结束时所要产生或完成的行为表现的典型例子,使学生对需要掌握的知识技能有理解的方向和模仿的榜样。**四,内容组织原则。**把教学内容按照逻辑层次和心理程序组织起来,慎重地安排教材的呈示序列,学生就能循序渐进地理解知识,并长久地记忆。每次呈示教材的分量,即组块(Chunk)的大小应根据内容的复杂和困难程度,以及学生的特点、学习的类型而定。组块过小,学生会感到太容易而浪费时间;组块过大,学生可能不堪重负而失去信心。**五,适当指导原则。**在学生尝试做出所要学习的行为表现的时候,应该给予指导和提示。这种指导或提示应该随着教学的进程而逐渐减少,即把注意必要信息和加工处理信息的责任转移给学生,使他们最终在没有教师指导或提示的情况下也能完成课题的学习任务。**六,积极反应原则**。在教学开始的时候,学生看到或听到的目标范例固然有益,但也只有当他们能将此行为表现出来,才会达到熟练程度。因此,要有意识地引发学生对所呈现的教学信息以各种方式作出反应。在语言讲解或演示示范时不断提问,要求学生思考和回答,是最常用的刺激反应的措施。讨论、角色扮演、实习等,更能引发学生积极的反应。学生在学习时所接受的刺激和作出的反应,应当尽量与重点教学目标的刺激反应相匹配,而且强度不能过大,以免使学生产生厌倦感。**七,重复练习原则**。应当提供给学生种种机会,以重复表现其习得的知识和技能。不断地练习新学的行为能够促进记忆和迁移,锻炼应用的能力。学生需要在不同情境中应用的知识技能教师应创设相应的情境让其加以练习。如果练习的行为与终点目标接近或相似,效果更为明显。**八,知道结果原则**。学生应该及时地或经常地明白自己理解和反映的内容正确与否,并且为了强化学生的行为,必须让学生知道成功反映后能够得到的好处。可能的话,应该提供给学生一种效果标准,以评定自己反映的正确性。当学生个人自信反映正确,则外部的证实也许没有必要。**九,个别差异原则**。人类个体的心理特征,如兴趣、能力、气质和性格等各不相同,因而学习的速度和方式不同,教学活动的安排需适应这种情况。制定教学策略时要设身处地以学生为出发点,尊重学生独特的认知特征、情感特征和人格特征,尤其是对于差生,更应注意理解和尊重。教学设计要把促进每一个学生在各自的原有基础上不断提高作为根本目的。

走出模式践行的误区。**误区一:新模式就是程序化的模式**。在调研中曾听到有教师反映:不仅自己在实践新模式,而且更多的新老教师都在以新模式为教学研究的支点,在课堂教学中进行大胆的尝试。在这个过程中,教师们认为很多教学模式就是过去程序化模式的翻新。**误区二:新模式在不同学科的机械套用**。教学模式在不同的学科教学中机械套用是非常严重的问题。在调研中发现存在着两种普遍倾向:一是认为某一教学模式适用于任何学科的任何课堂,只要是开展教学新模式便是最好的模式,其他模式无法与之相比,可是真在课堂教学中应用新模式时,又发现其模式很难控制,特别是在一些理科的学科教学中容易遭遇尴尬。二是存在叶公好龙的现象:观其教学研讨对教学有深层次的理解,观其教学设计有非常明晰的教学流程,可真到课堂上,却几乎见不到新模式所呈现的理念,新模式在这样的课堂中成为了一种"新的课堂形式",为搞教育教学研究而做的表面功夫。

(七)"动静结合"的有效教学模式。什么样的教学模式才是有效的呢?笔者认为

"动静结合"不失为一种有效模式。在这种教学模式中，无论是教师还是学生，都能够自然地、有条理地表达自己在日常生活中积累的知识，教师能够认真地倾听同学们的话语，学生能够琢磨自己说的话，能够表达自己的阅读感悟，能够把自己的见解与同学的见解串联起来。下面我们分两个层次来具体讨论。

第一，课堂教学的理念层面。我们认为，任何一个有效的教学模式都需要动静结合。无论是学生个体与个体之间的合作、关联，还是课堂中问题的分享与深入探究，其中都有"动静"互惠互利的过程。何时该动，何时该静，都需要我们在制定教学模式时仔细思量。课堂只有把动的部分和静的部分串联起来，有效分配时间，课堂才会有效。

第二，在课堂教学实践层面。很多老师，甚至学校领导，一直以为研究就是研究，与实践永远是两道皮。因而对于课堂中的一些具有新理念的教学模式，只局限于"懂"的层面。而今天，我们要告诉大家，只要我们把课堂中的"动"和"静"进行有效分配，尝试实践一下，我们慢慢会发现课堂有效性的玄机。在这个过程中，要反复地上公开课、上研究课，以验证其有效性。模式不是唯一的，我们都参与研究，每个教师都会寻找到适合自己的教学模式。

在此将重点交流两个与"动静结合"相关的高效教学模式。

一、自主参与式课堂教学模式。随着素质教育的推行，老师对学生不再是手把手地教了，在这种形势下，以下教学模式供大家参考："提出问题，创设情景"——"个体思考，独到见解"——"分组讨论，新知初成"——"班内交流，形成结论"——"个体应用，巩固反思"。

链接 4-9
凯洛夫的"五步教学法"

苏联教育学家凯洛夫曾提出"五环节课堂教学法"，即组织教学、复习旧课、讲解新课、小结、布置作业。他认为教学过程的几个基本环节是：(1)诱导学习动机；(2)感知和理解新教材；(3)巩固知识；(4)运用知识；(5)检查。

在凯洛夫看来，教学的基本要求是：一，授予学生并使他们知觉具体的东西(物体、现象、过程的展示与观察，叙述事实，引证实例等)，要在这个基础上造成学生的表象。在这里，知识的源泉乃是：具体的事实本身，物体、现象、过程、事件等的描绘、印刷品(首先是教科书)以及教师的语言等。二，认清(理解)所学习的客体中的相同点与相异点，本质的、主要的和次要的地方，认清原因与结果、相互作用关系及其他各种联系。三，造成学生的概念。使他们认识定律、定理、规则、主导思想、规范及其他概括。

四,使学生牢固地掌握事实与概括的工作(记忆、背诵和一般的巩固知识的工作)。五,技能、熟练技巧的养成和加强。六,用实践来检验知识。把知识应用于包括创造性作业在内的各种课业中。

指导—自探—求新式课堂教学模式。依旧采用比较研究的方法,链接魏书生教育思想及"六步教学法",就能感知教学模式的不同取向,参照"温故知新,先学后教,当堂训练"等理念,从而开启面向自己的教育实践,对某一时期或某一区域的教育产生影响,或者只是面向自身希望面对的特定教育实践,有全面的了解和全新的理解。

链接4-10

魏书生及六步教学法

六步教学法,是全国特级劳动模范、辽宁省盘山二中语文教师魏书生在多年教学实践经验的基础上提出来的。

魏书生非常重视培养学生的自学能力。他常常引导学生认识自学能力的重要性,鼓励学生树立培养自学能力的信心,使培养学生自学能力不仅是教师的主观愿望,也成为学生的内在要求。

六步教学法的基本操作程序是:

图4-1 六步教学法的基本操作程序

定向:确定教学内容的重点、难点,并告诉学生,使之心中有数,方向明确。例如讲《桃花源记》一课,首先告诉学生本节课要学习的生字有哪几个;词、虚词"焉"的用法,"妻子""阡陌交通"古今词义的不同;句,这一课的省略句式比较突出,列为重点;译,哪一段作重点译。此外还要学生明确本节课的重点是理解作者在这篇文章里所表达的政治思想以及这种思想的局限性。

自学:学生根据学习的重点和难点自学教材,独立思考,自己作答。不懂的地方,留待下一步解决。

讨论:学生前后左右每四人为一组共同讨论和研究在自学中没有解决的问题,寻求答案。不能解决的问题,留待答疑阶段解决。

答疑:由学生自主解答疑难问题。由每个学习小组回答一部分,然后由教师解决剩下的疑难问题。

自测:学生根据定向指出的重点和难点,以及学习后的自我理解,自拟一组约需十分钟完成的自测题,由全班学生回答,自己评分,自己检查学习效果。

自结:每个学生总结自己学习的主要收获。教师在成绩优秀、中等、较差的学生中,选择有代表性的学生,让其讲述自己的学习过程和收获,使所获得的知识信息得到及时强化。

这六步程序,可以依据课文的特点和学生理解的难易程度形成若干变式,如浅近的文章,以学生自学为主,其他两步可以省略;若自测效果好,自结则可略。

打造属于自己的教学模式。在具体的教学实践中,我们也发现了这样的现象:一是部分教师错误地理解了某一模式强调的学生主体地位,要求不论什么课堂、什么课型,都要无条件地在课堂的前十分钟内开展自主学习、探究学习,以至于教师抱怨学生自学能力差,合作意识薄弱,学生抱怨学不会,不知道学习从哪里着手,教学陷入了僵局;二是部分学校为了强调并指导课堂上学生的自学及探究学习,要求每个学科每节课都要使用统一的"导学案"或者"导学提纲",其结果如前一种情况不容乐观。通过走访调查,我们发现出现此类问题的原因为教师对师生课堂地位的理解存在偏差:我们强调学生的主体地位,但是并没有忽视教师的主导地位,教学本身就是教师与学生之间通过媒介(教材、多媒体等)产生的互动活动,离开了任何一方,都不能称作是教学。必须清楚,教师与学生的地位随着教学活动的开展具体变化,但是整体上不可偏废其一。在课堂教学中,应该尽量避免以上两种情况的产生。

五、教师成长的创新修炼之教学方法

教学方法是教师和学生为了实现共同的教学目标,完成共同的教学任务,在教学过程中运用的方式与手段的总称。教学方法包括教学指导思想、基本方法、具体方法、教学方式四个层面。相对于教师专业修炼而言,教学方法运用其实是素养的积淀。教学方法包括教师教的方法(教学方法)和学生学习的方法(学习方法)两大方面,是教授方法与学习方法的统一。高效课堂,必须对应科学的教学方法,选择合适的教学方法,是课前预设的重要内容之一,对提高课堂教学效率起着十分重要的作用。前苏联教育家苏霍姆林斯基认为:"选择对某节课最有效的教学方法,是教学过程最优化的核心问题之一。"教无定法,贵在得法。新课程背景下的教学方法的选择,是对教师专业素养的考验。只有不断地、有目的地在课堂教学中增强教学手段的运用和创新意识,发挥水滴石穿的精神,长期修炼后才会得心应手。

(一)教学方法的教育思想。教学是教师以一定的教材所包含的基础知识、基本

技能技巧为主要内容,采取一定的调控手段,领导学生学习的一种双边和多边活动的系统教育过程。教学方法是教师为完成教学任务而采取的工作方法。它是教学过程中教师和学生活动的结合。每种教学方法通常是由若干教学活动细节构成的,这些细节也称教学方法。教学方法带有时代特征,即教学方法受社会历史条件制约,受社会的教学目的、教学内容、占统治地位的教学指导思想、教师的世界观的制约。每一种教学方法的背后,都有着一位教师强大的教学思想给予支撑,这种教学思想不仅体现时代发展的需要,体现每一个时代的学生对学习的需求,体现每一个时代的教学改革,同时也体现了一位教师对课堂教学的理解(教师专业素养给予选择与应用的智慧)。恰当地选择合适的教学方法,是有讲究的。探寻教学方法背后的思想形成之理,科学、合理地选择和有效地运用教学方法,往往体现于教学实践的每一个环节中。要求教师在现代教学理论的指导下,能储备大量高效的、前瞻的教学方法,能熟练地把握各类教学方法的特性,能够综合地考虑各种教学方法的各种要素,能在需要时选择适宜的教学方法,全面达成优化组合的效果。教师的教学思想决定了教学方法的高低。形成正确而有效的教学思想,有助于教师对教学方法审时度势,有目的地选择、使用,最终达成良好的课堂教学效果。

(二)传统教学方法与现代教学方法的认知。从宏观上看,传统教学方法和现代教学方法因其所处时代背景不同、人的认知结构不同,使他们成为两种教学方法体系,而且是互相对立的两个抽象概念。随着教学改革和实践的不断深入,教学方法由传统走向现代势在必行。现代社会是一个信息密集的社会。现代教学方法,其实多是传统教学法的继续与发展,体现与时俱进的内涵。近二十年来,许多国家根据各自的情况和不同的要求,创造并系统开发了一些适应社会、技术和生产发展要求的新的教育教学。如德国以培养关键能力为核心的现代教学法——项目教学法,使职业教育成为一种新的概念,由于它对于培养人的全面发展和综合能力起着十分重要和有效的作用,被世界各国从事职业教育的教师所采用,对职业教育的发展产生极为深刻而广泛的影响。下面,以项目教学法为例,与传统教学法在教学中的几个环节进行详细比较:

首先,在教学形式上。传统的教学方法一般是教师讲学生听,在一节课45分钟时间里,教师讲课的时间约占90%左右,剩下10%的时间才属于学生自己。整个教学过程围绕教师展开,教师多半是站在讲台前完成自己的教学任务。这种以教师为中心的授课方式,客观上限制了学生潜能的充分发挥。项目教学法是教师指导学生活动。通常在45分钟时间里教师讲课仅占30%左右的时间,剩下的时间全部由学生在教师的指导下完成某项任务。如"咨询—计划—决策—实施—检查—评估"这个项目实施过程是围绕着学生展开的,教师的大部分时间是站在学生中间指导。学生通过自身独立的活动,充分地发挥其创造性。

其次,在学习内容上。在传统的教学方法中,教师给学生讲授的是理论知识,学生很少参加实验或者实践活动,它将教学视为一个漏斗,把所有的学习内容都灌输到学生的脑子里,为了让学生们记住这些内容,反复学习和反复练习是最好的,也是最普遍的做法。因而,学生主要是通过记忆的方式掌握知识。在项目教学法中,教师也要讲授专业理论知识,而学生获取理论知识是在教师的帮助和指导下通过自己的探索活动得的,这样更能激发学生的学习动机。因为在学习过程中,如果学生对所学的内容不感兴趣,就难以取得好的结果。所以在项目教学法中,学生通过记忆的方式把握理论知识,又通过手和脑进行实践,这样大大地提高了学习的效率。

第三,在教育目标上。美国著名的心理学家、教育家布鲁姆对教育目标进行了科学的分类,他认为,教育目标应由三方面组成,而不是传统的单一目标,这就是认知目标,情感目标和行为操作目标。传统的教学方法注重认知目标的实现,强调学生通过感觉、知觉、思维、想象、注意和记忆等方式进行学习,在个别学生身上,往往更注重记忆的方式,乃至于形成了所谓的上课记笔记、下课整理笔记,一个阶段之后复习笔记,临考之前背诵笔记,考试之中默写笔记、考完之后忘记笔记的独特风景线。在项目教学法中,认知目标的实现固然是十分重要的,但已不是唯一的目标。因为认知目标、情感目标、行为操作目标都是重要的学习目标,它们之间既是互相独立的,彼此之间又保持着重要的联系,是一个有机的整体。

第四,在交流传递方式上。在传统的教学方法中,由于是教师讲,学生听,信息传递的过程往往是单方面的,虽然有些互动,那也是被动的。教师在台前授课,下面听课的学生是听还是没有听,是认真地听,还是不认真地听,教师往往也很难判断。在一般情况下,教师往往是看表面现象,凭自己的经验,比如根据学生是否在讲话、是否在睡觉、是否在看窗外等行为来判断学生是否在认真地听讲。如果某个学生既没讲话,也没睡觉或者看窗外,教师往往会认为这个学生是在认真听课。所以,单方面的、没有反馈的信息传递,往往是不可信的。在项目教学法中,信息传递是双向的,教师负责讲课和指导,学生听课和活动,教师可根据学生活动的成功与否了解其接受教师信息的多少和深浅。教师还可以对那些掌握信息较少和较浅的同学采取措施,帮助他们补充信息,直至他们全部获得完成学习任务所需的信息。只有双向传递信息,不断得到反馈,才是真正有效率的信息传递。

第五,参与程度的不同。在传统的教学方法中,学生参与程度与其自觉努力的程度成反比。枯燥乏味地听、记、背、默,常常使一些学生逐渐失去对学习的兴趣。这一点在一些好动好玩的男孩身上表现得尤为突出,他们容易从一开始的"我要学",逐渐弱化成为以后的"要我学",是家长、教师、社会要他学。项目教学法使学生的参与程度大大提高,这不仅表现在教师的授课过程中,同时也体现在教师所借助的媒体,如影视、音像或电脑媒体所营造的学习氛围中。选择适当的学习载体使教学内容更加活泼、更加明确。

第六,激励手段的不同。传统教学方法以分数为主要的激励手段,这是一种外在的激励手段,当个体感到分数对他有用时,如面临中考或者高考时,他会竭尽全力去获取高分,而当个体认为这个分数对其发展已无多大的用途时,他就会高呼 60 分万岁。外在的激励只能维持一阵子,不可能持久,外因仅仅是变化的条件。而项目教学法的激励手段完全是内在的,是人们在完成一项工作之后发自内心的喜悦,是人们从不会到会的心理感受的充分体现。这是在用项目的实施成功评判项目实施的过程,而不是去看结果。

(三) 把握好教学方法选择的基本依据。课堂教学中,有效教学方法的选择是有规律可循的。往往可以依据教学目标、教学内容、学生实际、教师自身素养和教学环境等诸多因素作出综合判断。

首先,依据教学目标。不同领域或不同层次的教学目标的有效达成,要借助于相应的教学方法和技术。教师可依据具体的可操作性目标来选择和确定具体的教学方法。不同的教学内容,不同的学生层次都影响着教学目标,并进而影响着教学方法的选择。

其次,依据教学内容特点。不同学科的知识内容对学习的要求是不同的;不同阶段、不同单元、不同课时的内容与要求也不一致,这些都要求教学方法的选择具有多样性和灵活性的特点。

第三,根据学生实际特点。学生的实际特点直接制约着教师对教学方法的选择,这就要求教师能够科学而准确地研究分析学生的上述特点,有针对性地选择和运用相应的教学方法以适应学生的学习,并进而提高学生的学习效率。

第四,依据教师的自身素质。任何一种教学方法,只有适应了教师的素养条件,并能被教师充分理解和把握,才有可能在实际教学活动中有效地发挥其功能和作用。因此，教师在选择教学方法时，还应当根据自己的实际优势，扬长避短，选择与自己最相适应的教学方法。

第五，依据教学环境条件。教师在选择教学方法时，要在时间条件允许的情况下，最大程度地运用和发挥教学环境条件的功能与作用。

遵循教学方法的选择原则。准确选择教学方法是教师课堂讲授达到高水平的重要实现方式。一般教学论或教育学著作，均对选择教学讲授方法的标准问题有过论述，认为教学方法应根据教学目标、学生特征、学科特点、教师特点、教学环境、教学时间、教学技术条件等进行选择。此外，要实现教学方法的优化，还应考虑下列原则。

首先，全面贯彻教学、学习、研究同步协调的原则。具体来说，需要立足于以下三个方面：一是教师的教、学生的学应同步协调。师生要共同参与知识发现、形成过程，即理想化、简化的知识生长过程，它的一个推论就是提倡课堂讨论。师生共同参与课堂讲授是认识活动的内在要求。二是教师应经常研究教材与方法，适时地把自己的心得体会与研究成果运用到教学中。为学生提供探究的素材，同时，提高自身的教学与科研能力。三是在教学中应鼓励学生对问题进行研究、探索，向自己设问或自由提问。在这个过程中，学生的参与意识得到进一步实现，学生的人格受到应有的尊重，思想上受到启发，其学习积极性和自信心就会大大提高。

其次，综合运用"猜想""证明"引路原则。"猜想""证明"引路原则是指教学中利用归纳、类比等直觉思维方法给出猜想，运用逻辑演绎的方法给出证明，两者是前后顺承关系，先猜想，而后证明。人们课堂上运用的教材大部分是按逻辑演绎体系编写的，如果教师照本宣科，从讲授抽象的定义或定理开始，要求学生作为既定的结论接受下来，然后运用定义定理去解决问题，其效果并不尽如人意。人的思维运动有两条基本途径，一是从个别到一般的归纳思维；二是从一般到特殊的演绎思维。归纳和演绎相互区别、联系、渗透和补充。演绎只有依靠归纳才能具有可靠的出发点和前提，而归纳得到的结论也只有通过演绎的论证才能被认为是正确的，否则只是猜想。思维认识活动的一般模式是"实践—认识—再实践—再认识"依次往返，以至无穷。课堂讲授不能违背人的思维认识规律。

第三，辩证运用通俗化原则。通俗，就是讲课时尽量采用通俗易懂的语言，深入浅出地讲清比较深奥难懂的教学内容，起到化难为易、易记易用的目的。华罗庚用怎样泡茶最省时间讲授统筹方法，工人一听就明白；爱因斯坦讲相对论，连他的司机都可以听懂，甚至可以绘声绘色地复述。他们不但是科学巨匠，也是具有高超讲授艺术的专家。无论怎样抽象的理论,都可以直观而浅显地表达出来。一种知识是否容易理解,在一定程度上取决于讲授的方式。美国心理学家布鲁纳认为:"任何学科的基本原理,都可以用某种形式教给任何年龄的任何人。"但在通俗的基础上,一定要注意内容的科学性,尽量使用准确的学科语言,切不可为了通俗而信口比喻。教学中需要两套语言,一是科学语言,二是通俗的口头语言。这两种语言交替使用,互相补充,才有利于取得好的教学效果。

第四,巧妙运用趣味性原则。孔子曰:"知之者不如好之者,好之者不如乐之者。"现代学习心理学也认为:兴趣和成功是相辅相成的,在兴趣和成功之间存在着良性循环和恶性循环。增强学生对课堂的情意,是全面调动学生学习某一学科的积极性、提高教学质量的重要环节。青少年学生有着强烈的好奇心和求知欲,充满想象力和自信心。教师在课堂教学中,应联系教学内容,经常有选择地介绍一些生动形象的典故、名人传记、逸闻趣事;或具有挑战性的问题,巧妙的解法,美的形式、结构以及生动形象的演示实验等,以激发学生的学习兴趣和求知欲,提高学生对该学科的情意。

第五,共同投入理性情感原则。共同投入理性情感,即教师和学生在课堂讲授中不仅要运用理性去探求真理,而且要投入感情来完善人格,从而使课堂教学成为充满生机的学习过程。具体要求如下:

一是在课堂讲解中要激发情感。通过提出问题、解答问题、检验答案等环节,使学生的期望得到满足,从而引发出学生高度愉悦的学习情绪。比如一个图形的巧合,一个问题的妙解,都能有效地激发学生的情感,使学生陶醉在这种奇思妙解的氛围之中。也可运用美的事物、语言、形式、结构、方法等去激发学生的学习热情。爱美之心人皆有之,在课堂教学中,要善于挖掘教材,用美的思想去启迪学生的思维智慧。

二是在课堂讲授中要细心地培养情感。学生原有的需要得到满足后,应不断地促使其产生新的需要,如此循环来提高学生的学习情绪。如,教学中善于设疑、激疑,巧设悬念,留有思考余地,让学生去思索、尝试,为学生创造条件。

三是在课堂讲授中要适度地控制情感。教师要通过自己的讲授把学生的情感调节到恰到好处的状态。适当地控制情感,做到有张有弛,是课堂讲授进入艺术境界的重要手段。

总之,这五个原则构成一个统一的整体。教学、学习研究同步协调、既教猜想又教证明原则是最高原则,贯穿于整个教学的始终。在这些原则的指导下,教师应根据自己的特长选择教学方法,创造出有感情的学习环境。真才实学地教、真情实感地爱与真心实意地帮结合起来,使课堂讲授真正做到以理服人,以情动人,从而使教学进入较高的境界。

(四) 切合实际进行教学方法改革。教学方法的使用,反对因循守旧,反对拿来主义,反对搞花架子,需要与时俱进,需要开拓创新,特别是能结合某一时期的教学改革进行深入的研讨,而后推陈出新。为此,提出以下建议:

一,**教学中教师要发挥个人特长。**教师的教学是一种精神劳动,一般地说物质产品要求标准化、规格化,而精神产品则是个性化,因而教师的劳动必然要体现出各自的特征。这是由于每个教师的思想、气质、知识结构、审美情趣和教学能力不同,针对不同的教材和学生的实际,在从事教学活动时,在方法上都有自己的选择和侧重的角度,都要采取自己得心应手的方式方法,创造出自己的授课路子和风格。不同的教学特色和授课风格可以并行,不应嵌在一个框子里,只要是效果好,质量高,就是好方法。教师学习外地教学经验和本单位他人的教学之长,目的是从中取得借鉴,训练自己的教学能力,全面提高教学质量。值得注意的是,学习别人不能照抄照搬,要本着传承与创新的原则,学习的同时要贴合自身实际,不能抛弃个人的特点和优势,在形式上东挪西借,搞花样翻新,争奇弄巧,哗众取宠,否则只会落得个邯郸学步、适得其反的结局。这势必影响教学方法改革的深入。

二,**教学方法改革要抓住要点。**在过去的教学中,教师往往对钻研教材比较重视,对分析研究学生的重视程度则远远不够,尤其是乡村学校生源复杂,学员程度不齐,所以首先得需要对学生的情况进行认真分析,分出好、中、差三种类型,从家庭环境、知识基础、学习动机、学习态度、自学能力等方面找出他们各自的学习特点和规律,进而做到有针对性地对他们进行学法指导,调动他们的积极性,提高其自学能力,使其养成良好的学习习惯,这是提高教学质量必须解决的问题。其次是教师的讲授要避开传统教法的弊端,变学生被动地学习为主动地学习,不能再把学生的头脑当成容器,让学生死记硬背,机械地学习,力图把所有的知识全部塞入学生的脑子里,应侧重教会学生理解知识,会综合运用知识,具有一定的创造能力。第三是加强学法指导,实施愉快教育。

三,**因材施教,全面提高教学质量。**教无定法,教学中能保证每一个学生的学习积极性,能促进学生主动地展开"自主学习",从教变成不教,才可以真正地发挥教学的作用。在教学方法的使用中讲究因材施教,指教师要从学生的实际情况、个别差异出发,有的放矢地进行有差别的教学,使每个学生都能扬长避短,从而获得最佳发展。

(五) 授人以渔的教学辩证法则。教法与学法的统一是一个永恒的话题,为了更好地认识教与学的关系,全面提升自我的专业素养,有必要在认清教学方法与教学方式异同的基础上,深刻地领悟教什么、怎么教和学什么、怎么学的内涵,以及把准两者之间的辩证关系,同时洞悉专业素养修炼给予的支撑。多年来,为了认清教学方法与教学方式之间的关系,人们习惯于将教法与学法的关系形象比喻成"渔"和"鱼"之间的关系,并杂糅于教学方法与教学方式混合的语境中加以阐述和比较。对于物质的存在来说,肯定是"鱼"先于"渔",有鱼人们才去思考"渔"。因此,人们有必要先了解"鱼"和"渔"的内涵及关系。"鱼"即知识技能的结论,是现成的、被别人思考、"加工"完毕的思想、道理、定义、公式、知识等;而"渔"指的是捕鱼(获取知识技能)的方法和技巧,即学生通过自己的能力,把学到的运用到实践中去,从而在知识的海洋中用"瓢"舀出知识的"海水"。"鱼"与"渔"并非对立,有的教师认为它们"水火不容",在"舍鱼取渔"还是"舍渔取鱼"的中犹豫不决,难以取舍。其实,两者存在着辩证关系,课堂教学中"鱼"的生命,全在于"渔"的过程,"渔"是一个拯救的过程,少有"渔"的课堂得到的只会是死"鱼"。

链接 4-11

《狼》教学案例

教学《狼》一文时,一踏上讲台,教师就坐在电脑前,频频点击鼠标,一个又一个问题从屏幕中投影出来。接着,就是问题的答案了。整节课,教师都是"口授心传",古文的相关知识,如词类活用、通假字、句式等,教师都通过多媒体展示出来。课堂教学节奏完全"掌控"在教师手里,而学生呢? 主要任务就是记下"答案"。且看下面一个小片段:

教师:本文开头两句写"遇狼",这是情节的开端,点明了时间、地点、人物。除此之外,还有些什么作用? 还有两点作用。

在学生思考中,教师忙点击鼠标,说:为情节的展开留下了伏笔——因为"担中肉尽,只有剩骨",才有下文惧狼的"投以骨"的情节,同时也渲染了紧张的气氛。

整节课都是这种教学模式,教师讲,学生听。

教师"渔"鱼之术无章法。 课堂也经常会出现这种现象:教师费尽九牛二虎之力地讲解,可学生却昏昏欲睡,疲惫不堪,学不到什么知识,缘何? 教师"心里没有渔"! 因为"心里没有渔",故教师的讲不得要领,没有"章法",吃力不讨好;因为教师"渔"鱼之术无章法,故学生的学也无从下手,根本没有什么方法可以"举一反三",教学效果肯定大打折扣。教师不懂得"渔"的真谛,如何让学生得"渔"而后"生",而后"独立自主"?

"渔"鱼之术无章法的教师在课堂教学中有以下几种表现:

像一头老黄牛那样,辛勤地"耕田",却不会想能不能有更好的方法;有时候,可以"偷懒",却只是一味地讲;在讲课过程中,有时候自己也"乱"了,不知从何讲起。"渔"是高效课堂不可缺少的"元素",如果没有教师有目的有计划地加以修炼,是不可能真正促进自我内驱动力发生变化的,特别是因"渔"而让自我的生产性得到提升。**厚"鱼"而薄"渔"**。事物之间都是密切相关的,它们的存在有其客观性,因此,大家不可随意为其"分家",或者戴上有色眼镜去看待事物,"渔"和"鱼"亦然。有些教师喜欢"鱼",却轻视"渔",厚此薄彼,"爱鱼而轻渔",造成课堂教学的低效高耗。只有抓好"渔"和"鱼"两者的辩证关系,才可能真正地在教学中做到恰到好处。现实是,对于教师来说,给予学生"鱼"轻而易举,说到就能做到;而授予学生"渔",有的教师会认为太麻烦了。其实不然,只要用"心"教,天下事情没有难易之分。

链接 4-12

《故乡》教学片段

讲《故乡》一课时,教师采取"牧羊式"的教学方法,提了几个问题,然后放手让学生自学,并自主解决这几个问题。其中有一个问题是让学生思考这篇小说的写作特点,并要求学生鉴赏小说。当然教师也简单地介绍了鉴赏小说的方法。但是学生的"鉴赏"并不如意。于是,教师便滔滔不绝地说出了自己对小说的鉴赏。

案例中,教师开始能重"渔",授予"渔",教给学生思考问题、解决问题的方法。可是,一旦学生回答问题"卡壳"时,教师"原形毕露",把心里"只爱鱼而轻渔"的本质暴露出来。

这是一种不彻底的教学行为,源于缺乏深度和广度的教学理念。追根溯源地说,还应该是"传统观念"中的糟粕思想在起作用。一直以来,人们的课堂教学都在践行着"灌输式教学",始终不关注"渔"的授予,那是骨子里"僵硬""根深蒂固"的传统教学思想在作怪。

懂得"渔",骨子里头,却只有"鱼",在两者矛盾"冲突"的时候,教师考虑到"授渔"可能会影响教学进度等因素,故对"渔"全盘否定,六亲不认,直接后果令人担忧。

让学生自己捕鱼的构想。 让学生自主捕鱼,不是"牧羊式"的不着边际,也不是"圈地式"的束手束脚,是教学理念的自然回归,回归到一种原生态的教学行为;是给予学生一片新天地,给予学生一些工具,放手让他们尽情地、肆意地在广阔的知识海洋中捕鱼。卢梭在《爱弥儿》中写道:"要培养孩子具有获得知识的能力,这样才能使孩子的思维开阔、头脑聪敏,能够随机应变。"让学生自主捕鱼,就是在培养学生获得知识的能力,这对课堂教学有着深远的意义。让学生自主捕鱼,是所有方法选择中的最佳方法,也是方法选择的终极目的。放眼现在的课堂教学现状,一些教师在这方面存在着较大的问题。如何才能让学生自己在课堂上有效地捕鱼呢? 纵观课堂新思维,我们发现主要体现在以下几方面:

首先,拒绝教师的越俎代庖、本末颠倒。课堂教学讲究引导艺术,教师的"讲"一旦过"度"了,就会冲淡学生的"学"。教师要让学生自己去思考、推敲,以养成良好的思维习惯。即使学生思考出来的答案与人们期待的有一定的距离,但长此下去,学生的思维、视野会逐渐变得开阔起来。因此,在课堂教学中,教师一定要让学生自己去捕鱼。

链接 4 - 13

《我的叔叔于勒》教学片段

师:大家评价一下小说的人物吧?

生:同情于勒叔叔,因为……

生:比较欣赏"我"吧,因为"我"还未沾上资本主义的铜臭味。

生:鄙视菲利普夫妇,这个人太势利了。(很多同学附和着)

师:有没有同学对菲利普夫妇的态度有改变呢?

生:有点同情。

师:为什么?

这一问,全班鸦雀无声。

师:我也同情菲利普夫妇。其实,在资本主义社会中,私有制……因而对于这样在社会底层挣扎的小人物,我们除了对其"势利眼"的批判外,其实对他们也应该心存怜悯之心。

在以上片段中,教师对教学内容的选择是较为成功的,教师的引导也是中规中矩。只是到了最后关头,学生处于思虑困顿之时,教师却未能耐心地加以等待,而是急不可待地把答案统统说出来,这种越俎代庖的做法对于学生的思辨能力的培养是极其有害的。

令人担忧的是,现实中这种越俎代庖的做法却普遍存在,本该学生自主学习的地方,教师一手包办,自己说了算;本该引导学生思考的地方,教师"当仁不让";本该让学生质疑的地方,教师一手遮天,居高临下,最终导致学生的独立思考能力被漠视,创新能力被扼杀,成了课堂的"弃儿",其能力、习惯得不到发展和培养,主体积极性受到压抑,个人的智慧无法得以释放和迸发。要让学生自主捕鱼,就需要坚决拒绝教师的越俎代庖,摒弃本末颠倒的盲目做法。

其次,还学生以"主体"地位,让其成为课堂中的主角。教学方法选择的修炼,实际上是一个还学生以"主体"地位,让其成为课堂中的主角的尝试过程。让学生自主捕鱼,教师要真正让学生当"渔者",把鱼竿交到学生手中,给他们钓鱼的时间,允许他们探索钓鱼的方法,鼓励他们展示自己的钓鱼技巧。只有这样学生才能真正全身心地投入到钓鱼活动之中,才能真正感受到自己是学习的主人的乐趣,才会以课堂主角的身份展示自己的才智,才会真正承担着一定的"思维责任",在思考的过程中,融入个人的知识水平、阅历、能力、个性特长等因素。因此,其思考结果也会明显地印有"自我"的个人色彩,这样的思考就比单纯地接受知识高出一个层次。

链接 4－14

《在山的那边》教学片段

师:同学们把需要轻读重读的词找出来,并把原因写在旁边。完成之后,同学们可以互相交流。(教师来到学生旁边,适时指导)

十分钟后,教师让学生展示自己的思考结果。

生1:第二节中的"在山的那边,依然是山,山那边的山啊,铁青着脸,给我的幻想打了一个零分!"这里的"依然"我觉得要重读,它强调了山的数量多。"铁青"也应该重读,写出了山的颜色非常残酷,还带了拟人色彩……

生2:"于是,怀着一种隐秘的想望,有一天我终于爬上了那个山顶"这句里的"隐秘"应该轻读,"终于"要重读。

生3:第二部分的第一段,这里的"是海"要重读,后面的感叹号表明了作者的感情强烈;下面一句的"用信念凝成"也要重读,它强调了只要有信念,百折不挠地奋斗,终究会实现自己的目标的。

……

在这个过程中,教师适当地对学生的理解进行评点。

在这个教学案例中,教师"放手"了,把课堂还给学生,使其真正成为课堂的主人,这是学生自主捕鱼的先决条件。学生只有充分发挥主体性,才能捕到"好鱼""大鱼"。

课堂中,如果让学生适时自己捕鱼、自主学习,其主体积极性一定会得以酣畅淋漓地发挥,学生便有一种"主人翁"的感觉,并以这种姿态投入到课堂学习的各项活动中去。因其主体性的充分开掘,蕴藏在学生内心深处的"内潜力"便被激发出来,学生参与课堂教学活动便会由"要我学"蜕变为"我要学",参与课堂活动就成为一种内心需要、自觉活动。

第三,既给学生鱼竿等捕鱼工具,又给学生"金点子"。清华大学老校长蒋南翔先生在一次大学生毕业典礼上说:"一个大学生进入社会,就好像一个猎人进入森林。人们不只要给他足够的干粮,还要给他一把猎枪。"这里的"干粮"就是人们课堂中的"鱼",这里的"猎枪"就是"渔"。

实践证明,遵循教学规律和方法的课堂就是成功的课堂。每一个学生都是可塑之才,只要大家花点心思,给学生"鱼竿"等捕鱼工具,并适时地"温馨提示",相信每一位学生都能自主捕鱼。

那么,如何让学生自己有效地去捕鱼呢?

首先,给学生"松绑"。假若你跟学生说:"孩子,池塘里的鱼很多,你跳下去捕鱼吧,但千万谨记,可不要弄脏了衣服。"这是多么荒唐的笑话,可在人们的课堂中,就有不少这样的案例。教师既要让学生自己捕鱼,又在他们身上人为地加上了诸如"一定要正确""至少五点""按照我的思路去"等枷锁,学生怎能灵活自如地去捕鱼呢? 有时候,教师不妨大胆一点,既要解放学生的手脚,还要彻底地解放学生的思想,以适应"自主捕鱼"及"捕好鱼""捕大鱼"的要求。

其次,教给学生捕鱼的方法和本领。学生要捕鱼,没有捕鱼工具和方法是不行的。教师要告诉学生"鱼"会藏在哪里、"鱼"的种类有哪些、用什么方式捕什么鱼、如何有技巧地捕鱼。具体来说,在课堂教学中,教师要教给学生思考问题的方法和技巧,教给学生对不同问题要有不同的解答方法,教给学生如何质疑、如何在解决问题时能更省力些……学生一旦有了这身本领,且在实践中有效地"训练"若干次,他们也会琢磨出捕鱼的"心诀"。具体来说,包括:

独立思考的方法。独立思考就是让学生自己去解决所遇到的问题。遇到难题时,教师可引导学生静心推敲、琢磨,可以通过查找资料的方式寻求问题的解决,不必急于求成。如果"绞尽脑汁"也想不出来,再请教老师或同学也不迟。

自主学习的方法。教师要大胆地放手,让学生真正地自主学习,让学生在课堂中畅所欲言,给学生足够的思考空间……总之,给学生最大的选择权和自由度。

创新能力的方法。让学生在思考问题时,从多个角度出发,别具一格,多想出几个解决的方法和途径,运用发散性思维,不怕错误、不怕失败,就是要学生明白"事物的正确答案不止一个"。

质疑能力。鼓励学生敢于怀疑,怀疑什么呢? 怀疑书本、怀疑教师、怀疑参考答案和"标准答案"。如何怀疑呢? 多问几个"为什么",对任何问题,头脑里都要保持这样的"?"。相信学生养成习惯后,质疑能力会大大增强。

学以致用的方法。学与用如何有效统一起来? 如果只学不会用,那么,学到再多知识也没有意义,可以告诉学生:解决这个问题,可以运用以前哪些知识点呢? 先从问题本身搜索出其"相关点"(即问题本身与以前学过知识的相同或相似词语、意义、内涵等),接着再从头脑中"取"出所需知识。

第三,让学生走点"弯路"。学生的知识水平、能力等都是有限的,思考能力还处在一个"幼稚"阶段,走弯路对于学生来说,恰恰是一笔巨大的财富,能指引学生在以后的"捕鱼"路上更加顺畅。

第四,适时送给学生"锦囊妙计"。学生摔倒在捕鱼的池塘里或溪河里了怎么办? 把他们扶起来? 不妥! 要送给他们一些"锦囊妙计",让学生"从什么地方摔倒,就从什么地方爬起来"。就像《三国演义》中经常授"锦囊妙计"给蜀国将士的诸葛亮一样,让蜀国将士在适当时机才拆开锦囊。当然,教师也要精心选择送"锦囊妙计"的时机,要在关键之处如"蜻蜓点水"般轻轻一点,让学生获得启迪。

第五,授予学生"适宜"的"渔"。"渔"是一种技巧、方法,那么,人们应该授什么"渔"才合适呢? 怎样才能提升学生的能力、水平呢?

第四,鱼和"渔"必须"天人合一",有机融合在一起。鱼与"鱼"是辩证统一的,必须融为一体才能发挥威力。"授之以渔"的先决条件是学生必须先有"鱼"。这个道理很简单,学生如果没有一定的基础知识,即使"授之以渔",对他们来说,也是徒劳无益、无济于事的。就像一个没有学过几何知识的学生,教师上来就教他学好"圆"的方法,他能学好吗? 因此,"授之以渔"必须是在学生具备相应的知识、技能的基础之上的。

链接 4－15

《我的叔叔于勒》教学片段

师:现在,我们就从于勒开始,通过对于勒的经历进行还原来破解于勒的命运之谜。老师今天教给大家一个原则:当我们分析一个人物的时候,千万不要忘记了他的起点。我们先来看于勒的人生起点。

(投影展示)

……

师:看来我们必须解开菲利普夫妇之谜。

......

为了诠释"莫泊桑的作品丰富多彩"这一特点,教师分别引导学生对于勒、菲利普夫妇的性格特征进行解读。解读于勒时,教师的引导是详尽且细致的,而解读菲利普夫妇时,教师主要让学生自主去理解和品析。

(六)教师要践行与教学方法相称的行为。在观察大量的课堂后我们发现,有效的教学方法只有伴之以有效的教学行为,教学方法才是有效的。美国著名教育学家、儿童研究评论家加·鲍里奇在其著作《有效教学方法》中,曾提及至关重要的五种行为。

清晰授课。"清晰授课"是指教师向全班呈现内容时的清晰程度。有时教师把自己理解和熟知的内容表述出来后,学生一头雾水,似懂非懂,实际上,这就是教师语言的清晰度在影响着课堂教学目标的达成和教学效果的实现。尽管每个人的语言表达能力不同,但在有限的教学时间使教学的用语合乎一定的规范,使教师能够清晰而直接地与学生交流,学生能在最短的时间内接受有效信息,教师有更多的时间讲授更多的知识,从而使教学在高效中进行是一名教师的基本素养。

任务导向。首先,教师课前准备时,设计问题尽量做到深入浅出,减少使用冷僻晦涩的词语,尝试多用单句、散句,切合学生当前的认知水平。其次,教师在课堂导入后就明确出示教学目标,比如本课的具体教学内容、教学重点和在今后的考试中的要求。这样使学生尽快地进入课堂教学角色中,了解学习任务,也使课堂教学能够顺利高效地进行。第三,要求学生课前做好充分的预习。这就需要教师给学生提供预习的材料和目标,比如查阅或准备一个单元计划,弄清本节课需要学习哪些内容,并弄清将来课时所需要的先前学习内容在本节课体现了多少。在此基础上,教师应进行及时检查督促,弄清学生是否已经掌握了与本课的学习任务相关的先前知识,对本课中的学习重点难点是否有所了解和思考,再根据学生自学的情况开展课堂教学。第四,上课时教师应注意尽量用简洁规范的教学用语进行教学,注意语速,突出教学的重点,让学生在最短的时间内接受知识,从而提高教学的效率。特别要注意的是教师在上课时,应缓慢而明确地发出指令,以逐步进行的方式组织较长的教学任务,在需要重复时再次发出指令或把指令划分成若干小指令,便于学生有效接收。在课堂教学中还可用举例、图解和示范等方法来解释和澄清一些难点,比如根据需要印发一些教学讲义和有效地利用板书、投影、录音等多媒体手段来辅助解释和强化学习重点,像在教学《沙漠里的奇怪现象》时,面对绝大多数同学不曾见到海市蜃楼这一景观的问题,我就下载了相关图片,附带自己清晰的解说,这样不仅提高学生学习兴趣,提升教学质量,还帮助学生有效储存课堂信息以供日后回忆、复习。第五,在每节课结束时进行提纲挈领式的回顾总结,帮助学生再进一步加强对本堂课的学习掌握。当然,还可以让学生质疑答疑,这既检查学生掌握情况,又是对教师课堂教学效果的一个"趁热打铁"的检测。

多样化教学。"多样化教学"一方面指多样或灵活地呈现课时内容。丰富教学的最有效的方法之一是提问题,教师在课堂上可以问许多不同的问题,把它们与课时节奏与序列结合起来,就可以创造出富有意义的多样化教学。另一方面指利用教室里物质的质地、多样的视觉效果增加教学的多样性。

引导学生投入学习过程。这一行为致力于增加学生学习学术性科目的时间。教师应该为学生提供最多的机会,去学习那些将要评估的材料(可以理解为将要学生掌握并要考察的内容)。学生实际投入学习材料的时间称为投入率,它是指用于学习的时间百分比,在这段时间里,学生真的在学习,忙于教学材料并从教师提供的活动中受益。有时尽管老师可能在任务导向地教学,也可能为学生提供了最多的内容,但学生可能并没有投入学习,这意味着他们并没有积极地思考、操作或使用教师提供的内容。这种不投入可能涉及对或隐或显的情感、精神上的漠然。比如看起来精神集中但实际上却在走神。要增加学生的投入率,可以从确保学生成功率入手。"确保学生成功率"是指学生理解和准确完成练习的比率。学生理解和准确完成练习的比率有三种难度水平:高成功率:学生理解任务,只是偶尔因粗心而犯错。中等成功率:学生不完全理解任务,犯一些实质性的错误。低成功率:学生压根不理解任务。研究表明,高成功率的教学,有助于提高学生的自尊心,增强学生对学科内容和学校的积极态度。

六、教师创新教学实践之教学媒体

媒体是指承载、加工和传递信息的介质或工具。当某一媒体被用于教学时,则被称为教学媒体。教学媒体,是一种执行现代教育理念的工具,它本身没有思想,因为带着人的思想去完成教学中的新任务。媒体教学是指在教学过程中,根据教学目标和教学对象的特点,通过教学设计,合理选择和运用现代教学媒体,并与传统教学手段有机组合,共同参与教学全过程,以多种媒体信息作用于学生,形成合理的教学过程结构,追求达到最优化的教学效果的教学方式。

(一)教学媒体带来的变革。媒体有两层含义:一是指承载信息所使用的符号系统,如文字、符号、语言、声音、图形、图像、软件程序等,媒体呈现时采用的符号系统将决定媒体的信息表达功能;二是指存贮和加工、传递信息的实体,如书本、挂图、投影片、录像带、微缩胶片、计算机磁盘等以及相关的采集、播放、处理设备。

大数据背景下,教学媒体更新速度超乎人们的预期,对教学媒体的分类把握就像驾驶员对东西南北等路况的把握一样重要。不管课堂如何通过新型教学媒体进行"翻转",通常,其教学媒体都可以围绕四个点进行分类。

一,语言媒体。语言作为一种最古老的传播媒体,具有简单、快捷、通俗、即时反馈等优越特性。即使在具备多样化的现代媒体的今天仍具有其他媒体所不能取代的优点。语言媒体具有以下教学功能:符号的功能;促进思维、表达思想的功能;交流传播的功能。语言媒体的缺点也很明显,比如,语言符号比较抽象,常常需要手势、表情、体态去辅助,而且转瞬即逝,难以保存;语言媒体的传播距离有限,只能在有限的距离内实现交流。因此,在教学活动中,语言媒体应与其他教学媒体相互配合使用才能获得良好的教学效果。

二,文字媒体。从语言的产生到文字的出现,其间经历了几万年。据研究,人类最初采片丿文字的时间大约在公元前 4000 年,从古老的图画中演变而来,如古埃及的图画文字、苏美尔人和巴比伦人的楔形文字和中国的象形文。社会在发展,文字也随之日益进步。目前世界上大约有 500 种文字,主要的文字体系有西方世界的拼音文字体系和以中国为代表的东方国家的表意文字体系。最早的文字主要刻写在龟甲、兽骨、竹简、锦帛之类的物品上,从发明了造纸术并生产出第一批良纸开始,纸便成了人们书写和记录文字最方便的工具。文字媒体的出现,引起了教育方式的第二次重大变革,文字书写与口头语言成为同等重要的教育工具,人类除了可以口耳相传,还可以利用书写文字来传达信息、传承知识,文字让教育发生了重大变化。

三,印刷媒体。在印刷术发明以前,文字的传播主要靠各种形式的"手抄本"。公元 1041 年—1048 年间,宋人毕昇发明了活字印刷术,大大地节省了雕版的费用,缩短了出书时间,提高了效率,使得信息可以大量复制、存储并广泛流传,对保存文化、传播思想和发展教育起了重大作用。印刷媒体引进教育领域,教科书成为学校教育的重要传播媒介,学生的知识信息不仅来自教师,也来自教科书。学生向教师学习,向书本学习。教师利用教科书,面对一班学生开展有效的教学活动,直接促成 17 世纪班级授课制的产生,从而引起了教学方式、教学规模的又一次重大变革,产生了教育史上的第三次革命。文字印刷媒体是教学活动中传送教育信息的重要媒体,应用于教学后,所体现的主要优点有:易于携带,使用方便;制作成本低,易于分类保存修改和分发;教科书、学术著作的出版,通常经过严格的审定,一般具有较高的水平,值得信赖;具有稳定性和持久性;学生可以自定步调组织学习。

四,电子传播媒体。19 世纪末至今天,是科学技术迅速发展的年代。以电子技术新成果为主发展起来的新传播媒体即电子传播媒体大大提高了人类信息的传播能力和传播效率,并由此引发了教育领域中教育方式与规模的根本性变革,从而产生了教育史上的第四次革命。现代教育媒体自身具有形象生动的特点,能够带给学生身临其境的感受,但它却不能代替教师的言传身教。教师的语言、教师的音容笑貌,仍是教学活动中的重要组成部分,文字与印刷媒体始终是教学活动中的重要媒体。现代教育媒体作为课堂的调味品,是课堂焕发活力与激情的源泉之一。

(二)教学方式的变革。各种新型媒体被应用于教学,带给课堂颠覆性的变化,课堂正在孕育着新的变革——"翻转"。这种变化不仅对教师的教学观产生了冲击,也对教师原有的教育教学技术提出新挑战,促使教师专业素养增加了新内涵。立于大数据的潮头,21 世纪的教师是以开放的姿态主动迎接大数据时代到来,还是以保守的姿态避开各种媒体带来的冲击,这种态度决定着教师未来的发展前途。在教学活动中应对多种媒体优化组合,取长补短,才能充分发挥各种媒体对教学的"翻转",以真正实现教学过程的最优化,具体来说:

一是媒体组合系统化。系统论告诉人们,系统内部各要素绝不是数量上的复合与叠加,而是要由最优化的各要素形成彼此之间的最优化关系。因此,在教学媒体的组合运用中,当确定一个主体性媒体以后,便要选择辅助性媒体,以构成优化的媒体教学系统。

二是媒体组合的简化。在媒体组合的系统观确立之后,媒体系统越简化越好,当然,这种简化是建立在最优化的基础之上的。这是因为在同一媒体系统中,选择的媒体数量越多,在设计编制方面就越复杂。所以一般来说,简化利于优化。

三是媒体组合的统一观。媒体的组合要从教学总目标出发,各个媒体要根据不同的分工完成各自的任务,决不能强调自成系统,这样才能使各媒体之间组成既相互联系又相互补充的多层次的信息结构。

(三)学习方式的变革。学习方式是学生在完成学习任务时的基本行为和认知取向,它不是指具体的学习策略和方法,而是学生在自主性、探究性和合作性方面的基本特征。当下,新型媒体带给学习方式的变革显而易见。在传统教育中,课本是文化的主要载体,课堂上教师只需一本课本、一块黑板就可以进行教育教学活动,如今,各种媒体与信息技术高度融合,规训与教化在撤退,支持和服务在推进,教育本质是对教学对象的支持和服务,而不再是对他们的规训和教化,自主学习能力正被重视与发掘。当前人们倡导的几种学习方式,无不是新型教学媒体产生后的产物。

首先,自主学习。自主学习不仅仅是一种自觉的学习,它还涉及学生的元认知过程和元认知能力。自主学习要求学生能够对学习过程进行自我监控、自主反思和自我调节。

其次,合作学习。目前采用最多的合作学习方式就是小组合作。在小组合作中,教学媒体承担至少两方面的作用:一是为小组合作提供信息支撑。比如,小组合作中遇到难题,可以借助教学媒体查阅资料。二是为小组合作提供展示平台。实物投影可以展示学生小组合作成果,在这个平台上,学生还可以看到其他小组的合作成果,并参与讨论评价。

第三,探究学习。探究学习是指在教学中创设一种类似于科学研究的情境,通过学生自主独立地发现问题,实验、操作、调查、信息搜集与处理、表达与交流等探索活动,获得知识与技能,发展情感与态度,培养探索精神和创新能力的学习方式和学习过程。

(四)媒体教学的优化依据和原则。教学媒体是指以传递教学信息为最终目的的媒体,媒体教学则是指用于教学信息从信息源到教学对象之间的传递,具有明确的教学目的、教学内容和教学对象的教学方式。

把好媒体教学选择的依据。媒体教学与传统教学相比技术手段先进,但不管教学媒体如何更新,人们都应该明白,课堂中依旧遵循着教学的认知规律。

首先,依据教学目标。每个单元,每个课题、项目都有一定的教学目标,即具体的教学要求,比如要使学生知道某个概念,或明白某种原理,或掌握某项技能,等等。为达到不同的教学目标,常需使用不同的媒体去传输教学信息。以外语教学为例,让学生知道各种语法规则与使学生能就某个题材进行会话是两种不同的教学目标。前者往往采用教师讲解,辅以板书或投影材料的方式,使学生在井井有条的内容安排中形成清晰的语法概念;后者往往采用角色扮演并辅以幻灯或录像资料的方式,使学生在情景交融的沟通条件下掌握正确的言语技能。但假如是为了纠正学生的外语发音,则最好采用录音媒体。

其次,依据教学内容。各门学科的性质不同,适用的教学媒体会有所区别;同一学科内各章节内容不同,对教学媒体也有不同要求。如在语文学科中讲读那些带有文艺性的记叙文,最好配合再造形象,所以应使用必要的媒体,使学生有身临其境的感受,唤起他们对课文中的人物、景象和情节的想象,使之加深理解和体会。又如数学、物理等学科的概念、法则和公式都比较抽象,要经过分析、比较、综合等一系列复杂的思维过程才能理解,所以应使媒体提供的教材灵活变化,才能帮助学生理解。

第三,根据教学对象。不同年龄阶段的学生对事物的接受能力不同,选用教学媒体必须考虑他们的年龄特征。比如,小学生的认知特点是,直观形象的思维和记忆比逻辑抽象的思维和记忆发达,注意力不容易持久集中,对他们可以较多地使用幻灯片、电影和录像等媒体。幻灯片要生动形象、重点突出、色彩鲜艳,能采用动画的地方尽量使用动画,每节课使用的片数不宜过多,解释要细致些;使用录像和电影也宜选用短片,动画镜头可以多一些。随着年级的升高,学生的概括和抽象的能力发展了,感知的经验也逐渐丰富起来,注意力持续集中的时间延长,为他们选用的教学媒体就可以广泛一些,传递的内容则要增加分析、综合、抽象、概括,增加理性认识的分量,重点应放在揭示事物的内在规律性上,同一种媒体连续使用的时间也可长些。另外,在两种效果接近的媒体中进行选择时也可适当考虑学生的习惯和爱好。

第四,依据教学条件。教学中能否选用某种媒体,还要看当时当地的具体条件,其中包括资源状况、经济能力、师生技能、使用环境、管理水平等因素。录像教学具有视听结合、文理皆适的优点,但符合特定课题需要的录像片是不是随手可得呢?语言实验室是一种极其有效的外语教学媒体,但并非每个学校都有能力置备,因陋就简采用录音机代替也是可以的。使用计算机辅助教学虽然很好,但除了需要资金购买计算机,还得培训使用人员,此外,若教室不具备遮光设备,那么"价廉物美"的投影、幻灯就都用不上。有的学校管理混乱,使不少已经置备的现代化教学媒体也无法使用。

遵循媒体教学选择的原则。在"翻转"课堂中,教学媒体选择的一个基本原则就是要根据教学媒体对促进教学目标和教学目的的完成所具有的潜在能力来进行选择。这个潜在能力就是指教学媒体本身的特性和教学功能。其具体指导原则是:

第一,易获得性原则。所谓易获得性原则,是指参与者容易取得的某种教学媒体。在众多的可用教学媒体中,首先,大家要考虑的是参与者能接触到的教学媒体,或者说人们可能为参与者提供的教学媒体。

第二,方便教学对象的原则。教学媒体的选择应尽可能地方便参与者,这主要取决于教学媒体的控制特征。首先是教学媒体是否容易接近,是在参与者家庭用,还是在学习中心等集体学习场合用?是个人使用还是集体使用?是固定的,还是可移动便于携带的？其次，要考虑教学媒体操作的方便与否，即教学媒体需要何种环境、何种保障、何种特殊操作技能等。第三，要考虑教学媒体的时间控制特性，即是即时教学媒体还是永久教学媒体。当然，人们在教学设计时，就应充分考虑如何方便教学对象，使他们的学习效果达到最优化。

第三，合理利用教学媒体的原则。每一种媒体都具有一定的特性，因此他们的功能也不尽相同。每一种媒体都有自己的长处和短处，他们之间可以互补。当利用一种媒体的长处去实现一个与之相适应的教学目标时，效果自然会比其他媒体好；但是如果用这种媒体去实现另外一个教学目标，也许效果就会比其他媒体差一些。所以，没有一种媒体可以适应于所有教学目标，世界上也没有"万能媒体"。使用媒体时，要注意扬长避短，做到物尽其用，充分发挥他们各自的优势。同时，注意不能滥用。

第四，考虑教学设计过程中其他要素的影响。选择教学媒体一定要满足教学目标、教学内容、教学对象以及教学策略的要求。教学媒体是教学策略中的一个因素，选择媒体时不但要服从制定教学策略的依据，还应注意到教学媒体与其他因素之间相互联系、相互制约的关系。

第五，考虑媒体使用的环境与实际效果。教学媒体只有在具体的教学环境中使用才能发挥出作用，而其中的环境因素对于媒体的选择和使用往往有限制作用。这就是说，不论人们所选择的媒体多么符合原则，如果环境不允许也只得放弃。

（五）多媒体教学践行的误区和层级。多媒体走进课堂，教师从不适应到习惯，再到熟悉是一个过程。当下，人们的课堂一改以往的一块黑板打天下的局面，转变成了实物投影、电脑网络等与黑板一较高下的场景，特别是如何应用好大数据，更是对教学的考验。多媒体用得好，课堂异彩纷呈；多媒体用得不好，人们反而会感慨不如一块黑板来得容易。的确，如果多媒体不能真正发挥其自身的作用，那么多的信息技术器材充斥教室岂不是浪费？因而，大家有必要认真地思考一下当前多媒体教学存在哪些误区；有必要学习一些优秀的多媒体教学范例。

多媒体辅助教学的误区。目前，许多课堂对多媒体的使用尚处于"初级阶段"，其开发与使用均存在着不完善的地方，教师动辄成了"电脑操作员"，学生成了屏幕前的看客与听众，因不当使用多媒体技术而致使课堂教学效率低下的案例亦屡见不鲜。

误区一：画蛇添足，冲淡学习重点。利用多媒体进行辅助教学，是为超越传统教学媒介的局限，变教材知识的抽象为形象，化关键处的繁为简，更好地帮助学生突破课时的重、难点,从而提高课堂教学效率,并最终实现教学方式的最优化。然而在很多老师的多媒体课堂上,常常发现一些课件的画面背景复杂,按钮奇形怪状,并且大量使用动画和声音效果。"花里胡哨"的课件,只能是画蛇添足,违背了学生在认识事物时在特定时间内只能接受最主要信息的认知规律,冲淡了学生对学习重点的关注。

误区二:**喧宾夺主,学生成配角。**由于对多媒体使用条件的认识不够深入,部分教师制作的课件走向了两个极端:一是课本搬家,将全文的文字重新输入,复制到幻灯片上,课堂就由原来的"让学生看课本"变成了"让学生看屏幕",无法体现多媒体教学的优势。二是脱离教学目标,通篇动画,将教材演绎为剧本,导致教学过程中学生的兴奋点时常被牵引到不当之处。如此一来,本是教学辅助工具的多媒体就成了课堂的主角,而本应成为主角的学生和教师却沦为了配角,可谓角色错位。

误区三:**越俎代庖,忽略了师生之间的情感交流。**笔者曾听过这样一节语文多媒体课:教师的导入语、过渡语,甚至问题的设计以及教师准备好的问题和答案,都由多媒体幻灯片一一按顺序展示出来。课堂上,师生围着电脑转,成了电脑的"奴隶",课堂教学中的情感交流荡然无存。殊不知如此一来,多媒体所起的作用只是展示了一份准备好的教案,教师沦落为一名操作键盘的工作人员及屏幕前的观众,学生在这样的课堂上没有生动的思想,只是在看热闹。

误区四:**公开课时用,日常教学中不见踪影。**在多媒体技术尚未普及的今天,学校中往往存在这样一种现象,即老师为了上好一节公开课或教研课,在众多同事的帮助下(这点当然无可厚非),费尽心力,日夜奋战,甚至花钱请专业技术人员代为制作,才得以"制造"出一个多媒体课件来。然而在日常教学中,多媒体手段使用就鲜见踪迹了,使得多媒体教学演变成了一种"秀"。

误区五:**不离不弃,过分依赖现成课件。**仅以语文为例,大家会发现,课堂中所见到的课件大都有似曾相识之感,同一课时内容的课件常常互相"借鉴",内容大同小异。其实,每一位教师都有自己与众不同的教学方法和风格,过分依赖现成的课件而不去原创符合自己思路的课件,只会限制自己的教学思路与眼界,这和使用别人的教案授课总不顺手是同一个道理。

多媒体教学的四个层级。纵观一线课堂的种种现象,可以结合其教学情景,划分成"不成熟的践行、基本达标的践行、较高体现的践行和理想的践行"四个层级。下面,将借助一次数学教研活动中的教学媒体应用,进行对比分析。

第一,不成熟的践行。以下这是一节多媒体课件"勤用"的课。

《可能性》(人教版第五册 104—105 页)教学片段

教学伊始,教师以多媒体课件游戏"福娃击鼓传花"揭示课题,而后多媒体课件出示 6 幅画:①地球每天都在转动;②我从出生到现在没有吃过一点东西;③三天后下雨;④太阳从西边出来;⑤吃饭时,都用左手拿筷子;⑥世界上每天都有人出生。以引导学生对"一定""可能""不可能"进行判断。接着通过抽奖摸彩球的方式,再一次引导学生体验"一定""可能""不可能",最后多媒体课件显示作业。在此截取教学中一个关键环节的教学片段:

师:同学们看一看大屏幕上一共有几幅图画?

生:6 幅。

师:请看第一幅。地球每天都在转动吗?

生:地球每天一定在转动。

师:我从出生到现在没有吃过一点东西,这可能吗?

生:不可能。

师:三天后下雨?

生:不一定。

……

师:通过这 6 幅画,我们总结一下,事物发生有哪几种可能?

生:可能、不可能、一定。

师:请同学们想一想在生活中还有哪些事是可能发生的,是一定发生的,是不可能发生的?

……

第二,基本达标的践行。通过多媒体课件的使用,迅速地完成数学建模的过程。

链接 4‑17

数学广角《有趣的搭配》(人教版第五册 112—114 页)

本课教学以兰兰早晨起床穿衣——吃饭——到游乐园的顺序,设置了三个课件,再以此推进对"有趣搭配"的教学。

师:今天是兰兰的生日,爸爸妈妈准备带她到儿童乐园去玩。兰兰想把自己打扮得漂亮点。

师：我们一起来看看，兰兰都有哪些衣服？（出示课件）

生：有 T 恤衫，牛仔服，喇叭裙，牛仔裙，长裙。

师：你希望兰兰怎样穿呢？

生：牛仔服和长裙搭配。

生：T 恤衫和喇叭裙搭配。

师：看来上装和下装不同，搭配也不同。如果一件上装只能搭配一条裤子或一条裙子，一共有多少种不同的搭配方法呢？怎样搭配才能做到不重复不遗漏？

生：我可以用 T 恤衫分别配上喇叭裙、牛仔裙、长裙，再用牛仔服分别配上喇叭裙、牛仔裙、长裙。和起来，一共就有 6 种不同的搭配方法。

师：为什么要用上 T 恤衫、牛仔服分别搭配呢？

生：分别搭配才会有顺序。

师：有顺序的好处在哪里呢？

生：不重复，不遗漏。

师：我们可以先确定上装，用一件上装搭配不同的下装。还有谁的搭配方法和他的不一样？

生：我可以先用喇叭裙搭配不同的上装，有 2 种搭配；再用牛仔裤搭配不同的上装，有 2 种搭配；最后用长裙搭配不同的上装，有 2 种搭配，这样一共也有 6 种不同的搭配方法。

师：我们还可以用其他方法搭配吗？

生：我还可以用连线搭配的方法。（请学生上台用教鞭连一连）

第三，较高体现的践行。课件的功能在于提供信息。一堂成功的数学课，多媒体课件给人的感觉不应是杂乱的。

链接 4－18

《平行四边形的面积》（人教版五年级上册79—81页）教学片段

这堂课的课件设置分成了三步。

课件一：创设情境。动物村住着许多小动物。小熊住在村子的东头，他有一块长方形萝卜地在村子的西头。小兔住在村子的西头，他有一块平行四边形萝卜地在村子的东头。他们觉得跑来跑去不方便，于是在一起商量换地。他们到两块地看了一下，准备换地时却感觉为难，他们都说自己的面积大，这样交换不公平。引出课题，这两块

187

地哪一块的面积大些呢？该怎样解决他们的问题？

课件二：探究新知。将两块地平移到方格，一是采用数格子的方法解决，二是用课件演示剪——平移——拼的过程，推导出平行四边形的面积计算公式。

课件三：解决实际问题。课件再次出示小熊、小兔两块地，让同学们根据数据：长方形长 250 米，宽 80 米；平行四边形的底 250 米，高 80 米，求出两块地的大小再比较。

第四，理想的践行。

链接 4－19

"长方形的面积与周长"课件的引入

特级教师潘小明在教学"长方形的面积与周长"一课时，课件的引入十分开放。整个课堂都围绕将一根长 20 厘米与一根长 24 厘米的铁丝围成不同长方形，并将其面积作对比这一问题展开。这一节课的多媒体课件遵循学生的思维过程及解决问题的思考过程，将两根铁丝围成的不同长方形的面积集中到一个课件平面上，从而让学生理解："周长相等时，长与宽越接近，面积就越大；当长与宽相等时，面积就最大。"

从这一课中不难看出，多媒体教学第一个层次解决的是教学中能恰到好处地运用多媒体课件，第二个层次是用此解决数学教学问题，而最高层次在于将多媒体课件与教学内容融为一体，教学中通过"面临问题"引领"数学思考"，最后"解决数学问题"，给人以多媒体课件是开放的，一切数学活动都包含在多媒体课件之中的感觉。

媒体教学的践行指南。任何一种媒体在应用到具体的教学活动中去的时候，都有它的特殊功能和效果，没有一种媒体对任何一种教学情境、特征的教学对象都适合，都能发挥最优的教学功能与效果。教师在选择教学媒体时，一定要根据具体的教学环境、教学形式与学习任务、具体的教学对象区别不同情况，才可选择出能够充分发挥媒体优势和特殊教学功能。一般情况下，人们应综合多种因素，特别是成本因素、要求与功效因素综合考虑，贯彻"低成本、高效能"的媒体选择原则，确定媒体选择的种类与数量，以最大程度地降低教育成本，优化教学环境，提高办学效益，促进教学质量的提高。

课堂中，选择教学媒体时应该注意以下几个问题：一是多种媒体优化组合使用比只用一种媒体的教学效果要好。二是同一种教学媒体在表现手法上也不一定相同，每一个教师在使用媒体的时，都有自己的个性，因此，选择与使用的教学媒体，不能单纯模仿，要有所创新。三是教学手段先进不一定代表教育思想就先进，应避免多媒体成为花架子，不能披着计算机辅助教学这一现代教育手段的外衣进行传统教学，使教师依然是讲解的中心,学生依然是被动的接受者。四是多媒体只是一种辅助手段。在教学活动中,学生是主体,教师应起主导作用,运用多媒体是为收到一定的教学效果而使用的一种手段,不能"为用多媒体手段而用多媒体手段"。多媒体技术可以提供声、光、电等多种信号刺激,可以有效地吸引学生的注意力。但是,如果不顾教学的实际需要,盲目使用各种媒体,使课堂的信息过多过滥,则会造成无效信息的泛滥,同样会分散学生的注意力,不仅不能辅助教学,反倒会影响教学目标的实现。五是以教师的活动代替学生的思想。问及多媒体的性质是什么,或许有很多老师都会回答:多媒体是教师讲解演示教学内容的工具,实际上这种看法是错误的。现代教育理论下的教学媒体的性质已经发生了根本的转变,在新课程的教学中,教学媒体应该是学生进行发现、探究、接受新信息并最终掌握知识形成能力的工具,是学生学习的帮手,而不再是教师讲解演示的工具。在应用多媒体进行教学实践时,必须注意不能让电教媒体挤占学生的探索、分析、思考的时间,必须把对学生思维能力的培养作为教学的重要目标。六是以人机对话代替师生对话。教学活动是一个师生共同参与的活动,在教学中通过师生之间的对话,信息交流、反馈,实现教学双方对教学过程的把握,帮助教师在一个动态的过程中完成教学任务,实现教学目标。如果盲目地依赖计算机,只注重人机的对话而忽略了师生之间的信息反馈,就会使教师的教学活动处于一个单向的信息传输之中,无法摆脱"满堂灌"的模式。七是以视听代替想象、思维。多媒体课件集声音、图像、文字等多种信息于一体,极大程度地满足了学生的视听等感官需求,激发了学生对多媒体课的兴趣,于是很多教师便在这一方面大做文章,在课件中集中了大量声音图像信息,并在课堂上充分运用。

为全面提升课堂的有效性,促进教学媒体发挥高效性能,让学生充分地"自主学习",在进行教学媒体优化组合时,建议要充分地把好教学媒体选择的"质"和"量"。

首先,把好多媒体课件的质。除了形式与内容融为一体外,它更体现一种服务意识,以不冲淡教学主题为要旨,从而达成因有多媒体课件而让学生快速掌握所学知识的能力。

其次,把握好教学中多媒体课件的量。教学过程不等于课件播放,这是一个"铁律"。教学课件只是整个教学流程中的一个小系统,它不代表教学的全部。一堂课中,课件的应用应该有一个量的限制,通过观察发现,一般在3个左右为宜。

(六) 教学媒体翻转的课堂。当多媒体教育信息技术与课堂教学深度融合,即引发"技术"加"理念"的教育大变革之后,其主要作用是大大改变了教师教学的方式和学生的学习方式。在这个过程中,"翻转"的方式走进了人们视野。下面笔者将借助翻转课堂,谈一谈教学媒体是如何翻转教学方式和学习方式的。

翻转课堂是指教师运用信息技术为学生设计微课与教学活动,让学生课外自主学习微课,在课堂上引导学生"对话"与"协作",完成"知识构建"。翻转课堂的教学理念核心是:借助信息技术,促使学生自主、探究、合作学习,培养互联网时代学生的学习习惯,掌握学习方法。

传统的"先学后教,以学定教"有几个问题需要注意:一是学生学习的材料是纸质的,形式单一,内容单调,学生对学习没有兴趣,很容易引起学生自主学习的疲劳;二是教师课前要批改学生预习时做的试卷,每节课都如此,工作量可想而知。

翻转课堂充分应用大数据,服务学生的"自主学习"。翻转课堂使用了网络多媒体技术,其优势在于,一是学生学习的媒介发生了根本性变化,由于有了网络微课程以及其他的数字化学习资源,使得学生学习的内容更加丰富,形式更加多样,通过声、光、电、图形、动画、视频等多种形式,展示教学内容,以此突出教学的重点,突破难点,解决疑点,梳理考点。二是教师获得学生学习的信息更加快捷、方便、及时、准确。学生在网上提交答题结果后,教师可以立即看到学生答题的结果,还可以看到学生在网上的问题留言。

学习制作微课程。随着信息与通信技术的快速发展,微课程与当前广泛应用的众多社会性工具软件一样,已经逐步进入校园和社会生活,成为学生、教师学习与生活不可或缺的工具。微课程是指基于教学设计思想,使用多媒体技术在五分钟左右时间就一个知识点进行针对性讲解的一段音频或视频。在教育教学中,微课所讲授的内容呈点状、碎片化,这些知识点可以是教材解读、题型精讲、考点归纳;也可以是方法传授、教学经验等技能方面的知识讲解和展示。微课可以使用手机、数码相机、DV 等摄像设备拍摄和录制,也可以使用录屏软件录制的音频或视频,录屏软件有 Camtasia Studio、Screen2swf、屏幕录像专家等。微课程对于学生而言,能更好地满足学生对不同学科知识点的个性学习,是传统课堂学习的一种重要补充和拓展。特别是随着移动数码产品和无线网络的普及,基于微课程的移动学习、远程学习、在线学习、"泛在学习"将越来越普及,微课程必将成为一种新型的教学模式和学习方式。微课程对教师而言,将革新传统的教学与教研方式,突破教师传统的听课与评课模式,教师的电子备课、课堂教学和课后反思的资源应用将更具有针对性和实效性,基于微课程资源库的校本研修将大有作为,并成为教师专业发展的重要途径。

微课程的制作是一门学问,其中包括微课程的选题、设计、教学、制作、评价、资源开发和利用等,教师只有勇于学习与尝试,才可能真正地将微课程变作自我的工具,而不是被吓倒。同时，教师只有真正通过实践感受到了其对学生思维发展的促进作用，教学中才会积极制作与运用。

被"翻转"的学习任务单。"学习任务"是"翻转课堂"中自主学习任务单的主体部分。自主学习能否达成目标，除了"学习方法建议"的指导之外，主要依靠"学习任务"来保证，设计学习任务的要求主要体现在五个方面。

一，满足达成目标的要求。达成目标是教学目标的转化形式，以便学生在自主学习开始之前就能清晰了解通过怎样的途径达到什么样的学习目标和要求。想要把达成目标落到实处，就要靠精心设计学习任务，使学习任务达到"只要学生完成任务就达成目标"的程度。一旦做到了这一点，教师就会发现，所有的学生都能通过自主学习达到以往教师讲课希望达到的教学目标。

二，把知识点转化为问题。知识点转化为问题是任务设计最基本、最有效的方法。知识点转化为问题指的是把教学重点、教学难点和其他知识点转化为问题，这是基于两个方面的考虑。一是可操作性。问题是自主学习的向导，所有的学生面对问题，都不会觉得自主学习无从下手。二是培养基于理解的举一反三能力。问题往往反映概念、原理、方法，从解决问题入手，能够帮助学生理解概念、原理和掌握方法，具有举一反三的意义，完成其他各类习题（概念、原理、方法蕴藏其中）也会变得得心应手。文科的问题设计可以从两个方面思考：一是学习材料包含哪几个方面的内容。这是结构化思考的方法，有利于学生从总体上把握学习材料。二是把教学重点、教学难点和其他知识点。这有利于学生从细节分析入手，理解学习材料。两者相结合，就能使自主学习起到事半功倍的效果。此外，信息技术学科是实践性很强的学科，需要把问题与操作性任务结合起来考虑，有时候，操作性的任务比例应该大于问题。

三，考虑知识点的覆盖面与权重。任务设计要考虑两个方面：一是兼顾教学重点、难点和一般知识点的覆盖面。二是考虑知识点之间的权重。对于教学重点或教学难点来说，很可能需要分解为数个问题才能达到深刻理解。其他知识点，一个知识点一般只要一个问题就可以了，切记不能眉毛胡子一把抓。

四，提供方便的资源链接。提供方便的资源链接指的是在学习任务等栏目中，在教学对象最需要的地方，做好显著的链接标志，并做好链接，为教学对象提供便捷的学习路径。链接既包括教师提供的资源网站链接，也包括配套微视频（微课）的链接。如果没有配套的个人学习空间（平台），建议与"任务单"一起打包，方便学生学习。

五，设计适当的"练练手"。当学生通过自主学习理解了概念、原理之后，可以提供几个与"任务"难度相当的题目让学生练练手,以印证学生自主学习的成效,使学生获得学习成就感。这个程序是必要的。爱因斯坦说:"兴趣是最好的老师。"一旦教学对象对学习产生兴趣,就会激励他们主动求索,并在求索中继续产生愉快的情绪和体验。

"翻转"课堂中重学习方式的落实。在翻转课堂教学模式下,新的学习方式浮出水面:教学对象在家里通过教学视频学习新知识新概念,在课堂里做作业、交流、讨论、做实验。教师依托技术支持,在学习管理平台上或课堂里密切关注学生学习情况,需要的时候会及时介入,有针对性给学生以个性化的指导,不用"一个版本"针对所有对象讲课。

"翻转课堂"创造了人性化的学习方式,可以根据个人需要计划地学习,如果忘记了较长时间之前学习的内容,还可以通过观看视频获得温,有效解决了忽视"瑞士奶酪式"的间隙、"一个版本"针对所有对象讲课造成的问题。而且,那些在某个或某些概念上多用一点点额外时间的孩子,一旦理解了概念,就会很快进步。因此,"翻转课堂"广受学生、家长和教师的欢迎。

传统课堂:先教后练

翻转课堂:先学后练

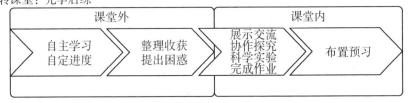

图4　教学结构变化比较图

重庆市第三十七中学钱静老师在英语教学中做了不少尝试。钱老师发现,在传统的高中英语课堂上,教师常会灌输英语词汇、句型、语法等知识,并辅以针对性的习题训练,这种教学方式往往受到学生接受能力和课堂学习情境等因素的影响,教学质量和效率难以有效把控。面对这种情况,教师在教学过程中应当依据自身教学经验,采用现代教育技术手段,以学生的实际特点为出发点,变革教学措施。在信息化的时代背景下,诸多新技术不断被开发出来并应用于教育领域,为教育注入了新的源头活水,微课教学便是其中一种。这种教学方式是一种具有极强灵活性的教学方法,一方面不受时间和空间的限制,在教师完成微课制作之后学生可随时随地回放观看,完成知识的温习和巩固;另一方面,微课的应用有别于传统的知识灌输,将教学内容细化为不同的知识点,方便学生在短时间内进行理解和记忆,进而在心中构建起完整的知识体系。

七、教师创新教学实践之教学情境

教学情境是指教师在教学过程中创设的情感氛围。教师依据一定的教学理念,在课堂里创设或热烈或宁静或诗情洋溢的教学情境,让学生在特定的其中展开思想的涟漪,迸发知识的火花,产生学习新知识的高峰体验。良好的教学情境产生一种和谐、自然、积极向上的学习氛围,让教学对象感到如沐春风,全情投入,思维充分张开,课堂收到良好的教学效果。

教学情境是一种带有艺术性的有一定情感氛围的教学创设活动。教学情境是现代课堂教学的基本要求,是教师专业素养的感性呈现。结合学科专业知识创设有价值的教学情境,是考量教师课堂教学改革能否获得成功的重要元素之一。良好的教学情境,是教师对教育学、心理学在课堂中的理解,是美学、社会学与学科专业知识的能动结合,包含着教师专业素养的理性,以及对教师教学实践能力的考验。

教学情境富有非常强的专业性,是一种将知识转化成艺术的实际操控能力,好的教学情境给人以激励、唤醒、鼓舞的感觉。教学情境考验了教师的专业素养,包含着教师的预设智慧,包含着教师对学科知识独特的个性化的理解,包含教师课堂中高超的驾驭能力。

教学情境是教师专业素养修炼的结果,在课堂教学中能否巧妙设置教学情境,包括能否借机结合教师、学生、教材和教室等多种有机的要素的综合考量,创设利于有效教与学的时空,是教师活教、学生活学的重要体现。

教学情境,是打破机械教与学的最有效的办法。它是教学中破解困难的突破口,不仅利于参与者在不自觉中达到认知活动与情感活动的有机"渗透"与"融合",而且可以使参与者的情感和兴趣始终处于最佳状态,全身心地投入到学习之中;不仅利于反映新旧知识的联系,促进学习者对知识进行重组和改造,而且利于知识的同化与顺应,有助于点燃学生思维的火花。

从教学情境到情景教学,从愿景到路径延伸,其中包括无限的"天机",最高境界犹如领着学生一路上看风景,指点江山。

（一）**教学情境讲究创设**。在教学中创适当的教学情境，可以起到激发学生学习热情，提高学生学习兴趣，提升课堂教学效果的作用。

创设教学情境涉及专业素养提升的问题。对此，一位德国学者有过一个精辟的比喻：将15克盐放在你的面前，你无论如何也难以下咽，但将15克盐放入一碗美味可口的汤中，你早就在享用佳肴时将15克盐全部吸收了。情境之于知识，犹如汤之于盐。盐需溶入汤中，才能被吸收；知识需要融入情境之中，才能显示出活力和美感。

为什么要创设教学情境？它是每位教师在创设情境之前，需要慎重考虑的一个问题。教学情境讲究创设，凸显教师的智慧与力量，包括更多的理性与感性。创设之初，多体现于教师个体智慧的捕捉，体现于教师理性向愿景拓展的敲定之中；课堂实践中，更是教师个体魅力与凝聚力的体现，是教师感性地对课堂路径的把控和方向的引领。下面，笔者将对教学情境创设的内在要求、创设的基本思路、创设的基本策略进行讲解。

教学情境的内在要求。新课程下的教学是师生在一定情境中，借助文本交往互动、平等对话的过程。任何一次教学都应该在文本（有形或无形的）、教师、学生、环境等因素构成的情境中展开。教学情境，是决定课堂精彩与成否的关键。

首先，要考虑学生已有的知识和学习经验储备。学生已有的知识、经验储备，决定了教师情境创设的成功与否。因为在教学中，教师的教学内容必须要与学生的生活体验相呼应，与学生产生共鸣，这种基于其生活之上的教学情境方可真正走进学生心里。也就是说，教师进行情境创设之初，首先要研究学生知道什么，他们生活在什么样的环境中，有什么样的生活经历，接触过什么事物，等等。

其次，固守教学目标、学科本位。教学情境依据目标而创设，充或激情的、或民主的、或温馨的教学情景，其最终指向都是教学目标，即教学情境的终点是达成教学目标。情境只有在为教学服务的时候才有效，不能为教学服务就是多余的。教师在从生活情境中提炼教学问题时，切忌"流连忘返"，更不能"浅尝辄止"，把情境作为课堂教学的"摆设"。同时，教学情境体现不同学科特点，不能脱离学科本位。在不同学科的课堂上，我们可以领略不同教学情境的精彩。"学科本位"是教学情境创设的底线，脱离底线，情境必会"跑题"。

第三，创设让学生喜欢，使学生愿意参与的情境。好的教学情境能够擦亮学生的眼睛，让其在课堂中活跃、积极，激发创造力。每位成功的教师所心知肚明的是，"学生喜欢"才是课堂成功的关键。所以，好的教学情境必定让学生愿意参与，愿意参与了，课堂效果就会彰显。

第四，激发兴趣，并引导思考。教材知识或抽象或具体，其本身对学生的吸引力并不大，这就需要教师借助教学情境来激发兴趣，引导思考。这其中，采取做游戏、猜谜语、讲故事、小组竞赛等形式，让抽象的知识生动起来，更具生活味，这样的情境更利于学生于其中发现问题，并最终解决问题。教学情境是学生学习的兴奋点，教师考虑到这一点，在构建时有的放矢，才能真正构建有效的教学情境。

创设教学情境的基本思路。第一阶段：有效落实"三维"目标。课堂情境的创设必须对应课堂三大目标板块：知识与能力、过程与方法、情感态度与价值观。三大目标板块在课堂教学中的具体落实，影响着课堂最终的效果。教师要在分析课程、教材的基础上，落实目标方向，借助相应的教学评价分析目标的达成度，检验其落实情况。一句话，课堂情境体现了"三维"目标的具体落实。第二阶段，创设气氛，引导参与。创设适合的教学情境的目的在于激发学生的学习兴趣，引导学生乐学、积极学。这一点看似简单，然而在实际教学中，教师却需付出很大的努力。钻研教材，挖掘教材，精心设计教学过程这些环节一样都马虎不得。在教学中，正确引导学生通过探究，参与到知识学习过程的深层次中去，使学生的思维、情感深深地融入获得知识的过程中。第三阶段，与生活密切相关。一个好的教学情境一定是学生熟悉的，富有生活气息的，在学生个人经历中可以找到相似的、可以理解的东西，这样的情境很容易被学生所接受。要创设一个成功的教学情境，教师就必须了解学生，熟悉学生的生活，了解学生的认知状况。第四阶段，教学情境和教学方案的设计过程不可马虎。创设教学情境和制定教学方案时，想要做到不马虎，教师就必须考虑教学目标的确定、教学材料的处理与准备、主要的教学情境与教学行为的选择、教学组织形式的设计、教学方案的编制等多方面问题，在对这些问题的完备筹措中达到"精心"。

具体来说，创设教学情境的基本策略是围绕物理环境、心理环境，以及多变的教学方法进行。

首先，创设教学情境的物理环境。主要包括以下四个方面。

一，运用多媒体创造情景。多媒体具有丰富的声、像功能，教师借助多媒体这一特点，在教学之初或课堂教学的某一个环节中为学生出示多媒体展示的课件、录像等，可以渲染课堂气氛，让课堂提升到一个新的高潮状态。这种情境创设是直观而形象的，但是在具体的实践应用中，忌"过"，过分依赖多媒体创设的教学情境来组织课堂，容易走向华而不实。

二、运用教具营造情境。以教具感知，就是指教师上课时，用图片、实物、模型等教具向学生示范，让学生观察教具的变化，从而感知所学知识。运用教具创设情境有助于调动学生多种感觉器官，使学生集中注意力，引起学生对被感知事物的兴趣和求知欲，有利于学生思维的调动。

三、运用板书营造情境。在教学中，教师根据教材的特点，用粉笔在黑板上寥寥数笔，或用彩色的吹塑纸在黑板上贴出图案，便可以把课文的主要思想表达得一清二楚。这种活泼形象的表现方式最容易引起学生的注意，激发学生的学习兴趣，从而使学生在课堂教学中保持着兴奋的情绪，既能提高教学效率，又能活跃课堂气氛。

四、音乐烘托，营造情境。音乐是一种抒情能力极强的艺术形式，它通过乐曲力度的强弱、旋律的起伏变化以及节奏的抑扬顿挫，用直感的方式，使人获得比其他艺术形式更为直接、更为丰富的感受，容易使学生受到熏陶感染，进入教室所营造的情境之中。

其次，创设教学情境的心理环境。主要有两大方面。

一、加强修养。作为一名教师，不仅要会创设物理环境，为我所用，还要发挥教态、语言等因素营造心理环境。从教师接触学生的那一刻开始，教师的情绪就已经影响学生了。一般情况下，老师都能做到和蔼可亲，但遇到学生影响自己讲课的情况时，许多老师就难以做到和蔼了。所以教师要加强自己的个人修养，能够有效控制课堂，管理自己的情绪。

二、运用富有魅力的语言。清晰的语音、变化的语调和诗一般的语言对吸引和保持学生的注意力起着重要的作用。如在音乐课上，一位老师教学音符时，把二分音符比喻成春姑娘的赞叹，把四分音符和八分音符组成的节奏比喻成小雨的沙沙声，使学生在进行节奏训练时充满兴致。

第三，运用多变的教学方法。主要包括：一是小品表演。拿思想品德课来说，如果课文内容和课后辨析题让同学们编成小品来表演，就会妙趣横生，寓教于乐。在思品课上让同学们进行小品表演，学生当时看题，排练，10分钟后表演，效果非常好，积极性非常高，在思想教育和行为指导方面会起到事半功倍的效果。二是用趣味性的实验，激发学生学习兴趣。在化学教学中，趣味性强的实验能产生鲜明、生动、直观的反应与意想不到的结果，有效地激发学生的学习兴趣。例如一位教师给师范生上绪言课，一开始不用笔写字，而用喷壶将稀氢氧化钠溶液喷在白纸上，纸上立即显出了红色的"欢迎你们来一师学习"的字迹，学生很惊奇，接着又表演了"茶水变墨水，墨水变茶水""滴水生烟""玻棒点火"等有趣的实验,这些引人入胜的化学实验,起到了拨动学生心弦,唤起学生探究知识的强烈欲望。三是借助生动的叙述,激发学生的学习热情。在教学中,借助生动的叙述来激发学生的学习热情,是创设教学情境的常用方法。例如讲授化学"王水"的内容时,一位老师用生动的语言讲述了一个故事:丹麦著名物理学家玻尔曾获得诺贝尔奖,在第二次世界大战期间,玻尔被迫离开将要被德军占领的祖国,为了表示自己一定要重返祖国的决心,玻尔决定把金质奖章留在祖国。为了防止德军发现奖章,他把金质奖章溶解在一种溶液里,并存放在瓶中,还把瓶子放在柜面上。德军占领丹麦后,纳粹分子窜进玻尔家中,尽管那瓶溶有金质奖章的溶液就放在面前,但他们却视而不见,并未在意。战争结束后,玻尔又从溶液中还原提取出金,并重新铸成奖章。这样一位驰名世界的科学家利用科学不仅保住了奖章,更重要的是留给后人一种热爱祖国、蔑视侵略者的形象,而故事中提到的溶液就是学生们要学习的"王水"。

(二)把握教学情境创设的捷径。创设适合的教学情境能充分调动学生的积极性,使学生的学习变得生动、活泼、主动。传统教学也注重情境创设,课程从以人为本、回归生活、注重发展的教育理念出发,大大丰富了情境的内涵,并对情境创设提出了新要求,情境创设因此成为课堂教学领域内的一个热门话题。

教学情境是"情"与"境"的融合,是为达到既定的教学目的,从教学需要出发,制造或设定与教学内容相适应的场景或师生共同营造的课堂情感氛围。它有自己独特的范围限制:"境"是指教学环境,它既可以是一个用实物或多媒体创设的具体环境,也可以指教学双方的关系。"情"是指在"境"中的教学双方人物之间的情感交流、思维互动。情因境生,境为情设,情、境和谐统一,从而达成某种境界或氛围,让学生满腔热情地投入学习生活。可以说,创设教学情境是一种能促使教师教学获得最佳效果的捷径。

教学情境的特性。教学情境的创设要考虑学生认识过程中的形象与抽象、实际与理论、感性与理性以及旧知与新知的关系和矛盾。教学情境创设至少有三个目的,一是使教学内容直观化和形象化;二是体现了智力因素与非智力因素的和谐统一;三是可以保护学生的乐学情绪。考察人们所创设的教学情境,我们可以发现至少具备以下特征:**生活性**。新课程呼唤科学世界向生活世界的回归。强调情境创设的生活性,其实质是要解决生活世界与科学世界的关系。**形象性**。强调情境创设的形象性,其实质是要解决形象思维与抽象思维、感性认识与理性认识的关系。人们所创设的教学情境,首先应该是感性的、可见的、摸得着的,它能有效地丰富学生的感性认识,并促进感性认识向理性认识的转化和升华;其次,应该是形象的、具体的,它能有效地刺激和激发学生的想象和联想,使学生能够超越个人狭隘的经验范围和时间、空间的限制,既让学生获得更多的知识、了解更多的事物,又能促使学生形象思维与抽象思维互动发展。**学科性**。情境创设要体现学科特色,紧扣教学内容,凸现学习重点。**问题性**。有价值的教学情境一定是内含问题的情境,它能有效地引发学生的思考。情境中的问题要具备目的性、适应性和新颖性。**情感性**。情感性指教学情境具有激发学生情感的功效。如一位语文教师教《凡卡》一文,讲到凡卡给爷爷投出求助信后,满怀希望进入了幸福的美梦之中,然而这位天真的孩子却不知爷爷是收不到这封信的,因为他连地址也没写上。对于这位九岁的孩子来说,属于他的幸福只有在梦中……讲到这儿,这位教师再也控制不住自己,眼泪涌了出来,甚至无法讲下去。全班学生竟然在寂静中坐了很久,连平时管不住自己的学生,也在这无意创设的情境中被无声的语言"管住了"。

教学情境选择的有效方法。教育家孔子曾说:"知之者不知好之者,好之者不如乐之者。"在教学中,合理地组织教学,创造一个愉快的教学情境,能使学生轻松、愉快地学习,可以沟通教师与学生的心灵,充分调动学生的既有经验,使学生在兴趣的驱动下,主动参与到学习活动中去。在课堂教学中,创设一个优质的情境是上好一堂课的重要前提,其创设方法主要有以下几种:

一是借助生活化的事例。借助生活化的事例来选择教学情境,可以拉近学生与课堂之间的距离,让学生在熟悉的教学情境中学习,获得对知识的感知。很多学科的教学内容大多可以联系学生的生活实际,找准每一节教材内容与学生生活实际的"切入点",让学生产生一种熟悉感、亲切感,从而调动学生学习的兴趣和参与学习的积极性。课堂来源于生活,只要教师能紧密联系生活实际,让学生从现实生活中发现问题,就会使学生产生生活中处处有学科的问题意识,从而把已学到的学科知识应用于生活,提高解决问题的能力。如教学"认识11—20的数"一课时,可以创设这样的生活情境:"你帮爸爸、妈妈买过东西吗?如果想买一本标价是11元的书,你准备怎样付钱?怎样简便地把钱付清又不用营业员找钱,你有好办法吗?请推选一位代表说说看。"借助学生的生活经验,再现日常买东西付款的情景,让他们议一议、说一说,初步建立对十进制的体会——1个十和1个一合起来是11,这样教学,就会使学生感到生活中处处有课程,进而喜欢这门学科。

二是巧妙举办比赛活动。在教学过程中,特别是小学阶段,教师通过创设比赛活动的情境,可调动学生学习的积极性,激发学生的学习动机,使学生爱学、乐学,让学生在愉悦中尽情地学习。如:教学"求平均数"应用题时,老师先把选出来的学生分成甲乙两组进行拍球比赛,不一会儿,甲组发现本组拍球总数超过乙组,高兴得欢呼起来。此时,老师自告奋勇地参加到乙组中拍球,顿时乙组的总数超过甲组。孩子们很不服气,大声喊着"这不公平!"(甲组 4 人,乙组 5 人)那么,怎样才能公平呢? 有的说:"甲组也增加 1 人。""如果不允许加人呢?"老师问,这时矛盾激化了,有个孩子站起来用手比划着说:"把每组几个人拍球的个数匀一匀……"这一"匀"表明孩子们已从实际问题的困惑中产生了"求平均数"的迫切需求。教师这样引出"平均数"后,随即与同学们共同探索求平均数的方法,这样不仅把这一枯燥的数学内容变为情趣盎然的游戏,以情导知,以知促情,而且使学生真正感悟到平均数的统计意义。比赛情境的创设,在课堂上营造了一种热烈的气氛,使学生进入了一种忘我的学习状态。值得注意的是,比赛情境要避免学生太过热情而无法控制,注意适可而止,并且教师必须能够保证有效地掌控局面。

三是激发学生的求知欲望。欲望是人们为某种需要而产生的心理向往,它既是开启思维闸门的钥匙,又是思维的指南针。要使教学达到"启其蒙而引其趣"的目的,就要创设一个能激发学生学习欲望的问题情境。这个情境可以是一个问题、一个谜语、一个故事,甚至一段小视频等。如在数学教学中,问题情境的应用比较普遍。数学问题情境通过给学生设置一定的思维障碍,来引导学生思考和求知。例如在学习教学乘法的初步认识时,教师在引入时创设一个分铅笔的生活情境:教师提出想要分铅笔给 3 个同学,每人分 2 支,问学生一共要分多少支,学生很快可以列出算式 $2+2+2=6$(支);教师分铅笔给 8 个同学,每人 2 支,一共分多少支,怎么列式? 学生能列出 8 个 2相加的算式,但已感到麻烦。随后教师又提出如果这样分给全班 43 个同学或全校 800个同学,要连加那不是更麻烦了吗? 这样学生感到实际问题用加法解决有困难了,怎么办呢? 教师告诉学生要用新的办法来解决,于是引入新课。这样新课一开始就产生了悬念,使学生产生探索新方法的兴趣,调动了学生学习的积极性,激发了求知欲。

四是注重学科结合。每一个学科有每一个学科的特点,然而,教学中大家会发现,学科之间都是紧密相关的。每一个学科的学习,在学生知识成长的过程中都是与其他学科互惠共生的。因而,教学情境的创设,还可以通过学科结合,利用其他学科的特点来激发学生的学习动机。小学数学中对于体积的概念是这样概括的:"物体所占空间的大小,叫做物体的体积。"这里的"空间"一词是个抽象的概念,抽象且难以理解,教师通过对教材的进一步挖掘,发现《乌鸦喝水的故事》与"空间"这个定义在知识上有一定的联系:前者具体形象,后者抽象深奥。可以把前者作为新知识的载体,将新知识融于故事情境之中,让学生自主探索,通过自身的努力真正理解和掌握体积的概念。

情境教学创设的原则。一是针对性原则。首先要针对学生的年龄差异而选取不同的情境。不同年级的孩子有不同的兴趣点。在为高年级的孩子创设情境时,在关注趣味性的基础上,还要关注探究性;而对于低年级的孩子来说,应更多关注"有趣、好奇、好玩。"如教学低年级时,教师可以把教材中的一幅幅主题图通过合理的加工,编成简短的小故事,创设一些"故事情境""童话情境""动漫情境"等,使学生产生身临其境的感觉,增强课堂教学的趣味性,从而使学生全身心地投入到学习活动中去。其次,要针对不同的教学内容设计教学情境。教学内容是落实课程目标的载体,教师要提供丰富的教材资源,使学生从不同的深度和广度上学习,从而加深对知识的深刻理解和全面认识。

二是真实性原则。创设教学情境要有真实性,要符合学生学习的认知规律,不能盲目地创设。教师应利用真实生活中的教学原型展开教学活动,只有这样,才能让学生对教学活动产生亲切感,让学生在学到富有真情实感的、有活力的学科知识的同时,发展、提高、升华思维能力、情感态度与价值观,从而爱上所学的课程。

三是有效性原则。新课标指出:"评价课堂教学质量的根本标准,应是教学对象能否在课堂中进行积极有效的学习。"有效的情境教学,是广大教师永恒的追求,大家在创设教学情境时,必须重视有效性:或者激发学生学习兴趣;或者安排学生动手操作;或者引导学生合作探究;或者组织学生讨论交流。作为教学对象有效学习的引导者,教师应根据教学对象的需要创设出高效的教学情境。

(三)两类常规教学情境的创设。孔子说:"不愤不启,不悱不发,举一隅不以三隅反,则不复也。"为达到此教学目的,教学情境的创设应运而生。教学情境创设随着教学活动的深入,最终发展成为独特的情境教学法,按照属性可分为以下六种:

一是生活展现情境。即把学生带入社会,带入大自然,从生活中选取某一典型场景作为学生观察的客体,并以教师语言的描绘,鲜明地展现在学生眼前。

二是实物演示情境。即以实物为中心,略设必要背景构成一个整体,以演示某一特定情境。以实物演示情境时,应考虑到相应的背景,如"大海上的鲸""蓝天上的燕子""藤上的葫芦"等,都可通过背景,激起学生丰富的联想。

三是图画再现情境。图画是展示形象的主要手段,用图画再现课文情境,实际上就是把课文内容形象化。课文插图、特意绘制的挂图、剪贴画、简笔画等都可以用来再现课文情境。

四是音乐渲染情境。音乐的语言是微妙的,也是强烈的,给人以丰富的美感,往往使人心驰神往。它以特有的旋律、节奏,塑造出音乐形象,把听者带到特有的意境中。用音乐渲染情境,并不局限于播放现成的乐曲、歌曲,教师自己的弹奏、清唱以及学生演唱、哼唱都是行之有效的办法。关键是选取的乐曲要与教材在基调、意境以及情境的发展上对应、协调。

五是表演体会情境。情境教学中的表演有两种,一是进入角色,二是扮演角色。"进入角色"即"假如我是课文中的××";扮演角色则是担当课文中的某一角色。由于学生自己进入情境、扮演角色,课文中的人物便不再只是存在于书本上,就是自己或自己班集体中的同学,这样,学生对课文中的角色必然产生亲切感,很自然地加深了内心体验。

六是语言描述情境。以上所述创设情境的五种途径,都运用了直观手段。情境教学十分讲究直观手段与语言描绘的结合。在情境出现时,教师伴以语言描绘,这对学生的认知活动起着一定的导向性作用。语言描绘提高了感知的效应,情境会更加鲜明,并且带着感情色彩作用于学生的感官。学生因感官的兴奋,主观感受得到强化,从而激起情感,促进自己进入特定的情境之中主动学习,乐于学习,取得更好的学习效果。

创设有效的问题情境。问题情境就是让学生运用已经掌握的知识去研究新的未知问题,使学生在提出问题、思考问题、解决问题的动态过程中学习。这种活动不仅是让学生将已学的知识灵活运用于实际,而且使其从这个学习过程中有所发现,获得新的知识和方法。教学要以问题为载体,这样才能抓住课堂教学中思维这个"魂",也才能抓住课堂教学的根本。创设问题情境的要求,主要体现在五个方面:

首先,要注意材料的新颖性。新课程的实施需要在课堂教学中注入"活水",让学生在"活水"中畅游。这就要求在创设问题情境进行教学时具备一定的新颖性。它并不是平常意义上的"教师提问题——学生回答"的模式,而是"创设情境——师生互动"的新型模式,应根据教学内容,从学生的实际出发,创造独特新颖的问题情境。

其次,要有利于提高学生思维的层次性。创设的问题应按教学知识的发展过程,组成一个循序渐进、具有内在联系的问题体系,涉及的知识要从学生已有的知识出发,逐步接近到"最近发展区"。要把握问题的层次性,太易,引不起争议,不利于思维的开展;太难,隐含条件太多,学生不易抓住要点,思维无法深入。

三是要符合教学进程的序列性。要善于在课堂教学的不同阶段,向学生创设不同的问题情境,这样才能达到持久激发学生的思维活动、引导学生分析问题和解决问题的目的。在某一课堂(某一学习内容)的教学过程中,教师可以按照下列序列创设问题情境:在上课开始或某一教学内容的开始,呈现"诱导式"的问题情境;在教学的过程中,较多地创设"过渡式"的问题情境;在课堂教学内容或某一教学内容完成时,创设"归纳式"问题情境。

四是注重问题的适应性。一般而言,教材总是相对稳定的,而时代和学生则呈动态型,不同的时代和学生群体所关注的问题是不同的。中学生与小学生的认识特点、思维方式有所不同,应该针对学生的实际情况,设置适应性的问题。也就是说在进行教学时,教师要从把握时代的脉搏,学生的思想、认知的实际及教学内容创设问题情境。

五是创设问题讲究灵活性。教学方法要灵活机动,创设问题情境教学也是如此,问题情境的创设不仅仅是教师提出来,也要求学生在预习的过程中把自己的困惑提出来。问题情境设置出来后,可以灵活地采用各种生动活泼的形式,如"小组讨论竞赛""当回小老师""演讲""辩论赛"等等,真正做到"官教兵,兵教官,兵教兵",克服旧教学模式单调、呆板的弊端,让学生在各种形式的活动中真正"活"起来、"动"起来。通过这些活动的开展,相信学生在自主、合作的空间中一定会如鱼得水。问题情境教学归根结底也是为了调动学生主动、合作、探究学习的积极性,真正使教学过程实现师生互动,达到"教学相长"的目的。

创设问题情境的基本思路主要有四种:

一是通过设疑、揭露矛盾来创设情境。例如,在学习数学负数时,用游戏让学生记分,结果出现数不够用了的情况,这时候要怎么办呢?由学生的疑问来引出问题,从而激发学生解决问题的愿望。这样,不仅体现了学生的自主学习和合作交流的学习习惯,而且使学生体验了从生活中发现、"重新创造"新知识的乐趣,培养了创新精神。

二是以感性材料创设问题情境。有时学生在认知结构中缺乏一些理解抽象概念所必需的具体知识,教师应为学生提供具有典型意义的、数量丰富的直观背景材料,进而引导学生通过观察、辨别、抽象、概括,从中分析出共同性质,突出本质属性,引入新的概念。

三是利用与现实生活中的现象类比的方法创设问题情境。学生绝大部分时间都在生活,认知最牢靠和最根深蒂固的部分就是生活中经常接触和使用的知识,有些已经进入了他们的潜意识。如果教学内容和学生的这些知识做类比,那么将非常受学生欢迎,一旦接受也会被学生牢牢地掌握。而现代的教学手段很容易让现实生活中的现象再现或于课堂之上模拟。

四是从具体问题的解决过程中创设问题情境。学生在解决具体问题时,如果不学习新知识,则无法解决新问题,或者解决了问题后,要说明解题过程的正确性时,不用新知识便无法说明理由,这样的情形下可引发问题情境。例如学习《电流在电解质中的性质》一课时,学生首先做实验,结果表明,蒸馏水不导电,干盐不导电,而自来水导电。于是学生提出假想——溶液是导体。可是当做溶液实验时,却发现糖溶液并不导电,于是产生了问题情境。问题情境创设,需要在很多方面加强注意。"提问"是古希腊教育家苏格拉底著名的"助产术"之核心,是最古老、也是使用最普遍的教学方法。在当前新课程的背景下,创设问题情境应注意以下几个方面的问题:

一是语言表述上要明确具体。心理学研究表明:"教师对同一问题的不同语言表述,将直接影响学生思维的方向和解决问题的方式。"在很多情况下,学生回答问题之所以语无伦次、逻辑混乱,就在于他对问题本身不清楚。

二是注意问题提出的时机与对象选择。教师创设的问题能否引起学生的积极思考、学生间的讨论,往往取决于提问和选择答题学生的先后顺序。如果教师明确指出:"××同学,你看这个问题应该怎么回答?"这个问题由于指向明确,仅涉及一位同学,其他同学就可能在听到这一问题后采取"事不关己"的态度,分散注意。

三是方法上要有目的地创设促使学生提出问题的情境。创设问题情境最终是为了引导学生发现问题,创设问题情境,不仅仅是教师设疑,学生回答,教师还应该有目的地创设一种促使学生提出问题的情境,启发学生学会发现问题,善于创造性地思维并提出问题,这样才更有利于培养学生的创新精神和创新能力。

四是避免设计大而空的问题情境。在教学过程中,设置的问题情境不要过于繁杂和开放,特别是一些探究性实验的设置,可将问题控制在一个点或一个面上,便于学生实现探究目标,得出正确结论,从而让学生尝到成功的喜悦。

五是设置的问题情境要避免抽象化和简单化,要考虑到实施的可行性。对于中小学生而言,由于他们掌握的知识有限,生活经验不丰富,分析问题和解决问题的能力不强,思维活动正处于形象思维、抽象性思维向创造性思维的发展过渡阶段,因此在设置问题时要注意切合学生的特点,避免问题太难,打消学生的积极性。

六是设置的问题情境的应答域要具有明确性、具体性,同时要具有开放性。问题情境的设置,要注意到对学生的思考、分析等活动具有一定的指导价值,也就是要注意到问题的应答域。所谓应答域就是指在问题的表述中对问题答案的存在范围所做的一种预设。这种预设在学生探究过程中起着定向和指导作用,让学生明确探究的目的和目标,少走弯路。

七是要根据所学知识联系当今社会上的焦点、热点问题。在教学过程中,可以将社会生活中发生的,从报纸、杂志、书籍中采集的,以及学生提供的,具有代表性的、能给人以启迪、思索的热点问题或案例作为问题探讨的素材。这样就可以把生活生产实际与理论知识紧密地联系起来,达到培养学生利用理论知识分析、解决实际问题的能力,增强学生的思维能力、探究能力。

八是设置的问题情境要具有探究性,培养思维的广阔性、逻辑性。因教材而异创设不拘一格的问题情境,是探究教学的重要环节。它能引发学生的好奇心,激起探究的乐趣,使学生用自己的知识、经验,积极思考、参与课堂活动,并成为课堂教学中不可分割的一部分,使每一节课都成为师生激情与智能综合生成的过程。如在执教《展示华夏文化魅力》(七年级下,苏教版)时,教师的设计如下:

师:同学们,既然这是一篇人物通讯,我认为文章的开头应该为:

贝聿铭是世界著名建筑大师,1917 年出生于中国广东,1935 年赴美留学,1955 年在美国创办贝聿铭建筑师事务所。1985 年被美国文学艺术研究院和国家艺术学院联合膺选为研究院院士。曾获美国总统授予的"自由勋章"及美国"国家艺术奖"、法国总统授予的"光荣勋章"、美国总统颁发的"全美十佳公民奖"。其建筑艺术精妙绝伦,被称为世界顶级建筑大师。

请同学们自由发表意见,说说改文与原文相比哪个更好?

学生的回答异常踊跃,有两个学生从文体特点、信息提取、语言运用等方面提出自己不同的见解,激活了思维。像这样的疑问应该说颇有效果,表明学生动了脑筋,创造力有所发展。教师相机诱导,学生互相切磋、分析、争论,就有助于培养思维的深刻性和批判性,使其最终内化为创新人格。

九是创设问题情境一定要自然。适合的问题情境之所以能调动学生的思维积极性,是因为在问题情境中,新的需要与原有的认知水平之间产生了认知冲突,使学生的求知心理和教材内容之间形成了一种"不协调",把学生引入到与问题有关的情境中去,进而诱发和促进学生积极思维。因此,为了构筑合适的问题情境,就要善于发现和紧扣学生的认知冲突。

注重教学情境的生活性。教学情境能够沟通课堂与外界的联系,拓展学生的认识领域,将学生带入社会化、生活化的氛围中。创设教学情境绝不是教师的个人行为,而是教师和学生的共同参与,是师生情感的相通与交融。在教学中,如果把知识放在一个生动、活泼的情境中让学生去学习,更容易激发学生的学习兴趣。创设生活情境就是构建教学内容与学生生活的联系,打开学生的生活库藏,调动学生已有经验,强化学生体验,增进对知识的理解。

优化创设生活情境的基本思路,在整个过程中十分重要。创设生活情境的基本思路主要体现在以下几个方面:首先,在导入时创设生活情境,可以调动兴趣,激发欲望。心理学研究表明,学习内容和学生熟悉的生活实际越贴近,学生自觉接纳知识的程度越高。根据这一特点,在讲授新课内容之前,一般可以借用生活实例,为学生创设与教学内容相关的意境,提出相关的问题,以引起学生的好奇心与思考,激发学生学习兴趣和求知欲。

其次,在探索时创设生活情境,探究理解新知。生活中到处有可以为教学服务的情境。选取什么样的生活情境作为学生探索新知的材料,如何呈现这一生活情境才更有助于学生理解新知,是教师在组织学生探索时应该考虑的两个问题。

第三,在练习时创设生活情境,实践巩固新知。主要可以通过三种方式达成教学目标。例如,数学课堂上,在学生系统学习"相遇"问题后,教师可以出这样一道思考题:在一条笔直的公路上,王红和王钢骑车从相距 500 米的 A、B 两地出发,王红每分钟行 200 米,王钢每分钟行 300 米,要经过多少时间,两人相距 5 000 米? 由于题中王红和王钢运动的方向未做明确交代,结论会因为两人运动的方向的不同而呈开放性。具体可以分为四种情况:两人同方向骑车——王红在前,王钢在后;两人同方向骑车——王钢在前,王红在后;王红和王钢面对面骑车;王红和王钢往相反方向骑车。这样可以让学生从生活中学,激发学生学习的兴趣,提高解题的技巧,培养学生根据实际情况来解决问题的能力。

第四,在延伸时创设生活情境,解决实际问题。生活本身是一个巨大的学习课堂,作为教师还应注重创设大课堂情境,鼓励学生在日常生活中寻找问题,擦亮学生的"眼睛",在课间和课后的社会生活大课堂中初步应用所学知识,让每个学生在实践中初步体验知识的实用性。比如,学习了纠正错别字后,学生可以到大街上、学校、博物馆、图书馆等地方去寻找错别字、修正错别字,从而让自己尽量避免写错别字,这样就把课内的知识迁移到了课外大课堂。

第五,在整堂课中构建生活情境系统。在一整堂课中应该有一个环环相扣,层层递进、阶梯式的情境系统。生活情境要贯穿于这一堂课的导入、探索、练习过程中。这多种情境,如果是毫不相干的独立体,就会使整堂课显得比较零散,不能给学生一种整体的、身临其境的感觉。这就要求教师充分理解课程标准,吃透教材,了解学生,在此基础上融会贯通,从一个情境到另一个情境进行无缝连接,使创建的情境成为一个有机的系统,给学生一种整体的、身临其境的感觉。

教师应为学生创设宽松的课堂教学环境而努力。在创设生活化情境时,课堂教学环境要宽松些,因为学生在问题情境下的学习中必然有一个摸索的过程,难免会这样那样的想法,或多或少地走些弯路。如果学生的想法与众不同,或许"出格"了,这时老师也绝不可讽刺、挖苦,应以亲切和蔼的话语和表情,创设一种和谐宽松的气氛,同时及时强化学生的每一个微小的进步及他的"与众不同",或以语言鼓励,或以目光赞许,给予学生探究热情,点燃创新的思维火种。

重庆市大渡口区双山实验小学教师李宛真在书法课堂上指导孩子书写时,笔锋按照一定的法则运行,使之能够写出符合审美要求的线条,叫做运笔。而运笔里很多关键的"小动作"却是教学的难点,比如"中锋""侧锋""藏锋""露锋""逆入""平出",等等。在传统的私塾式教学里,师父可以通过逐一示范为弟子直观表现这些艰涩词语是为何意,而在当下的课堂中,这显得不太现实。而教师如果对照课本"看图说话",学生则会一脸茫然;教师如果在黑板上挥毫,身体或多或少会遮挡学生的视线,且学生要将"板书"的动作转化到自己笔下的难度也很大。解决这个问题最好的方法就是利用信息技术。教师可以利用展示台、投影仪示范给学生看,边示范边强调需要注意的细节,甚至将细节之处放大,给学生一个直观、明确的观察对象。不仅如此,教师还可以请学生当"小老师"到投影仪下方书写,示范给其他学生看,这种做法不仅可以引起学生的学习热情,同时也会给台下学生一个纠误和强化的过程。另外,教师还可以在课前将自己的示范录制成小视频,学生练习时可以循环播放,当学生书写出现遗忘时,抬起头就能看到教师的示范,而教师也有更多的时间去关注学情,引导学生注意观察,书写时展示笔下细节,体现书法的技法之美。

(四)教师在有效调控中追求灵动应变。有教学情境的情境教学,在其课堂里需要加强有效调控,这如同大家在驾驶着一辆公共汽车带领学生外出旅行时,教师是手握方向盘的司机,需要时刻根据前方的路况做出判断,调整车速与方向,否则就无法到达目的地。教学目标就是大家的目的地,教学过程就是车行驶的过程,教师的驾驶行为好比情境教学法,只有对学生精心呵护与引导,这辆汽车才会真正载着课堂驶向目的地。

情境教学的症结。在现行的情境创设中,因为创设的问题,致使教学情境的演化过程中呈现出很多问题。令人担忧的是,课堂中任何一个症结的产生,不只是某种单一的毛病,更多的是多个症结交叉重叠呈现的。对其症结进行大搜索,便会发现主要有以下几种情况:

一,"板鸭"制作,教什么太强求,学少自由。在许多课堂教学中,有一个突出的现象,表面上看某一教学情境的创设是非常讲究的,实则是一种违反教育教学规律的伪讲究。这个过程就像北京烤鸭的生产过程一样:鸭子自从鸭蛋中孵化出来,饲养员就根据专门的饲养配方给鸭子喂食,喂食时,一只鸭子蹲在流水线上,工人捏开鸭嘴,一律用管子向鸭嘴里打入定量的食物,根本无需鸭子选择。这样喂大的鸭子,在同样的时间里会长成相同的体重,而烘烤的过程也是统一的,制作而成的烤鸭的色香味都是一样的。

创设教学情境,需要把握"度",一旦超越了"度",结果只能是"教学失效"。探寻"失度"的原因,不难发现其往往在于教师心中有两"不放心":一是对学生不放心,唯恐学生学不会,有的创设内容完全可由学生独立思考完成,而教师却迫不及待地越俎代庖,在无形中帮了倒忙,剥夺了学生体验的机会;二是有些教师不善于等待学生思考,一看到没人举手回答问题,就在学生思考还不够充分时急于出示结果,自然不会给学生留下思考的时间,课堂也少了许多精彩的生成。

二,教师对学生"扶"得太少,要求过高。虽然创设了教学情境,由于教学过程中教和学不相宜,扶得不到位,操之过急,或"扶"时一厢情愿。

链接 4 - 20

依旧不会读

语文课上,一位学生站起来朗读,样子怯弱,声音很小,错误较多。这时,老师拍着他的肩膀对他说:"老师知道,如果你再读一次,一定能读得字字正确、句句通顺。老师相信你,同学们也相信你。"然而,期待再强烈、掌声再热烈,效果却依旧。

就这样,这位孩子神情黯然地坐了下去,而那位老师也神情茫然。

三,学什么总浅尝辄止,凑热闹,实则是走过场。有时教师深入课堂后会尴尬地发现：虽然创设了教学情境，然则教师对课堂教什么、学生学什么心中并没有底，师生停留在形式上的"参加"状态，教师随心所欲，看似放手让学生自主学习、小组讨论、质疑交流，热热闹闹，实质是欠缺正确的引导，这样的现象在现今的教学中并不少见。

链接 4‑21

《五彩池》教学片段

一名学生提出这样的问题："五彩池那么美，我能不能把手伸进水里去摸一摸呢？"教师对学生的提问作了肯定，让班级的学生进行讨论，教师在教室中走动。八分钟后，老师问："你们讨论的结果是什么？能不能伸手进去摸呢？"有的组说能，有的说不能，各自都说明了原因。老师接着说了一句："大家说得都很在理。"这个问题到此就戛然而止了。

追寻富有诗意的课堂。教学情境作为课堂环境的组成部分，创设时构建一个平衡的生态系统是非常重要的，就像自然界的植物群落，在恰当的地形、地貌、土质、光照、温度、湿度等条件下，各种不同科类的植物相生相伴，共同生长。课堂是一个教师、学生、教材共生共存的场所，讲究的是互相之间的配合度。教师进行教学情境创设时，只有潜下去钻研教学、积蓄内力，才会有课堂上学生的激情饱满。教师只有对教材深入下去，才会有课堂上的诗意盎然。

链接 4‑22

《驯养天鹅》教学片段

（孙建锋执教）

师：驯养天鹅有两个方法，一个是把天鹅的一边翅膀修剪掉，使它失去平衡不能起飞，这样它就会安住于湖边；另一个办法是把天鹅养在一个较小的池塘里，由于天鹅起飞时必须先在水中助跑一段路程后才能凌空而去，因此将其置于小池塘中，它助跑的路程太短就不能起飞了。从前的欧洲动物园用前一个方法驯养天鹅，后来觉得残忍，并且展翅的时候丑陋，现在都用后面的方法。

读了文本，师生敞开心扉，进行对话——

师：（微笑着面向孩子）小朋友们，你们愿意当一回小老师吗？

生：（高举如林的小手，跃跃欲试）愿意！愿意！

师：这回你们当老师，我做学生。我想听你们讲一讲驯养天鹅的故事。

生：（兴趣盎然地阅读，快速记忆。三分钟后，个个争先恐后地讲述）

师：天鹅是一种高雅而又尊贵的鸟。你们喜欢吗？

生：喜欢！

师：你们是我的老师。我愿意向你们请教"第三种"养天鹅的方法。

生：(神奇地说)建一个大大的公园，造一个大大的湖泊，天鹅就可以凌空起飞了。

生：(急不可耐地站起来质问)请问，如果按你的说法去做，那要花多少钱呀？我认为，保护好一片园林，保护好一片山水，天鹅就有了最好的家！

师：(话锋一转)如果说孩子是父母眼中的天鹅，学生是老师心目中的天鹅，你们能告诉我现在的父母、老师都是怎样养"天鹅"的吗？不要马上回答，先把自己的想法写下来。

这时，教室很静，学生人人在思考，个个在写作。表面上风平浪静，头脑里思绪万千，此时无声胜有声。十分钟后，学生们开始了互动交流。

师：让大家分享你的思维成果，请畅所欲言！

生：我有两个翅膀，一个是学习的翅膀，一个是玩耍的翅膀。妈妈总是不让我玩，让我作业、作业再作业，学习、学习再学习。我想，妈妈正拿着一把看不见的剪刀，剪掉了我"玩耍"的翅膀！

(笑声)

生：我有两个翅膀，左边一个是天生的翅膀——踢足球；右边一个是妈妈给安装的翅膀——弹钢琴。在妈妈的干预下，我左边的翅膀在萎缩，右边的翅膀在膨胀。

生：我们的功课也有两个翅膀，语、数、外是一个翅膀，音、体、美是一个翅膀。两个翅膀平衡，才能飞得高远。但是，为了升学考试，有人毫不犹豫地剪掉了我们"副科"的翅膀。好痛啊！

(鼓掌)

生：我是个女孩子，我喜欢穿漂亮的服装。特别是夏天，看到别人穿得花枝招展的，我好羡慕啊！可是，上学的每一天我都要穿一种颜色的校服，同学们也一样。如果说服装也有翅膀，校服只是一个翅膀，在我们的童年里就少了另一只色彩斑斓的翅膀——我们自己喜欢穿的衣服！

师：你联系学校生活思考，给了我一个学生看待穿校服的新视角！

生：我每天上学放学，我爷爷六年如一日地接送。双休日，我要和同学一起去郊游，爸爸怕我走失了，不批准。我成天被养在家里，日子长了还能飞翔吗？

生：驯养天鹅的人，为了留住天鹅供自己观赏或卖门票，不惜采用修剪翅膀与缩小池塘的办法,使其不能飞走。天鹅折翅后,要靠主人供养,如果用驯养天鹅的办法养孩子,孩子折翅了,将来谁供养?

师:你们说得很形象,也很耐人寻味,值得老师和家长深思!

生:此时此刻,我忽然觉得我们的教室就像一望无边的湖泊,同学们都变成了凌空展翅的天鹅。

生:我觉得,老师就像一个很大的湖泊,我们就像天鹅,在练习滑翔、凌空……

师:我也忽然觉得,我们每个人都是思想的天鹅,都正在课文那一片长满水草肥莫的天然湖泊里,滑翔、凌空、展翅……感谢你们做我的"小老师",让我聆听到你们发自心灵的声音。

······

给学生真体验的机会。一些教师在精心备课时,结合问题设计教学情境的,在设计需要讨论的问题时,通常会相应地设计好解决这个问题的思路方法,同时也准备好一个标准答案,甚至是唯一答案。当教师提出问题时,很快便用诱导性、启发性的语言,把学生思维引导到设定好的标准框架上来。学生也很快得出答案,问题迎刃而解。这样的课堂教学效率似乎很高,但实际上没给学生留下充分想象、思考的空间,学生思维是被窄化、被控制的。

要改变这种状况,首先,要尊重学生应变时产生的独特体验。在教学活动中,教师要对学生将会产生的个性化的道德体验有充分的思想预备,尽可能预料到多种情况,及时捕捉独特体验中有价值的因素,并寻找合适的切入点,引导学生再思考、再体验,最终提升整个课堂中学生体验的层次。

其次,还给学生探索的机会,等待学生发自真实体验的应变。当学生进行探索活动时常出现这种情况,教师提出问题后,仅有少数学生感悟时,教师就马上切入正题:"××同学,你有什么发现?你是怎么想的?"这会影响其他同学的思考。

链接 4-23

《"认识乘法"》教学片段

(二年级上册)

[电脑出示情境:一张电脑桌上有 2 台电脑,100 张电脑桌上共有多少台电脑?]

师:小朋友们会用加法计算吗?

生:会!

师：试试看！

（学生开始列加法算式：2＋2＋2＋2＋2＋……）

（一会儿，有几位学生感悟到了什么，停了下来，开始窃窃私语，但还有好多同学十分执着地加着加着……）

师：（会心一笑，但并不着急引入正题，而是耐心地等待着……）

生：（终于停下来了，并且纷纷高举着小手，有的嘴里还嚷嚷着什么）

师（不慌不忙地问）：怎么啦？有什么问题吗？

生1：老师，我发现100个2相加太麻烦了！

生2：100个2加起来，算式写都写不完了！

生3：有没有简便一点的办法呢？

（教师顺水推舟，自然而然地引入到下面乘法的教学……）

让应变与目标、教材亲密接触。通过创设情境，使课堂教学成为生命个体的对话与交流，就如同历险，没有意外、惊奇和生成，教学就会缺少生机和魅力。教师要想让课堂教学变得精彩，必须结合所创设的情境，合理调控教学过程，让应变与目标、教材亲密接触，让灵动的智慧盈溢课堂。

首先，通过调控，让应变与目标亲密接触。情境教学中，课堂活动必须围绕一定的教学目标来进行。然而，有些教师的课堂往往将教学目标淹没在无序的师生应变活动中，这样的应变丧失了目的性和灵性，将应变与目标割裂开来，使应变沦为无本之木、无源之水。

其次，通过调控，让教材服务于灵动应变的铁律。在情境教学中，课堂是一个灵动应变的空间，教材则是教师开展教学活动的一个思路、一个模式、一个教学范例，二者并不能等同。需要明确的是，教材是为课堂服务的，更进一步说，教材是为课堂上师生的灵动应变服务的。

创设教学情境，教师首先需要在备课时准确把握教材的科学体系和逻辑结构，把握教材的重点内容和非重点内容，然后对教学内容进行重组和整合，选取最佳内容对教材进行深加工，研究相关的学习策略，设计有明确的目的并具有可操作性的活动形式。但是，如果某个环节不利于灵动应变的教学铁律的实现，必将给课堂埋下失败的伏笔。教师如何通过调控，让教材服务于灵动应变的铁律呢？

创设教学情境时，建议教师认真钻研课程标准及教材特点，寻找课标、教材、学生发展之间的最佳结合点，精心选择学习素材，对教材中的活动过程整合、拆分、删减、增添、替换、修正,使教材更加贴近学生学习实际,更好地促进学生的发展,为师生应变留出广阔的创新空间。

及时根据学生反应调整教学。

首先,教师要做合格的课堂观察者。情境教学中,教师不仅是学生学习活动的设计者与调控者,而且是课堂中最为重要的观察者,因为他需要时时刻刻结合创设的情境观察学生的反应,并以此修正自己的教学预案,调控活动的进程。创设教学情境,课堂观察的起点和归宿都是学生课堂学习的改善。无论是教师行为的改进、课程资源的利用,还是课堂文化的创设,都以学生课堂的有效学习为落脚点。使用好情境教学法,即使所确定的观察点不是学生,其最终还是需要通过确认学生是否学有所得来检验。

其次,因势利导,把突发问题生成为课堂资源。在情境教学中,随着教学活动的展开,学生会根据自己的生活经验产生许多自己的想法,很多时候看似是对教师的一种"发难",其实也是他所疑惑的地方。此时,教师要做的就是根据创设的教学情境,理清学生的思想,看准学生思想的症结和可能的走向,随时调整教学过程,使学生成为课堂教学的中心,引导学生走向正确的轨道。同时,因势利导,把学生的意外"发难"及时纳入教学中,让它成为教学中的资源。

第三,灵活回抛,在应变中解决问题。在情境教学中,课堂上的气氛时常处于良好状态,但师生之间、学生之间对教学内容的认知难免有差异。有时,学生猝不及防地一问,把认知冲突表面化,这是原来的教学设想所意料不到的,教师需要随机应变,解决学生的问题。

第四,遇到突发问题时机智处理。在情境教学的课堂上,教师经常会发现好多学生抱着利己不利人,同时也不损人的学习心态,甘愿当"沉默羔羊"而不愿侃侃而谈。

结合具体教学情境进行引导时,教师要注意以下三点:一是寻找学生的思维盲点,在此基础上生发出教学生长点;二是介入的语言方式和语言信息富于"启发性",语言表达讲究课堂化、非常化,逻辑语法、修辞恰当准确,力求语言信息资讯化,充实或深化学生的已知,衍生出新的教学资源;三是以质疑学生、设计悖论、模糊提问等手段不断变换方式持续介入。

生动和灵动仅一字之别,内涵却差之千里。我们进行教学情境调控的目的就是要让课堂"灵动",而非"生动"。

八、教师创新教学实践之教学评价

教学评价是指根据教学目标对教学对象在教学活动中所发生的变化进行观察与测量，收集有关资料，并作出价值判断的过程。教学评价在学习和教学的过程中发挥着重要的作用，评价的结果能为教师检验与改进教学提供依据，为学生在学习上的进步提供反馈，还能为学生家长了解子女在学校的情况提供参考依据。教学评价有多种类型，如人们习以为常的准备性评价、形成性评价和总结性评价，这些评价方式体现出教学评价不只是在教学结束后才进行，而是贯穿整个教学活动的始终，在教学过程中的不同阶段，可以实施不同的教学评价。

教学评价体现教师的专业素养，站在不同的专业成长高度的老师，教学评价策略、方法和效果是各不相同的。教师对教学活动的反应、教师掌握的专业理论、教师的工作经验、教师对教学进度的掌控等，无不影响着教师教学评价策略的选择。教学评价不仅仅是评价者对教材、课堂、理念等即时性的评判与指导，更是其专业发展的考验，甚至包括对其职业道德的反映。

课堂教学评价是促进学生成长、教师专业发展和提高课堂教学质量的重要手段。当下很多教师的评价能力的发展受限，教师在进行教学评价时，要结合自己的教学目标、教学内容、学生的学习环境以及学生的个体差异等设计适合自己的教学和学生学习的评价工具，制定切实可行的评价标准。因为科学有效地进行课堂教学评价已成为现代教学的基本组成部分，它不仅是成功教学的基础，同时也是进行各种教育决策的基础。

（一）即时教学评价的切入点。教学评价是以教学目标为依据，运用可操作的科学手段，通过系统地收集和处理教学设计与教学实施过程中的有关信息，对教学活动的过程和结果作出价值判断，进而改进教学和提高教学质量的过程。教学评价是对教学工作质量的测量、分析和评定，包括对学生学业成绩的评价、对教师教学质量的评价和课程评价。

对于一堂课来说，自评与他评的影响若放在相对短的时间段里看，其影响可以忽略不计，但若放到一个相对较长的时间段里，便会发现评价结果中蕴含着努力的方向和动力，可以督促教师在学有所获的道路上自信前行。其实，教学评价只是教学的一个环节，或一个活动，不等于课堂教学的全部，评价有时可以在课内进行，作为教学的一个环节存在，除师生互评外，还可以求得教研员的即时性支持；有的可以在课外进行，作为教学的一个拓展存在，主要是对即时课堂的查漏补缺，以及对学科及其行业的下一步工作的展望。

教学评价一般包括对教学过程中教师、学生、教学内容、教学方法手段、教学环境、教学管理诸因素的评价,但主要是对学生学习效果的评价和教师教学工作过程的评价。只有对专业发展存在积极心态,人们才会让自己充实起来,做一些自己想做的事情,从而提升自己对评价结果的满意度。

教学评价要随着教学活动同步向前推进,教师在进行教学设计时应当在提出教学实施方案的同时,也提出合适的过程评价方案。教学评价若是在课后进行,教师更应以积极的心态打破自我局限,从而找到下一步行动的起点,力求实现新的超越。教学评价的具体内容如下:

首先,处理教材的能力评价。处理教材的能力评价反映着一位教师的教学基本功,重点体现在以下七个方面,每一评价点的具体要求如下:

教学目的:教学目的正确,目标明确,符合大纲和教材的要求;注意科学世界观的教育,符合素质教育要求;注意创新意识和能力的培养。

教学内容:知识正确,无科学性错误;注意理论联系实际;重点突出,难度适宜,容量适中;教材处理恰当,合理设计教学情景;问题(活动)设计具有科学性,启发性。

教学方法:贯彻启发式教学的原则,充分体现学生的主体地位,主导与主体的关系处理得当;能及时抓住反馈信息,启发引导学生的创新性思维;灵活处理学生反映出的问题。

教学手段:根据教学内容,恰当运用教学媒体,做到形象思维与抽象思维相结合;设备操作熟练规范。

教学过程:课堂教学结构合理,节奏适度,讲练时间分配恰当;教学效率高,练习有层次性,启发性;注意能力培养;学生学习情绪饱满,能积极主动参与教学,活动面广。

教学效果:达到教学目的,全体学生理解掌握了教学内容;课堂气氛活跃而有序,学生思维活跃,具有创新性,有一定的广度和深度。

教学基本功:语言清晰、准确,富有感染力,普通话标准,教态和蔼、亲切,学生易于接受;板书设计合理、工整;使用教具或作图规范(体育课示范动作规范标准)。

其次,课堂教学过程中的意识评价。针对课堂教学过程,教师所产生的评价意识往往体现出即时性特征,但它却是教师专业理念、专业知识和技能的集中体现。教师在课堂教学过程中所体现的意识评价,主要从以下六个方面产生:

目标意识：教学目标全面、具体、明确，符合大纲、教材和学生实际；重点难点的提出与处理得当，抓准关键以简驭繁，所教知识准确。

主体意识：教学过程思路清晰，课堂结构严谨，教学密度合理；面向全体，体现差异，因材施教，全面提高学生素质；给学生创造机会，让他们主动参与，主动发展；教学民主，注重培养学生的创造能力；体现知识形成过程，结论由学生自悟与发现。

训练意识：精讲精练，体现思维训练的重点，落实"双基"；教学方法灵活多样，注重培养学生的学习能力；教学信息多项，交流反馈及时，矫正奏效；从实际出发，运用现代化教学手段。

情感意识：教学民主，师生平等、和谐，课堂气氛融洽，尊重学生；注重学习动机、兴趣、习惯、信心等非智力因素的训练培养。

技能意识：用普通话教学，语言规范简洁、生动形象；教态亲切、自然、端庄、大方；板书工整、美观、言简意赅、层次清晰；能熟练运用现代化教学手段；应变和调控能力强。

效率意识：教学目标达成、教学效果好；学生会学、学习主动、课堂气氛活跃；信息量适度，学生负担合理，短时高效；特色意识——教学有个性，形成特点与风格。

把好即时评价主体。评价主体主要指向"谁来评价"的问题。形成性评价设计应当注意评价主体的多元性。

首先，教师评价。教师作为评价主体，可以采取以下几种形式：

教师对全班的评价：教师估量全班的整体表现，发现群体的学习优势和存在的问题，明确群体学习活动的总体趋势。教师对部分学生的评价：教师应当评价不同水平的学生的实际表现，看优秀学生是否有突出的表现，看后进生是否正在进步等，这些均属于对部分学生的评价。

教师对学生小组的评价：小组活动应当成为教师评价的重点项目。教师应当观察不同小组的内部互动情况、小组领导力的强弱、小组的信息沟通情况、小组执行任务的过程、小组解决问题的成效等。

教师对学生个人的评价：教师对学生个人的评价需要以个案的形式观察、探寻那些可以说明他们学业进展情况的具体表现。面对一个群体的众多学生，我们要分层次、有重点地进行形成性评价。由于学生个人的表现均有某种代表性，所以，教师在具体进行某些个案的"解剖麻雀"工作之后，就可以比较清楚地了解第一类学生的学习情况。

第二，学生评价。学生以评价的主体身份参与形成性评价，是评价改革的一个重点课题。学生参与评价，可以采取以下几种形式：学生自评：教师应当在教学过程中有计划地培养学生进行自我反思的能力，同时，教师有必要逐步培育和构建学生的有效评价行为，如及时采集个人表现的信息，记录自己的学习过程，学会进行自我监控，学会描述自己的学习行为等。

两人互评：两人互评是一种常见的自主评价形式。两人互评可能在所有的两人一组的活动之中和之后发生。

小组互评：小组内部的合作评价是课堂形成性评价的难点。学生在课堂上是不太善于进行合作评价的，但是，教师应当有计划地培养学生良好的合作评价行为，这需要一定的时间，需要在每节课上引导学生自主管理小组活动，自主实施小组评价任务，自主积累过程评价信息和实证材料，而所有这些"自主"都需要在教师有计划的行为中进行训练。

群体合作评价：全班参与合作评价的方式因参与的人员增多而难度加大，但这样的评价对学生合作能力的培养则更有意义。教师在进行全班合作评价时应进行周密地规划，应准备更加完备的评价工具，提供更为详细的具体指导，同时，还应做好组织工作。此类评价活动实际上与教学活动是一体的，评价活动本身就包含着教学内容。

把好即时评价方法。课堂教学评价的方法很多，主要有：

首先，随堂听课。这是获取课堂教学信息的重要途径。采用随堂听课这种方法，通常要从以下几方面入手：

事先准备：一方面是评价者与被评价者之间就时间、地点、方式、观察重点等事项进行事先约定；另一方面，评价者需要在听课之前了解所听课的教学内容和教学目标、教学设计等，合理确定听课的重点。此外，事先的沟通也有助于消除被评价者的焦虑，让其能够尽量保持教学的自然状态，减少人为表演的成分。

课堂观察：在课堂观察中可以进行全过程观察和有重点地观察。前者是指评价者全方位地观察课堂教学过程，在此过程中，评价者应不放过任何一个细节，对一些特殊行为保持高度的敏感，并对这些行为进行及时的记录和分析。通常这一类观察的难度较大，要求观察者有熟练的观察技能和丰富的观察经验。有重点地观察则是指根据事先确定的观察重点，借助一些事先准备的观察工具，有针对性地进行观察和记录。有重点地观察还包括评价者事先与教师拟定评价重点，如重点学生、重点事件等，在随堂听课中有意识地围绕这些重点内容进行观察。

课堂记录：课堂记录是伴随课堂观察进行的，通常有两种方式：一是利用事先选择或研制的观察工具进行记录，如弗兰德斯的相互作用分析系统等；二是描述记录法，它需要对课堂中的语言和非语言内容都进行记录，描述记录要求时应尽可能把看到的和听到的所有内容都完整地记录下来，即进行课堂教学实录。当然也可以有重点地进行记录。在记录过程中还要注意对一些非预期事件进行记录，对这些事件的处理往往能够更清楚地反映评价者的行为动因。

课堂快速调查：常用的快速调查主要有两类：一是简单测试题，这可以了解学生的学习接受情况；二是微型问卷调查，向学生询问一些简单的问题，如"你今天上课举了几次手？""你愿意在课堂上进行小组学习吗？""老师讲的课都能听懂吗？""你对这堂课满意吗？"等。

评价结果的反馈：对教师评价结果的反馈往往以课后讨论的形式出现，其主要方法就是评价面谈。一般来说，评价面谈包括以下几个步骤：一是明确评价面谈的目的，这有助于消除被评价者的顾虑，让其能够畅所欲言；二是让被评价者阐述本节课的总体安排、设想及其实现的程度，并对照评价标准进行自我评价；三是评价者根据听课记录指出这节课的优势和不足，依据评价标准进行初步评价，提出改进的意见；四是在被评价者对评价者所做的评价和建议的基础上，就双方存在分歧的问题展开讨论；五是双方达成共识后，提出对后续课堂教学的要求。

其次，掌握量表评价法。量表评价法是指通过编制评价量表来对课堂教学进行评价的方法。在课堂教学评价中使用量表评价法时，量表中的指标或指标体系是评价的基础。指标是指具体的、行为化的、可测量或可观察的评价内容，即根据可测或可观察的要求而确定的评价内容。指标体系设计的基本程序通常包括三个阶段：

发散阶段：这一阶段的主要任务是分解教育目标，提出详尽的初拟指标。在这个阶段通常可以采用头脑风暴法和因素分解法。前者是指在专家会议中各抒己见，即席发言，初拟评价指标。后者是指将评价指标按照评价对象本身的逻辑结构逐级进行分解，把分解出来的主要因素作为评价指标的方法。在分解的过程中需要使用统一的分解原则，而且分解出来的指标在上下层次之间应该相互照应，按照由高到低的层次逐级分解。

收敛阶段：即对初拟的指标体系进行适当的归并和筛选。这个过程可以采用经验法、调查统计法和模糊聚类法，同时应该遵循以下基本原则——重要性、独立性，指标应反映被评价对象的本质属性。

实验修订：即选择适当的评价对象进行小范围的实验，并根据实验的结果，对评价的指标体系及评定标准进行修订。

同时注重指标权重的确定。权重是指根据各组成指标在指标体系中的重要性和作用大小所分别赋予的不同数值。权重代表了评价指标的重要性程度。指标权重的确定可以采用关键特征调查法、两两比较法、专家评判平均法和倍数比较法。

第三，注重标准化测验。这是进行学业测试的传统方式，也是一种非常有效的评价方式。标准化测验要经历一系列的基本程序：

明确测验目标：只有明确测验目标，才能保证评价的有向性，避免盲目性。通常测验目标就是指教育目标，它是教、学、评、督、考的共同依据。前面已经详细描述了现代教学评价中所依据的一些主要教育目标，这里不再赘述。

确定测验内容：通常这是在内容抽样和测验目标的基础上形成的。一般而言，这个过程由双向细目标来确定测验内容中所涉及的每一内容范围的相对比例、每一层次目标的相对比重、每一测验目标层次在每一测验内容范围上的相对比重。双向细目表通常由测验目标、测验内容和权重构成。在收集测验材料的过程中要遵循以下原则：一是测验材料要适合测验目的；二是测验材料要能够代表该教材的全部内容；三是测验材料要有普遍性；四是测验材料要适合学生的程度并能鉴别学生的学习水平；五是测验材料要能激发学生的进取心。

测验设计：测验设计主要包括以下几方面的工作：一是测验形式的确定，即测验采用何种形式的问题；二是测验题目形式的确定，主要有主观题和客观题两种类型；三是测验具体题型的确定与题目编制，即确定主观题和客观题的具体形式并进行相应的题目编制；四是测验题目的确定；五是测验时间的确定；六是测验题目的编排。

测验的技术分析与鉴定：测验的技术分析与鉴定主要包括以下三个程序：一是编写复本与进行预测。前者是重要考试的必要步骤，后者则希望获取考生的信息作为测验定量分析的依据。二是测验的质量分析主要包括定量和定性两类。定量分析包括题目的难度分析、区分度分析、信度分析和效度分析。三是测验的标准化。在标准化测验中，不同的题型有不同的应用和设计技巧，后面有专门的叙述，这里不再重复。

第四，掌握替代性评价。替代性评价是在标准化测验的基础上发展起来的，它与传统测验有很大的不同，这种不同不仅体现在评价方式上，也表现在评价对象的灵活性上。替代性评价可以用来评价那些在传统测验中表现不佳或受到限制的学生，以帮助教师作出关于这种学生的有效推论。由于替代性评价通常需要测验学生应用先前所学知识、经验解决新问题和完成特定任务的能力,因此通常也被称为表现性评价。在评价的过程中,替代性评价往往需要运用真实的生活或模拟的评价练习来引发始发行为,由高水平评价者按照一定的标准直接观察、评判,其形式主要包括建构式反应题、书面报告、作文、演说、操作、实验、资料收集、作品展示。因此可以说,替代性评价强调让学生在具体的真实或模拟生活情境中完成一定的任务,通过对学生在任务过程中的具体表现和完成任务的成果来评价学生。表现性评价、档案袋评价法、概念图、量规等都是非常重要的替代性评价方法,在后面具体领域的评价中有详细的叙述,这里不再重复。

第五,注重课堂观察与调查。课堂观察是研究者带着明确的目的,凭借自身感官及有关辅助工具(观察表、录音录像设备),直接(或间接)从课堂上收集资料,并依据资料做相应研究的过程。课堂观察是搜集资料、分析教学实施的有效性、了解教学与学习行为的基本途径。

课堂观察的内容包括:师生交往的方式;教师提问的次数和问题类型以及学生对问题的反应;教学过程的开放性和探索性;教室的空间布局、班级规模等因素对学生认知、情感、态度和行为的影响。课堂观察的技术方法和手段主要有:课堂教学录像、录音;以时间标识进行选择性课堂实录;座位表法;提问技巧水平检核表;弗兰德斯语言互动分类表;学习动机问卷调查和访谈;学习效果的后测分析等。

把好课堂评价工具。在课堂教学过程中,尤其是在较低学段的教学中,使用评价工具能有效地激励学生学习的积极性,提高教学效果。下面将介绍一些评价工具:

核查表:教师将期待的具体行为以列表方式提供给学生,学生自我、两人小组和多人小组依据自己的表现细节在检查表中进行勾画。

教学评定量表:用数字表示学生课堂行为(已发生的)的等级。如人们可以用5、4、3、2、1来确定期待行为的活跃程度:5.特别活跃;4.比较活跃;3.中等活跃;2.不够活跃;1.很不活跃。

图示评定量表:用一条水平线或垂直线组成量表,表示在一个连续体上对学生行为的客观等级描述。

实物:就是真实的物品,教师可以根据所教的内容选择不同的实物,如文具、玩具、动物(玩具动物),交通工具(玩具交通工具),等等。这些都是用真实的物品作学生的评价工具。

图片:使用图片也要根据所教的内容选择,如动物图片、人体部位图片、颜色图片、交通工具图片、饮料图片、食品图片、水果图片等。

贴片：它是较低学段教学过程中使用最多的一种评价工具，如动物贴片、人体部位贴片、颜色贴片、饮料贴片、食品贴片、水果贴片、玩具贴片、文具贴片、交通工具贴片，等等。这些评价工具均需根据教学内容来选择使用。

标志：在课堂教学中，老师们经常使用一些标志，如笑脸、平脸、哭脸、五星、花朵、彩旗、奖章、胸章等作为评价工具。

数字：数字作为评价工具更多地是结合数字教学来使用。通过数字反映实际的学习水平，进而进行评价。

简笔画：除以上几种评价工具外，教师在课堂上经常结合教学内容使用简笔画作为评价工具，如画文具、动物、人体部位、食品、交通工具等。

把好课堂评价语言。课堂评价语言是指教师对学生瞬时的、即兴的、即时的、即地的一种评价。长期以来，大部分教师使用的评价语言普遍存在着"单一、不准确、低效"的问题。著名的语文特级教师于漪说过："教师语言不是蜜，但可以牢牢粘住学生的注意力，引导他们在知识的海洋中扬帆远航，引导他们追求生活的真谛，奋然前行。"高效地使用课堂评价语言，真正起到激励学生、不断提高课堂教学效果，实则包含着专业素养的修炼：

首先，评价语言要有激励性。激励性的教学评价语言是学生学习信心的催化剂。教师在评价时要睁大眼睛寻找学生的闪光点，不吝言词地给予其热情的鼓励。但是教师评价语言的激励性也要做到适而有度，只有客观的、恰到好处的激励性评价才能深深打动学生的心灵，成为学生学习内在的、长久不竭的动力。

其次，评价语言要有准确性。准确是课堂评价语的灵魂，没有"灵魂"，教师的评价语就没有生命力。教师要根据课堂动态，及时采用适当、明确、有针对性的评价语言，让学生明确哪些是对的，哪些是错的，哪些是该继续努力的，使评价真正发挥积极、有效的激励导向功能。

三是评价语言要具有生成性。"生成"是新课程倡导的一个重要教学理念。课堂上鼓励师生互动中的即兴创造，以超越预设的目标和程序。因此，在课堂教学中，教师要有强烈的资源意识，去努力开发、积极利用生成性资源；要善于抓住课堂上的每一个契机，用自己的评价语言去引领课堂中的精彩生成。教师及时捕捉了这一教学契机，充分利用学生的学情，在这种形象、生动的语言评价点拨下生成新的教学资源，学生的情感与文本才会逐渐水乳相融，水到渠成。

（二）学校要全面提升教师的教学评价力。《教师专业发展评价》一书中指出："评价是对价值或意义系统的调查研究。"科学的教学评价体系是实现课程目标的重要保障，是教师需要进行专业修炼方可铸就的一项能力。当下教学评价的功能随着对学生个体性的重视，其标准越来越立体化、多样化和开放化。

教育教学评价力构建。教师的教育教学评价力，更多地体现于教师的批判水准中，因为评价力不足致使无数教师没有在教学上有所建树。批判精神是对某种思想言行（多指错误的）进行系统分析时所坚持的一种原则和立场，在认识论层面，批判是认识问题的逻辑起点；从方法论角度，批判为解决问题、推动进步提供了契机。直指问题之症结并找到新的发展方向是评价力强的表现。然而现实是无数教师缺少批判精神，但还不能说他们少有批判，他们针对某一教育现象多有抱怨，甚至会出现整体性的不满、冷嘲热讽，但这只是病态的批判。

链接 4 - 24

爱因斯坦的独立批判意识

在青少年时代，爱因斯坦阅读了马赫和休谟的著作。两位思想家的怀疑和批判意识，使得爱因斯坦的怀疑态度趋向理性化。

休谟以他的怀疑论哲学打破了教条主义和独断论的迷梦，给爱因斯坦留下了深刻的印象。至于马赫，爱因斯坦认为他的真正伟大之处在于他的坚不可摧的怀疑态度和独立性，并深受他的怀疑和批判精神的影响。

爱因斯坦在专利局工作期间，讲究工作方式的局长哈勒经常训示他的下属要有批判眼光，这种工作方式同样使爱因斯坦养成了怀疑批判的习惯。

爱因斯坦喜欢称自己是"异教徒"，别人也认为他是"叛逆者"和"创造者"。

在科学世界，爱因斯坦深谙"批判是科学的生命"这一真谛。他在科学工作中经常以批判为先导，给自己开辟前进的道路。

1901 年爱因斯坦写道："进入人们头脑中的权威是真理的最大敌人。"在 19 世纪末 20 世纪初那个机械自然观和力学先验论的教条顽固统治的时期，他在初涉科学前沿问题时就怀疑牛顿的绝对时空观，怀疑把力学作为物理学的基础的教条。他坚定地与当时的认识论潮流和科学潮流背道而驰，独辟蹊径，结果打开了 20 世纪物理学新理论的大门。

爱因斯坦的批判态度有自己鲜明的特色，它是与怀疑态度相伴随的，并且建立在坚实的理性分析的基础上。爱因斯坦的批判总是有的放矢，言之有理，持之有据；同时,这种批判态度往往贯穿着历史感和历史意识,在传统与革新之间保持了必要的张力。

批判精神实是一种实事求是的发展精神,人们更应该把握批判精神之实质。提升评价力从构建批判精神开始,这需要一个漫长的学习过程。在人们的教育教学过程中练就批判精神,时刻保持清醒,并保持一种向上的状态,才会有逐步趋向高级的过程。

评价力与批判精神是优秀教师不可或缺的素质。拥有评价力与批判精神的教师,才会在自己的教育人生中拥有独立的怀疑精神、辩证的扬弃精神、自觉反思精神和勇于创新精神,拥有不竭的驱动力。

针对当前教师普遍缺乏批判精神的现象,笔者提出如下建议:

一是全面构建和激发自我的主体批判意识。主体性是人的全面发展最根本的特征,也是全面发展的核心和精神实质。激发作为生命个体的主体性意识,培养独立思考、创造主体的意识,可以从掌握批判性思维方法开始。当教师的批判意识成为一种认知方式时,就能为自我建立起一种主体性的批判意识。在自我主体批判意识觉醒时更应体现三个内涵:自觉意识,觉察到受压迫而寻求变通;批判,当觉察所处环境的不寻常时,开始思考如何脱离这个环境,寻求新的环境,并在新的环境中去适应与开启新的探索;转化,以主动积极的姿态改变学校及社会中不合理的制度,打破权威式社会关系中的种种非民主及不平等的权力关系,并寻求建立新的社会关系。教师的批判意识觉醒后,就要融入日常的教育现象,去寻求,去探索,去更新。

二是让评价力和批判精神与进步紧紧相连。进步不应缺失批判精神,批判精神是一种积极入世的态度,并且是建立在民主与科学基础之上的独立自由的人文精神。批判是站在不同角度的深思熟虑,在教育教学的过程中构建自我的批判时,必须把握一个原则,即让自我的行动与进步的思想、理念和行为绑定。批判的必要条件是思想、人格和精神的独立,批判所引申出来的丰富内涵和积极意义大于批判本身,为此更是要求大家能坚守批判重建是扬弃和继承的原则。这本身是一个过程,一个融入实践的过程,一个反思与更新的过程,一个螺旋式的提升过程。

对批判所持的不同态度和包容性的大小可以说决定了一个教师的发展趋势,当前大家最需要的是科学的批判精神和因批判精神而产生的科学。探究无数名师的教学历程会发现,他们比一般人更具有强烈的好奇心、创新意识和批判精神;他们在一生中掌握了"学习什么"和"研究什么"的主动权,享受着自由探索的乐趣。当前我们的教育中最缺乏的是对"批判性思维"的训练,教师要重新点燃批判精神的火炬,做教育的主人!

教师缺少批判精神,就很容易对教育对象、教育现象的认识陷入主观化臆测之中。教师作为文化人受过高等教育者,应该具有理性的批判精神,打造高端的评价标准,有"识千器而后观剑"的执著,敢于从广阔的教育背景上观察个别的教育现象,承认教育差异,拥有人文关怀之心,让教育对象得到更中肯和人文的评价。其实,只要是正当的、没有夹杂私人恩怨的批评争鸣,就能激活教师的批判意识,丰富批判精神的内核。教师评价力的提升,批判精神的存在是其支柱,随着实践的深入,批判精神的内核应发生变化,并促进评价力向纵深发展。教师应该谨记:在课堂教学中,没有进步的批判精神作支撑,所有评价就会失去光辉。

教育教学评价力修炼应把控的原则。在课堂教学过程中,教育教学评价力是可以通过修炼得到提升的,整个过程注重学科的科学性,更能见到效度。在具体操作时,建议遵循以下四个基本原则:

● 多维性原则。多维性原则指的是在课堂教学评价中,应该从多种角度、运用多种方法对课堂教学的过程和课堂教学的结果进行评价。具体而言,多维性主要体现在三个方面:一是评价内容的多维性,即在评价中应该考虑到课堂教学的各个方面,包括课堂教学的过程、教师的教学能力及水平、课堂教学要素、课堂教学结果、学生的参与度等多个方面;二是评价主体的多维性。在以往的课堂教学评价中,评价主体往往是研究者和教育管理者,缺少课堂教学内主体的充分参与。而评价主体的多维性要求评价主体既有课堂教学之外的人员,如研究者和教育管理者,也有课堂教学内的被评教师或学生,同时还可以考虑同事或同伴在评价过程中的参与,改变原来单纯以他评为主的方式,重视自评和互评;三是评价方法的多维性。传统的课堂教学评价多以量表或者纸笔测验为主,这种评价方法的主要优点在于其编制过程的科学性,其在评价过程中能够尽可能地保证评价的公正性,但弊端也是非常明显的,如评价内容与真实的生活内容脱节,不太适合于情感、态度、价值观的评价等。评价方法的多维性要求课堂教学评价中改变单纯以纸笔测验为主的方式,更多采取观察、成长记录袋、真实性评价等方法进行多方面的评价,既要重视客观、量化的评价方法,也要重视量化和质性评价相结合,以质性评价统整量化评价,因为量化的评价把复杂而又丰富多彩的课堂教学过程简单化、格式化了,而质性评价却更关注复杂而丰富的课堂教学过程,强调教学过程的完整。

● 过程性原则。过程性原则指的是改变以往评价中过分重视总结性评价的倾向,要把评价对象当前的状况与其发展变化的过程联系起来,由一次性评价改变为多次性评价。

过程性原则强调以教育教学过程中评价对象的表现作为评价的主要内容,以促进评价对象的发展为根本目的,体现满足社会发展需要与个体发展需要的辩证统一,使评价过程成为促进发展和提高质量的过程。过程性原则有三个基本的特征:一是把全部有价值的教育教学活动都纳入评价的范围,不论这些活动是否与预期的目标相一致;二是在方法论上既倡导量化研究的方法,也给质性评价一定的位置;三是本质上受"实践理性"的支配,强调过程本身的价值以及评价者与评价对象之间的交流和相互理解。

重庆市大渡口区钰鑫小学校的李莲老师在《改进评价路径引领小学生实现思维全面发展》一文中谈到:

1. 用"学生反思"来替代"教师指导"评价

在评价的过程中,教师与学生之间的地位其实是不平等的。教师作为成年人、专业的教育人员,似乎可以直接"纠错",而学生在我教师面前只能"倾听""遵从"。尤其是对于小学生而言,这种感觉就更为强烈。长期以来,人们也已经习惯了教师与学生之间的这种关系,然而这种评价方式存在着很多的问题。首先,长期由教师进行"裁判",容易造成学生对教师的依赖,影响学生学习过程中的自我反思。学生的成长不仅仅是知识方面的成长,更应该在"思想""情感"方面变得成熟。这种按照教师的想法来选择做法,完成学习任务之后,再由老师作出判断并且进行改进的方式,看起来让学生走了捷径,但事实上,学生并没有动用自己的思维,也没有对自我进行科学化的评价,他们只是成为了老师、家长心目中的理想学生,并没有成为自己想要的成为自我。

在改进评价路径的过程中,除了教师对学生的评价外,更要重视学生对自己学习活动的反思和评价,如:现在你可以自己来判断一下自己原来的猜测对吗?如果有错,是什么地方错了?你觉得自己这种解法能让别人信服吗?还有其他的解法吗?以此为载体,学生会重新审视自己,他们会考察自己在学习活动中的表现,会思考同学、教师给予自己的建议,即使他们还小,他们也不会变得盲从。笔者认为,只有这种改变才会让小学生拥有更多的体验,他们会从"自我"出发来感知、反思。当然,小学生在最初阶段并不具备这样的反思能力,我们改变传统的评价体系,让学生不断地反思,就可以让学生在"反思中学会反思",让学生不断地打造出一个更加美好的自己。

2. 用"小组合作"代替"特立独行"评价

观察当前社会大环境的变化,我们可以发现,人才的定位早已发生了改变,我们已经进入了信息爆炸的新时代,学生独立探究固然值得赞赏,但是,学生能够融入团队,不断地和其他同学互换情感、互换思想对于学生的成长来说才更为有益,当然对于培养新型人才也有极大的帮助。

在改进评价路径的过程中,我们不仅要关注学生是否能够独立完成学习任务,还需要关注学生是否可以拥有团队协作能力,他们在群体中的表现是否发挥出自己的优势,是否参与了小组合作活动并为之付出了努力。我们还需要考察他们是否会积极发言,并且不断地对自己和其他同学进行中肯的评价。这种评价方式可以让团队成员中拥有更多的"领头雁",也可以让团队中的成员生成归属感和集体荣誉感。

如小组中第一个写好作业的学生可以去帮助其他学生,检查其他学生的作业,告诉他们对了还是错了。有时候学生会因为一道题而争执不下,这时候可以找成绩优异的一号组长评判,当然也可以找教师最后评判。通过这样的互评,使每一个学生都有发展空间,都在进步。

在开展小学数学教学时,我们可以把习惯的习题训练活动变为课题探究活动,为学生精心选题,进而让小学生也能够遵循多元智能教育理论来发挥自己的优势,在完成课题的过程中发挥出自己的个人价值。教师在这一过程中需要做的就是给学生们一个充满鼓励的眼神,一个赞许的眼光,一个肯定的笑容。

3. 用"表现展示"来代替"一分定音"评价

小学生的表现是"一天一个样","士别三日当刮目相待"用到他们身上是最贴切的。在开展教育评估的过程中,教师需要动态化地判定,而不是仅仅抛出一张试卷。基于此,我们在应用习惯的终结性评价时,还需要结合表现性评价。当然,这种表现性评价可能是学生一时的表现,在完成学习任务过程中的表现和想法;我们还可以为学生建设成长记录袋,观察学生一点一滴的改变。

对学生进行生成性评价的方法有两种。一个是应用互联网信息技术为学生提供展示平台,让学生借助智能化的设备来记录自己的做法,进而分享自己的学习成果。我们还可以应用交互式白板,让所有的学生都看到其他同学的方法、想法。另一个是让学生养成写日记的习惯。如学习《长方体和正方体的表面积》这一章的内容时,学生所写的学习日记如下:(1)今天所学习的内容:巩固了长方体和正方体的基本知识点,学习了如何计算简单的长方体和正方体的表面积以及能够运用长方体表面积解决简单的实际问题;(2)今天所学内容的难点是:对于长方体和正方体的表面积计算不够熟练,对于相应计算公式不够熟悉;(3)今日对数学课堂的认识:老师讲课速度过快、对于知识点的举例应用过少。

笔者认为,我们可以借助这两种方式来促使学生展现出自己的成长过程,而不单单测评学生的最终成绩。这样我们才能参与其中,对学生的问题进行有针对性地指导。对于学生而言,他们在这样的评价体系中既获得了群体认同感,分享了智慧,其内在成长空间也会不断地优化。学校教育的价值其实从来不是单纯的知识教学,我们可以为学生营造一种群体空间,对学生施加心理辅导、思想引领。

● 真实性原则。真实性原则指的是课堂教学评价,特别是学生学习结果的评价,强调在真实生活情境下对学生的发展进行评价。在真实性评价中应该包括真实性任务,即某一具体领域中可能遇到的那些真实的活动、表现或挑战。美国学者戈兰特·威金斯(Grant Wiggins)认为真实性评价有五个特征:一是评价既指向学生学习的结果,也指向学生学习的过程,凸显评价的诊断与服务功能,即为学生的学习提供有效的反馈和建议,而不仅仅是选拔与区分功能;二是强调在现实生活(或模拟现实生活)的真实情境中,给学生呈现复杂的、不确定的、开放的问题情境以及需要整合知识和技能的活动任务(即"有意义的真实性任务")来对学生进行评价。评价重在考查学生在各种真实的情境中使用知识、技能的能力,而不是学生对知识信息的积累与占有程度;三是任何一个真实性评价都必须事先制订好用以评价学生的"量规"(rubrics)或"检核表"(checklists)。所谓"量规",是一种界定清晰的、用来对学生的表现或作品进行评分或等级评定的评估工具。一个完整的"量规"应当包含三个基本要素——"具体的评估标准""区分熟练水平"以及"明确的反馈",学生应该提前知道评价的任务及具体标准,而不是像传统的测验那样需要保密;四是真实性评价承认个体差异,主张对不同的学生提供不同的评估策略,以适应各种能力、各种学习风格以及各种文化背景的学生,为展示他们的潜能与强项提供机会。常规的考试与测验往往忽视学生的个体差异,且常常用来找出一个人的弱点,而不是他的长处;五是评价通常被整合在师生日常的课堂活动中,成为教师教学、学生学习的一部分。在真实性评价中,评价是师生共同的任务,学生不再是被动的测验接受者,而是评价活动的积极参与者,学生参与评价(包括对同伴的评价或自我评价)是学生学习的一种形式。

● 发展性原则。发展性原则指的是课堂教学评价着眼于促进学生发展,侧重于观察和衡量学生的表现;着眼于促进教师教学水平的不断提高,激励教师转变观念,进行课堂教学的改革。课堂教学评价的目的尽管不排除检查、选拔和甄别的作用,但其基本目的在于促进学生发展、提高和改进课堂教学实践,在于反馈调节、展示激励、反思总结、积极导向等基本功能。因此,课堂教学评价应该坚持发展性评价原则,即以发展的眼光来客观评价主体的变化,重视对课堂教学过程的评价,强调评价内容多元化、评价过程动态化以及评价主体间的互动等,以实现评价的最大收益,达到促进发展和改进的目的。发展性原则有以下特征:首先,发展性原则着眼于人的内在情感、意志、态度的激发,着眼于促进个体的和谐和发展,强调以人为本;其次,发展性原则强调评价主体多元化,主张使更多的人成为评价主体,特别是使评价对象成为评价主体,重视评价对象自我反馈、自我调控、自我完善、自我认识的作用;第三,发展性原则在重视教学过程中的静态、常态因素的同时,更加关注教学过程中的动态变化因素、由师生之间情感等的交互作用而使得课堂教学出现的偶发性和动态性;第四,发展性原则更加强调个性化和差异性评价,要求评价指标和标准是多元的、开放的和能够体现差异的,对信息的收集应当是多样、全面和丰富的,对评价对象的价值判断应关注评价对象的差异性,有利于评价对象个性的发展;第五,发展性原则在重视指标量化的同时,更加关注质性评价的作用,强调用质性评价去统整定量评价,认为过于强调细化和量化指标往往会忽视情感、态度和其他一些无法量化而对评价对象的发展影响较大的因素的作用。

避免教学评价的无效或低效。课堂教学评价是课堂教学过程的有机组成部分,是关系着课堂教学过程的有效性的重要因素,其具体呈现在三个环节中:首先,教学前的评价。教学前的评价可以是一节课开始之前的评价,也可以是一个教学单元甚至一门课开始之前的评价。这种评价的主要目的是弄清学生是否具备即将开始的学习所必需的知识和技能,即确定学生的学习准备情况,它是进行教学活动的基础,直接关系到教学目标的达成。通常有关准备状态的评价难度较低,同时评价的内容限定在学习应该必备的最基本的知识和技能上。其次,教学过程中的评价。教学过程中的评价往往为形成性评价提供基础,它们主要被用于检测学习进步和学习中的错误,并为学生和教师提供反馈。这些评价是监控学生学习进展最重要的手段,也是进一步教学的基础。通常这些评价涵盖的是事先确定了的教学内容,如某一章所包含的知识和技能,这就使得实际应用中的形成性评价内容比较狭窄,对于那些也很重要的教学目标,如情感、态度、价值观等就很少涉及,这是在形成性评价中要注意的。除了形成性评价在教学过程中具有重要作用之外,教学过程中的诊断性评价同样具有重要作用。第三,教学结束时的评价。在一个教学阶段(如教学单元或一门课程)结束时,人们关心的是学生的预期学习成果是否能够达到和达到的程度如何,要获得这方面的信息,大家也必须使用相应的评价。教学结束时的终结性评价,如确定学生的学业成就或等级分数可以为分流、安置学生等提供相应的信息。而单元测验在为学生提供反馈、激励他们从事更有挑战性的工作、布置补偿性的作业、评价教学等方面具有重要作用。这些评价不仅可以是形成性的,也可以是总结性的,甚至在某些时候还可能是预备评价,它们也是教学的有机组成部分,能为教学的顺利进行、教学工作成效的提高、师生的评价等提供及时而有效的反馈信息。

以下是**八种无效或低效的评价现象**。

现象一:优差学生对比

链接 4-25

优生差生对比性评价

师:现在请一位同学把第一小节给大家读一下,请同学们仔细听,我们一起来当小评委。

师指名读。

甲生朗读(一位阅读能力较差的学生朗读)

师:他读得不是很好。我们来听听小评委的评价。看看你们帮他找到了哪些错误的地方。(此时老师的脸上难免会露出焦躁不安的神色)

生1:他读错了一个字。

生2:他漏字了。

生3:他第二句重复了。

乙生:他太紧张了,有点结结巴巴。

师:那就请你来读第一小节,千万不要和刚才那位同学犯同样的错误。

(乙生很明显是一位优秀学生,朗读得也很好。教师露出欣慰表情)

师:你读得真棒。

面对这样的评价,甲学生只好默默坐下了。这节课,他显得坐立不安,注意力很不集中,听课的效果可想而知,而乙生一堂课的学习效果非常好。这位教师的评价只激励了个别学生,但对差生的不良影响却更大。教师请学习较好的和较差的学生回答问题是课堂中存在的普遍现象,请优等生回答问题时,教师往往满脸欣慰,请差生回答问题时,教师往往焦躁不安,学生一旦答错了,他们就满脸失望,甚至忍不住打断学生的发言以"遮丑";好不容易答正确了,教师又说:"啊,连你都讲得这么好,真不简单!""今天你终于讲对了一次!"诸如此类,教师以优等生的思维水平为标准去衡量班里的每位学生,使差生心中对"评价"产生畏惧和抵触心理。

现象二:奖给你一颗小星星

教师提出问题后,班上有三分之二的学生举手。老师叫起一名同学,学生回答正确,于是,老师奖给学生一个小星星。

其他同学看到其他人回答正确便得到奖励的,便等着第二个问题或者其他表现的机会。这样的随堂奖励的确调动了学生积极性,但随之而来的却是更多学生的惋惜——我没得到机会。

为什么要奖励? 这是对学习热情和学习结果的肯定。获得奖励,表示学生在学习中努力了、学会了、学得好。受奖者体验到了一种美妙的感受,但是班上其他同学同样也学会了、学得好,知识因为老师没给回答的机会,所以没得到奖励。这个时候,他们心里是什么滋味?

这样的奖励背后,其实存在一个"机会不均等"的错误。人们强调要建设民主平等的课堂,但是,这样的奖励真的是民主平等的吗? 要想培养学生民主平等的意识,首先要为学生创造民主平等的机会,要在学生学习之后产生均等的评价。

现象三:小组合作之后的"奖励"

课堂上,教师让学生小组合作完成某项学习任务,学生完成后开始交流,老师认为"答得好",奖励给这位同学一支铅笔。被奖者喜滋滋,其他同学漠然。

小组合作得出的学习结论,应该奖励谁? 这样的奖励会使学生养成一种什么样的意识? 被奖励者是否有贪集体功劳的嫌疑呢? 其实,这样的奖励犯了一个奖励对象的错误。小组合作学习,奖励应该对准小组,这样才能培养集体荣誉感和团队精神。老师在学生学习时想着小组,交流的时候却忘记了学生是以小组为单位的,这种评价方式不妥。

现象四:简单含糊

课堂上,一位老师为了引导学生理解《燕子》一课的内容,让一位同学站起来读了第三自然段,学生读完后给出了"你读得真好!"的赞扬,学生木然坐下,其他学生则机械地不带什么感情地拍了几下手掌。

到底好在哪里,无论从教和学的角度看,都应该搞清楚。因为浅尝辄止会导致孩子求知不深入。有的时候,学生的理解、表现是浅表的、意会式的,"为什么"的道理还不一定明白，有时这位同学的理解、表现是自知的，但其他同学并不理会，这就需要教师有机地利用对学生发言的评价进行巧妙的点拨。如果老师们能在学生读了课文后接着问："你为什么在读的时候特别强调其中的两个'掠'和一个'唧'呢?"就能在追问这一位同学的同时，引导大家思考和注意：因为这两个字最能体现第一自然段中燕子"活泼机灵"的特点。待学生明白了以后，老师再进行评价："你的朗读就精彩在这里!"这样具体有针对性的表扬融进了老师的启发、点拨，岂不更好?

现象五：游离于教学目标之外

有一位老师在指导学生完成第八册的最后一篇习作《我的一家》时，学生读完例文后，让他们谈谈对"我的一家"有哪些了解。有的学生说："我知道了这个同学家有几口人。"有的学生说说："我知道了他们家每个人的爱好。"教师在肯定学生发言的同时进行了小结："我们在写自己的一家时也要写清楚有几口人以及每个人的爱好。"

许多老师在备课时，能够从三个维度制定清晰的教学目标，但在与对学生作出评价时，往往把学习目标弃之一边，或本末倒置，让学生误入"歧途"。写清家庭成员的爱好是不是本次习作的真正目标呢? 显然不是，小作者写家人的爱好是为了写自己一家人的快乐，那学生的习作为何与本次习作的目标背道而驰? 关键是在实际的课堂教学中，教师在评价学生读例文所得时，忽视了"快乐"这一习作目标，没有发挥评价应有的诊断、调节功能。

现象六：一味追求多元

在学习《九色鹿》一课时，一位老师请学生谈谈自己对文中的两个主人公——九色鹿和调达的看法，在学生们谈了九色鹿的善良、勇敢，调达的卑鄙之后，为了让学生有多元的理解，老师这样启发："大家对调达还有没有不同的理解?"在教师的"诱导"之下，有学生说："调达是个知恩图报的人，因为九色鹿救了他，他说愿意永远做他的奴仆，终身受他的驱使……"老师及时肯定："你读书可真仔细，有与众不同的见解。"在这一过程中，老师一味地强调学生的多元化体验，把课文的理解机械地割裂，至于课文的人文精神所在，怎样正确引导学生感悟、体验课文的实质，如何从课文中获得真正有价值的内容，恐怕没有深入思考。

学习时，教师想要鼓励学生根据已有的经验获得独特的感受，评价时就要尊重学生的个体差异。过分地追求多元化，无原则地"尊重"学生，教师就会在学生面前盲目地改变学习目标，无所适从。如果面对上面的学生，教师可以作出这样的评价："你敢于发表自己的见解，但窥一斑不能知全形，再好好读读全文，你一定会改变自己的看法。"这样的评价、引导,就能很好地把学生的独特体验与课文的人文价值统一起来。

现象七:矫情夸张,缺乏真情实感

在一堂数学公开课上,老师在黑板上出了一道极其简单的应用题让全班学生做,并请一位学生在黑板上做。这位同学做对了,黑板右侧的屏幕上"咔"的一声打出了"你真棒"三个大字,老师同时神采飞扬地竖起大拇指夸张地说:"了不起啊了不起,我们班出了个华罗庚!"话语刚落,全场哄堂大笑。

大家为什么笑呢? 一是这道题很简单,全班同学都做对了,二是这道题是以前学过的,是用来为本堂课教学作铺垫的过渡题,还没有进入实质性的教学,作这样的夸张评价显然是不合适的。如果老师能在检查了这位同学和全班同学解题的情况后作出"你和大家一样都做对了,很好"同时做出"下面我们要学习的内容和这道题相关,不过要难一点了,但我相信,只要大家能积极开动脑筋,也一定会把它学会的"的鼓励,就会既给了学生恰当的评价,又给学生自学的动力,效果会更好。无论在什么情况下,对学生的表扬都要恰当,不能矫情夸张,言过其实。

现象八:错误评价

在"角的度量"课上,老师让一位学生用量角器量黑板上画的一个角,学生量过之后在黑板上写上 80°,老师给了个"很好"的评价。其实老师要检测的是学生量角的方法是否正确,可是当学生量的时候,他并没有看着,而到行间巡视别的同学去了,只是从 80° 这个结果上来断定学生的量法是正确的。其实这个学生在量的时候,根本就没有把量角器的圆心、0 度刻度线与角的顶点及一边对齐,错误的量法却得到了老师的肯定,带给这个学生和其他学生的将会是什么?

课堂上,有时是因为教师的疏忽,对学生回答中的错误未加留意,而给了正确的评价,更有甚者,教师在公开课上,明知学生回答错误,却不愿在众多听课者面前落下"不能保护学生积极性"的话柄,又因一时找不到合适的词语进行评价,就来了个表扬总比批评强的选择,虽然学生回答错误还是强行进行赞扬。这样的赞扬会让学生对知识产生迷茫心理,亦可能影响着孩子的一生,作为教师应该慎而又慎。

教学评价把控时应注意的问题。成功的课堂评价凭借师生面对面的便利,较好地关注情感态度、个性发展、价值观等方面的品质,发挥特有的导向作用和激励功能,让教学对象在认识自我、完善自我的同时,积极接纳他人、学习他人,分享合作的快乐,促进学生潜能、个性、创造性的发挥,使每一个教学对象具有自信心和持续发展的能力。

一是注意课堂评价的实时性。教育学家布莱克·威廉提出,有益的教师反馈应该是：具体的、描述性的和及时的。每一个精妙的回答，每一次认真的作业，每一次好的表现，教师都要不失时机地给予鼓励和表扬，哪怕是一句简单的话，一个赞许的目光，都是对学生极大的鼓舞，有利于培养学生积极的自我接纳的态度，帮助学生体会学习成功的愉快，体验当一个好学生的快乐，体验不断进取的乐趣。教师给予学生及时地反馈时要思考：他们对问题的看法为什么是正确的，或者为什么是错误的，这样不但能帮助学生明确自己的实力所在，同时还可以进一步发掘他们的潜力。

二是实行多元评价。教学本来是教师与学生双主体的多边活动，教学过程的展开要以教师和学生共同的活动为载体。学生始终是评价的主体，学习评价应注重学生本人在评价中的主体作用，改变在课堂上学生是被评价对象，教师是绝对评价者的评价状况。教师可以采取以被评价对象为主，教师、同学共同参与的多元评价的方法，在评价中，学生可以通过"我的表现""我进步了"等自我评价形式提高自主意识、反思能力与学习的积极性和主动性，增加自主发展的动力，从而有效地促进发展。此外，"小伙伴眼中的我""老师的话"等形式的评价，从不同角度为学生提供有关自己学习、发展的信息，帮助学生更全面地认识自我，同时帮助家长、教师获得多方面的有关学生学习、发展的信息。这样的话，学生本人、同学、教师每个人都参与到评价中去，促进了学生的发展。

三是注意课堂评价的过程性。学生获得知识的过程和方法不一样，获得的情感体验就不一样。课堂评价要以学生的努力程度作为重要参数，主要考查学生在具体的学习情境中，是否积极主动地参与了学习活动，是否乐于与同伴进行交流合作，是否具有学习的兴趣和克服困难的精神，是否真正地开动了脑筋思考问题。真正重视过程的评价应该运用建构性的语言给学生以明确、清晰的建议，而这种建议一次一般只能集中于一个学习点的改进上，目的是让学生有更明确的方向。比如，一位教师让学生朗读课文，学生读完评价道："读得响亮流利，但要在速度上放慢一些，注意停顿，掌握好语气。"这种评价，针对性强，有的放矢。不仅使学生准确了解到自己的学习状况，知道努力的目标，也会体会教师的关怀和重视。

四是讲究课堂评价的艺术性。教师应能够正确地看待每一个学生，以发展的目光面对发生在学生身上的点滴小事，容许学生犯错误；学会幽默，使用艺术化的语言，讲究表扬和批评的方式方法，这将直接影响学生参与学习的热情。课堂评价，特别是要批评学生时，要注意保护学生的自尊和人格，给学生留一点面子，不要挫伤了学生学习的积极性。学生在课堂学习中出现了问题，不要简单地否定，要鼓励他们认真学习、认真思考。比如，一位生物教师向学生提问：冬天青蛙为什么不出来？有一个学生的回答是：因为青蛙没有毛衣，冬天出来就要挨冻。对这样"无知"的学生，教师自然是没有好脸色的。可是，大家是否可以换一个角度来思考这个问题，这个童话般的答案不也说明了这个同学想象力丰富吗？这不也是今天的教育所看重的吗？这不也值得教师们认真反思吗？对一些早有定论的问题，大家是否能够容许学生别出新意？

五是注重评价的层次性。教师的评价如何促进不同学生的发展呢？针对学生的实际水平，可采用分层教学评价。教师根据平时对学生各方面表现、能力的观察，在心中把学生分成若干个不同的层次，当学生发言、练习……时，教师用一把弹性的标尺（即不同的要求），关注每个学生在学习过程中的点滴进步和变化，作出评价。如果用单一的尺度来评价不同学习水平的学生，就会造成优等生发展迟缓、学困生感觉永远跟不上的现象。教师要发挥评价的多种功能，将点拨、引导等技巧融会贯通起来，使学习水平本身发展较前的孩子更上一层楼，让他们更富有创新意识，思维空间更加广阔，语言能力更为突出；对学习暂时滞后的孩子，教师要在肯定其努力、进步的同时，给他们指明继续努力的方向，也要在提醒、批评的同时，教给他们改进的方法，使其感受到"只要我努力，一定会有提高"。面对不同水平的学生，教师只有灵活而富有启发性地评价，才能确保每位学生在每天的课堂学习中都有不同程度的成功体验。

链接 4‐26

孙建峰的差异性评价

特级教师孙建峰执教《最大的麦穗》一课时，一位男同学认真朗读了第六自然段苏格拉底的一段话，他读得铿锵有力、掷地有声。朗读结束后，孙老师这样评价："如果我是你的一位学生，听到你这样严肃而又充满哲理的话语，我一定有所悟，你是一位严厉派的苏格拉底。"接着，孙老师又请一位女同学读苏格拉底的话，读完后，孙老师评价："随风潜入夜，润物细无声。你如春雨般滋润人心的话语，深入我的心田，你是一位温和派的苏格拉底。"同样是朗读第六自然段，孙老师因两位同学的不同个性和不同感悟而做出了不一样的评价，展示了孙老师灵活掌握评价尺度的巧妙艺术，充分体现了对学生个体发展的尊重。

六是恰当把握评价的时机。在当前的课堂教学中，我们常常会听到这样的声音："你想的办法真是太好了""这位男同学的发言十分精彩""你的朗读水平简直比老师还高"……在许多情况下，这种非常及时的评价的确为活跃课堂气氛、调动学生积极性起到了重要作用，但是有时这样的"好心"也会办"坏事"，老师的迅速评价在某些情况下可能会挫伤孩子深入探究的积极性,"盖棺定论"式的评价同时也关闭了学生去发现、去分析、去探索的思维之窗。

链接 4−27

评价的时机

　　一位教师在执教《小站》一文时,请学生回答"从哪里可以看出小站确实很小?"很多学生都举手想回答,其中一位同学首先获得了发言权,他说:"一是这个小站只有慢车才停靠三两分钟,快车从来不停;二是这个小站只有一间小屋,一排木栅栏,三五个乘客。"这位老师一听,答案完全正确,心情非常激动,情不自禁地说:"啊,非常正确。这位同学真是太聪明了,居然和老师想得一模一样。其他同学呢?"本以为这么一鼓励,会有更多的同学举手发言,哪知刚才举起的无数双小手都"唰"地不见了! 这位教师顿时不知所措,不知道自己错在哪儿……

　　其实,这位老师错就错在对一个可能有着多种答案的问题回答给予了终结性的评价,阻碍了学生继续思考、学习的发展态势,此刻的即时评价不但没有激起学生畅所欲言的积极性,反而似一瓢冷水,浇灭了学生创新与发散思维的火花。因此,在平时的课堂教学中,对学生的发言应注意评价的时机是否恰当,应当及时鼓励时毫不迟疑,不宜立即给以评判时,就不能过早定论,而是应怀着关爱、信任和期待,点拨、启发、引导,保证学生的思维处于积极状态,促进学生独立思考,保护每一位学生学习的热情。只有把握好评价的时机,才能真正地为"完善教学过程""有效地促进学生发展"的评价目的服务。

　　七是科学采用评价的手段。评价中最常用的工具是语言的运用,特别是对于小学低年级的孩子,应丰富评价的手段,以调动学生积极参与课堂活动。在当前的许多课堂教学中不难看到老师们在这方面动的脑子不少,创造出许许多多的评价辅助手段,如有节奏的掌声,调子统一的表扬口号,形形色色的精神或物质奖励,制作于课件中的具有声光效应的刺激奖赏,在感觉耳目一新的同时,也有隐隐的不安。不安的是有些评价的手段固然新颖,好像也的确使课堂气氛热闹了许多,但透过这些热闹的场面,仔细地观察一下孩子们的表现,你会发现,他们的眼睛里充满的不是对学习活动本身的关注和向往,而是热切地期盼着得到新的奖品,他们明显地表现出对这些奖赏的渴望远远超过了对学习活动本身的热爱。有些采用的评价手段还大大地散了学生的注意力,影响了正常的课堂学习。

教师在设计评价的手段时应思考其是否科学有效,在实施过程中会不会分散孩子的注意力,该手段的运用是否能真正地促进学生的发展。任何一种评价手段的运用,都应该为完善教学和学生发展服务,而不要仅仅成为课堂的点缀,用表面的热闹非凡掩盖评价的真正意义。另外,无论采用什么手段进行评价,都应伴随着感情的投入,所谓"感人心者莫乎于情",像那种浮光掠影似的鼓掌打拍子,轻描淡写的口诀式表扬,怎能与学生心心相印呢?

总之,教师在课堂上应关注每一位学生的发展态势,用科学的评价引导学生健康发展,用智慧的评价唤醒学生沉睡的潜力,用艺术的评价激发学生创造的热情。我想,当评价有了爱的支持和智慧的滋补时,一定会成为教育艺术中最绚丽的花朵。

(三) 全面实现教学评价的两个目的。许多教师认为,教学评价的目的在于全面提升教学质量,其实,在此之外,教学评价还存在另一个重要目的——全面提升教师的课堂教学综合素质,打造卓越的教师,实现高效课堂。

"教师综合素质发展与评价"这些词语,会激起人们各种情感反应。对于一些渴求上进的人来说,它带来的是喜悦和鼓励,让他们感受到专业发展的力量;对一些不愿意付出努力的人而言,它带来的则是一种令人感到敌对的、不公正的、消极的情绪记忆;对于大多数持中立态度的教师而言,则会表现出一种极不正常的"无所谓"姿态,"事不关己,高高挂起",自然也就无法对其产生什么长期效果或深远影响了。

当每一位教师都有主动的专业发展行为时,教育才有希望。每一位教师无论其教学经验和学习水平处于何等发展层级,都会有一套自己的对于教育基本目的理解和将教育目的转化为教学过程的理念。教师应当客观、公正地认识自我的专业发展能带给教育什么,比如提高学生成绩,引起学生态度或观点的转变,改变学生行为习惯等。只有真正做到条理清晰地把自我专业发展计划与具体的学生学习方法(学生的成长)联系起来,才可能证实学生学习成果必然包括教师某种形式的专业发展。

通过教学评价赢得教师成长的教育。教学评价的关键点是审视教师是否赢得教育。赢得教育作为教师专业素养发展的真正目的,意味着教师把工作重点放在最终希望达成的目标上。回归评价的第五个层面——真正的目的和终极目标是提升一种帮助所有学生在更高层次上学习专业知识和技能。特别是对于广大一线教师而言,以学生学习成果为基础去明确目的,更有助于自己制定明确的成功标准,也更利于认识到与个人、与工作组织有关的复杂因素,而这些都需要直面学生学习成果才能对专业发展产生更大的影响。

学生的学习成果是教师教育质量最直接的证明。除了学生认知成果的展示，还包括情感学习成果的展示，可以是获得新态度、新信念或者改变旧态度、旧信念等。教师必须认识到，学生的成果是许多专业发展计划和教育相关活动在规划时的初衷，是通过教师的努力才会影响的知识和理解、情感和态度、信念和意向、心理活动和技能、行为和策略。教师要想赢得教育，必须将这些作为专业发展过程中的重点和目标。

在教师的专业发展过程中，赢得教育，赢得学生学习成果是重要的动力。当前，许多教师没有取得发展动力的原因除了将学生学习成果简单理解为考试成绩，因学生最终并未取得较高成绩而丧失动力以外，还在于教师在综合素质提升的过程中，其专业发展与学生的学习成果存在两张皮现象，甚至是行动与目标难以同轨，导致其专业发展与学生的发展没有直接的联系，使得教师发展效率低，学生学习动力不足。由此可见，在教师专业发展的过程中，对学生学习成果进行全面认识，并将认知的、情感的、心理的成果都纳入其专业发展目标，是教师专业发展中所重视的。当然，这些预设的目标会使得学生的发展成果存在着明显的层级，最终所反映出的教师获得成效之大小，也自然会出现不同层级的差异。

链接 4 - 28

在坚持中守望

坚持把平凡的小事做好，就能成就教育的不凡。

在我担任班主任的几年中，正是坚持做好了以下几件小事，才有了今天的小小成就：

我尊重学生：每月为过生日的学生送上具有特殊意义的小礼物，比如清华大学的明信片、我的名片、吹奏口琴等。

我关心学生：坚持每日约谈，了解每个学生的情况，发现他们的问题，及时进行个案诊疗，不让每个学生被忽视。

我启发学生：每月让学生观看一部有意义的电影：从《海底总动员》到《功夫熊猫》，从《冲出亚马逊》到《从当幸福来敲门》……

我指导学生：引导学生做随笔练习，以积分的形式鼓励学生追求卓越。从最初的随笔"童生"到最高的随笔"大学生"，学生找到了不断进步的快乐。

我激励学生：为写作优秀的学生开办个人作品研讨会，组织全体学生共同研讨一个人的作品，让他们享受到莫言一样的荣耀。

我帮助学生：让违反纪律的学生写心灵说明书，清扫自我内心的垃圾，进行自我教育。

我训练学生：在学生中开展一日班长轮流制，让每个学生都参与到班级管理中，培养他们为班级服务的理念。

作为班主任兼语文老师，我还坚持做了一件事——办班级报纸。班报《梦想报》的报名是大家一起想出来的，报徽也是学生设计的。

最后，我想向大家分享我最重视的一项工作：为学生制作成长视频。三年前，我从学生入学第一天军训开始，就拿起相机，为学生的在校生活做好记录：第一次离家在学校吃饭，第一次升国旗，第一次元旦演出，到班委竞选演讲，清明祭扫活动，九年级中考前百日誓师大会，一直到 6 月 21 日在校最后一天，学生在班级文化衫上相互签名留言，我将学生在校三年的重要事件细心记录下来。第一学期，我专门牺牲休息时间，编辑成专题视频。为此，我还学会了使用五笔输入法、Photoshop、光影魔术手、格式工厂、绘声绘影等软件。三年来，我所保存的图片视频片段已达 50 G。特别要提到九年级下学期，我们制作了毕业纪念大片《致我们终将逝去的一班》，每个学生都在镜头里发表了一分钟的临别感言，总片长达到了近 40 分钟，几乎可算一部微电影了。

令人欣喜的是，这些看似"不务正业"的活动并没有影响我们的中考成绩，2013 年中考，我们班 51 人报考，有 21 人考入县市重点高中。然而我觉得这并不是最重要的，重要的是我和学生有共同坚持的点点滴滴。"无用之用是为大用"，这将是我们超越升学价值之上的最宝贵的精神财富。

（节选自河南省第三届"最具智慧力班主任颁奖会"十佳教师康磊的发言稿）

赢得教育，不只是赢得学生的考试成绩，更重要的是让学生取得良好的学习成果。苏霍姆林斯基曾在《给教师的 100 个建议》一书中举例，一位教物理的教师培育出一大批爱好物理的学生，一位爱好音乐的教师培育出一大批富有音乐天赋的学生……学生的成长是一个不经意的过程，有很多偶然性的因素，但是如果没有明确地播下文明与希望的种子，学生几乎是不可能获得丰收的。这种预设种子的过程，就是教师专业发展的目的所在。

当前，许多教师对于学生成果的认识趋于窄化，他们认为自己对学生考试成绩的追求全因应试教育这一大环境，这实际上是一种在专业发展过程中思想不开放，裹足不前的体现。其实，学生的成果是多元的，这种多元是可以考量的，可以具有过程性的。现实中，许多教师忽视教育的情感作用和心灵启发作用，致使学生在其引领之下，在情感态度方面全然是一张没有开发的白纸，并未取得进步。考证一些优秀教师的事迹,便会发现其与一般教师的不同点在于,在其专业发展的过程中,除了自身综合素养得到带有倾向性的提升外,其所教授的学生表现出一种全方位的优秀,不仅在学习方面,当他们参与各种形式的活动时,都会有过人的表现。由此可见,教师专业发展势必用智慧点燃学生,学生优异的学习成果证明着教师专业发展的成功。

从做法上来说,赢得教育首先要进行有效的时间管理。许多教师对考试结果过分追求,让学科学习占用了近乎学生学习的全部时间,因此无法形成自己独有的发展经验。改变现状,教师一是不仅要满足学生对认知、情感和心理活动的学习需求,更重要的是要能在目标明确的同时,给予丰富的学习活动以时间上的保证,就像在一块空地上播种一样,不但需要立体式的产品发展规划,同时需要做好时间上的把握,能将各个环节的管理做到位。二是抓好学生学习成果的管理,这是当前许多教师亟待提高的一项能力。这就要求教师在完成常规性的教育教学任务之后,思考学生学习成果以什么样的方式展示出来。档案袋管理是最常用的方法,值得我们借鉴,此外,还可以收集教学计划和学生成长录像带,以及学生创造性地完成作业或在教学生活中所遇到的一些富有创新意味的案例。教师可以作长期收录的准备,把长期计划和日常计划有机地统一起来,对学生的学习策略和成长资源进行整理,如学生参加文学园地、公益活动等促进学生自我学习成长的记载;可以记录教育教学过程中的经典内容或学生在教师的激励机制下的积极反馈;可以对学生于某项活动前与活动后的差异进行适当的处理,包括文化差异与个别需要的差异的分析等。

通过教学评价赢得教师的发展。英国的詹姆斯·艾伦曾指出:"只要一个人能够认识到自己就是一种具有创造性的力量,能够指挥自己的灵魂,不管遇到何种情形都播下自己人生的种子,那么他就能够成为自己真正的主人。"由此可见,对评价的正确认识能影响自我的发展,为了获得更大的发展,要在评价中找到自己身上的症结,当认识到自己可能会向什么方向发展,而后再朝着这个方向努力时,才会让理想变为现实。

一,赢得发展,才会有幸福可言。加强自我内心的调适,不过分依赖外部环境,对自我的行为、情感、心理、态度等重新评估,而后作出正确积极的发展行动,即从自我的内部支持开始改变,最终获得的幸福指数或发展机会定然与行政整体的推动有本质区别。发展需要平台,这种平台更多的是一种自我专业发展的追求所致,同时它能让教师最终认识到:评价只不过是发展与幸福的附属物。

发展与幸福都必须通过具体的变化与进步给予支撑。减少专业发展过程中的盲目性和模糊性,提高自我专业发展规划的针对性和有效性,即每一位教师都应把发展视为人生中第一目标来追求。值得注意的是,教师要想立足于当下,敢于面向未来,还需要有科学的规划。如首先明确自己的位置:剖析自己、分析自己,了解自我、认识自我;主动评估自我的兴趣、特长、性格、学识、技能、智商、情商,以及组织能力、管理能力、学习能力、合作能力等;评估环境与人的成长和发展之间的关系;了解自己所处的环境状况——环境特点、环境变化、环境与个人的关系、环境对自己的要求、环境的正面或负面的影响。知道自己未来的发展方向,能列出1—2年的短期目标,3—5年的中期目标,5—10的长期目标。知道自己的发展方式:把握关键时期、关键人物、关键事件,量力而行、循序渐进地发展。

二,赢得发展,从而赢得幸福。这几乎是已经被遗忘的话题。在实际调查中发现,许多教师在教学中忘记发展自我,特别是自我的专业发展,或者因教育教学的劳累,让其没有时间思考发展,或因进入职业倦怠期,变得毫无追求。有追求而敢于朝着目标发展的教师,则成为教师群体中的"另类",这其实又是当前教育界极不正常的现象。从这里更看得出,一位普通的教师,要有不普通的人生发展规划,除了能有敢于挑战自我的勇气,更需要有挑战世俗的勇气。

三,赢得发展,不行动则永远只能是空想。教师要根据自身不同阶段的专业发展特点,联系自己的职务、职责、发展旨趣、发展方向和发展路径,进行自我更新取向的设想,依据合适的理论或理念,通过一些途径,借助一些方法,尝试、探究一些问题,争取改进、突破或创新,才有可能实现预期的发展目标。

链接 4 - 29

让心中的火种燃烧

一恒法师讲过,世界上有两种人,一种是生来就对一切都提不起劲的,他们活着就是为了混日子,至于为什么要混日子,他们是不去思考,不去追问的。另一种人对一些事情很认真,很希望自己的生命不被浪费,然而,他们之中却只有小部分人能够认真地去实现自己的目标,而另一部分人却始终拿不出行动来。为他们什么会这样呢?原因在哪里?

有些人比较自觉,他们自己很容易把自己燃烧起来,发出光和热。而另一些人却不然,他们自己是燃料,有发出光和热的可能性,但需要有火柴或打火机把他们点燃,然后才可以燃烧,生热发光,产生力量。绝大多数人都需要火种,去把自己引燃,而自己缺少使自己燃烧的力。

于是,这"火种"就成为一些人成功的必需条件。找得到火种,他就燃烧;找不到火种,他就永远只是一堆冷硬的木柴或煤块。

所幸,这"火种"并不难得。它们可能是一部名人传记,一本有启发性的书,一部电影里的故事,一位好朋友的点拨,一位好老师的指引,一次愉快的旅行,一段神圣纯洁的恋爱,或一些意外的刺激。

这些,都可能在适当的时机,引发一个人对学问或事业的热情与动力,使他由静态的等待,变为动态的钻研与追求;给他一种勇往直前的力量,使他多年的梦想成为现实。

这"火种"可能自动地来,但多数时间,需要我们自己去找。

发展的过程,需要评价的支撑。从"回头看"中找症结,在"向前走"时寻方向;"回头看"看得扎实,"向前走"才能踏实。"回头看"的远近程度,决定着向前看到的未来多远。当然,评价更多的时候仅作为能否发展的凭据,本身不能直接决定发展的走向和效率,特别是在前期综合素养发展低下,也没有赢得组织支持时,评价的结果在很大程度上便不能支持自我的发展。但此时,最需要的是人们不被评价结果所左右。

赢得发展对于教师而言,只有靠自己勇敢地面对教育人生,面对自己的个性特点,面对自己所拥有的发展资源,并主动出击,才可能走出一片新天地,这可说是当下大多数教师的真实人生写照。正如《我奋斗了18年才和你坐在一起喝咖啡》中所述,大家必须做勇者,才有长期发展的决心,才会有获得成功的机会,才会让自己站立在光辉灿烂的舞台上。

"今天我们怎样做教师呢? 我们的灵魂往哪里安放呢?"这个问题这不仅是在追问职业意义,更是在追问自己的生命意义。让教师产生这种困惑的原因,往往与体制、待遇、工作环境等因素有关,教师个体无法改变这些现状,所能做的就是维系自己的心灵,让自己心灵里的"普罗米修斯之火"继续燃烧。

四、赢得发展,必须培育勇气。有勇气的教师能撕破"虚伪"的面具,回归人性的本我;树立"作为平凡人的教师"的创新意识,重新赋予自己敏锐的感觉和饱满的激情,转变刻板生冷的教师形象,从日常的平庸和公式化的教学中超脱出来,随时关注与捕捉身边鲜活的教育契机,驻足于感性生活,怀揣着人文关怀,用敏锐丰富的情感去正视世俗生活中的欲望和喧嚣,看到职业生活的意义,看到学生纯洁心灵的美好,看到潜藏于学生生命中的内在力量,看到教育所营造的世界的奇妙。有勇气的教师,能将感性冲动与理性思考有机地结合起来,从形形色色的外在绳索与心灵镣铐中挣脱出来,有胆量对陈规说不,有勇气向权威挑战,不满于现状,更勇于探索,进而努力地超越自我、提升自我、完善自我。因为不断进取,所以才会抛弃自身视野的狭隘和片面,最终跃上教书育人的新境界。

五,赢得发展,实践的建议有如下三条。

首先,追求卓越。如果想成为优秀教师,请记住:适时给自己一条冷板凳,远离浮华,守住自己最初的梦想,守住创造的激情,守住灵魂深处的宁静。只有这样才能成就自我,至少不会虚度此生。

其次,不要让灵魂丢失。著名美学家朱光潜说:"慢慢走,欣赏啊!"纪伯伦说:"我们走得太远了,以至于忘记了为什么出发。"想想,作为教师的我们,忘记了发展,而将其他事情作为努力的方向,实则是缘木求鱼。行走在教育之途上,如果每位教师都能以发展自我为重,时刻提醒自己"蓄积灵魂",我们的生命就不会遗失在世俗的喧嚣里。教育是感召灵魂的事业,正如雅斯贝尔斯所说:"教育意味着一棵树摇动另一棵树,一朵云推动另一朵云,一个灵魂唤醒另一个灵魂。"如果我们的灵魂都丢失了,我们又如何去唤醒孩子们的灵魂呢? 守住自己的灵魂,守住自己的教育之魂,大家才能奠定赢得教育和发展的基础。

再次,有"登高一望,尽览美景"的志向。众人都向往高峰,因为登上高峰,人们能享受诗意的心情,看云雾缭绕,红日喷薄,青江如练,感受到人生顶峰的雄伟与浪漫。然而,也有人惧怕高峰,因为"一步登天"只不过是我们美好的愿望,登峰的过程是与磨难搏斗、与自己搏斗的过程,许多教师惧怕也许高峰还没有登上,自己早已大汗淋漓,筋疲力尽,寸步难行,因此教师要有"登高一望,尽览美景"的宏图大志,更要有脚踏实地的信念和坚持,否则"风景"就成为"镜中花""水中月"。

九、教师创新教学实践之生涯规划

职业规划是指一个人对其一生所承担职务进行系统的预期和计划,包括一个人的学习,对一项职业或组织的生产性贡献。职业生涯规划受多种因素的制约,如个体价值观、家庭环境、工作环境、社会环境、人脉环境等。这些因素总在不断地发生着变化,如果没有内驱动力持续的支撑,其职业规划就可能会产生一些动摇,甚至改变。

最好的职业规划,就是让人明确明天想要得到什么,今天需要做什么。为了明天的收获,今天必须学会坚持与坚守。如,学习富己,做事铺路,共处借力,做人助力等。在专业化发展的路上,人们必须警惕走弯路,必须全力提升自我的理想和品性,必须尽全力精进,才可能给予自我更多的人生价值。为了自己的明天不再贫瘠,为了生命不荒芜,要做实规划、落实规划,职业生涯的重头戏在于精进,要让昨天、今天和明天都能进行精彩的"现场直播"。

（一）教师成长须做好规划。教师工作 40 年,不过"8 个五年"计划。人们必须警惕:要少走弯路,最好是不走弯路。

大千世界,一切自然的演化也都是有规律的,任何人都必须遵守。过于关注今天,或过于期盼明天,以及对昨天的彻底遗忘或否定,都是不正常的,不是富有主动精神的体现。

一个具有主动精神的人,往往能赢得多种可能。事实是,很多教师因缺乏主动精神,深陷教育职场的泥潭。

N 个"计划"就是教师的一生。每个教师如果不抓好职场初期的"三个五年"计划,便错过了关键的时间、关键的人和关键事件等因素。要想在职场中精进,N 个计划便是奠基石,它以自我价值的实现为目的。做教师同其他群体一样,专业同样需要得到快速发展,才能实实在在地感觉到职场中的幸福。这里有第一个观点:计划出幸福。笔者曾感言:"秩序顺了,一切都顺了;秩序乱了,一切都乱了。"其实,教师人生也是如此,"计划顺了,幸福着;计划乱了,价值没有了。"N 个计划定位着我们的人生走向,影响着明天的发展与幸福。

计划探寻着人生的轨迹与思路。笔者曾对教师的命运做过论述,明确地指出今天的一切,是多年行动的延伸。今天再拾起曾经提出的观点重复论述,一个重要的原因就在于,很少有人有阶段性的连续计划,并相伴精进。多年行动的延伸,很多时候只是一个模糊的概念,一个被无数人忽视的概念,无计划的最终结果便是对未来的人生失去掌控。身为教师必须明白,计划只有得到持续的内驱动力的支持,将其融入人生的命运里进行解释,才会更有意义。只有那些变模糊为清晰,变随意为主动的决定和行动,并最终让自我由渺小变得强大,由无法掌控命运变成主宰命运,减少破坏性,增添生产性,有伴随着良性转折的决定和行动,才是真正的计划。人们常说,命运掌握在自我的手中,我们在这里探讨的计划,便是这句话由抽象变直观的阐释。

2016 年 9 月,笔者在重庆师范大学的一次讲坛中曾说过一句话:"聪明的人,不当教师;笨拙的人,当不了教师;我们都是一群处于聪明与笨拙之间的人。锁定'N 个 5 年'关键在于走专业化发展之路,实现跨越式发展,给予自我尊严。"

无需要,无规划,难有作为。大量事实证明,目标的高度,体现出"智力"的高度,决定着计划的高度。所以,当我们谈及教师的人生幸福指数时,更常指向的是是否通过精进成为职场中的翘楚,满足于自我的精神层面的需求,或处于某阶段的需求。

教师群体有其特殊性,其需求绝非基本需求。在这里,我们借用马斯洛提出的"需要层次论"(人的五个需要,即生理需要、安全需要、归属和爱的需要、尊重的需要、自我实现的需要)来阐明这个问题。纵观许多人的人生需求,大多只停留在基本需求最前面的三个层级,即每一个生命个体生存状态下最基本的需求。教师作为特殊人群,被社会寄予很高的期望,原本应该有超乎常人的更高的需求,但现实是许多教师一生的需求只停留在前面的三个层级,因其受自身专业影响,社会的回报只满足其基本需求,导致无数教师一生忙碌着、奔波着,碌碌无为,平庸得可怕。在这里,需要老师们理解的是,我们并不是在指责,而是一种善意地提醒,即作为有着特殊使命的教师,不应将自我的需求降至普通人群的标准,要拥有自我实现的超越性需求,树立鸿鹄之志,这样才能破茧成蝶。

对于教师确立自己的发展计划的方式,郑立平曾拟定了八个"五年计划",供老师们借鉴。

链接 4-30

郑立平的八个"五年计划"

郑立平,特级教师、全国十佳班主任、全国(民间)班主任成长研究会创始人、山东省班主任专业委员会副主任、山东省十大创新班主任、齐鲁名师建设工程人选、班主任国培专家、山东省教师培训课程专家,已出版《把班级还给学生》《教师必须掌握的教育惩戒艺术》《做一个聪明的班主任》等多部著作,应邀在全国各地做教师成长、班主任培训、课堂观摩、教育科研、亲子成长等专题讲座 400 多场。

郑立平曾说过:"成长的方法和途径很多,但不管哪一种途径都必须建立在教师内心具有强烈的主动学习欲望的基础上,才会真正实现自身的专业化发展。"借鉴许多名师成长的经验,他给自己的教育人生设计了八个"五年计划"。

表 4-1 八个"五年计划"

发展规划	阶段特征	事业追求	主要任务
第一个五年计划	模仿与创新阶段	定位	正确认识自我,确立职业方向
第二个五年计划	创新与徘徊阶段	立足	扎根教育教学,获得环境认可
第三个五年计划	徘徊与突破阶段	出色	注重创新开拓,拿出优异业绩
第四个五年计划	突破与成熟阶段	成功	提升专业能力,自信面对工作
第五个五年计划	成熟与升华阶段	拓展	丰富教学艺术,寻求理论创新
第六个五年计划	升华与充实阶段	收获	提炼成长经验,形成教育思想
第七个五年计划	充实与超越阶段	新生	快乐读书学习,坚守教育梦想
第八个五年计划	超越与沉醉阶段	完美	享受精神富足,追求幸福人生

郑立平指出：我们要给自己一个比较符合实际又有挑战性的定位，同时，从时间和项目两个角度，把职业生涯划分为不同的阶段，在不同的阶段确立不同的目标和具体任务。发展目标要突出自己的状态改变，切忌空泛，必须有明确的量化指标和自我惩罚措施；既要按任务驱动去订规划，又要形成自己真正的"自我需求"去规划自己的发展，把规划变成"承诺"，让"承诺"变成行动，用行动创造结果。

生涯规划是一种饱含正能量的思维方式，它鞭策教师发挥天赋，倾注全部的热情，以此取得事业上的成功。稻盛和夫在《活动》一书中指出，这属于"心想事成"的宇宙法则。

佛教里有"思念造业"的说法，所谓"业"就是"因"，就是产生现象的原因。生涯规划中"心中所想"就是原因，这种原因产生的结果，会在现实中出现。所以，我们心中想什么，思考的内容非常重要。稻盛和夫告诉人们："你心中描画怎样的蓝图，决定了你将度过怎样的人生。强烈的意念，将作为现象显现——请你首先铭记这个'宇宙法则'"。有人认为这句话过于神秘而不肯接受，稻盛和夫则根据自身多年的切身体会指明，"心想事成"是他确信的绝对法则。

作为职场人，心中想成为什么样的人，便会成为什么样的人。"心想事成"不会立即产生结果，但从 10 年、20 年、30 年这样的长时段看，这条法则其实非常灵验，大多数人的人生就是他自己常在心中描绘的那种景况。诸如笔者本人，便是这一"宇宙法则"的直接例证。多年前的我还是一位边远农村的小学教师，但当时我便以"教书育人，读书育己，写书育世"为座右铭，在那时看来，这一"心想"只能是痴人说梦。然则，现今看来，正因为多年前的"心想"，才致使今天的"事有小成"。

教师只有心想才可能事成。职业生涯是需要规划的，有规划的人生才会创造出幸福。郑立平老师 21 岁大学毕业就站在了讲台上，二十六七岁时获得了市教学能手、优秀教师等荣誉，30 岁左右开始在县内学科领域崭露头角，37 岁时被评为山东省十大创新班主任，后来成为国家级骨干班主任、山东省班主任培训工作专家组成员，现在成为特级教师、齐鲁名师，并尝试着著书立说，到各地讲学。可以说，他基本上都是按照自己的"心想"发展规划，在一路辛苦一路欢歌中昂首走来。郑老师曾说："教师幸福的教育人生离不开职业生涯规划。"

一个人的职业生涯是平庸、颓废、迷茫，还是成功、幸福、快乐，不仅取决于环境、机遇或他人的影响，更取决于自己是否具有职业规划的意识与管理能力。亲爱的朋友，在日常生活中你是否能静下心来"规划"一下自己的未来，是否已认真思考过一些简单却深刻的问题：今日的我是一个什么样的教师？明日的我要成为一个什么样的教师？如何由"旧我"羽化成"新我"，方法和途径是什么？是否在教育生涯中不断地设计着自己的专业成长理想？是否有一个美好的人生愿景并孜孜以求？"心想"是生涯规划的前提，你今天站在哪里不重要，你下一步迈向哪里非常重要；你今天是个什么样子不重要，你明日成为什么样子的人很重要。职业规划直接决定着你明天的能力和成就，决定着你一生幸福指数的高低。哈佛大学有一个关于目标对人生影响的跟踪调查，调查对象是一群在智力、学历、环境等方面都差不多的人，调查结果发现，27％的人没有目标，60％的人有较模糊的目标，10％的人有清晰而短期的目标，只有3％的人有清晰而长期的目标。25年的跟踪结果显示，3％的人25年来都不曾更改过目标，他们朝着目标不懈努力，25年后他们几乎都成为社会各界的顶尖人士。10％的人生活在社会的中上层，短期的目标不断地被达成，生活状态稳步上升。60％的人几乎都生活在社会的中下层，他们能够安稳地生活与工作，但似乎都没什么特别的成就。27％的人几乎都生活在社会的最底层，25年来生活过得不如意，常常失业，靠社会救济，并常常抱怨他人、抱怨社会。

适时的规划会使我们的生活充满激情，教师职业生涯的规划与开发，只要能起航，永远都不晚；只要心中有计划，并向着目标勇敢地迈进，自会有进步，自会拥有属于自己的一方天空。教师有效地计划好职场人生，需要做到以下几点：

第一，把握市场规律，科学规划40年。一般来说，从20多岁参加工作，一直到60岁左右退休，其间大约40年的时间要在职场中度过。25岁、35岁、45岁是每位教师必经的几道坎。25岁制订规划要立足岗位，学会站稳脚跟，走好人生的第一步。35岁是蜕变的年纪，是打出自己的品牌的时期，这个阶段是职业生涯规划最重要的时期，这一时期的职业生涯规划将直接决定着职业的高度和成就。制订规划还要学会修订调整目标，看一看自己所选择的规划路线、所确定的人生目标是否符合实际，是否一直努力却无结果，是否偏离正确的航道。45岁以后无论是工作的热情，还是接受新事物的能力，抑或是个人精力、进取心都已远不如年轻人，多数人的事业、职位、名利等在这个阶段已趋于稳定，对于到了这个年龄仍一事无成、庸庸碌碌之人来说，更需要规划一下自己的人生，需要先对自己的职业发展作一个全面的盘点，深刻反省自身发展滞缓的原因，从而找出阻碍你进步的症结所在，为自己量身定制一个明确、可行的职业规划。

第二，把个体成长计划融入教育大发展的背景中来。教师要想为自己创造一条良好的职业发展道路，就要时刻把个人的成长计划与教育发展紧紧联系在一起，树立"和教育一起成长"的规划理念。教师要确立职业生涯总体目标,就要实现个人生涯计划与教育事业规划的统一,把个人的追求融入到教育的长远发展之中。这就要求教师多关注教育发展趋势,多学习党和国家的教育发展方针路线政策,做一名不折不扣的计划执行者。世界往往不缺少雄韬伟略的战略家,缺少的是执行者。执行是目标完成的关键,不能很好地执行,就不可能实现预期的目标。规划职业发展路线,建立时间坐标图是关键,计划中的每一个目标都要有两个时间坐标,一个是开始——预期实现的时间,即什么时候为实现这个目标开始行动,到何日达成计划,另一个是为完成目标安排实施每一项工作的时间。

第三,做好"行"的事,即按照预设的目标一步一步去执行。在执行的过程中,需要不断地改变自我,如改变固有的思维方式,积极寻找解决问题的办法,使用不同的方法达到预期的目的。

第四,做好"评"的事,即评估调整,把目标置于每天的日程安排中。建立一个"黄金反思的时辰"——每天晚上给自己留下30分钟去反思今日的工作:是否达标,有何偏失,以随时做好调整。

我们必须谨记,人生是一步步走向美好未来的过程,计划的主人是自己,唯有早作计划、科学计划并有效地实施计划,才会收获幸福的生活。

(二)教师成长的理想与品性影响。为什么有些教师总感觉规划很难做到? 其实,答案只有一个,格局不高远。"心想"成"因","因"不强大,没有辐射10年、20年、30年的能量,就无法影响你的需求。教师成长还有一只无形的大手操控着,那就是教师理想与品性成长法则。

理想改变格局。理想可以改变命运;想好事,做好事,可以改变命运的走向,使命运向好的方面转变。命运不是宿命,不相信理想促进命运的改变,因为看不清因果报应这条法则,不肯轻易相信它,这是因为你只从一个短的时段来观察事物。作为教师,我们的某种思想和行为要作为结果呈现出来,需要相应的事业,在两年、三年这样较短的时间内,结果往往呈现不出来。但从20年、30年这样的长时段看,因果吻合度非常之高。诸如,只要人们乐意观察教师族群中各种角色的兴衰起落,几乎所有人都得到了与他们行为与人生态度一致的结果。

谈教师的理想,必谈理想的品性。"品性"是指一个人较为突出的性格品质、气质性情等个性心理特征。教师的N个计划等同于教师不同阶段的理想(一种拔高的"心想"),教师的N个计划是教师理想的细化和演化过程。简言之,教师之间不同的人生走向,完全因理想品性的差异呈现出差距,如果教师能真正树立崇高的理想,就不必担忧结果。

谈理想的品性,与其追求开悟,不如运用理性和良心去磨砺心志。古人云:"人若志趣不远,心不在焉,虽学而无成。"教师的理想,折射出他的品性。品性,决定了一个人的人生境界;品性,决定一个人的人生路能走多远;品性,是教师专业成长的第二生产力;品性即命运。教师的品性修炼不是口号,而是在清晰的目标指引下的一些实实在在的教育教学行动。以下片段,大家应该不会陌生。

链接 4-31

教育理想与人生发展

教师甲:我们一起参加工作都三十多年了。

教师乙:是啊,转眼都快退休了。我总觉得心里空落落的,而你是越教越有味道,还发表了那么多文章,出版了专著。同样是教书三十多年,我们之间为什么差距如此之大呢?

教师甲:其实,我只是在不断地思考,不断地改进,也常把自己的思考撰写成文,慢慢地就有了这些文章、专著。

教师乙:是啊,我一直懒散,总觉得把课上了就行了,到现在也没有写出一篇像样的教案,没有一篇像样的文章,更别说……唉!

俗话说:鸟贵有翼,人贵有志。壮志与毅力是事业的双翼。在现实生活中,更多的教师往往在理想与现实的夹缝中游走。理想的品性,其实就是给 N 个计划以强大的精神动力支撑。无计划的教师需要被唤醒,否则其一生只能平庸;普通型教师最高的理想便是成为像某人一样的校长;理智型教师则把"成为最优秀的人"作为全部的人生追求。

职业坚守,需要有一个高远的教育理想,需要有一些实实在在的教育行动,需要有无数清醒的人生目标。因为,明确的目的影响着终身努力的方向,最终影响人生发展的高度。

链接 4-32

"情境教育"创立者——李吉林

李吉林是我国当代"情境教育"的创立者、著名儿童教育家、全国教书育人楷模。年近古稀的她依然勤勤恳恳、乐此不疲地耕耘在小学教学一线,耕耘在她为此付出无数心血、也收获了无限快乐的情境教育园圃里。1978年,她成为全国首批特级教师,也是从这一年起,她开始了长达28年的"情境教学—情境教育—情境课程"的探索。她是一颗公认的"杏坛不老松",这几十年里,几乎每一个阶段、每一个日子,都是她的"黄金期"。

从李吉林的成长历程中,我们可以读出,她理想的品行牵引着她的探索与追求,从而实现人生的一个个目标,完成她对"情境教育"体系的构建。可以说,是她对教育的一颗爱心、童心、恒心造就了她高远的人生境界,成就了她今日的高度。

随着社会的转型,经济大潮的到来,我们每一个人的灵魂都会不同程度地受到浸染,我们变得不那么单纯,不那么诗意,不那么安心工作了。在这样的环境中,教师应当如何看待成长与成功,如何对自己的一生进行计划,又如何追求职场的幸福?一些教师的成长之所以缓慢,甚至停滞,有些教坛新秀之所以衰败,其深层次的原因是个人品性。我们身边有些教师,原来教课非常出色,后来却销声匿迹了,仔细观察、细心剖析就会发现,很多时候,他们的客观环境、智力因素跟优秀教师没有区别,区别在于他们品性。比如无职业规划,视野狭隘,工作拈轻怕重,功利心重等,这样的教师注定要走向衰败,注定要孤独地感受人生的枯萎。

霍懋征、斯霞、魏书生、于漪等教育家,他们在艰难的环境中,不怨天尤人,不指责不埋怨,甘守清贫,耐住寂寞,沿着他们既定的目标,一步一个脚印,最终走出困境,完成了自己的心愿和梦想,他们的成功都源自于内心良好的品性。由此可见,教师在制订人生规划时,特别是在第一个五年与第二个五年计划中,要注意品行的修炼,这样才有可能在第三个五年站起来,进而在体内滋生一股源源不断的力量。如果在第三个五年中才来着手强化理想品行的修养,那将会直接影响着终身努力的方向,最终阻碍人生发展的速度和高度。

教师成长应注重品性的修炼。拿破仑·希尔说:"一个人的成功取决于机遇,但更取决于他的品性。"理想的品性,能产生强大的力量,使教师能够以苦为乐、百折不挠,当计划达成时,就会赢得领导、同事和学生的信任,就会拥有丰厚的人脉资源,进而构建起一个成就美好未来的智囊团。《学记》中说:"善歌者,使人继其声;善教者,使人继其志。"要想达成"善教"的境界,教师应陶铸品性,对自己的教育人生有一个清醒的认识和规划。教师理想的品性是一个不断修炼的过程,不同的人生阶段有不同的内涵与要求。正所谓"有志者,事竟成,破釜沉舟,百二秦关终属楚;苦心人,天不负,卧薪尝胆,三千越甲可吞吴。"由于他心中刻上了这份坚定的信念,所以,即使在穷困得揭不开锅的日子里，他也仍然坚持写作，初稿终于在他四十岁时完成，以后多次增删修改，直到晚年才最终完成了这部传世之作。

（三）教师只有在规划中才能有效成长。达尔文曾写道：生命就算没有准备，也会自己"演化"。职业生涯规划优先于机遇，好的规划是创造和想象。贫血的原因是全身循环血液中红细胞总量减少至正常值以下，职业贫血，是当前众多教师职业生命的真实写照，他们没有足够的发展内驱力，无法掌控自己的未来，从事教师职业并不知道自己真正要做什么，长此以往，不但没有让自我变得强大，还会产生浑身乏力、不自在的感受。

生涯规划的重要性在于，它使教师相信自己选择的方向在今后几十年中会变得很有价值。就像投资一样，敢于花时间投身于自己所从事的职业。教师理想的职业品性有四个"根基"，即活力、勇敢、敏感及智慧。在这里，笔者再次重申，我们并非指责教师的品性根基肤浅，或者缺乏 N 个计划的执行力，主要是提醒老师们不要一生教授他人上进，却自我不求上进，最终反被岁月淹没。蒙田曾说："我凭自己的切身经验谴责人类的无知，我认为，认识自己的无知是认识世界的最可靠的方法。"笔者在此想要对处于职业倦怠期的教师以警醒，并将希望寄托给后来者，以及那些立志于终身投身于教育，并从教育中收获幸福的人。笔者在与新教师谈如何修炼教学基本功事时指出："职业是什么？如果说职业只是一个目的，落脚到'找'字上，很多人从为师的第一天起就已经完成使命——你确实已经找到了一份工作。如果一个人一生就只有这么一个目的，想想看，这将是多么可怕的一件事情！职业是欲望的开端，职业是冲动的开端。职业里不只是占有，职业里还有创造。职业里包含着一位教师的生命，也包含着一位教师的灵魂。职业具有多维度的目的性，它就像一块广袤的土地，在这块土地上，你追逐什么，就获得什么，你描绘什么，就成就什么。"

有人曾经把教师生涯划分成入职期（从教第 1 年）、稳定期（从教 2—5 年）、多样化和变革期（从教 5—15 年）、审视期（从教 12—20 年）、平静期（从教 15—30 年）、保守期（从教 30—40 年）、游离期（从教 35—45 年）几个阶段，这种划分虽有一定道理，但并不是适用于所有老师的铁律。在此，笔者并不想辨析此种分段在多大程度上符合实际，但这却与有理想、有抱负的教师的人生轨迹完全不符。

人们必须警惕生涯规划不明的阶段，笔者称之为"模糊岁月"。在我们的教育元规则研究中，即教育秩序的研究中，一直强调学生成绩并不等于教师价值的全部，甚至认为学生成绩只占其中的一个小部分。我们更加主张，教师离开教育教学后的时间才可称为生活,是生活支撑着教师将教育教学工作做得更好,是生活中培养起来的能力给教师以支撑,让教师走得更远。事实也是如此,没有哪一位教师只靠学生的成绩激励自己前进,涉足专业修炼更是如此,没有专业精进,教师的职业生涯很容易虚度。

如果一定要将教师的职业生涯进行分期,那么将教师的人生分成青年期、中年期、老年期,笔者是赞同的,因为生命进程也如此。反观其他职场,往往是年龄增长,经验更加的丰富,而教师职场中更多的则是年龄增长而经验下滑,因为这些教师缺乏职业规划,或者有计划却没有实施,完全不清楚自己在某一阶段应该如何发展,需要得到什么,那么最终进入职场"黑洞"也不足为奇。

链接 4-33

职业规划与个人发展

B老师是一位区级骨干教师,40岁左右,高级职称,业务能力较强,有一次我问他:"你现在工作了十几年,取得了较大的成绩,到退休还有二十几年,你对自己的职业发展有什么计划呢?"他说:"其实我很希望自己的业务水平再上一个台阶,但是现实中没有这样的氛围,同事间没竞争,整天忙于事务性工作,所以上课只求讲清楚,或满足于讲清楚及获得现有的高考成绩。"听后,我感到这是一个在教师群体中很有代表性的想法。对这一类有经验的老师,我们该如何促使他们更好地成长、不断追求卓越呢? 我们该如何去激发他们在事业上进行良性的竞争,从而走出平庸呢?

——中国教师校本研修网

之所以会出现这样浑浑噩噩的人生,稀里糊涂的职场氛围,一个很重要的原因是这些教师缺乏行动目标的指引,因为缺乏目标,便丧失了成长的成就感,于是便没有成长的动力。所以,身处教育职场的朋友们,增强计划意识吧,给自己一个看得见的"成长射击靶"——目标,因为它既是前进的方向,也是对你言行的鞭策,当一个个目标如期实现时,成就感就会油然而生,你的思维方式和行走路径也会因此改变,你的人生将从此与众不同。人生的终极目标是过一种幸福而完整的生活,而处在模糊岁月中的我们又恰逢30—40岁这个人生发展的黄金年龄段,如果在这段时间里毫无建树,我们便丢掉了许多宝贵的成长机会,所以职业顾问提醒我们:如果不在这10年内爬上一定的高度,再将自己的能力和资历加以结合,那么到了40岁以后想要有跳跃式的发展机会几乎是不可能的事情。

从打造自我发展平台开始。执行N个计划,教师要不断提高自己的思想觉悟。

成像种子一样,除了土壤,还需要合适的气温、阳光和雨露。"借助平台"来发展自我是走向成功的捷径,土壤中没有种子,就没有禾苗破土而出。实现专业发展,让计划变成现实的种子,应根据自我设定的计划,有效打造发展平台,打造属于自己的土壤。马云提出的"云计划"智慧分享平台,在无形之中为自己营造了一种气场,给企业一种共享管理与经营的方式,同时也为企业树立了良好的口碑,使企业跃上了一个更高的发展平台。台湾的"中国式管理之父"曾仕强说:"人生只做三件事,知道此生为何而来,这是目标;知道如何完成,这是方法;知道如何做得更好,这是改善。三件事听起来简单,真正做起来并不那么容易,需要付出一生的时间和精力。"教师成长应积极认识自我,学会造势,引领自己人生的航向。在这漫长的时间中,我们需要认真思考,规划一个合理的造势步骤,把自己的人生演绎得完美。

当下的许多教师之所以越来越平庸,一个主要原因是缺乏卓绝的知识与能力,以及核心竞争力。不得不指出,许多人在人生定位上不够清晰,对自己的核心竞争力也不了解,很多时候就只知责备教育大环境,"心想"而不为,不懂找方法,不懂得如何为自己的人生"造势",其教育人生怎会成功?

链接 4-34

胡雪岩的个人发展

胡雪岩(1823—1885),本名胡光墉,安徽绩溪人,中国近代著名红顶商人,富可敌国的晚清著名徽商,政治家。幼年时候,其家境十分贫困,以帮人放牛为生。后在钱庄做工,从扫地、倒尿壶等杂役干起,三年师满后,就因勤劳、踏实成了钱庄正式的伙计。正是在这一时期,胡雪岩靠患难之交王有龄的帮助,一跃而成为杭州一富。

胡雪岩说过:"做事情如中国一句成语所说,'与其待时,不如乘势',许多看起来难办的大事,后来顺顺利利地办成了,就因为懂得乘势。"他认为造势不如乘势:借势而起,借力而发。胡雪岩为帮助左宗棠筹办船厂和筹措军饷向洋行借款成功,就是乘势而行的结果。

作为一名教师,在执行计划的过程中,可能会被很多因素影响,但这些因素却不是都利于"造势",所以对造势时机的选择与把握是至关重要的,就像我们平常发表对某件事情的看法或对某件事作出决策时,即使你的意见很富有科学理性,绝对正确,决策十分果断准确,但如果你想让你的意见或决策起到更大、更有力的作用或影响,你也必须选择恰当的时机,乘"势"而发,这就是"势"的作用。如在某次公开评课时恰到好处地提出自己的见解,或是在某次会议发言中推出自己的某个观点而被认可,这就是选好了为自己造势的时机。

十、教师教学创新之教学反思

教学反思是教师在课堂教学之后,在考察自己的教学行为的基础上,经反思而形成的有关教学活动的文字记录。从宏观上讲,它是推进教师参与新课程改革、实施素质教育的良策,同时也是成就教师专业化发展的载体。从微观上看,它是教师根据党和国家的教育方针,按照一定的教学目标,有目的、有计划、有组织地指导学习知识、获得方法、启迪思维、培养能力、陶冶情操、形成习惯的主要践行方式,是教师获得终身学习、发展素质和能力的主要路径和方法。

教学反思伴随着教师教学水平的提高和发展的整个阶段,是教师对自己的教学行为进行记录、反思和总结的过程。美国心理学家波斯纳说:教师成长＝经验＋反思。大量草根化研究表明:教学反思是教师专业化发展的一条捷径。人们必须明白,反思与发展本是人们非常熟知的两个词语,在追求专业化发展的过程中,必须紧紧地抓住这两个关键词。反思不等于反思力的构建,发展不等于发展力的构建,只有两者协同达成合目的性,才会达成预期的结果,否则事倍功半。

教学反思发展力,是教师专业化发展的内驱动力之一,是对自己的课堂教学过程、教学情况和教学效果等方面作出的回顾、总结与反思的动力,既包括对教学实践活动的总结和教学行为的体会,也包括对教学工作理念中出现问题的深入分析和对解决对策的寻求。在教学实践中,全面提升教学反思发展力,有效举一反三,是重要的举措。它既是方法,又是策略,在教学实践中"活"学、"活"用,理想效果才能化为现实。

（一）教师的反思力与发展力。反思≠反思力,教师只有经过长期的训练,才会从反思中走向优秀。不少教师都知道反思力对教师的成长有着神奇的功效,但又有多少人因反思力而受益? 反思力的提升有其自身的规律,需要讲究一些科学方法。反思的起点是回顾"事件",反思的目的是走出窠臼,走向新生;反思是以"学习"为前提,以"更新"和"发展"为目标。开放的教师人生,往往更能获得强大的发展力,从而能赢得人生的高速发展。发展力是教师发展过程中最核心的动力,一种最原始的动力发展力的探讨牵扯着人生的价值认定和所取得的成就,两者不可分离。对于属于自我专业发展力的开发,更是所有现代教师的追求,也最终决定自我教育人生的终极目标。为此,在进行反思力的探讨时,必须同时对发展力提升规律加以明晰,才更有利于找到发展的捷径。

反思力的构建。反思力是人们对自身活动的注意和知觉的能力。教师的反思力是教师在职业活动中,把自我作为意识的对象,在教育教学过程中,将教育教学活动本身作为意识的对象,不断对自我及教学进行积极、主动的评价、反馈、控制和调节的能力。反思力是教师专业持续发展的一种必备素质,也是教师多种能力的综合体现。教师在对创新实践能力的修炼中提高反思力,是促进其专业化发展的有效途径。一位有极强反思力的教师能够在前行的路上不断汲取力量,能发现自己工作中存在的问题,并不断更新解决的办法,从而提高自我。反思力与其他专业能力不同的是要经过长期的磨练才能以爆发力的方式表现出来。只见其结果而不见其磨炼的过程致使许多教师无法真正感受其对成功的实际功用。

链接 4‒35

华应龙——教师观

教师应成为反思性实践者,这是新时期教育教学改革的需要,也是实现教师专业成长的必经之路。有学者指出:对教师而言,能否以"反思教学"的方式化解教学中发生的教学事件,这是评判教师专业化程度的一个标志。华应龙认为,在反思的过程中,不论对自己的每一次否定是不是正确,置身其中,首先能感受到的是一种执着和专注的精神,一种永不满足、不断进取的精神。

华老师对自己的要求是同上一节课,今天讲的要与昨天讲的不一样,每一次备课都要生成一些新的东西。有志于教学反思的老师常会被两个问题困扰:反思什么和如何反思。华老师的教学反思告诉我们:教学中的任何疑难问题都可以成为反思的对象,对教学中任何困惑的思考、探索都有可能成为教学智慧产生的源泉,而每次反思都会有助于提高自身的教学能力。实践是检验真理的唯一标准,反思之后应当再用实践来检验,在实践以后再反思:为什么有的方法是行的,有的方法是行不通的,以寻求新的解决方法,而这也是增强教师反思能力必不可少的环节。

"教学的生命力不是'复制'而是'刷新'",这是华应龙常说的一句话,也是他多年来矢志不渝的追求。这也正是新课程对广大教师的要求。在这些教研活动中,我感受到教师需要具备的不只是操作技能技巧,还要有直面新情况、分析新问题、解决新矛盾的本领,在更高的起点上不断实现自我超越。

链接 4-36

李镇西——反思表达式

以下言语是李镇西的反思之语,同时也是他反思表达式的呈现:

"其实只有我自己知道,我并不比其他老师高明多少,如果硬要说我和大家有什么不一样的话,那就是我对体现教育的爱、执著、困惑、幸福、方法、技巧的故事进行了一些思考,并把它们一点一滴地记载下来,还写成了书。仅此而已!"

有一位叫杨聪的教师,其所带的班上来了一位问题学生,杨老师采用写教育故事的方式,把与那位学生间发生的教育生活故事记录下来,而后以《插班生林可塑》为名,出版了这本被誉为中国的《窗边的小豆豆》的著作。以小课题研究的方式前行或像杨聪这样进行教育叙事研究而获得成功的案例是非常多的。他们的故事告诉我们,教师想要得到发展,必须找到一个切合自己的表达方式而坚持、坚守下去,方才能走远。

真正意义上的教学反思是讲究技巧的,它不仅是对教学活动的一般性回顾或重复,还应是教师置身于整体的教育情境中,从更宽广的社会、伦理及教育层面激发自我意识的觉醒,更重要的是指向未来的教学活动。教师的教育教学理念、教学行为、教学思维、教学方法都应纳入反思的范畴。特级教师支玉恒年近四十才开始教语文,正式上课仅有七年的时间,凡是听过他上课的老师都说他的课上得好。殊不知为了上好课,他每节课后都要做课后笔记,写下心得或教训。十年来他已经写下了几十万字的教学反思,正如他所讲:"写教学反思已经成为我每天必备的功课。"在反思力提升的过程中,教师以自己的实践过程为思考对象,对自己所做出的行动、决策以及由此产生的结果进行审视和分析,这是批判地考察自己的行动及发现问题、改良行动的能力。美国学者波斯纳提出教师成长的规律:"经验+反思=成长",并指出,没有反思的经验是狭隘的经验,至多只能形成肤浅的知识,教师如果仅仅满足于获得经验而不对经验进行深入地思考,其发展将大受限制。提升反思力,我们不能只要反思的过程,还要找到适合自己的反思力表达方式,以及让反思加深层级,让自己把每一次反思与解决问题的过程都当作一次练习的过程。

提升自我的反思力必须让反思成为一种生活方式并形成习惯,使反思的层级攀升,提升反思的效度和含金量。在"躬身体察—学习借鉴—升华提炼—个性融合—实践检验—认识创新"的历程中进行思想锻造;在实践中体察、感悟,在学习中借鉴、融合,在深度思考中抽象、提炼,再在实践中完善、创新。

针对教师反思力的修炼,在此提出如下建议:

首先,强调从自我的教育实践出发建立反思习惯。教师进行教育反思是一种教师职业本位的行为,其内容指向于教师自身的教育史。在进行反思时,教师将对自身的教育教学经历进行回顾和分析,找到解决问题的思路与方法。在展开教育反思的过程中,如果教师能够从自我的真实教育生活出发,便会形成一种更新自我行动的需要,并逐渐发展成为教育生活的需要,甚至融入了教师的生命。这时在课后如若不进行症结的分析,不进行新方法的探究,还感觉不习惯。特别是反思力处于弱势或有待提升的教师,进行反思时,更应该从自我的课堂、班级管理以及教育人生等方面入手,呈现成败得失,把握其背后的观念或价值。经过一定时间的练习后,视野会扩大,思路会开阔,更能提升反思的勇气,反思便渐渐地变成习惯,反思力的提升也便成为习惯。

其次,从问题意识的培养开始,自觉内省。提升反思力,核心点在于提高问题意识。此在进行反思时,教师应该把视角转向问题,转向对教育教学中所遇到的困惑和疑难的深究,对相应的"是什么""为什么""有什么"或"怎么做"等问题进行追问,在追问中发现问题,探索解决问题的办法,真正构建起一套属于自我的反思思维体系,从而有效地提高自我的反思力。

第三,反思力所指向的必须是对教学实践合理性的追求,能接受实践的检验。教师在进行反思力提升训练时,追求教学实践的合理性是主题,尤其是在新课程改革的背景下,教学理念的变化、学生学习行为的变革、教学模式的重构、课程资源的优化组合,教学方法以及教学评价的多元化等,为教师教学提出了许多新问题。这些新问题也使得一线教师在教育教学实践中困难重重,步履艰难。因此研究教育教学实践中出现的问题,探索教育教学实践的合理性,提高反思力,就显得尤为重要。

教师反思发展力构建。发展力是一种推动教师走向成功的专业能力。比如两位同时毕业于某高校并分配到同一所学校的年轻教师,若干年后形成了很大的差距,一个因能力出众、成绩显著被评为特级教师,一个依然是普通而平凡的教师,为何会有如此大的差距?关键在于发展力的不同。在本小节,我们将全力探讨影响教师专业发展的一种核心力——发展力。发展力的大小决定着教师发展的速度,决定着社会对教师的认可度,是教师实现跨越式成长的最后一项能力。教师发展并不是一件简单的事,必须有强大的发展力作支撑。对于教师而言,综合素质的发展与发展力紧密相关,发展力的高低直接决定发展层级的高低。

链接 4-37

你想做什么样的老师？

常作印

我个人认为，教师可以分为三类：

第一类教师，像草一样地活着。他们尽管每年都在成长，但是毕竟只是一棵草，给学生的绿色和影响都是非常有限的。像草一样的老师，只能培养出"草民"。他人可以踩过你，但不会因为你的痛苦而产生痛苦，不会因为你被踩了而怜悯你，因为别人本身就没有看到你这棵草。

第二类教师，像藤一样地活着。这一类教师具有典型的"奴才情结"，拱手把自己的命运交给靠山，没有靠山就像藤一样无法生存。虽然他们也能长高，但永远长不大。靠山不需要他们的时候，他们什么也不是。靠山倒了，他们也就倒了。这一类教师，只能培养出"顺民"，但永远不可能培养出具有健全人格的现代公民。

第三类教师，像树一样地活着。这一类教师首先是一个具有"独立之精神，自由之思想"的富有良知的知识分子，虽身处浮躁的时代但不会同流合污，始终怀着一颗真诚的心，像树一样不断地成长，自觉地将自己的生命与学生的生命编织在一起。只有这一类教师才能培养出真正意义上的现代公民。虽然他们可能会经历更多的风雨，但长成参天大树以后，遥远的地方人们就能看到他们，走近他们。远看，他们是一道美丽的风景；走近，他们能给人一片绿荫，即使倒下了，他们依然是栋梁之材。这一类老师，不但书写着学生成长的传奇，也书写着自己的职业传奇、生命传奇。

老师们，你想做一个什么样的老师？像草一样的老师，像藤一样的老师，还是像树一样的老师？这个问题，供大家以后思考。

发展力是一种点燃希望之力。对于广大中小学教师而言，想要发展，必须从现在开始调动自我的发展之力，为专业发展助威。发展之在最初可能是一种美好的创造之力，甚至可说是一种可以开发与深造之力，一种原本就潜藏着的力，它需要被唤醒，需要自我构建。发展力是一种神奇之力，一种开创人生美景之力，需要的是我们有敢于认识自我潜能的勇气。哪怕最初的发展力非常渺小，但一旦被发现，便会像一粒种子那样，会随着根基逐渐向下推进而变得更加强大，也会随着成长而逐渐强大，最终显现自己存在的价值，得到世人的认定。教师提高自我的发展力，有以下建议：

首先，全面拓展专业发展的道路。教师职业虽然平凡，但可以建立起不凡的人生基业，前提是不妄自菲薄，更不痴心妄想，而是立足于自我的专业，一步一步地拓展自我发展的道路。许多教师向往美好平台，是可以理解的，但大量事实表明，一位教师真正做出成就的时间并不是在他获得很好的发展平台之后，而是在他向往着更高平台之时——用勇气和毅力全面拓展自我专业发展道路的阶段，往往是他铸就人生辉煌的关键时刻。可见在专业发展的道路上，好的平台不是关键，正如河南省首届最具成长力教师驻马店市第十一中学的袁景立所说："青年教师成长不在于单位给提供了什么样的平台，而在于自己是否有专业发展的欲望。青年教师不必要担心自己的起点，而更应注重自己是否努力了。"所谓努力，也正是自己给自己搭建平台，为自己搭建平台的过程，也即拓宽自我发展道路的过程。

其次，全面规划适合自我的道路。古语云："凡事预则立，不预则废。"教师想要得到职业晋升，规划是必不可少的。全面打造自我的发展力，有明晰的方向非常重要。在我们专业发展的道路上，起点在一个点上，前行到一个点后便会是发展之路上的一个拐点，此时如果真能在拐点处把握好机会，便会让自我的发展力得到延伸，从而开启向着更高点迈进的步伐。如果在我们专业发展中没有拐点把握意识，都会走弯路，并且会把宝贵的精力和时间白白浪费掉。在我们前行的道路上，只要目标确立，方向明确，一定会到达目的地。

（二）教师的反思需要做到举一反三 总体而言，提升教学反思发展力并不简单，它是一个对教育教学实践的再认识、再思考的过程，目的是以此来总结经验教训，进一步提高教育教学水平，促进专业素养提升的内驱动力。教师在反思中做到举一反三，是指教学反思与教学实践同步，并且是一次践行承载多次自省习得经验，才会真正利于提升反思发展力（促进专业化发展的内驱动力的扩张）。举一反三带有时代性的内涵，尤其是新课程的实施，赋予了教学反思以新的动力——举一反三可等同于"灵活"。

注重教学反思力的修炼，以教学践行为起点，不断教学、不断反思、不断调整，而后在当下的教学自省中，结合实际的课堂教学，灵活运用"举一反三"这一铁律。教师须针对不同的教学对象，不同的教学内容，不同的场景，乃至不同的目的，因人制宜，因内容制宜，因场景制宜，因目的制宜，以求教学相长的现实效应，全面优化教学，最终达成促进自我专业化发展的目的。语文教育专家吕叔湘先生曾说：真正掌握一种教学法的教师，他是会随机应变的，他的教室里是生气勃勃的。你叫他换一种教学法，他也会根据实际情况，取其所长，舍其所短，同样取得成功。

举"一"须吃透"一"的内涵。 所谓吃透"一"，指的是教学反思中透彻理解学科知识"一"的基本内涵，掌握其基本要领，而后在教学实践中懂得变通，促进后续有效教学的生成。有一个关于"一"的故事：有个傻女婿，在大年三十的晚上，已经很晚了，岳父岳母说："我们去纳福(休息)吧，明年初一起床。"可是，这个傻女婿在初一的晚上，也套用前一天岳父岳母的话说："我们去纳福吧，明年初一起床。"他这么一说，遭到的是一顿责骂。为什么？因为他并没有真正理解"明年"的含义。在大年三十的晚上，第二天就是明年；而在初一的晚上，"明年"则还要再经过365天，休息365天，那是什么人？正月初一说这样的话，是不吉利的，就成了骂人的话。因此，遭到责骂，那是必然的。

链接 4‐38

"用字母表示数"的教学片段

在一堂数学课上，教师为了让学生透彻地理解"用字母表示数"这一知识，在让学生理解了"用字母表示数"这一概念后，用课件展示了三根小棒搭成的三角形，要求学生写出算式表示摆2个、3个、4个三角形分别需要几根小棒。

师：下面，我们进行一场比赛，从摆10个三角形开始，一直摆下去，也用这样的算式来表示需要的小棒数，比一比谁写得多！预——备，开始。

(学生纷纷动笔，在交流中总结出了这些算式的特点)

师：既然这些算式写不完，那你们能不能用一道算式，把你们已经写好的和还没有写好的算式都包括进去？

生1：$n \times 3$

生2：$x \times 3$

生3：$a \times 3$

师：看来大家的意见都比较一致，就是用字母表示。那好，老师就跟刚才那位同学一样写成(a 3)。不过，都用字母表示数了，为什么这里的"3"不用字母表示？

生：每个三角形都需要三根小棒，这是不可能改变的。

师：很好！可见，用字母表示数不是简单地用字母代替数，而是把一直变化的量用字母表示，不变的量照样写。

师：孩子们，刚才我们写的这些算式[手指着屏幕上"(2×3)""(3×3)"等算式]，每一个算式都表示摆三角形的一种情况。那么，现在的($a \times 3$)表示什么呢？

生1：各种各样的情况。

生2：所有的情况。

师：也就是说，这里的字母表面上看只是一个字母，但它是有魔力的，它可以代表——

生:(齐声)无数个数。

把教学与反思等量齐观,遇到什么事,就事反思,用"一"去带"多",这本是教师意识到问题存在,并明确问题情境的具体经验阶段,可在实践中却被很多人忽视。教师在教学中首先要思考的是,这里的"一"是怎样的"一",要由这里的"一"带出怎样的"多"。举一反三讲究典范的"一",讲究相关的"多"、不同侧面的"多"。教师要敢于突破传统的思维,不能认为举一只能反三,其实"三"并非确切的数字,而是指"一"所带出的"多"。

教师在进行教学反思时一定要注意方法,最好能做到庖丁解牛,有的放矢。要注意所谓"多"只是一个指称,并不是指无限之"多",如果"多"到学生难以承受,就可能适得其反。

链接 4‑39

《孔乙己》教学案例

有位老师在引导学生学习了鲁迅先生的作品《孔乙己》之后,要求学生用自己刚学过的鉴赏方法,去广泛阅读鲁迅先生的其他作品,并至少选取三项来完成:

1. 请收集一下,在小学至高中的语文教材中,共收录了鲁迅先生多少作品,请一一列出篇名与相应的写作背景。

2. 在这些作品中,你印象最深的是哪篇?为什么?

3. 没有机会读《鲁迅全集》的同学,建议读《鲁迅语录》,并将你认为最精辟的部分摘录出来。

4. 与鲁迅同时代的作家中,有一些是鲁迅的朋友(如冯雪峰、胡风),有些是鲁迅的敌人(梁实秋、陈西滢)。有兴趣的同学可以查找他们的作品,选择一些读读。

5. 鲁迅先生弃医从文,终生不遗余力地做着"改造国民性"的努力,他通过哪些人物揭露了中国国民的哪些劣根性?试举一二。

6. "鲁迅文学奖"作为我国当代文学的最高奖项,请有兴趣的同学举出历届此奖的获奖者及其作品的名单。

7. 写出你认为有助于加深对鲁迅了解的其他作业。

教学中注重实践经验的总结和应用,必然会促使教学效率越来越高。以上采用"一"带"多"的方式,增加学生完成作业的自由度,实施教师教学经验的重启,积极寻找新思想与新策略,解决所面临的新问题。如此授课才是教师教学反思发展力的见证,否则难以生成开放的教学场域。

教师逆向思维,实现举三反一。在反思中进步,在反思中提高,把自己课堂教学中的言行举止融为一体,方才能为指导日后的教学起到积极的促进作用。很多时候教师为了让学生明白一个道理、弄清一个原理,反复举例,从多方面、多角度解释、证明,就是属于这种情况。不过,我们必须明确,举"三"时,如果同样类型的例子举了又举,举得学生心里发怵,昏昏欲睡,也就陷入简单重复的举"三"中。再者,实现举三反一的逆向思维,还必须讲究灵活的变通,用不同的方式、不同的包装,去不断地刺激学生的大脑神经,让他们或豁然开朗,或逐步深入,或曲径通幽,达到让"一"涌入他们心间,浸入他们脑海的效果。教学反思发展力提升,主要体现于借用教学反思的契机,能在解决问题中"反三",真正达成促进专业化发展的目的。

古代有个人想驾驶船只,可是,他却只知道在家里学。他满以为自己已经学会了驾驶的技术,就要求到大海里去航行。可是,他一来到大海,看到汹涌的波涛,就产生恐慌感。结果可想而知:船覆人亡。正所谓:"纸上得来终觉浅,绝知此事要躬行。"

链接 4-40

"复习平面图形的面积计算"案例

首先,情境问题导入:

学校准备征一块地盖图书馆,如果你是学校的校长,买这块地之前,你要了解哪些信息,要做好哪些方面的准备呢?

在学生小组讨论时,老师将 6 种平面图形贴在黑板上。

在复习了正方形、长方形、平行四边形、梯形、三角形等 6 种图形的面积计算公式和它们之间的内在联系后,再请学生根据 6 种图形之间的联系,把它们贴在一张纸上,要求不能用箭头表示。

第三步,解决实际问题:

1. 用篱笆围一块菜地,其中一边利用房屋的围墙,菜地另一边的长 10 米,篱笆全长 20 米,求这块菜地的面积。

2. 张老师最近买了一套房子,准备装修。经测量,卫生间长 3.2 米、宽 2.4 米、高 2.8 米。他打算在地上能够铺边长 0.4 米的防滑方砖。你能帮助张老师算一算,他至少要买多少块这样的防滑砖吗?

以上两个来自实际的问题,可能要比书本上那些经过改编和提纯的问题更难解决,需要调动学生多个"一"的知识与能力储备,这个"一"就是学生已经学过的 6 种图形面积的计算知识,以及解决问题过程中的种种体验、感悟,抑或说学生长期积淀成的解题经验。试想,倘若经常性展开教学自省,我们还会怕"反"不了"三",怕自身专业水平只是停留在原有水平吗?

促进自我专业不断发展,需要自觉加强教学反思发展力,全面开启举一反三的课堂,重视创造"反三"的时机,对此在的教学情境进行挖掘,让"一"的价值发挥到极致。这个过程不仅包括经验、信念、社会政治取向以及教师的目标等的全方位协同,更是强调价值观和道德成分,比如教育目标是否合理,教育策略和材料中所隐含的平等与权力问题是否设定巧妙。它影响到教师对情境的理解、教师所关注的问题以及问题的解决方式。研究者发现,教学反思发展力的提升是一个循序渐进的过程,处于上升期的人往往不会再像以往那样只关注问题的解决,而是更关注提出问题及创新,对实践性经验的应用感兴趣。

(三)教师教学反思适度且能动。教学反思,实则是一个通过对实践性知识的提炼,将经验全面上升为理性知识的过程。举一反三,能把握好度,教学反思发展力便可视为得以真正发展。

教学反思有利于提高教师的自身素质,是提高教学水平以及促进教师专业成长的有效手段。当下课堂中所出现的教师反思不适度,过度或不足,最大的原因在于大多数教师习惯于传统的课堂操作,不敢正视熟视无睹的陋习,更别提破旧立新,实现个人教学理念的更新了。全面提升教学反思发展力,课堂教学遵循适度的规律,其核心就是让教学更有计划,把握好"度"。"度"的把握,其实就是教学中加强各要素间调控的策略。多与少是一对辩证的关系,教学中并没有一个固定的标准,但都得遵循"课堂教学是一个生活的场"的规律,只有我们对影响课堂的各个要素都有意识地调控其量的多少,在教学中多多思考"适度"的内涵与策略,在课堂中践行该规律并不是什么难事,这样一来,很多课堂问题反而会迎刃而解,课堂效率才会提高。

举一反三的内容主要表现为三项:一是体验性的内容。促进适度的经验,更多地表现为教师在教学活动中已经内化形成的对相应学科活动的稳定的心理倾向。这种解决策略属于典型的情感、意志成分,有时甚至带有个人的理想成分。二是策略性内容。这是指教师在教学活动中积累的利于自己的一种和几种基本的求得教学高效的策略。这种应用属于典型的个性策略。三是模式、方法性的内容。它是教师在第二类活动内容之后,在开展类似活动中总结出的一种或几种基本模式、基本方法,是经过教师个人反省而提出来的,目的在于便于后面的教学。这三项追求是适度的主观能动表现,在教学中多体现于一个"精"字。只要教师努力追求课堂高效,其把握的"度"才会越来越精准,课堂才会呈现出别出心裁的情境,教学反思力发展才会在持续的实践中得到提升。

力求不死教,引趣精妙。德国教育学家第多斯惠曾说:"教学的艺术不在于传授本领,而在于激励、唤醒、鼓舞。"全面提升教学反思发展力,聚焦于课堂教学,应是一个有生命的、动态发展的生长过程。这种生长关键在于教师的教学追求,是一种内在的发展动力,而不仅仅是语言或知识上的叠加等外在表现。

链接 4-41

《一粒种子》教学片段

(出示句子:种子把身子挺一挺)

师:小朋友们,谁能把"挺一挺"这个动作表演一下?

(请学生上台表演"挺一挺"的动作)

师:表演得像不像?(略停顿)还是先请大家来读读这个句子,想想"挺一挺"告诉了我们什么?

(生读句子,有的学生边读边挺自己的身子)

生:老师,"挺一挺"这个词语在告诉我,种子在生长。

生:还告诉我们,种子每次把身子挺一挺的时候,就长大了一点,最后挺一挺就钻出泥土了。

生:应该说是种子在用力地挺,拼命地向外面钻。

师:说得真不错,请小朋友们按照这样的理解——一边挺一挺身子,一边再有精神地读读这个句子,好吗?

课堂引趣是教师课堂智慧的彰显,是课堂中教师力求适度的结果,更是长期教学经验的沉淀。在教学中,有效教学多源于顺着前期经验而行。开展教学反思,提升教学反思发展力,必须深入一线教学,才能在后续的实践中达成不死教、引趣精妙的效果;同时教师也会感受到,开展教学反思的最大功效在于能及时总结自我教学中的得失,以便于后期的教学践行更加轻松。

力求设问精当,教必省力。一位教学反思发展力强大的教师,视角不只停留于自己的课堂,往往还会拓展到力所能及的地方。这样的教师多会发现,无问不成课堂,从对课堂的教学设问着手,会像抓住了一个强大的支点,迅速将一堂课的各个要素激活。一个具有较高课程反思发展力的教师,一定是课堂设问的高手。

《圆明园的毁灭》教学片段

师：作为法国人的雨果，他是怎么看待圆明园的呢？快，拿出这篇文章(学生拿出《雨果致巴特莱的信》)，我们一起在圆明园里，透过雨果的眼去表达一番。谁来？

生读：请您用大理石……那就是这座名园。

师：这座名园就是——

生齐答：圆明园。

师：所以，雨果这样深深地感慨道，读！(出示雨果的一段文字)

生齐读。

师：圆明园简直美到言语无法形容呀！所以，亲爱的同学们，你们通过读书，获得了对圆明园这样的感受。请同学们把这两句话变成一句话，也用上刚才的"是……也是……"用一个词，一段话把圆明园的特征概括出来，举手的同学快开始。

生齐答。

师：你们多会概括呀，看来，通过同学们的"走进"，透过我们的眼睛，概括出来了圆明园的特点。圆明园里原来拥有的是"博物馆、艺术馆"，是"瑰宝"也是"精华"。我还要问问同学们，这"瑰宝"，这"精华"都是源于谁的创造？一起说，谁的创造？

生：都是源于古代劳动人民的创造。

师：人的创造。我记得，雨果说过这样一番话(出示)。一起来读读吧！

(窦老师此处的教学片段突出了圆明园在世界上的价值、在世界文化史上的价值，学生为此感到骄傲、自豪、兴奋，为以下的圆明园的毁灭作了情感的铺垫)

生：在圆明园中，没有了金碧辉煌的殿堂，也没有了玲珑剔透的亭台楼阁。

生：没有了象征着热闹街市的"买卖街"，没有了象征着田园风光的山乡村野，也没有了根据古代诗人的诗情画意建造的"蓬莱瑶台""武陵春色"。

生：园中不仅没有了民族建筑，还没有了西洋景观。

生：上自先秦时代的青铜礼器没有了，下至唐、宋、元、明、清历代名人书画、奇珍异宝也没有了。什么都没有了！

(学生们沉默了，伤心了，痛苦了，愤怒了，心疼了，在读中释放自己的情感：圆明园的毁灭是祖国文化史上不可估量的损失，也是世界文化史上不可估量的损失！)

重庆市大渡口区实验小学教育集团数学教师吴浩在《"美的密码"——小学数学美

育案例分析》中提到美育亦称审美教育,是一种按照美的标准培养人的形象化的情感教育。通过美育,可以使人具有美的理想、美的情操、美的品格、美的素养,具有欣赏美和创造美的能力。小学数学中的美育教育可以促进学生在愉快的气氛中学习数学,充分开发学生的非智力因素,培养学生创造美的能力,提高学生的综合素质。

授课后,他反思到在学科教学中如何对学生渗透美育教育是学科教学所面临的一个具体问题。本堂课的出发点是从知识本身出发,抓住"黄金比"这一事关"美"的密码,通过体验、分析、应用、提升四个环节来渗透。在教师教学中,可以立足于知识中可以发散的美育知识点,通过增强人的情感体验,着重建立学生在生活中的美的价值观,注重美育、审美情趣的培养,使学生头脑反应灵敏,身心得到发展,促进学生整体素质的提高,使学生生动、活泼、主动地得到发展。

第五章　教师成长的突破点——教育科研能力

俗话说:"教而不研则浅,研而不教则空"。教和研是教师专业化成长的两条必由之路,且二者的关系是相辅相成的。教育科研课题是教师在教育教学过程中提炼出来的一种有价值、有研究成果追求的问题。教师成长离不开课题研究,要通过课题成果的申报评奖,取得必要的评职晋级。教师教育科研(其中包括教师写作)是教师对于教育科研课题的认知、理解、把握、参与、全面完成课题研究、获得成果的认定、申报评奖等多个方面的思考、计划、实践、反思等(包含对上述行动的文字表达)的完整过程。

第一节　教师教育科研的意义与要求

一、教师教育科研的意义

教育科研(其中包括教师写作)是教师成长的突破点。教育科研是一种研究性学习活动,也是运用科学理论与实践,以系统性、规范性、可操作性服务于实践的认知活动。因此,教育科研是教师成长的研究性学习过程,是教师运用教育科学理论,以教育教学实践中发现的问题为选题,以探索问题解决的方略、问题解决的教育质量提高为目的所开展的系统性、规范性、可操作性、服务于实践的认知活动。教师成长中的教育科研有三个重要的特征:一是研究性学习。课题从问题的提出,到问题的明确,再到问题解决的假设与检验,是一个研究性的学习过程;二是教育理论的运用。课题研究是最体现教师的理论认知与理论运用的认知水平的活动,教育理论主要有思想理论与方法理论两个方面,课题论证或课题研究方案的制定,是教育理论的综合运用并按规范文本要求而完成的书面文本;三是教育实践的标准化。标准化是教育现代化的内涵之一,教师成长的专业化,首先需要教师成长的标准化,课题研究最具有标准化的内涵,其中有三层含义:(1)课题研究的选题需要按课题指南、课题研究的表述文本格式进行,有其标准的制约;(2)课题研究的程序有技术路线,每一个课题研究所采取的技术路线,都有其标准的技术要求,特别是教育科研的方法掌握与运用要求;(3)课题研究的成果有其标准的评价与管理规则,成果有物化成果与社会影响成果,成果的发表与交流,成果的申报评奖与获奖,都有一定的章程,课题研究成果的评价与管理标准,将直接影响教师的成长。

教育科研是有目的、有计划、连续和系统性的探索活动,针对教育科研所开展的认知与探索是教师成长研究的课题方略体系建构活动,它有助于教师认识教育科研的本质、发现规律、创立理论等。

二、教师教育科研的要求

第一,课题研究方略。课题研究最重要方略之一就是研究性学习的方略,在教师成长中,研究性学习是指有问题地学习,也是有主题、有理论、有实践、有效果地学习。教师成长首先需要把课题研究视为研究性学习的活动。对于研究性学习的界定有很多,如将其视为综合性学习、视为问题探究性学习、视为社会实践体验性学习等。从教育科研的角度界定研究性学习,我们认为是:以课题研究为学习的主导,以课题选题论证、课题选题理论与方法的运用为主要方式,以课题成果的取得为主要学习目标而开展的学习。因此,研究性学习的课题研究特征有四:一是课题的选题性学习,它主要是对于课题的发现学习与分析学习;二是课题研究的理论与方法的学习,主要是创造性思维学习和创新科学技术的学习;三是课题研究的成果学习,具体来说是提炼成果的经验总结、个案分析、物化方式和社会宣传等方面的学习;四是成果的发表与交流性学习,特别是文本写作的学习。

课题研究的核心方略是思维方略。思维是人的高级心理活动,是对客观事物进行的本质与内在规律的认识与理解性活动,人的思维方式可以是动作的思维,也可以是语言符号的思维,更可以是一种综合的、有所发现的思维。思维方略,其实在中国古代的智慧术、智博术、九章算术等认识中都有很丰富的阐述,现代人对于思维方略的理解有三点是值得肯定的:一是思维方略有其心智技能。人在劳动过程中使用工具、制造工具、改进工具,其实都是心智技能的活动,心智技能是相对于动作技能而言的内在心理活动技能,虽然有不同的心理活动参与,但核心是思维活动的参与,思维决定心智技能的水平与质量,因此心智技能又可称为是智慧技能或智力技能,是一种借助于内部语言在人脑中进行的认知活动方式,如默读、心算、写作、观察和分析等。二是思维方略有其人体的多维商数表现性。人体的多维商数具体包括:体商、智商、情商、社商等多个方面的研究成果,思维方略的核心是人体的多维商数的表达,如情商是一种人的情感活动的技能表达水平,情感在人体有低级的情绪、心境等情感,也有高级的道德感、理智感、美感等情感,情商表达就是指人的多种情感在其成长中发挥积极作用的过程。三是思维方略有其思维的多水平表现性。研究人的思维发展,可以是由简单思维向复杂思维发展,也可以是由具象思维向抽象逻辑思维发展,还可以是聚合思维向发散思维转变,等等,思维方略在多数情况下是思维的发展与转化方略,有其多水平的表现形式。

第二,课题研究的方法方略。方法是指解决问题的途径与方式,方法可以是简单的交流途径,也可以是复杂的技术手段与行为活动方式,方法的总体论是唯物辩证法,有两点值得重视:一是唯物主义。它基于客观再到主观,是坚持物质第一,精神第二的认识产生的方法;二是辩证处理问题的方式。从事物的内因与外因、主要矛盾与次要矛盾、关键条件与必要条件等不同对立统一的两个侧面、两个着力点、两方面关系上去解决问题。课题研究有三种必要的方法:认识的方法、研究的方法、成果的形成与完善的方法。认识的方法除唯物辩证法以外,更多的是教育科学的认识方法。教育科学是研究教育规律的各门学科的总称,包括教育思想科学或教育哲学、教育技术科学或教育方法科学、教育实践科学或教育劳动科学等。教育科学的认识方法其实本身就是对于教育本质探索与形成系统认识的科学方法,如比较教育法、历史教育法等。研究的方法多是科学研究的方法,如观察法与实验法,但更多的是教育科研方法,如文献研究法、行动研究法、经验总结法、个案法,等等。课题研究的方法需要的是"手段—目的"对应,不是列队也不是样样具备,是要根据问题解决的需要而运用的方法。教师们对于成果形成与完善的方法存在一种认识误区,即认为课题研究成果要全面而具体,许多课题研究成果在评审,也就是结题时,有的专家求全求善,不讲究成果的针对性、专题性、阶段性,结果本来有创新的成果内容被其忽视。事实上,课题研究成果的形成与完善,就其方法而言,有三个核心内涵:一是成果的基础性增长,有人称其为增值性评价成果。对于课题研究要分析其成果取得的基础性条件,在很多有条件研究该课题的人眼中可能该成果算不上成果,但对于课题承担的单位或主持人而言,就是一种基础性的增长,就是成果。二是成果的有用性理解。有专家片面强调成果的理论价值,有专家又片面认定成果的实用价值,更有甚者要求两个方面都要具备。我们平时说金无足赤,人无完人,课题研究成果自然不可能完美无缺,作为专家一定要在有用性上审视成果,即从教师成长的角度出发,考量该成果是否对教师成长有学习、研修、提升作用。三是成果的发表与交流。现在的课题研究成果,大多要求有一定的论文发表或研究报告,并且需要得到教育主管部门、教育研究机构的认定意见,否则就不能视为有价值、有创新的成果,本来对于成果的发表与交流提出这样的要求是没有错的,也是必需的,然而现实的论文发表、主管部门与研究机构的权威性日益受到挑战,市场经济的渗透,使得不公正不公平的现象时有发生。因此,对于成果的发表与交流要一分为二地看待,要有一定的价值取向,作为专家,建议在评审成果时,要有一种不唯权、不唯大、不唯名的态度,不应是一种利益平衡性的评审,要有一种教育的"天下为公"的责任感。

第三,课题研究的成果方略。成果方略是基于成果的认知,对课题研究的论文、报告、方案与课例等内容进行撰写、修改、完善、课例补充等方面的方略,大体上可以分为资料分析整理方略、写作方略、成果质量提升方略三个方面:

一是资料分析整理方略。课题研究的一项主要工作就是收集资料,对资料进行分析整理。曾有专家认为研究资料大体上可以分为三类:文献资料、过程资料、成果印证资料。文献资料可分为纸质资料与电子文档资料,也可以分为原始资料与借鉴资料等;过程资料可以分为计划资料、管理资料、活动资料、成果资料等;成果印证资料主要是获奖资料,教育主管部门、专家或研究机构的意见书等,当然也可以是论文发表的原件、研究报告推广影响的新闻报道、受益者的书面意见,等等。资料的分析整理方略,就是让研究资料通过分析整理,最大程度地发挥其对于课题研究目标达成的功用,对于教师成长起到加速器作用的方略;就是按成果的要求,在论文、研究报告、行动方案、课例等成果的形成与完善中,以资料提供的事实说话的方略。

二是成果文本写作的方略。

写作是人的思想与情感不断积累的结晶。教师成长一方面是人的成长,有着思想和情感的积累与表达要求;另一方面教师成长有着成为优秀教师的写作需要。写作,是教师实现个体价值与人生幸福的途径,写作更是教师成长的有效途径。广义上的教师写作可以是教育及教学生活的写作,包括教师的职业写作,可以区分为教学写作、教研写作、课题研究写作、工作总结,等等;生活写作,可以是诗歌写作、散文写作、故事与戏剧写作,等等。教师所要学习的写作,主要是教育写作,教师要按课程标准,课堂教学的教案或导学案、学案的写作格式,学生学习的步骤等进行写作;再如学习课题研究写作。课题研究的方案有其写作的格式和文体的要求,教师写作时应当重视方案的要素表达内容,对于课题研究的申报、评审、实施等都需要强调其科学性、针对性、实践性、可行性等特征。

在教育科研成果的论文写作与研究报告的写作上,有不少教师没有知识与经验的积累,没有按国家和杂志社发表的标准与要求进行学习,导致其对写作的理解出现了偏差,认为写作能够给自己的名誉锦上添花,只是一种成果的物化。

对于教师的成长而言,教育科研成果的文本写作尤为需要重视与培训,这是笔者多年从事教育科研课题管理与评价过程中切实感受到的。有很多教师愿意承担课题,也在课题研究的学习、研讨、实践、总结中得到了较好的成长,但怕的就是成果的文本写作。一是没有论文的规范性。许多教师对于国家关于论文和研究报告撰写的标准全不知晓,更没有进行过相关的学习与培训,所以撰写的研究论文其实是工作经验总结、工作的实际做法,等等;二是没有论文的论述性,论文是论述与论证的结合,"论"是一种思想与见解,"论"更需要有证,许多教师的论文有论述而没有论证,论文的质量,不是有理论、有实践的论述,而是有理论的证明,有事实的证实,有比较系统的实践操作思考,有一定技术量的研究效果的表达;三是文本的语言专业性,科研论文写作不同于文学故事、文学散文的写作,其逻辑性强,文字专业性强,写作的论题分解性明显,这是许多教师在写作教育论文时所缺失的。

三是成果质量提升的方略。提升课题研究的质量,可以认为是当前深化教育反腐、教育质量提高的重要方面。从反腐上讲,从一段时间内的学术打假,以及国家关于科研成果的学术真实性意见中可以看出,目前在科研成果的质量上,存在许许多多的假质量、假成果,抄袭范围不限于论文,就连研究报告也存在大量剽窃别人研究资料的状况;从提高教育质量上讲,教育质量不仅是对学生成长质量的要求,而且需要考量教师成长质量,教师教育事业的内在发展质量,深化教育改革,其根本目的在于提高质量。可以说全面的质量管理是推进教育深化改革的关键性举措,现在强调教师成长不仅要有数量,如所谓的"三个一工程",更重要的是在质量,如教师成长的"三名工程""三化行动指南",等等。课题研究能力的提升,是提高教育质量的重要举措,更是当前促进教师加速成长的重要方略。

对于课题研究成果质量提升的方略理解,集中表现为三个方面:

一是课题研究的组织管理方略。现在实行课题研究的小组负责制,主持人全面负责课题研究的人、财、物、信息管理、计划并设计实施好课题研究的各方面活动,主要思考并完善课题研究的成果,于是主持人的组织管理方略成为影响质量的关键,然而目前许多教育科研课题的主持人并没有专业的基础,也没有从组织管理课题的方略层面上去负责课题研究的管理能力,因此,很多课题研究成为开题热闹、过程平静、结题专家总结的流水线,研究成果质量堪忧。

二是课题研究的资料分析与利用方略。研究成果要用事实来说话,而资料是研究成果的生命线,事实就在资料中间。现在的课题研究不能说没有资料的积累,也不能说资料没有价值,但往往是资料充足,但没有对其进行很好的分析与整理。就笔者所接触到的各单位所承担的科研课题而言,其资料分析与整理能力过于薄弱,资料的来源流于形式,不讲究政策性、标准性、针对性、可用性,因此大量的资料是无用或存在错误。资料的分析利用方略,就是要从资料的来源、资料的有用性、资料的合理利用与发挥上去分析整理。

三是课题研究成果文本写作质量提高的方略。课题研究成果的文本写作是教育写作中最讲究标准化、数据处理化、语言学术化的文本写作。笔者多年来从事教育写作的课题研究,总结了教育写作的"知、情、意、行"的经验,对教育写作,特别是课题研究成果的写作提出了三点建议:一是课题研究的文本写作要立足课题的选题,要从对题目的认知与理解入手开始写作,课题就是写作文,课题概念就是对突发事件所整理的思路;二是课题研究的写作需要有针对性,不同的目的有不同的理论与方法,不同的目的要用不同的语言进行表达。语言是一种实现目的的工具,更是写作的结构性、功能性表达的媒介,针对课题研究目的而写,就是有用地写与有价值地写;三是课题研究的写作要有标准地写作,有人认为国标太过于严格,国标有点八股文写作的味道,然而标准是公认的写作要求,标准更是质量的主要评价依据。因此,如何学习与把握标准,其实是对教师成长过程中如何学会课题研究的写作,特别是学会论文与报告的写作的最主要的方略。

第二节 教师教育科研的选题与过程

一、教师教育科研的选题

教育科研课题的核心是问题,但课题不同于一般的问题。课题研究的问题确称为课题的选题,课题选题有其重要的研究认知与理解的要求。从认知上讲,课题是有价值、有教育质量提高作用、有明确的研究目的的问题。课题选题有"四性":科学性、创新性、可行性、实践性,课题的选题评价管理是对课题"四性"的评价与管理。从理解上讲,课题研究是解决问题的思维活动,课题的选题就是发现问题与明确问题的思维活动,它要求发现问题要具有对问题明辨真假、把握实质、针对问题而思考教育现象内在规律的能力;明确问题,需要教师有系统的思维,有对于理念、方法、技术、教育、教学、学生学习、学校管理等等相关的问题性质的把握,有对于宏观、中观、微观、理论原理、方法运用、技术改进等等问题范围的明确,有对于问题的解决方案的构想,有对于问题解决效果的预设等内容。

二、教师教育科研的过程

(一) 确立教育科研课题的选题

所谓课题,就是从研究方向所指示的问题中确立的研究项目,课题不仅仅是个名称,它体现出研究对象、研究范围、研究目的、研究意义。课题的选题方略体系,由课题的提出方略、表述方略、论证方略三个方面所构成。

从课题的提出方略上讲,课题的选题有三个基于的方略:基于教师成长的问题方略,基于教师主动参与并可行的问题方略,基于教师解决师本、校本、学本的实践问题方略。

从课题的表述方略上讲,主要包括课题名称的表述方略、课题名称的结构方略、课题名称的语言字数方略三个方面。在表述上,课题名称多用陈述句,严谨而规范,且通常不使用论文题目等;在结构上,课题名称一般分为三个组成部分:研究对象、研究内容和研究方法。一个完整的课题名称应该这样完整表述:……的(调查、实验、实践)研究。课题名称在语言上,多要求简洁、具体、明确,一般不超过 20 个字。

从课题的选题论证方略上讲,主要包括文献综述方略与课题选题评审标准制定的方略两个方面。文献综述方略大多需要对选题所涉及的国内外研究现状,课题的核心内涵与外延,本课题的选题价值等方面进行论述。对国内外研究现状的表述一般要求综述的文献要新、说理要明、层次要清、语言要美,国内的要比国外的表述细致而具体一些;对课题研究中涉及的核心概念应从该概念的提出人到主要的演变,以及最终形成的核心指向上进行表述。在课题选题评审的标准上,一般分为四个等级:A 等(90—100 分)、B 等(75—89 分)、C 等(60—74 分)、D 等(0—59 分),A 等评审标准的内容为:选题方向正确,符合立项条件;对学校发展有很大促进作用;有重要的特色、创新性;学术价值高;对提高教学质量和管理水平实用价值高。而 D 等评审标准则指:

选题不当,不符合立项条件;对学校发展没有促进作用;没有特色、创新性;没有学术价值;对提高教学质量和管理水平没有实用价值;基本属于重复性工作。课题选题存在的价值大多是理论研究与实践研究价值的表述。

（二）制定教育科研课题实施方案

实施方案是指对某项工作从目标要求、工作内容、方式方法及工作步骤等方面作出全面、具体而又明确安排的计划类文本,是应用写作的一种。教育科研课题实施方案的制定主要包括三个方面:方案表述的文本呈现、方案制定的管理策略、方案实施的操作步骤。

从方案表述的文本呈现上讲。完整的课题实施方案应当包括七个组成部分:课题名称或方案的标题,必须明确表述所研究的问题,课题名称通常包括研究对象、研究内容、研究方法三要素;课题研究的内容,主要说明课题的研究范围、具体内容和技术要求等;课题实施所采取的方法手段;课题研究的预期效果,重点说明课题完成时所达到的有形或无形的效果;课题研究进度安排,在于详细说明各阶段研究安排的时间和研究内容完成的时间;课题实施的组织形式,在于详细说明承办单位、协作单位和各自分工的主要内容;课题实施预算表,即在课题实施方案中评估课题的价值和课题所能为教师成长带来的影响。

从方案制定的管理策略上讲。教育科研课题研究的方案,主要有课题实施方案、课题调研方案、课题研究的子课题研究方案,以及制度建设方案,主研人员学习与培训方案,等等。方案的制定比较固定的要求和程序。从要求上讲,一个好的方案首先要有针对性、可行性、时间性、目的性;其次,方案需要有设计与规范,有的在设计上要求突出标题、研究目的、研究成果等内容,在规范上有的用表格式,有的用程序式文本表述等。从方案制定的程序上讲,文本的基本格式应从题目、背景、理论思考(概念、目标、原则)、内容、方法、措施、计划、组织、预期成果或效果等方面一一进行表述;课题研究方案的制定应结合课题研究的进展或技术路线进行,一般来说,课题研究的技术路线有着"调查筛选—课题论证—制定方案—实践研究—交流总结—申请结题"的流程,因此方案制定是第三步程序。

从方案实施的操作步骤上讲。方案的制定和实施既可以说是对教育教学行为的理性思考与落实,也可以说是理性思考对教学行为的一种指导。方案在实施时,一要有计划。计划是对方案的内容的细化、成果的细化,要落实到方案的每一项内容上;二要组织。方案虽然是有组织地建立的,但组织行为活动是有具体要求的,它可以从组织的结构、组织的目标、组织的协调、组织的分工等不同方面对方案的实施进行管理指导；三在操作层面上讲求实践性。所谓实践性，是指课题研究以活动开展为主，以实践中获得的研究资料、研究形成的成果为主。方案实施的操作方略，大多可以用简化的活动计划、活动组织、活动资料三个方面的方略进行表述。

（三）课题研究成果形成的方略体系探索

常见的课题研究成果有：教育观察报告、教育调查报告、教育实验报告、教育经验总结报告、教育论文或论著等，但根本的只有研究论文与研究报告。近年来，国家和各省(市、区)高度重视教学成果奖的遴选、推广、运用，很多有重要研究价值的课题研究成果纷纷转化为教学成果。课题研究成果形成的方略可以分为三个方面：研究论文的撰写方略、研究报告的完善方略和教学成果的撰写方略。

从研究论文的撰写方略上讲。论文是课题研究过程中有研究性和描述性内容的成果文章，它既是探讨研究问题进行学术研究的一种手段，又是描述课题研究成果进行学术交流的一种工具，是一种成果论文，多包含"题名、作者、摘要、关键词、正文、参考文献和附录"等部分。课题研究论文按内容性质和研究方法的不同，可以分为理论性论文、实验性论文、描述性论文和设计性论文，也可以分专题型、论辩型、综述型和综合型论文。论文撰写的方略一是论文的标准格式必须要规范，要遵循国家科技论文与科技报告的撰写要求；二是撰写的过程要科学规范。撰写教育科研课题研究的论文，必须是在调查研究或实验的基础上，经过分析论证这一深化认识过程，把研究成果文字化而形成的论文；三是课题研究论文的投稿或发表交流遵照一定的程序：投稿—审稿—用稿通知—办理相关费用—出刊—邮递样刊。一般需要先了解期刊，选定期刊后，找到投稿方式。部分期刊要求以书面形式投稿，大部分期刊现在采用电子稿件形式投稿。期刊按照不同标准有很多分类，包括国家级与省级，普通期刊与核心期刊，国内期刊与国际期刊，等等，它们主要依期刊主管部门及主管单位，专业性、学术性、影响层面来进行区分，教师撰写论文时特别需要了解其中的差异，进行有针对的论文撰写。

从研究报告的撰写方略上讲。课题研究报告是对课题研究的真实状态进行陈述，并结合标准的文本格式对课题研究的不同要素进行回答。研究报告要求对：背景、意义、概念界定、研究理论基础、研究目的与内容、研究方法与途径、研究创新与假设、研究步骤与研究做法、研究取得的成果与成效、研究过程与方法的反思、研究结论、主要参考文献等不同的研究要素、研究认知与实践、研究结果与存在问题进行简洁、准确、科学的陈述,因此有很多的撰写方略,如标题的陈述方略,成果的表述方略、问题反思的方略,等等。对于成果表述的方略,有专家认为成果本身就是一个复合的概念,其有实证性的成果,也有文献综述性的成果;有有形的成果与无形的成果,更有理论性与实践性的成果等区分,因此在撰写的方略上,成果的表述方略有很丰富的内容。作为课题研究报告中的成果,我认为有五个"一"的表述:一个理性思考成果或理论研究成果,主要是结合课题概念的丰富与完善性的表述成果;一个现状调研分析与文献综述性成果,它是课题研究的基础性前提性的成果;一个课堂教学或实践性的研究成果,它重点突出课题研究的具体操作性,需要有代表性的表述;一个管理性的成果,课题研究的制度建设、组织建设,以及统筹安排,等等,可以结合工作报告进行描述;一个研究人员的成长成果,教师成长也是其中重要的成果内容。

第三节　教师科研的反思与应用

一般说来,中小学教师教育科研的最大特点是改善教育教学实践,促进教师和学生的发展。这既是中小学教育科研的基本要求,也是其生命力所在。为此,中小学教育科研要与教育教学紧密结合,只有这样才能起到"科研促教"的作用。教师们正是在解决教育教学一个又一个的实际问题的过程中才看到了教育科研的价值和魅力。就目前中小学教育科研来看,行动研究可谓是一条非常有效的途径。这种方法在实践中也取得了比较好的成效,正受到越来越多教师的欢迎。

可是,在教育教学实践中,很多教师却对教育科研"爱在心底口难开",究其原因,一是对教育科研的认识不清,对教育科研是否能真正起到促进教育教学的作用,是否真正促进教师的成长抱有怀疑态度。二是认为自己的科研理论和科研操作能力不足。三是科研的方法不多,不知道怎样具体去开展教育科研。这些原因导致这些老师在教育科研与教育教学工作中呈现出"两张皮"的现象,既阻碍了教育科研的开展,也不利于教师自身的专业成长。

其实,作为中小学教师,在教育科研过程中无需追求课题研究的艰深,而要将教育教学中遇到的问题作为一个课题来研究,这就是所谓的"问题即课题",有时候我们所遇到的问题是普遍性的问题,有时候我们所遇到的问题是个别性的问题,有时候我们所遇到的问题是任教学科或者自身存在的问题,这时就需要把我们教育教学工作中遇到的普遍性的问题进行学科化的结合,并针对自身的学科实际和自我的教学素质将问题转化为课题,以课题组的形式进行集体研究,从而集多家之长,融多人之智,通过调查论证、文献分析、理论寻根等途径来解决问题,这就达到了课题研究的目的。研究的问题可大可小,大的问题可作为总课题,然后对其进行子课题的分解,小的问题可以从某一个角度、某一个事件、某一个学生等,如英语教学中的小初衔接上存在的问题,或者具体到把音标教学、语法分类等进行专项研究,这样的研究既能构成一个很现实但又具有普遍性的问题研究。再如留守儿童问题,既然存在着很多留守儿童的教育问题,我们不妨以一个学校或者一个镇街作为个案研究对象,通过成因分析、存在的问题、解决的策略等进行研究。

课题确定是基础,而课题研究的创新点则是决定课题质量的关键性因素,任何课题的研究如果没有创新点,那么就失去了研究的意义,既然前人已对此课题作出结论,而且又是可借鉴的方法策略,那就无需我们再做无用功,但是如果研究者对其研究结论存在质疑或者是有更好的解决办法和策略,那么就可以作为自己课题研究的创新点。课题研究的创新点不需要多,但一定要有。研究创新的基础是对文献的分析和综述,只有做足了研究综述的功课,才能从既有研究中找到研究的基础和现状,发现已有研究的不足,这样才能形成自己的创新点。

在课题确定、创新点具备的基础上,学术性则成为课题研究的更高要求。一谈到学术性,就会有很多教师感到不可企及,其实这样的理解完全错了。对于中小学教师来说,我们不是专业的研究者,所以特别规范的学术标准不适用于我们,但也并不是要否定课题研究的学术性。对于中小学教师来说,我们所谓的学术性,其实就是将我们研究的过程和研究的结论进行规范性的归纳和总结,形成通俗易懂的研究报告,指出解决问题的思路,找到解决问题的办法。

一、加强自身的教育科研理论素养培养和教育科研能力

重庆 37 中的语文教师唐家隆在进行教育科研时,总是首先独立研读课文,理清文脉,思考教法,然后才开始收集关于本文的研究资料,并研读甄别这些参考资料,补充自己思维之不足,确立自己的创新解读、创新教法。用这种方法,唐老师对《子路、曾皙、冉有、公西华侍坐》《窦娥冤》《报任安书》《病梅馆记》《陈情表》《短歌行》《伶官传序》《道士塔》《雷雨》《墙上的斑点》等数十篇古今名文或指出其不足,或对名文解读文章提出质疑,提出自己的见解,成功地完成了相关教育科研课题的研究。

二、用教育教学工作中真实发生的案例来支撑教育科研课题研究

下面是一篇教师用心写作的案例——

幸福教育守初心

莫能芳

去年的教师节，我收到一条比任何礼物都珍贵的短信——"老师，我要用我大学里的第一笔奖学金请您吃饭。"那一刻，我真想骄傲地告诉全世界：作为一粒种子，你终于开花结果了！

一、危机初至

你刚来到班上的情形仿佛就在昨天，当年级组长把你交给我时，我看到的是一个面色苍白、两眼无神的男孩。那时班级刚进入高二理科学习，多么希望你像他们介绍的那样成绩优异，虽然病休一年依然可以一路引领、高歌猛进。

然而，在所有同学都意气风发大展拳脚的时候，你竟然会趴在桌上熟睡过去；不与老师、同学交谈；不参加活动锻炼；一到周日返校，你总是旷课……"劣迹斑斑"的你几乎成了我的一块心病。又一个周日，怀着忐忑不安的心情，我早早来到教室，突然发现你竟然比我还早到。我还没来得及惊喜，一股酒气就从你身上发散开来，弥漫了整个教室。就这样，我的忐忑变成了害怕，害怕点燃了怒火！

当你的父亲终于来到办公室的时候，你依然昏睡不醒。而把我从怒火推向绝望的，是你的父亲！

二、转机降临

（一）有希望：来自班主任的同情

我不知道那天是怎样结束那场谈话的，你父亲的横话"死也要死在你班上"在寒冷的夜空里随风飘荡。

那一刻，我想起了我的高中班主任尹老师。冬天里，她为我们几个中午不回家的同学买来热乎乎的三角粑；韵律操比赛，她请来专业舞蹈老师在月光下为我们编队形；春游时，带我们全班在楠竹山上分队进行爬山比赛；鼓励我考美术专业，不顾晕车呕吐陪我到考点……

在这些温暖画面的回忆中，我的绝望似乎随着消散了，清晰浮现在脑海里的是你父亲描述的你的那个家：父亲下岗、母亲多病，你成了整个家中最后一根稻草。我突然为你感到一丝心疼，你是怎样一步一步艰难地走到了现在？那一刻，也好像我的班主任那样在寒冷的冬季留给你三角粑、炉子、三十二步的温暖记忆。

（二）有希望：来自班集体的裹挟

我们的班级"八角茴之家"，与大师对话，和英雄同行。方寸教室，无限江山；咫尺书卷，天涯心田。在我这个班主任心里，我总觉我们不仅要关心你的学习，更要关心你，你需要真正融入这个优秀的集体，找到依靠的力量！

我们的班级建设序列化活动由初期的拔河、跳长绳、运篮球等体育竞赛，到儒家经典名言警句的学习背诵，到后来的"我是男生/女生""我欣赏这样的男生/女生""我眼中的你""让理想飞"等序列主题班会，再到最后组建的书法、摄影、文学、动漫等兴趣社团，所有同学分次参加，最终纳入小组总体评价。分工、合作、竞争的班级机制促进了组员相互欣赏、相互提高，最终增强了班级凝聚力。

和班委、组长商议后，大家确定为你开一个主题班会。当班长客观地分析你的过错，并语重心长地提出批评时，我看到你苍白的脸色泛出红晕；当你的小组成员逐一细数你的优点，并对自己展开批评，表示今后一定竭力帮助你时，我看到你冷漠的双眸有了一丝自责；当你站上讲台颤颤巍巍道完歉并发表决心后，我们全班逐一上台与你拥抱，给你加油打气，我看到你泪光闪动。

（三）有希望：来自家庭的信心

再和家长交流时，我尽量让各个层次的学生都能得到肯定、赞扬，比如学习成绩好的，活动有特长的，总体、单科有进步的，做好事、有礼貌的，等等，家长感受到孩子成功的喜悦，也对班级产生了信任感、认同感。面对班级的困难，他们会自发出手相援：有以书面形式来鼓励孩子们的，有买水果的、买糖果的、买生日蛋糕的，甚至有家长亲自打豆浆、煎蛋饼送到班上。

考虑到你的家庭情况，我安排你的父母进入这个团队，为你的家庭申请贫困资助，你父母舒展的眉头以及得到尊重和关爱后真诚的感恩让我为你感到欣慰：你冰冷的家开始有了温度，安全感正弥漫在每一个曾经绝望的角落。

三、危机重现

当我们全班都以为你已完全融入班级的时候，又一个周日晚自习，你再次旷课。当你的父亲在我的追问下哭泣着告诉我你醉酒后砸碎泡菜坛伤了右手掌时，我的震惊里不再只是愤怒，更多的是困惑：为什么周一到周五都正常，一到周末便反常？

想到出事之前你带着那不太理想的成绩，回到把全部希望都寄托于你那个让人揪心的家，我突然明白了，你急需重新认识自己并真正悦纳自己！尤其是在离开班集体的时候。

四、转机来到

（一）有事做：任标兵，协助科任老师建设学科

我们的班级，人人是标兵，个个是能手。在学习中，我们各位师长用他们的魅力集聚了自己学科大量的追随者，各学科形成了由老师、科代表、标兵、粉丝团组成的强大阵容，班级也适时邀请任课老师参与到主题班会等班级活动中，拉近老师与学生的距离。比如在有一年的迎新晚会上，各科代表为自己学科的老师喊口号，拉粉丝。语文老师莫能芳的是"苍茫大地，非我莫属"；数学老师丁顺黎的是"数学不是你想好，想好就能好，只要跟到丁哥跑，就能够学好"；英语老师黄贞玲的是"疯狂英语，疯狂贞玲，疯狂爱你"；物理老师蒋志华的是"蒋授物理，天下无敌"；化学老师胡志新的是"志新文化，风行天下；心动变化，行动护驾"；生物老师彭红的是"生命之源，物种之起；蓬勃之气，弘扬天地"。

你最喜欢的学科是化学，也非常喜欢化学老师，所以你加入了化学学科团队并成为一名标兵。积极协助老师从督促作业到考试分析，从资料查补到个别辅导，全程参与班级化学学科建设，你的脸上慢慢绽开了笑容，自信与阳光出现在你身上。

（二）能爱人：找爱好，参与兴趣社团动漫活动

我们班级同学之间的关系是合作、竞争、和谐、上进的，班上流行一句话"新学期，新目标，超过薛坤娇"，说这句话的秦扬宏率领他的小组勇夺班级小组之冠，而他自己也成了我们班成绩最好的男生，薛坤娇在期末考试中首次跻身年级第二。杨鸿溢手术回校后，他的组长张慧玲，一个柔弱的女孩很长一段时间不让他做清洁，自己常常多做……了解到你肠胃不好，老师、小组成员到后来全班同学课间轮流为你泡蜂蜜水成了班里独特的风景。

当你一次又一次努力把趴在课桌上的自己给撑起来，当你坚持和全班同学一起在晚自习后跑步，当你面对每一次考试失利拼命捶打自己的胸膛努力让自己平静下来……我们全班都为你的自强欣慰。

而同学们发现你喜欢动漫，拉你进了班级的动漫社。一起表演、一起看漫展，一起陪咱们班远郊的同学到磁器口等景点游玩。当你在班级的绘画欣赏中饱含激情地演讲你精心准备的稿子时，我欣慰地看到你在同学们异常热烈的掌声中欣喜地笑着走下讲台。

你也可以成为老师、同学、班级的依靠！当你成长为一个能感受幸福、更能创造幸福的人时！

有着"华一刀"美誉的外科专家华益慰临终前自责之语："病人，病人，作为医生，我们只看到了病，却忽视了生病的活生生的人"，让作为班主任的我深刻反思：面对班级问题，我们多么容易陷进单纯"治病"的野蛮之中。消解痛苦不是目的，教人追求幸福才是！所以要让学生有希望、有事做、能爱人，成长为一个幸福的人！

叔本华将从同情出发的伦理学基本原则定义为：不伤害别人，尽量帮助每一个人，其对应的两大基本美德是公正和仁爱。班主任只有站在公正和仁爱的立场上，才能设身处地地为学生的生存困境寻找突围的办法，才能调动各方积极性，不断提高服务育人的能力，做到下级安心、上级放心、同级热心、内外齐心。

当然，强大的班集体和优秀的班级文化建设是班主任在困境中的有力支撑。当我的班级建设逐渐彰显出真实、美丽、善良、自由、平等和公正的班级文化追求时，小竣身处其中，必然在这样的班级裹挟下，一步一步前进，直至追上队伍。

突围的路上也许更多的是一波三折，甚至反弹倒退，作为班主任，我们一定切忌急功近利。正如守护一粒种子，并非每一粒都会开花结果，但我们依然坚持为每一粒种子固本、祈愿，祈愿它们都有一颗开花结果的心！

第六章 教师成长的支撑点——教师培训

第一节 教师培训现状

　　教育大计,教师为本。有好的教师,才有好的教育。作为一项关系到教育发展变革的重大社会实践,教师培训是教师职后发展的主要路径,长期以来在支持教师个人成长、推动学校绩效改进和服务区域教育发展中发挥着重要作用。在具体实施中,教师培训不仅需要一般培训所具有的成人学习特点,也要关照到教师群体和教育生活的特殊性和复杂性。我国的教育事业伴随着共和国的成长共同进步,如今正在步入辉煌,教师教育政策随时代的变迁与环境的变化,在不同发展时期呈现出不同特点。

　　新中国成立至改革开放前,我国的教师教育政策主要以国家指令性计划为主导,以满足国家和社会需求目标,培养机构为各级各类师范院校,实行就业定向分配。改革开放后,我国顺势适时转移工作重心,国家对教师教育的需求不再是数量的满足,而是强调教师教育质量的提升、教师教育结构的优化。教师教育政策的设计主体由单一的政府部门渐渐转向政府、各类教育培养机构、受教育者、教师群体、各智库机构等多元主体。进入新世纪以后,随着我国开始向教育强国迈进,"中国经验"逐渐成国际主流话语,我国的教师教育政策不再只是模仿跟随外国经验,而是全力构建具有中国特色的教师教育政策话语体系和理论体系。

　　党的十九届五中全会明确作出"我国已转向高质量发展阶段"的科学判断,提出要建设"高质量教育体系"的发展目标,教育高质量发展关键在于建设高质量教师队伍,而建设高质量教师队伍离不开科学、系统、有效的教师教育政策这一指挥棒。新中国成立 70 余年来,我国教师教育政策不断完善,教育事业快速发展并取得骄人业绩。

我国教师教育政策在指导我国教育事业长足发展、引领我国由教育大国向教育强国迈进的进程中发挥着至关重要的作用，当然，这当中仍存有不足。

一、教师教育供给需求呈结构性失衡

随着经济社会的不断发展，我国教师队伍建设规模不断扩大，教师发展结构不断得到调整，教师质量不断提高，各级各类教育需求基本上得以满足，但教师数量和质量仍存有一定程度上的结构性失衡问题，如有的学科专业培养的人才数量大大超过社会需求，而教育培养方案没有适时调整；部分学校缺少新兴课程教师，但其教育培养方案中没有及时更新补充，出现事实上的师资紧缺、高质量师资供给不足的状况。

二、教师教育政策制定过程尚待优化

我国教师教育政策制定者主要是政府、教育行政官员和行政管理人员，体现出自上而下的国家意志与权威，政策制定的主体相对较为单一。事实上，目前教师教育政策制定没有真正做到"从群众中来，到群众中去"，没有完全将政策的实施者、参与者纳入政策制定主体之中，即使有参与，也是不均衡、不全面的，公众参与度、参与渠道不畅通。政策的决策者、研究者、实施者往往因思维方式、话语系统的差异而缺乏有效沟通，还没有形成由政府与非政府、政府内与政府外（包括学校在内的相关教师教育机构、专业组织、社会及公民个人）等多元主体协同参与的系统、规范、科学的教师教育政策制定的制度体系。此外，教师教育政策制定过程并非完全公开、透明。由此可见，推进教师教育治理现代化任重道远。

三、教师教育政策法律体系有待健全

我国现已颁布实施了《中华人民共和国义务教育法》《中华人民共和国教师法》《中华人民共和国教育法》，以及与教师教育相关的法规条例，诸多法律法规条例中已将教师教育培养摆在突出的位置，但国家立法层面尚未真正制定专门旨在推动教师质量提高的相关教师教育法律法规，相关法律法规还存在表述过于宽泛、内容重复交叉、权属界定不清、内容修订滞后等问题。

四、教师教育政策评价监督体系不完备

一方面，目前我国尚没有科学、完备、系统、有效的教师教育评价体系，评价主体以

兼具裁判和运动员双重身份的教育行政部门为主,没有社会组织、社会公众等第三方机构的真正参与。政策评价主体和客体往往具有重合性,执行者和评价者的双重身份无法实现对政策的客观公正评价。就国家层面而言,教师教育政策有统一的评价标准,但没有针对个别地区、不同学科背景,因而无法满足利益相关者的诉求。此外,教师教育政策的评价往往注重结果而忽视执行前预测、执行过程中评价,不容易及时发现问题以便于有效调整政策。另一方面,教师教育政策缺乏有效的监督,决策者的决策行为缺乏监督,政策执行效果也缺乏监督。

第二节　常规研训活动的价值

当前,教师的常规培训主要有校本培训和区县域内的一些培训。这些常规培训对教师的成长、对区域内教学质量的提升意义在哪里呢? 下面,我们用一个案例来说明。

2021 年 11 月,笔者所在的区举行了三年一届的区级优质课比赛。由于新冠疫情的原因,本次比赛采用了线上比赛的形式,赛课的课题统一为北师大版初中数学七年级下"比较线段的长短"。从区内各学校遴选出的七名选手在规定时间里提交了教学设计、教学课件、教学视频后,主办方先发动各教研组组织教师观摩教学视频,然后聘请了重庆市内 5 名知名初中数学教学专家对 7 节课进行了评比,并写出了书面评价,最后推选 1 名评委对 7 节课进行了总体评价。从统一公布课题到最后公布评比结果,历时近两个月,从推动、促进各教研组教研活动的开展方面来看,收到了很好的效果。通过对 7 节课的观察,笔者竟然发现,很多常规的研训活动和优质课的样态有很强的相关性,一些教师有意识地把一些常规研训活动中的研究内容、研究结果、研究成果呈现在优质课的教学设计、实施中。

一次区级赛课可以说在较大程度上凝聚了一个教研组的教研力量,展示了教研组的教研风采,诠释了教研组的教研理念,从区域教研的角度来说,它何尝不是对区域常规教研训活动成效的汇集、检阅呢? 这给区级研训活动的启示是:

一、重视区域研训共同体的培育

区域教研质量的整体推进和提升不只是教研机构的事情,不只是教研员"一句话"的事情,也不只是一些只有学校"引领"就能实现的事情,它是一项系统工程。

区域内每个学校教研组的教研能力、教研文化参差不齐,教师的教研信息、接受培训的机会不平衡,教师的教育观念和教育方法都有差异……要把"不齐"变为"整齐","不平衡"变为"平衡","有差异"变成"无差异",只靠上级部门发号施令、靠一个教研组单兵作战是不行的,它要求区域内同一学科教师要有"教研共同体"甚至"命运共同体"的意识。重视区域教育共同体的培育,就是要依托区级教研平台,充分发挥区域内优质教研力量,凝聚全体学科教师的教学智慧,以区为单位,整体推进各校教研活动的开展,促进全体教师的专业发展,提升教研的整体质量。

二、重视教师研训课程的构建

我从七位老师呈现的优质课中回溯区域内开展的常规研训活动,比较勉强地认为是因为这些研训活动对这七位老师的优质课产生了影响。事实上,我们这些教研活动还不成体系,还算不上"教师培训课程"。但通过这件事情,我感受到了构建教师培训课程的重要性。

2018 年 1 月,中共中央、国务院颁布的《关于全面深化新时代教师队伍建设改革的意见》中强调"根据基础教育改革发展需要,以实践为导向优化教师教育课程体系",以"全面提高中小学教师质量,建设一支高素质专业化的教师队伍"。然而,就当前的区级教师培训来说,还比较缺乏满足教师实践需求的课程体系。

研训课程是研训质量和效益的基本保障。我们都爱说"研训一体",我想它真正表达的意思是,平时的研究就是培训。所以,我们理应把培训放到平时的常规教学研修活动中去,让它自成体系,而不是总要集中花时间"培训"。我们要根据本区域学校的现状和教师的需求,不断开发出针对教师成长方式、符合成人学习特点,满足教师们碎片化学习、泛在学习的方式,能够对课程内容进行多样选择的高品质课程,增强研训的实效。

第三节　不同角色在教师培训中的"思维"和"策略"

一、教师的"专业自觉"

下面是笔者对"国培计划"的一些反思。

"国培计划"全称"中小学幼儿园教师国家级培训计划",是由教育部、财政部于2010 年开始全面实施的一项国家政策,计划包括"中小学教师示范性培训项目"和"中西部农村骨干教师培训项目"两项内容,旨在提高中小学教师特别是农村教师队伍的整体素质。如今,这项由国家层面主导的大规模的自上而下式的教师培训计划业已轰轰烈烈地在全国各地展开了多年,应该说取得了有目共睹的成绩,收到了较好的效果。但是,2014年11月3日,《21世纪经济报道》发表了记者马晖的文章《农村教师培训:农村基础教育的"阿喀琉斯之踵"》(以下简称"马文")一文,其中谈到:中西部农村教师仍然缺乏相对行之有效的培训。

是的,诚如"马文"所言,"师资"是农村教育的"薄弱环节","青黄不接"的现象比较明显。对于一些农村学校来说,"国培计划"的培训时间、培训内容、培训目标、培训形式都存在着一些问题,这导致一些老师把"国培计划"当作是听讲座,很多老师一听说培训就害怕,不想参加,参加的老师往往在会场"打瞌睡、刷手机"。一些学校甚至由于抽不出人来,只能安排那些不能上课的人去参加培训,培养了一批"培训专业户"。笔者近年曾断断续续地受聘于几所师范院校,担任了10余次"国培计划"的培训者,和四川、重庆、青海、西藏、贵州等地一些参加"国培计划"学习的教师有一些接触。在这个过程中,我发现一些教师并不珍惜培训机会,参加学习积极性不高,得过且过,迟到、早退,不认真完成培训计划规定的作业。一个承担培训任务的老师曾对我说:"最愁的就是叫这些参培老师交作业!"他举了一个例子,在对"数学文化与数学教学"进行专题培训之后,按培训计划要求每个参培教师写出一篇这方面的心得体会。按理说,对这个话题很多老师都应该有话可说,但是交上来的作业却让人非常失望,很多人的文章都是从网络上下载得到的。曾经有人说,培训是教师的"福利",一些参培者是真正地把培训当作"福利":他们认为外出参加培训,就是他们外出探亲、访友、旅游、休闲的大好时机,所以心思也就在别处了。这确实和"国培计划"的初衷相去甚远。

在我看来,出现这种情况,或许有承办培训方面的原因,比如培训的内容可能不合胃口,培训形式不够新颖,但是我觉得:当一段少则数天多则数月甚至数年的"国培"时光摆在我们面前时,我们理应自觉地、自主地把它变得有意义,有价值。所以,这里不得不再提我们作为教师的"专业自觉意识""专业自觉精神",要有"专业自觉","国培"时光才能变得美好。所以,面对"国培",我想说以下几句话:

1. 忙碌的教学生涯中没有几次这样的停留

对从事基础教育的教师来说,工作性质就决定了我们的工作是忙碌的:备课,上课,批改作业,备考,似乎总有做不完的事儿。送走一届学生,必然会迎来新的一届学生。就这样年复一年,周而复始,很多老师都是从踏上工作岗位一直忙到退休。所以,面对"培训",面对"教学研究",面对"外出学习",有的老师总会抱怨地说:"我连本职工作都忙不过来,哪里有时间去做这些事儿?"

应该说,对参加"国培"的教师是没有"连本职工作都忙不过来"这个担忧的,因为参加培训的教师都设有顶岗教师,有的在学校根本就没有安排工作,工作就是"参加培训"。从忙碌的教学工作中抽身出来专门参加学习,大家可以设想一下,这样的机会在我们的教学生涯中会有几次?我想,次数肯定是不会很多的,既然次数不多,我们理应珍惜。

在"国培"这段时光里,我们可以停下来,写几篇文章,沉淀一下自己对教育,甚至是对生活的思考和感悟,让我们忙碌的身体和心灵都停下来,把目光投向给我们授课的老师和与我们一起同行的老师,看一看他们以什么样的姿态行走在教育的路上。我们还可以静下来,静静地思考一下自己的教育之路,梳理一下略显凌乱的教育思绪,多读几本书。

忙碌的我们总是在追寻着职业的幸福感,在这种培训中能否找到幸福感呢?我想,答案是肯定的。忙碌的教学生涯中是没有几次这样的停留的,我们不要在多年后回想自己的"国培"经历时,觉得自己不过就是"外出休息了一段时间"而已,所以,请珍惜宝贵的国培机会。

2. 我们要的不是被动的"培训",而是主动的"研究"和"行动"

我们需要什么样的培训?很多人都在思考这样的问题。

站在培训者的角度,他们期望参加培训的老师能通过一段时间的培训,理论和实践水平都得到最大可能的提高,正是因为这些期望,"教师培训"走向了专业化发展的道路。从"马文"中我们可以看到,除了有政府层面由上而下设计的培训,更有诸如"青葵花导师计划"之类的民间尝试,可以说从政府到民间,各个层面都在尽全力想办法提高教师的专业水平,都在尽全力"培养""打造""催生"优秀教师甚至是教育家。

站在参训者的角度,似乎很多老师也在寻找自己需要的培训。他们期望在培训中找到能指导自己教学的理论支持,找到自己需要的"教学方法""教学模式",找到自己能马上上手的一些"技巧""绝招"。但很多时候,他们都会感到失望,总感觉培训的内容不能引起兴趣,"培训者"和"参训者"不能引起共鸣。所以,很多一线教师在参加培训时不愿意听一些大学教授的"理论",更愿意看自己同行的"实践"。

思考"我们需要什么样的培训"这个问题,站在培训者的角度或者参培者的角度,都是可以的,站在本位的角度去做也是不错的。教师的专业成长是一个非常复杂的过程,纵观一些"骨干教师""优秀教师""名师"的成长之路,他们确实在某些培训中得到了收获和启迪,但是我们更愿意相信,很多优秀教师之所以优秀,很大程度上源自于对自身、对教育的主动"研究"和"行动"。所以,很多人都说,"名师"不是"培训"出来的。

所以,面对"国培",或者其他"省培""市培"之类的培训,我们大可不必过多埋怨培训内容、培训形式,与其把自己摆在一个被动接受培训的角度,不如把自己摆在一个"主动研究者""自觉行动者"的位置。培训期间认认真真地去完成培训计划,不要虚度培训的每一天。更重要的是,培训的时间、培训的内容总是有限的,培训结束后我们终究要重新回到自己的教学生活中去,到那时,我们不是重新回到过去,没有改变,而是在研究的态度上要更积极、更主动、更自觉,这样才算真正达到了培训的目的。

3. 专业自觉,让我们永远激情行走在路上

"培训"是教师学习的一种方式。事实上,随着信息技术的发展,教师的学习方式日趋多元,基于校本的研修、区域内校际间的交流、网络研修成了很多教师的重要学习方式。没有"红头文件",没有"上级要求",专业自觉性才是教师成长的原动力。

任何一个职业都有其专业性,其工作质量的好坏就能体现其专业化的程度。作为一名教师,面对自己的工作,无论花多大的力气都不为过。国家和社会希望更多的教师成为"研究型教师""反思型教师",从某种意义上说就是希望教师有更强的专业自觉性。

教师有了专业自觉性,才会把教育工作当作课题来研究,才会以一种积极、健康的心态来认识和看待自己的教育实践活动,才会积极投身于"合作备课""同课异构""一课多上"等教学研究活动中去,总结经验,分析得失,学会"在教育中研究,在研究中教育",有效地促进和提高教育实践的科学性、有效性,使学生获得更好的发展。

"国培",从某种程度来说,就是为了唤醒参培教师的专业自觉性。专家的理论或许只能是参培者需要的一个"药引子",名师的"实践""经验"或许只是为参培者树立了一根标杆,指引了一个方向,而真正该怎么做,更多地需要我们在实践中保持专业自觉性,不断摸索前行。相信,只要我们拥有专业自觉性,不管是面对"国培"还是以后的教学工作,都一定会激情昂扬地行走在教育路上的。

二、教研员的"培训思维"和"培训方略"

直接面对一线、不断扎根基层的县级教研员是在一定区域内学科教学的行家,教学研究的专家。教研员除了承担开展教研工作以外,还承担着对区域内教师进行指

导、服务、管理的责任,对当地的教育质量的提升发挥着重要作用。应该说,每一个教师的专业成长都离不开教研员。

一直以来,从专业的角度出发,很多教研员都把"教学研究"放在一个很重要的位置,他们对教材、教法、学法、育人理念、教育学、心理学等方面都有很多独到的见解。绝大多数教研员的教研意识都很强,都试图通过开展各种教学研究活动促进教师专业素质的提高,可以说,他们都具有很强的"教研思维"。

众所周知,我国的教研体系伴随着新中国教育制度的诞生而建立,在不同时期,教研的内容、方式都在发生着变化。所以,在每个阶段,他们都面临着很大的教研压力。这促使着他们不断学习,不断加深对学科的理解,不断用独特的"教研思维"超越自我。

随着教育体制的不断变革,教师继续教育、教师培训的形式也在不断地发生变化,教师培训工作既有着巨大的社会需求,又面临着极大的质量挑战。在很多地方,教研机构、教师培训机构的功能和作用也逐渐由交叉走向融合。在这种形势下,在一个区域内,教研员在学科教师的培训、对校本培训的指导方面所承担的责任也是非常重要的。虽然做教研工作和做培训工作都是面向教师,两者之间有很多联系,但也有不同之处。教研员做好教研工作要有"教研思维",同理,教研员要做好培训工作也需要"培训思维"。

(一)教研员如何修炼自己的"培训思维"

一是要转换角色:从"专家"到"教练"

"培训"就是"培养＋训练",也就是通过培养加训练使受训者掌握某种技能的方式。虽然在教师的专业成长过程中,有些素质、技能的形成有其特殊性,仅靠培训不一定能够形成,但是培训可以起到熏陶、影响、改变的作用。

做培训和做教研各有其专业属性,对教研员来说,是角色从"专家"到"教练"的转换。作为"专家",教研员可以作专题讲座,分享其对某个教学问题的研究成果;作为"专家",教研员可以发表演讲,针对某个具体问题,鲜明、完整地阐述自己的见解和主张,进行宣传鼓动。但是,从严格意义上来说,这还不算"培训"。真正的培训应该是,他们要像"教练"一样,让受训者按照其主张去做,并且最后以受训者的工作绩效来评价培训者的绩效。从这个意义上说,教研员要能当好"教练",要有"培训思维"。

二是要开发课程:从"需求"到"要求"

很多教研员在任职之前有多年教学经历,在当了教研员后,工作中则直接面对区域内的教师,对教师专业发展情况十分熟悉,能理解教师专业发展的弱点、短板,知晓教师培训的需求,可以从专业的角度,结合教师的需求,制定培训目标,编制培训方案,根据当地实际制定出适宜的培训课程。然后,把教师的培训"需求"转变为对教师的"要求":要求接受培训的教师在培训周期内达到培训目标。

在一个教师群体中,教师的岗位、任教年限、资历、水平等都有很大的差异,这就决定了不能搞"统一培训",培训的形式要多样化,教研员要重视教师的个体差异,要为不同发展阶段的教师提供可以灵活选择的培训课程。从这里可以看出,开发出适宜的培训课程也是教研员应当思考的工作主题。

三是要锻炼技能:从"自省"到"自新"

教研员是区域"学科首席教师"、学科专家,有学科学识上的优势,但是能否通过培训把这些优势传播、发挥出来,则是一件极见功力的事。我们常常会看到,一些学识很高的专家在培训中由于只用单一的讲授法,结果不受受训者欢迎。教师都是成人,成人的学习有其特点和方式,他们本身便有在教育、教学方面的知识、经验,对培训大都带有功利性、选择性、自由性,单纯的灌输、单向的信息交流、单一的培训方法不利于其学习内容的消化和记忆。应该说,每一次培训,都是对培训者的素质、技能的考量。

所以,针对这些情况,面对教师培训,教研员要学会"自省",多对自己进行 SWOT 分析,了解自己的强势、弱势,不断地学习新的教师培训理论、新的教师培训方法、新的教师培训效果评估方法,不断用自己的新高度去引领、带动教师素质达到新高度。不断"自新",理应成为每个教研员应有的"培训思维"。

在过去很长一段时间里,不同层级的教育行政部门、教师培训机构对教师培训工作做过很多有益的思考和实践,在构建培训机制、打造教师培训队伍、拓展教师培训方式、改善教师培训条件等方面积累了丰富的经验。在新时代背景下,教师培训仍然面临着很多机遇和挑战,特别是具体到一个特定的区域,落实到一个具体的学校,符合实际的教师培训路径究竟是什么,在哪里,怎么实施,每一个问题都值得我们深入探究和思考。

(二) 教研员如何修炼自己的"培训方略"

下面,以我组织的一次针对区(县)级初中数学骨干教师培养对象的主题培训来谈一谈教师培训如何通过"注重实质"来实现"突出主题"的目的。

一是适切的主题,提升培训的"参与感"

"苦熬吧!"面对培训,有些参加培训的老师保持这样一种心态:麻木地接受考勤,机械地走进培训现场,遇到感兴趣的话题就听一下,遇到不感兴趣的话题就刷刷手机,打打瞌睡……这些老师人在朝营心在汉,完全游离于培训之外,把培训当作一种负累,身心都没有参与,毫无"亲在感"。为什么会出现这种情形?少数教师可以被认为是"自身原因",更多的还是应该归结于培训的主题、对培训课程的适切性不够。

参加初中数学骨干教师培养对象培训的教师都很年轻、好学,最重要的是大家的专业都一样,这样的培训对象就决定了这次培训主题一定要聚焦在初中数学教学上。不仅如此,也不能是平常的初中数学教师培训,它应该是针对一群尺码相近的"小众"——骨干教师培养对象而进行的。根据培训的周期,经过商讨,大家最后将培训的主题确定在教学技能的提升上,为了便于操作,设计的课程为三块:一是"成长的故事",引导参训教师讲自己的成长故事;二是"优秀课例研修",组织教师执教、观摩、研讨优秀课例;三是"教学技术提升",引导教师学习数学学习软件——几何画板。

二是灵活的形式,提升培训的"效率感"

要完成上述三块课程内容,按传统的做法,我们的操作模式是"专家讲—学员听""专家教—学员学"。在这种模式下培训者的主体性常常发挥不够,参与性不强。并且,为了现场听"专家讲"、现场看"专家教",参加培训的教师还必须把一些时间浪费在路途上。有时为了听专家两个小时的课程,耗在路上的时间也差不多两个小时,无形之中增加了"工学矛盾",降低了培训的"效率感"。

针对当下青年教师的成长环境和工作特点,我们除了建议全体老师适量听专家专题讲座外,把培训的主动权更多地交给教师本人,以此提高参训者的积极性。

为了鼓励青年教师积极探寻专业成长之路,我们先后推荐了任勇、李镇西等老师的书籍供老师们阅读,然后由教师自己写自己的教育故事,再由指导教师、小组内教师进行评改,最后遴选部分教师讲授"成长的故事",追求培训的梯度和渐进性。

在"优秀课例研修"环节,我们采用的方式是:给每两位教师发放一节成熟的课堂教学录像,由这两位教师合作。第一步,用文字将这一节课的课堂实录记录下来;第二步,根据课堂实录还原教学设计和课件;第三步,分教学环节写出每个教学环节的教学设计意图;第四步,用文字对整节课进行点评。

熟练地操作几何画板,这应该是当前中学数学教师的一个基本功。每所学校中都有很多教师熟悉几何画板的使用,网上也有很多教程,鉴于这种情况,我们对几何画板采取自学加定时考核的方式培训。

这三块课程的培训,更多地将培训的空间放在线上、家里、学校,培训的时间也比较灵活,提升了"效率感"。

三是及时地提炼,提升培训的"获得感"

但凡参与培训,最后都会要求有一个"培训总结";但凡"培训总结",必然会提到"培训质量";但凡"培训质量",必然会提到"培训成果"。教师的工作特点决定了教师的每一次培训时间都不会很长,要在有限的时间里出"成果"确非易事。但是,我们可以通过合理规划、及时提炼,让参加培训的老师有强烈的"获得感",甚至凝练出一些成果。

仍以此次初中数学骨干教师培养对象培训为例,我们不仅在"参与感""效率感"上着力,更努力提高培训的"获得感"。

让培训教师写、讲"成长的故事",意在启迪青年教师的心灵,培养教师写作、演讲的技能,使得最后每个培训教师的培训故事成为这次培训的成果,使其不仅有精神提升,更有物化成果。让教师听、记、写教学实录、教学设计,让教师对一节课进行"解剖麻雀"般的研究,有效提升了教师的教学技能,最后形成的二十余节课例成了区域内课程资源的有效补充。至于几何画板的学习,我们完全可以让参加培训的教师们针对具体的数学问题,用几何画板作出相应的课件,这也是我们需要的成果。

创新,是我们做好每一项工作的追求,做教师培训工作也是一样。但是,在追求创新的同时,我们仍然要扎实地做好传统工作。所谓"扎实",就是"注重实质",注重培训主题,努力通过培训为每一位教师的成长搭建平台,打通路径。

案例 6 - 1

长程规划　指向多元　实践跟进　突显主题
——初中数学课程思政培训实施案例

背景:

区级教师全员培训,是我区多年来教师培训的常规工作。因为有场地、工作人员、经费以及纪律保证,我区的教师全员培训都按既定的思路和模式按部就班地进行。应该说,在培训部、教研员及相关教师的协同努力下,我区的教师全员培训不折不扣地完成了市级继续教育部门的任务。但是,我们看到的现实是,全员培训的实效一直受制于培训课程设置的随意性和培训形式的单一性。两至三天的培训大都是教研员根据情况邀请一些专家,按专家自己的想法进行专题讲座,课程内容不系统,多数采用"专家讲—教师听"的模式。这样的培训效果可想而知。

根据区教委、教师进修学院的统一安排,2021 年,我区教师全员培训的主题为"党建引领　课程思政"。虽然说有重庆市教育科学研究院万礼修副院长、余朝元副所长两位专家长达四个小时有关此主题的培训视频,但是,要围绕这样一个主题把培训开展下去并且还将在今后的教研、教学中持续进行,应该说是对培训、教研的一个重大考验。显然,两天的全员培训,只采用"看视频＋讨论""听讲座＋谈感受"的方式是行不通的。结合初中数学教师的学习特点及学科的特点,我们在设计培训课程、规划培训方案、提高培训实效等方面做了一些实践。

实施过程:

一、培训前:规划长远,让教师长程卷入学习

1. 长远规划培训内容和培训形式

我认为,"党建引领　课程思政"这个话题,要让语文、政治、历史等文科教师理解、实践应该难度不算很大,但是要给数学老师讲明白"课程思政"并把它作为教学要求有一定的难度。受长期"应试教育""刷题"的影响,很多数学老师对在教学中如何立德树人、课程育人认识不深刻,面对"课程思政",他们很容易把它偏狭地理解为在教学中加入一点德育元素作点缀。

由于课程思政是在今后的教学中我们要长期坚持做下的工作,所以我认为我们不能把推进这项工作完全押在全员培训的两天时间里,它应该有计划、有步骤地进行。同时,在中学阶段倡导课程思政的理念、在学科的课程及教学中融入、渗透、落实思政教育的相关理念和要求,这方面的实践和探索较少,可以借鉴的经验不多。因此,我们决定以"众筹"的方式来开发培训内容。

第一,我们向全体老师推荐了两本书:《数学学科德育新视角、新案例》和《义务教育数学课程育人功能研究》,并指定由 94 中、95 中两个教研组把两本书的框架、主要观点、新颖案例制作成 PPT,指定教师宣讲。

第二,我们在中国知网上下载了有关课程思政的 20 篇文章。这 20 篇文章是:

1.《中小学"课程思政"的功能及其实现方式》(汪瑞林)　2.《中小学课程思政的实施现状及完善策略》(武美香、田建荣)　3.《中学课程思政建设的现状及对策》(王志国)　4.《课程思政融入初中数学的课例分析——以〈勾股定理及其证明〉为例》(吴虹)

5.《课程思政视角下的中学数学教学研究》(何恩荣、黄永明、叶丹)　6.《义务教育阶段数学教学中渗透中华民族共同体意识的路径研究》(郭人豪、任玉丹、曹辰)　7.《课程思政推进的难点及其解决对策》(董慧、杜君)　8.《课程思政的功能要素及其整合性路径》(潘诗扬、石路)　9.《对数学教育人文性的再认识》(张廷艳)　10.《大中小学思政课一体化建设的课程逻辑与实践理路》(李寒梅)　11.《概率统计课程中开展思政教育的探索》(郭海兵、於道、李云玲、李连庆)　12.《论中学教师"课程思政"素养的培育》

（王金崇）　13.《小学数学教学与思政教育深度融合的有效途径》(程洪建)　14.《推进大中小学课程思政一体化建设的着力点》(邱仁富)　15.《推进课程思政全方位育人的意蕴与策略》(邢月军)　16.《以课程思政建设引领学生未来发展》(潘晓莉)　17.《谈"课程思政"理念指导下的小学教育》(曹婷)　18.《课程思政大中小学一体化建设中的"串联""并联"与"互联"——兼谈高校师范生培养的新要求》(课程思政大中小学一体化建设中的"串联""并联"与"互联"——兼谈高校师范生培养的新要求(杜震宇)　19.《中小学思政课程建设与实施的问题及改进——基于西部 C 市的调查研究》(江宏、江楠、袁小梅)　20.《中学语文课程思政建设策略探究》(程靖涵、王玮)

我们把这 20 篇文章打包发给全体教师,供其阅读。同时,给每个教研组布置任务:读完文章后,选择其中一部分,把其主要观点、新颖案例、读后反思做成 PPT,写出20 分钟左右的发言稿。

第三,我们提供了"数说党史"和"统计图里的中国"两个案例供老师们参考。每个教研组设计一些教学案例做成 PPT,以模拟上课、说课的形式展示。

2. 共研共磨确保众筹内容的质量

6 月初,我们特地为全员培训召开了一次教研组长会。我把我的想法和安排与各教研组长进行了交流,并对全员培训作了初步安排。

为了确保大家设计出的内容质量,我的要求是:每个组对每位上台展示的老师所展示的内容都要进行打磨,要在全组里多次试讲。这样做一方面是为了提高质量,另一方面也是为了提前让大家切入培训主题,先行了解培训内容。

我对每一个教研组的 PPT、讲稿内容都认真修改,写出修改建议。由于今年下半年我们将举行区级赛课,很多学校都把将要参加赛课的选手推出来展示,给他们一个锻炼的机会。所以,我也给他们提出"像准备赛课那样去准备!"的要求。同时,我还将一些修改好的 PPT、定稿发在公众号上,让大家学习。

二、培训中:着眼效益,让教师主动分享思想

1. 培训从"大渡口初中数学"LOGO 发布拉开序幕

实践　思考　研修　生长

为了让两天的培训多一些仪式感,我们选了 95 中夏晏秋、94 中梁宵两位老师担任主持人。我们在会场制作了"大渡口初中数学"标识的广告牌,同时还摆放了西瓜、李子、葡萄、番茄等水果。

培训的第一个议程是由重庆市商务学校的罗定昆老师为大

家介绍标识。首先,"大渡口数学"这个标志是一个圆形,圆是一个包罗万象的图形,它自身具有许多的特性,寓意我们数学学科涉及各个领域,海纳百川,具有包容性。其次,它的主色调是蓝色。这种深邃的意境,寓意我们数学学科浓厚的学术性。圆当中的这个图案是一只帆船遨游在大海之上。组成帆船,海水以及旁边海鸥的正是大渡口数学这5个汉字的拼音首写字母。帆船的两个风帆,一个是绿色,代表了希望与生命力,另一个是橙色,代表了激情与奋进。在船帆当中还有三个数学符号,分别是加号,乘号和根号。这是我们初中数学三个级别的运算,这让整个标志充满了辨识度,"实践,思考,研修,生长"成为我们的学习理念。

2. 教师们的精彩展示提升了培训的质量

经过一个多月的努力,全区初中数学教师开发了7个教学案例和8个微讲座。要完成这些内容,时间需要大约两、三百分钟,再加上4个小时的视频,两天的培训内容显得比较丰富。同时,我们还请了商务学校分管德育的牟强副校长作了题为《换个角度,让课程思政不再牵强》的专题讲座。他从课程思政、思政现状、案例分析、思政情怀四个方面进行了讲解:课程思政与课程育德理念区别是什么?课程思政的案例素材从何而来?课程思政的目的是什么?这些问题牟强副校长都做了理论解答和实际案例的运用。

三、培训后:持续跟进,让教师在研究中反思

1. 认真梳理培训的过程材料

本次培训前后涉及的文章、PPT、发言稿数量大,特别是各学校开发的教学案例,是不可多得的教学资源,值得永久保存。所以,在梳理过程材料时,我们主要做了以下几项工作:

(1)组织老师整理了牟强副校长的专题讲座录音,形成文字,供大家再次学习。

(2)安排老师对两天的学习内容进行了全程记录,全程摄像。

(3)剪辑制作了"课程思政全员培训掠影"短视频。

(4)针对本次培训效果采访了一些教师。

2. 组织部分老师撰写培训心得

为了让大家对课程思政的关注度不因假期的到来而降温,我们还引导部分教师撰写有关课程思政的培训心得,通过"廖帝学数学教学工作室"公众号与大家分享。目前收到心得体会12篇,分别是:

《换个角度,思政也许就不会生硬》(陈洪,95中);《将课程思政贯穿于课堂教学

全过程》(任爽,钢城实验学校);《如何将思政元素融入数学课堂?》(周庆颖,商务学校);《数学课程思政培训随笔》(肖虹,车家坪小学);《深挖思政元素,有机融合课程教学》(刘佳,庹家坳小学);《要认识到数学课程思政资源库开发的重要性》(李璐,商务学校);《理解背景与本质 把握目标与方法 落细落实课程思政》(陈红霞,公民小学);《当数学"遇见"思政》(丁胜峰,民族中学);《以数学课程思政为出发点与落脚点》(张赢,长征学校);《充分挖掘数学课程中的思政元素》(周游,商务学校);《课程思政,我们将走向何方》(冉崇芳,钢城实验学校);《探求数学的"真""善""美"》(夏晏秋,九十五中学)。

反思:

1. 基于教师需求的研修内容设计,增强了研修的针对性

本次全员培训虽然名为"培训",但其实就是一次教师自主的研修活动。没有专家的空洞说教,更多的是教师个体、教研组的实际行动。尽管面对课程思政,我们的理解一时半会还做不到特别深刻、特别到位,但因为是教师们根据数学学科特点不断研磨出来的教学案例,因此大家都能够领会。这样的研修从另一个视角去让教师们开展教学研究活动,增强了研修的针对性。

2. 基于教师学习特点的研修活动,增强了研修的实效性

我们都爱说"研训一体",我想它真正表达的意思是,平时的研究就是培训。所以,我们理应把培训放到平时的教学研修活动中去,而不是总要集中花时间"培训"才叫培训。本次研修活动,从一开始就布置了任务,不断开发出的学习内容满足了教师们碎片化学习、泛在学习的方式,同时也满足了教师对课程内容选择性的要求,减少了教师参加传统培训的压力和厌倦感,增强了研修的实效性。

三、寻找更多催生教师成长的力量

我们发现,一些和教师培训相关的项目常常会成为教师专业成长的"关键事件"。作为教师的组织者和实施者,就是要不断地寻找催生教师成长的力量。下面介绍两个和教师培训相关的项目。

案例6-2

建好一个基地,带活一个团队

2020—2021这一学年对于重庆市第九十五初级中学(以下简称"九十五中")初中

数学组的全体老师来说是十分忙碌的,除了要完成常规的教学任务外,教研组还分别承担了大渡口区初中数学教育学术年会、《几何画板实用范例制作》教学分享会、"聚焦立德树人　落地五育并举"教学开放日的教研组建设成果分享会等大型活动。但是,大家也感到非常幸福:梁勇等老师编著的《几何画板实用范例制作》一书由东北师范大学出版社公开出版,教研组长陈小蓉老师主持的重庆市第三期农村中小学领雁工程初中数学课程创新基地完成各项建设任务,成绩良好;九年级数学成绩再创新高;七、八、九三个教研组在年度考核中均获得优秀等级……

一个近 40 人的教研团队,在繁重的工作负担和应试压力之下,能够以如此积极、团结、向上的状态行走在教育路上并取得如此丰硕的成绩,这和九十五中这所市级示范初中的教学管理制度、科研管理水平、队伍建设措施等因素密切相关。其实,通过调查,我们还发现,这还和一个"基地"——重庆市第三期领雁工程初中数学课程创新基地有关。

1. 初中数学课程创新基地的建立

2017 年,为进一步贯彻落实国家"乡村振兴""教育扶贫"战略,依据国务院《关于统筹推进县域内城乡义务教育一体化改革发展的若干意见》,重庆市开始推进第三期领雁工程项目。重庆市九十五中初中数学组结合教研组的情况,积极申报该项目。最后,经市教委评审,"重庆市第九十五初级中学校初中数学课程创新基地"(以下简称"创新基地")获得批准,项目建设周期为三年。

经过创新基地全体成员多次研讨,在主持人陈小蓉老师的组织下,大家决定将研究主题聚焦在初中数学课堂,着力打造"让学生动""让课堂生动"的"生动数学课堂"。创新基地的建设愿景是通过创新基地项目的推进,积累更多的教研组建设经验,打造更优秀的研修团队、创设更多交流的平台。

2. 初中数学课程创新基地建设的思路和实践

结合重庆市教委对第三期领雁工程的工作要求及评价指标体系,借鉴区内外一些教师培训项目的成功经验,创新基地不断落实研究方向、建设目标、工作重点及措施、预期成效,确立了基地建设的基本思路和工作方法。

(1) 工作基本思路

创新基地要充分认识领雁工程的时代背景和意义,充分发挥九十五中数学组的教研优势,练好内功,积极引领帮扶学校学科组的发展。创新基地要不断地拓展课程资源,建成以几何画板辅助教学和校本课程开发为载体的数学教研创新基地,为一线教师提供更多教学资源。通过有经验的老教师帮扶引领新教师切实提高数学教学教研的能力和水平，有效促进项目组教师的专业成长。通过教研组间的交流互动，不断提升教研组整体实力，不断优化教研队伍建设。

（2）主要研修实践

规划、编写专著

几何动态问题、抽象的函数问题是初中数学教学的重难点。最初，创新基地的梁勇等老师有意识地在教学中使用几何画板。随着一个个常见问题被解决，逐渐形成了数十个微专题，后来，大家有了编书的想法。从2019年年初开始，创新基地组织了陈小蓉、杜琼等老师成立了编写团队，开始了《几何画板实用范例制作》一书的规划、编写。历时近两年，该书终于得以出版。市面上很多关于几何画板方面的书籍，大多侧重于理论知识的讲解，老师在使用过程中，遇到实际操作问题依旧不能解决，《几何画板实用范例制作》一书是一本适合一线初中数学老师、甚至中学生也能用的书，它把一些抽象的知识直观化、具体化、形象化，使知识变得简单、明了，让学生轻松、主动参与到学习中，有效地培养了学生的直观思维和思维发散能力。

研磨、打造课例

创新基地面对的教师，有帮扶对象江津支坪中学、贵州威宁石门民族中学、茄子溪中学、长征学校以及校内数名亟待培养、成长的教师，要让他们准确理解课程标准、把握教材的重难点、增强课堂提问的有效性和课堂语言的准确性，就需要让他们一次次经历课例研磨的全过程。创新基地一直把研磨、打造课例作为工作的主线，不断地修改教学设计，试讲，评议，突破瓶颈……三年里，创新基地参与了近20堂赛课的磨课活动，成功打造了《平行四边形》《勾股定理》等课例，教师获得部级优课1人，全国一等奖2人，市级一等奖3人，市级二等奖4人，区级一等奖2人，校级一等奖3人。每位青年教师在磨课完成后，在教学上都会有脱胎换骨式的成长和突破。通过上示范课、研课、磨课、参与教研活动等方式，创新基地深入辐射到基地内学校进行交流指导，加强了教育经验交流与互动，创新了教学方式，提高了"领雁"工作的针对性和实效性。

拓展、开发教学资源

多年来，九十五中一直坚持学生个性化作业的探索和实践，初中数学组在这方面也做过很多努力，比如画章节思维导图、办数学文化小报、收集错题等，但是这些实践大都显得零敲碎打，难成体系。经过创新基地成员们共同商议，结合学情，大家将工作重心落脚在编写校本教材、设计中考微专题、制作中考复习微课等方面。校本教材用作学生课外、寒暑假作业,中考微专题用于提高中考优等生学习提升,中考复习微课用作教师教学时突破难点。创新基地编写了6套数学校本教材;原创中考微专题21个,录制中考复习微课16节。

研读、撰写教研论文

创新基地要求所有成员每年均要独立完成一篇文章,包括教学论文、教学案例、教育故事等。结合成员提交的文章进行研磨、修改也是创新基地的一项常规工作。通过阅读、思考、交流,大家提出很多建设性的修改意见,大到框架结构、提行分段,小到斟字酌句和标点符号,经过一段时间的研修,创新基地全体成员对中学数学教学论文的写作有了整体把握,撰写的论文质量明显提高。罗先锋、窦薇等老师的论文、教育故事获得了市级一等奖。罗先锋老师在《自得教育》《德育报》《新家长报》公开发表文章10余篇。

承担、参加研讨活动

为有效推介创新基地的研讨成果,创新基地主动承担各级研讨活动。三年里,创新基地承担的大型活动有:重庆市第三期领雁工程初中数学联盟启动会,双城古道教育协同联盟乐至县名师工作室来访,双城古道教育协同发展联盟首届年会(陈小蓉老师经验交流),大渡口区初中数学教育学术年会,《几何画板实用范例制作》教学分享会活动,青海省骨干教师团队、重庆市初中数学教学名师团队来访活动……创新基地制作了近10分钟的成果汇报片,印制了数千份会议材料,向四川、陕西、江苏、青海、贵州以及市内各区县赠送了教学研究成果。

另外,创新基地还组织全体成员赴成都、西安等地参加了一些学习活动。

3. 初中数学课程创新基地促进教研组建设的启示

创新基地是一个旨在发展教师、发展教育的项目。这个项目落实到九十五中初中数学组,在很大程度上推动了教研组工作的开展,提升了教研组建设水平,这给我们留下很多启示。

一是创新基地开启了教研组建设的新航程

教育行政部门的科学决策、责任明确、政策到位、保障落实是创新基地建立和发展的基本保证。全面系统的组织保障机制、行政导向机制、专业指导机制、政策支持机制、物质和经费保障机制、展示辐射机制、考核评价机制为创新基地的发展指明了航向。九十五中数学组在这个过程中紧紧地抓住教学研究中的关键因素,围绕主题开展课例研究、文章撰写、校本课程设计、学习资源开发……开启了校本教研、校际交流、引领辐射的新航程,极大地推动了区域内初中数学教学质量的提升。

二是创新基地统整了教研组建设新动力

九十五中初中数学课程创新基地能够得以高效运转,一个很重要的原因就是这个项目统整、激发、汇聚了教研组里存在的各种力量。以一次磨课为例,打磨课件的教师是一股力量,评课议课的是一股力量,后勤保障的是一股力量……因为一件事情把组内各种类型的教师凝聚在一起,做自己擅长做的事情。同时,我们也知道,在一个区域里,还有其他类型的教研团队,比如名师工作室,比如其他学校的教研组,这些都是可能的"动力"。这些动力直接推动了创新基地的发展,也直接发展了教师,发展了教育。

三是创新基地开辟了教研组建设新天地

教研组建设是学校教学管理过程中的重点工作,特别是如何引导教研组工作走出被动完成事务性工作困境是很多学校面临的难题。九十五中数学组本身是一个比较优秀的教研组,如何从优秀走向卓越呢?借力创新基地,让学校教研组建设开辟了新的天地。创新基地让教研组站在了应该有的学术高度,站在教育前沿,找到了撬动教研组整体发展的力量。在创新基地的建设过程中,教研组的工作聚焦主题,克服了校本教研活动的零散性、随意性、碎片化现象。用创新基地推动教研组建设,把教研组的每一个人都变成教研组里一个不可或缺的因子。工作有主次,但人人都有其中的一份,这样就凝聚了人心,让每一个成员的成长都可见,这应该是一种比较好的团队建设策略。

四是创新基地提升了教研组建设新高度

作为重庆市第三期领雁工程中上百个项目之一,重庆市第九十五中初中数学课程创新基地的成绩是显著的。成绩主要体现在"带活了一个团队",让一个优秀的教研组站在了新的高度。特别可贵的是,创新基地团队集结了九十五中数学教研组及相关辐射学校中一批想干事、能干事的优秀中青年老师,成就了市级教育科研先进个人、教育部"国培计划"专家、重庆师范大学专硕研究生校外指导专家、重庆市三八红旗手、市级赛课一等奖获得者等一大批优秀数学教师。相信大家心往一处想,劲往一处使,人人鼓足干劲,信心十足,全力以赴,一定能抵达梦想的彼岸。

案例 6-3

"三名"工程——赋能教师成长

中共中央国务院颁发的《关于全面深化新时代教师队伍建设改革的意见》一文将教师队伍建设提到了前所未有的高度。习近平总书记强调,要从战略高度认识教师工作的极端重要性,把加强教师队伍建设作为基础工作来抓。教师是打造中华民族"梦之队"的筑梦人,要努力成为"有理想信念、有道德情操、有扎实学识、有仁爱之心"的好教师。基于此,为了引领一批充满活力的教育管理干部、班主任和优秀青年教师在专业发展的道路上加速前进,我区教委实施了教育"三名"(名校园长、名班主任、名师)工程,并发挥了积极的效能。

1. "三名"工作室应时而生——磨砺了组织策划力

一个项目的启动,规划设计是第一步。"十三五"期间,我区计划建设3—6个名校(园)长工作室、6—10个名班主任工作室、6—10个名师工作室,着力培养3—6名政治素质过硬、管理水平一流、办学业绩优异、人格魅力突出、学术造诣较高,在全市乃至全国知名的教育家型校(园)长;着力培养3—5名师德高尚、业务精湛、业绩突出、学术水平较高、榜样示范作用好,在全市、全国有较高知名度和影响力的市级名师、名班主任,以及10—20名区级名师、名班主任。期间全区评选出教育"三名"人才12名,并分别成立了相应的工作室,全区147名中小学教师参加了工作室研训。为了完成工作目标,区教委全方位组织策划,周密安排,在实施过程中磨砺了管理者的组织策划能力。

组织执行力。大渡口区教委成立了教育"三名"工程建设领导小组,并下设办公室。区教委教育科、人事科等相关科室和区教师进修学院各司其职,齐抓共管,有序推进各项工作,确保"三名"工程按计划实施。

制度保障力。大渡口区教委制定了《大渡口区教育"三名"工程建设实施意见》《大渡口区教育"三名"人才管理办法(试行)》和《大渡口区教育"三名"工作室管理办法(试行)》,规范了"三名"工程建设的总体目标、具体任务和"三名"人才的培养选拔、职责待遇、使用办法以及工作室成立的条件、程序、任务与职责、组织与管理、考核与评估等,保证了"三名"工程的有效实施。

激励推动力。大渡口区教委制定了奖励措施,将"三名"工作室奖励纳入区"尹兴明教育基金会"奖助项目之中,这一措施推动了"三名"工作室的有效开展,提高了"三名"工作室的积极性,增强了学员的成就感。

2. "三名"工作室拔节生长——提升了实践研训力

实践研训力是"三名"工作室的核心能力,是培养学员教育教学综合能力的重要力量。我区"三名"工作室在实施过程中,以文化、实践、课题和联盟为抓手,拓展了实践研训方式,丰富了实践研训内涵,提升了实践研训能力。

文化凝聚力。文化具有向心凝聚作用,各主持人认真分析学员现状、学科教学改革发展方向,前瞻性地提出了工作室的文化理念、口号,设计出个性化的工作室标识,创建了自己的公众号(QQ群、微信群)等。如:李长彬名校长工作室以"共谋共生共荣"为学习共同体一致愿景;杨永胜名班主任工作室以"做一个有温度幸福的班主任"为大家追求的目标等。在文化理念导引下,工作室更有凝聚力、向心力、发展力,研训的氛围更浓。

实践创新力。在实践研训过程中,各工作室创新研训方式,富有生机、活力,各具特色。许多工作室开展"阅读分享——漂书晒书、读书反思卡(多达300多份)"活动;甘露名师工作室采用"主题研训、任务驱动,捆绑互助,实践运用、走出去、请进来"的方式,这些方式满足了学员们的需求及多种愿望。再如赖天利名园长工作室的"三研三导"研训方法,即"理论研修、专题研讨、课题研究"和"专家指导、典型引导、学员助导",注重将培训学习、问诊调研、课题研究、论坛交流、网络联动等多种方式相结合,立体推进研修计划,完美实现培养目标。在主持人的指导、引领下,"三名"工作室已成为名副其实的教育思想"孵化地",教师成长"加油站"。

课题支撑力。"三名"工作室在实践研训中重视教育科研,以根植于学校教育教学实践的"真问题"为研究重点,以解决实际问题的为研究导向,积极进行课题研究,引领工作室创造性地开展研训活动。在研究中,主持人和学员或主持或主研。经统计,目前全区12个工作室已结题和在研的共有2项国家级课题,50项市级课题,85项区级课题,28项校级课题。各工作室通过系统、深入的研究,已取得了显著的成效。

联盟互助力。在名班主任工作室方面,全区组建了"1+4"工作联盟,搭建了教师"发展共同体",为全区班主任搭建了更大的学习交流平台。"1"即一个主持人总联盟,选择名班主任工作室主持人承担,"4"即四个工作室分联盟,各分联盟由9—10个区、校级工作室组成。自班主任工作室联盟成立以来,全区班主任工作室已交流展示德育类市、区、校级示范课241节,组织开展各种研训、交流活动476次,实现"名班主任——区级班主任——校级班主任"三级工作室的纵横联动效应。

3. "三名"工作室成效显著——形成了专业竞争力

共生与共享同行,"三名"工作室在教育教学研究和教师专业发展的跑道上稳步前行,成为我区同领域同学科教师共生智慧和共同成长的场域,为教师学习发展奠定了良好的基础。"三名"工作室产生积累的成果,具有较大的区域影响力和辐射力。

学习发展力。三年以来,各工作室主持人及其团队成员的学习力得到极大提升。从被引领学习,找到方向,找到生长力量,到现在成为一束光,去引领同伴,学习,学习,再学习,教师成长行于此,但不止于此。三年中,12个工作室的主持人和学员共有122人次获得职务职称晋升或专业荣誉称号,366人次获市区级表彰鼓励,三个名班主任工作室已升级发展为市级班主任工作室,廖帝学名师工作室在第二届工作室中连续开展研训工作。主持人和学员呈现出积极向上向好发展的趋势,"三名"工作室为我区优秀教育人才队伍夯实了核心实力,积蓄了宝贵的人才资源,为输送市级高层次教育人才储备了坚实的力量。

课程开发力。各工作室研究、学习、积累,形成了学习系列课程,体现学科研训特色。赖天利名园长工作室构建了"园长人格塑造与领导力培育"课程;甘露名师工作室进行了五个区九个地点的研学实践活动,建设了八个主题的研学课程资源,实践了地理教学新方法。如,以南岸区南温泉公园区域自然环境特征考察为主题,根据南温泉公园位置特点,实地观察相关自然地理特征,用实验验证石灰岩,分析喀斯特地貌成因,用地理环境整体性原理分析自然环境并形成研究报告。廖帝学名师工作室开发了"几何入门教学、教学难点分析、初中数学微专题、几何画板制作技术、作业及时辅导"等50余个微课;名班主任工作室构建了"1+2+X"思政课程体系,覆盖国家必修思政课程、市级必修思政课程、区级特色思政课程、校本选修思政课程,强化了"游戏式""体验式""活动式""情境式""思辨式""议题式""社会实践式"教学。这些课程的形成,为今后我区学科教学、校本研训提供了资源和案例。

成果影响力。各工作室以研带训,研训融合,产生了丰硕的成果。赖天利名园长工作室编制了《现行幼儿园法律法规汇编》和《幼儿园规章制度汇编》,名班主任工作室编印了《班主任工作室优秀工作案例集》,彭代琼名师工作室整理出《部编本小学语文教材语文要素梳理及教学策略实践研究案例集》》。三年来,"三名"工作室在市、国家刊物上公开发表论文167篇,参与教材编写12部,出版教育教学专著2部,这些成果具有很强的学科指导性和借鉴推广价值。

"三名"工作室主持人在带领学员的过程中锤炼了自己的本领,修炼了专业内功,也获得了殊荣。如谷小平名校长被评为享受国务院政府津贴获得者;徐开伶、莫能芳两名班主任分别获得全国模范教师称号、全国优秀教师称号;彭代琼名师工作室陈玲玲在区教师作文大赛中获得一等奖;曾凡科名师工作室王元娇获得第四届重庆市中学优质课评选初中组一等奖等。三年中,12个工作室开展市、区、校级学术报告、讲座或示范课共计578人次,工作室经验得到很好的应用和推广。"三名"工作室各类成果、荣誉激发工作室无限的活力和生长力,催生了教师的专业核心竞争力。

大渡口区第一届"三名"工作室已结业,第二届"三名"工作室授牌已完成,工作室若要葆有持续生命力,要为教师专业发展赋能,必须做到"三要":

一要有方向感。要紧跟新时代教育教学改革和考核评价要求以及技术革新的步伐,坚持"立德树人"根本任务,走在学科研究最前沿和教师发展最前端;二要有责任感。要站位高、计划长远、思路开阔,要扩大研究领域,转变研究方法,激发研训活力,让"共同体"意识深入学习和研究课程,共同推进区域优秀教育人才队伍建设和教育质量的提升;三要有成就感。要注重自身的影响力,特别加强对区域内教师成长的引领辐射,注重区域内成果的应用和推广,有效推动教学改革,有力指导教学实践,提高教育质量。

第四节　教师教育的实践经验

案例 6-4

大渡口小学:"五课联动"促进入职期教师专业发展

倪春容　兰田　王丽

大渡口小学针对新入职教师教学缺乏经验、教学能力薄弱,面对可塑性极强的孩子束手无策的情况,以"五课联动"策略为抓手,引导入职期教师提高教育理论水平,规范教学行为,开展课例研究行动,改善教学过程,从而迅速掌握基本教学技能,实现师生共同发展。

一、同备一堂课——交流分享,齐头并进

备课是提高课堂教学质量的前提和基础,从某种程度上讲,备课质量决定上课质量。笔者基于课标要求和学生认知水平,针对目前入职期教师教学技能上存在的问题,认为提高备课质量可以从以下三点入手:

(一)精准定位目标

一堂课上得好不好,取决于目标定位准不准。教师在定位教学目标时,依据课程标准,深钻教参,吃透教材,立足学情,才能精准定位教学目标。

(二)开发核心目标

教师在备课时,首先要看教参上的教学目标,为了表述方便,通常把教参上的目标叫做一级目标,但是一级目标有一个特点,即往往缺乏可操作性,因此教师要在一级目标的指导下,开发具有操作性的核心目标。核心目标重在柔化知识,降低难度,关注动机。

（三）搭建下行支架

如果核心目标定位精准，就可以沿着核心目标下行，开发出有支架作用的二级目标。二级目标要紧紧围绕核心目标展开，不能窄化核心目标，不能偏离核心目标，不能脱离教材去耍花招。

二、同说一堂课——合抱之木，生于毫末

说课是教师的基本功，是教师备课质量的集中体现。在说课的6个基本环节中，说教学过程是重中之重。教师在说教学过程时，要表达自己"教什么""怎么教""为什么教"，这个过程反映了教师的备课思路、教学理念和教学风格，与备课环节紧密联系，相辅相成。

入职期教师在各年级组长的带领下同说一堂课，主要就教学过程如何开展进行研讨。经过多次说课，入职期教师的备课思路逐渐清晰，教学目标定位准确，教学风格新颖独特。

三、同观一堂课——见贤思齐，从善如流

研究期间，我校教师共同观多堂课，笔者试举市赛一等奖课例《我和_____过一天》进行论述。

（一）课例简介

课前，范老师用游戏的方式激发学生的兴趣，引导学生通过多种方式猜神话（童话）人物，唤醒阅读积累，关注人物特点，如外貌、本领、动作、口头禅、武器等，为整堂课的教学埋下伏笔。开课时，范老师以"你去孙悟空的世界，你想干什么?"引导学生发散思维，大胆想象。学生借助老师提供的表达支架"我和（孙悟空）（去哪里）（干什么）"进行表达，关注人物特点。在这一环节中，学生的思路渐渐打开。紧接着，范老师又以"我和（孙悟空）（去运动会赛场）（做什么）（有什么新奇的经历）"这一表达支架引导学生关注新奇的经历。然后，老师给出写作"小贴士"，学生根据"小贴士"将自己的所思所想以片段的形式快速写下来。学生写完，老师引导学生根据"小贴士"评价被展示的片段，让学生自己发现他们的作品普遍在"丰富的想象"这一评价标准上有所欠缺。接着，老师通过微课帮助学生在人物表现（说了什么、做了什么、有什么表情）和神奇景象（看到的、听到的、感受到的）上打开思维、拓宽思路，让想象更丰富。最后，从学生修改的习作片段来看，学生习得了写作方法，提升了写作能力，课堂生成效果明显。

（二）内化迁移

学校组织入职期教师共同观看课例,手写观课记录和课后反思。新教师普遍认识到在想象单元的习作教学中,要精准定位,系统构建,为展开丰富的想象助力。那如何在教学中得以体现呢?他们在备课时会关注目标定位:纵向观照,找准大方向;横向关联,尝试准确定位。在任务情境的创设上顺应儿童心理,尝试创设一以贯之的任务情境,争取准确定位每个任务情境的功能。在学情研究上努力找准学生表达的困难,摸清学生的学习起点和学习难点,搭建支架,创设学习增长点。在课堂评价方面,力争构建教学评一致的课堂,夯实基础。

四、同辩一堂课——思维碰撞,生发智慧

研究期间,入职期教师在备课、说课、观课的基础上,就某一主题或教学的重点、难点和疑点提出问题,展开辩论。

(一)分组辩课,形成竞争

入职期教师在各年级组长的带领下进行分组辩课,就某篇课文或某个知识点进行集中辩论,在大家的思维碰撞过程中,取长补短,达成共识,形成最优教学设计,促使各年级教学向更好的方向发展。

(二)学科辩课,共同进步

入职期教师在各学科带头人的领导下定期定点开展教研活动,针对某一入职期教师的常规课例进行辩课。在辩课过程中,大家以课标和教参为基础,各抒己见,加深对文本的理解,真正促进了上课教师与听课教师的共同提高。

(三)网上辩课,缩短距离

在2020年新冠疫情防控期间,学校积极响应教育部"停课不停教,停课不停学"的号召,稳步开展"线上教育教学"。我校教师通过网络媒介进入某一入职期教师的课堂教学中,对教师的教学过程进行研究和分析,然后在QQ群进行集体辩课。入职期教师立足"云课堂"开展"云辩课",既缩短了空间距离,又提升了教学技能。

五、同上一堂课——同课异构,各具特色

入职期教师在经过集体备课、说课、观课、辩课后,基本的教学技能得到提升,他们不仅能够驾轻就熟地同上一堂汇报课,还能在区教研员进校指导时将自己的风采展现给专家领导,并得到一致好评。

(一)同上一篇课文

在2019—2020年度,我校两名入职期教师在区教研员莅临学校指导工作时同上一堂课。她们选取了部编版一年级上册课文《gkh》进行教学,并从读准音、认清形、写正确三个方面引导学生学习声母 g、k、h,指导学生拼读 g、k、h 和韵母组成的两拼音节、三拼音节,初步掌握三拼音节的拼读方法。不同的是,两位老师的教学风格各具特色,教学方法各有亮点。

（二）风格各具特色

在教学 g 的发音时,因学生无法通过观察直观地看到舌根音 g 的发音部位,所以刘老师边讲解边演示动作:双手手心向下,平行前伸。左手在上,手心代表口腔上颚,右手在下,手背表示舌面。右手像跷跷板一样,指尖向下,手腕部分上抬碰到左手掌根。嘴角往两边拉,舌根抬起。刘老师借助动作演示,可以帮助学生掌握发音的要领。

三拼连读对一年级的小学生来说,是一个很难掌握的技巧。郑老师利用汉字和生活中的具体事物让学生读出音节,再出示声、介、韵三拼连续的过程让学生体会并练习。在 g-u-ā→guā 的三拼连续教学时,郑老师出示西瓜、南瓜、冬瓜、黄瓜的图片,让学生说说这些是什么。在学生不断发出"瓜"的音以后,出示音节 guā,并告诉学生 guā 是 g-u-ā 这 3 个字母连拼而成的音节。然后学生反复拼读,体会"声轻介快韵母响,三音连读很顺当"的方法。

（三）不断追求进步

尽管入职期教师在"五课联动"策略的推动下,逐步提升了自身的基本教学技能,但其中也存在着很多需要改进的地方。他们通过自己的反思以及结合听课老师的建议不断地修改自己的教学设计,调整自己的教学方法,并会使用反思后的教学设计进行实际教学,关注学生的课堂生成,优化教学设计。

六、"五课联动"数据表

表 6-1　"五课联动"数据表

学期（期） ＼ 教研活动（次）	同备课	同说课	同观课	同辩课	同上课（汇报课）
2017—2018 下	68	61	49	66	53
2018—2019 上	73	70	52	70	54
2018—2019 下	54	58	55	57	47
2019—2020 上	72	51	51	63	69
2019—2020 下（疫情）	18	12	8	16	
2020—2021 上	69	49	43	65	65

案例 6-5

赖天利名园长工作室：三秋芳华　天翼逐梦

学前教育是国民教育体系的重要组成部分,是实现人的终身学习和全面发展的奠定阶段。"合理配置教育资源,办好学前教育"是党的十八大作出的重大决策部署,关系着广大儿童的健康成长,关系着千家万户的切身利益,关系着国家和民族的未来。党的十八大以来,大渡口区学前教育事业快速发展,公办园普及普惠水平大幅提高,加大了对园长专业领导、管理水平等方面的要求。我区幼儿园园长通常是直接从优秀教师中选拔后"匆匆上任"的,经验不足、缺人引领。他们从教师直接到管理岗位,并未承担过教研组长和保教主任等管理工作,因而专业化水平不高。

为向我区"新区品城"建设提供坚实的人才支撑和智力保障,进一步加强教育管理人才队伍建设,提升我区教育品质,2017 年 10 月,大渡口区教育委员会印发了《大渡口区教育"三名"工程建设实施意见》的通知,根据文件精神启动"三名人才"培养工程,赖天利名园长工作室应运而生。工作室以《幼儿园园长专业标准》为基础,探索区域普惠性幼儿园园长专业发展培养策略,以提升园长专业发展素养,促进区域学前教育高质量发展。

一、工作室的文化建设

发展靠人,文化是根,工作室必须要有共同的价值追求,才能在专业上引领和指导,在人格、精神、思想上给予感染、提高和升华。"赖天利名园长工作室"成员是由区域内优秀园长或园长后备人员组成的园长研修群体,其以促进园长专业发展为目的,试图通过三年时间培养出一批合格、优秀的园长。为此,工作室从文化建设入手,确定了工作室的理念:共融、共修、共享、共进;室训:尊重个性,凝聚智慧,享受教育,绽放生命;团队名:天翼团队,寓意是给每个学员插上翅膀追逐梦想,在学前这片蓝天上翱翔;LOGO:以"天翼"的大写拼音 T 和 Y 拼出的一个圆形的 LOGO 主题,有圆梦的含义,以书托举飞鸟,寓意共建精神家园的诉求,整个采用橙红色,代表热情与梦想,突出了展翅逐梦的主题思想;主题歌:《天翼逐梦》(由工作室主持人亲自作词原创,既包含教育者的理想、要求、愿望,又有受教育者的感受、追求和成长心声;誓词:"我荣幸加入赖天利名园长工作室学习,在这三年的时间当中,我承诺做到:用爱感动,用心坚持,用情温暖,对学习全身心投入,对导师全力支持,对团队全情关怀,我承诺,我相信,我做到,我成长!"以坚定信念、强化责任,铭记使命。

通过文化建设、文化感召、文化感染,让文化内记于心、外化于行,流淌在每个成员的血液里。

二、工作室的"三特质三能力"园长专业素养培养课程内容

著名的教育学者佩斯克（M. Speck）认为校长有三种职业角色：领导者、教育者、管理者，每一种角色都有与之相应的任务和职责。2015年教育部颁布的《幼儿园园长专业标准》首次提出幼儿园园长的六项专业职责，即规划园所发展、引领教师成长、营造育人文化、优化内部管理、领导保育教育、调试外部环境。可见园长也有这三种职业角色，领导者进行价值领导，包括规划园所发展、营造育人文化；教育者进行专业领导，包括领导保育教育、引领教师成长；管理者进行组织领导，包括优化内部管理、调试外部环境。

为促进幼儿园园长的专业化发展，建设高素质的幼儿园园长队伍，深入推进学前教育改革与发展，我们建构了工作室的园长专业素养培育课程内容框架和体系。

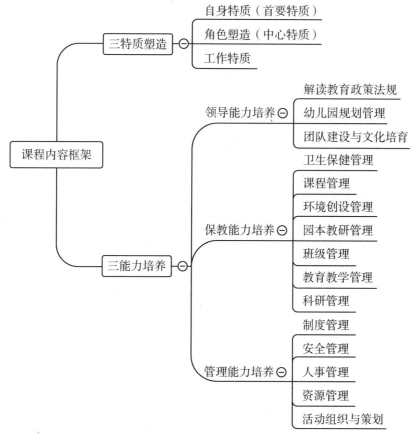

图6-1　课程内容框架

课程基于三个理念:一是将发展要求和实践需求整合,具有科学性、系统性;二是实现专业能力指向,研修内容与实践工作紧密结合,研究专业能力结构,具有实践性、可操作性;三是满足不同发展水平的需求,实现课程的纵向深入,具有可选择性和层次性。园长专业素养培育内容体系包含"三特质塑造"和"三能力培养"。

(一)"三特质"塑造

1. 自身特质(首要特质)。通过 PDP 个性特质测试、生命密码解读、原生家庭与我的剖析,运用心理学原理让每个学员重新了解自我、察觉自我、解读自我,发掘自身潜力,扬长补短,有信心成就最好的自己。

2. 角色塑造(中心特质)。在重新认识自己的角色的基础上,制定个人成长计划,拟定工作与生活作息清单,努力改变自我,提高自我成长的目标感、有效性。

3. 工作特质。通过专业素养问卷调查、SWOT 分析,了解自己的工作状态,审视自己的专业水平与差距,对自己的专业发展较准确地定位。

(二)"三能力"培养

1. 领导能力培养。学习解读教育政策法规、研究幼儿园规划管理、拟定办园章程等,科学规划幼儿园发展;系统思考与建构办园理念体系,学习团队管理与文化培育,营造良好育人环境。

2. 保教能力培养。研究实践幼儿园卫生保健管理、课程管理、环境创设管理等,指导幼儿园保育与教育;研究实践园本教研管理、班级管理、指导教育教学等,引导教师专业成长;与管理实践相结合,开展幼儿园精粹化管理子课题研究,提升科研课题写作能力和课题研究实践能力。

3. 管理能力培养。学习实践制度管理、安全管理、人事管理、资源管理,开展活动组织与策划等,促进幼儿园内部管理不断优化;做好家园合作与沟通,做好幼儿园危机防范,提高公共关系的协调能力,有效调试幼儿园外部环境。

三、工作室"三研三导"园长专业素养培养路径

在培养园长过程中,我们重视园长已有的教育背景和其已形成的认知结构,充分调动园长参与学习的积极性,满足其个体的心理需要,激发其学习的内部动机,使园长能够从主人翁的角度出发,考量学习对自身成长的价值和意义。

(一)实施"四养"培才计划。

"四养"是指养魂、养气、养术、养志。养魂,即培养专业精神与理想,树立公益普惠,办好学前教育的责任感和使命感;养气,即丰富理论知识与方法,实施依法办园、科

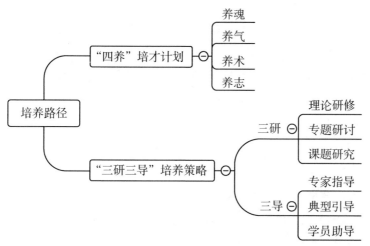

图 6-2 "三研三导"园长专业素养培养路径

学管理、优质保教;养术,即提升管理能力与水平,提高规划幼儿园发展、营造育人文化、领导保育教育、引领教师成长、优化内部管理、调适外部环境等方面的能力;养志,即做好职业学习与规划,将个人职业成长目标和幼儿园发展目标统一,立志与幼儿园发展共生、共长。

(二)采取"三研三导"培养策略

这里的"三研"是指"理论研修、专题研讨、课题研究","三导"是指"专家指导、典型引导、学员主导"。在园长培养课程的大框架下,每一次主题学习,都要经历三个步骤,第一步由导师围绕主题进行理论培训,第二步组织学员开展室内、组内等不同层次的专题研讨,第三步根据问题导向,开展小课题研究,促进深度学习与实践。

园长培养重在理论联系实际,力求可操作性和实效性。在学习过程中,导师进行及时、全面的专家指导。在走访考察、问诊调研、课题研究等研学实践中进行典型引导,比如:选择优秀幼儿园或具有特色的幼儿园作为参观场所,由园长介绍园所基本情况、办园理念以及特色等,学员实地考察园所环境,观摩教学活动、游戏、一日生活、特色活动等,进行现场诊断交流。而学员通过小组学习、读书分享、案例解剖、论坛交流、网络联动、高校互动等方式发挥学员的主导作用。

四、工作室"四自机制"建设

在精神文化引领下,工作室建立了相应的管理机制:一是岗位自主建立、自主申报、自主负责,工作室建立了学术组、常务组、宣传组,分别负责学术建设、日常事务、交流宣传,老师们自主申报岗位,自定发展目标,自主管理评价。二是自制成长方案、自主形成专业支持团队,为成员量身制订成长方案,促进成员学有专长、术有专攻。三是自主研究课题,通过项目驱动,确立研究课题,开展专题研究。四是自主评价,工作室制定了章程和考核标准,以激扬发展、创造与贡献为价值取向,对成员进行专业考评,尤其突出成员自我发展评价,奖励成员对工作室难点任务的参与和贡献。

五、工作室成效

(一)孵化人才补给。三年来,工作室队伍逐渐庞大,从首批的10个学员到第二批增加到20名,到第三批增加到38名。学员们在工作室文化的浸润和园长领导力提升的系统课程培养中,实现了工作室的目标,为大渡口区培养了一批合格优秀的园长。目前已有22名学员担任园长,其他学员也在保教主任和教研组长岗位上工作,为我区大力发展学前教育提供了人才补给。

(二)形成特色园长培养内容和培养方式。三年来构建了园长专业素养"三特质三能力"培养课程内容和"三研三导"培养策略,基本完成了园长"四养"人培计划。

(三)共享成果促发展。三年来,工作室初步形成了《园长价值领导力培育》《园长专业领导力培育》和《园长组织领导力培育》课程体系,以及《赖天利名园长工作室机制建设》《现行幼儿园法律法规汇编》和《幼儿园规章制度汇编》等物化成果。同时,工作室还成功立项了2019年市级重点规划课题《普惠性学前教育背景下园长培养实践研究》。工作室系列物化成果和研究课题,不仅为推动我区学前教育发展作出贡献,还为全市乃至全国幼儿园园长培养提供了区域性方案,对落实立德树人根本任务,推动学前教育普及普惠安全优质发展具有重要意义。

"人生无问西东,岁月自成芳华。"历时三年艰苦卓绝的奋斗,"赖天利名园长"工作室从招成员、立规章、写规划,到定计划、搞研学、出成果,每一步成长都凝聚着工作室主持者和成员的智慧与心血。"赖天利名园长"工作室虽然结束了首届名园长培养工程,但是依旧在义渡热土上,为发展"多位一体,教育大度"区域办学理念,办有品质、有内涵、有情怀的大渡学前教育谱写美好篇章!

案例 6-6
甘露名师工作室:用研修打开视野　以实践奠基未来

"以全球的视野看教育,用地理的眼光读世界"是每个地理教育工作者的梦想。2017年10月,在区教委的直接领导和进修校的悉心指导下,重庆市大渡口区甘露地理名师工作室顺利成立,三年来,工作室立足工作目标和学员发展进行了扎实的研修学习、课题研究、项目研究,圆满完成了研修任务,让我们离这个梦想更近了一步。

基于素养培养的需要和基础教育学段的学科特征分析,甘露名师工作室组建了小学科学、初中地理、高中地理教师为核心成员的团队。三年来,工作室以提升地理核心素养为导向,打破学段限制,整合基础教育阶段小学科学、初中地理、高中地理学科资源,开发我区及周边地区的研学考察资源,形成具有推广值的地理实践教学资源库。与此同时,创新团队协作方式,关注地理实践能力的持续培养,构建地理教师和地理学科的新型关系,让"生活世界"真正进入地理学科。回顾三年时光,成长历历在目,用研修打开视野,以实践奠基未来。

一、用研修打开视野

(一)立足学科特色,建立研修框架

地理学科工作室的研训主张是"小切口,重主张,勤碰撞,讲实效",希望通过创新的课程资源建设,科学的研学学法指导,有效的研学团队建设,让师生共同经历一场华山论剑的智慧之旅。旅程的重点是能够积极、灵活地运用学科素养去认识世界,用地理的眼光去理解世界,并获得人格的健全和精神的成长。于是,三年的研修框架诞生了。

表6-2 大渡口区甘露名师工作室研修框架

研修内容	研修方式	研修预期
学科理解	学习思考;交流讨论;专家引领	关注地理学科核心素养,关注持续能力进阶,对地理学科发展有深刻的认识。
研学风格	项目研究;实践反思;个性化指导	提升研学实践智慧,优化个性风格,形成自己的研学教育主张。
研学研究	方案设计;专题研讨论文撰写	促进深度学习,提升理论水平;发展问题意识,提升研究能力;研究解决问题,贡献地理学科。
发展定位	自我觉醒;同伴促进;榜样带动	促进学员专业成长,做优师,做名师,做有诗意幸福的教师。

(二)立足学员发展,开展五大活动

1. 读书交流活动

读书,悦己,学海无涯,开卷有益。工作室倡导让自主阅读成为研修学习的常态,并每学期举办读书交流汇报活动,学员们介绍自己的书架,推荐好书,分享读书心得。全体成员每年阅读24本专著,杂志7种以上,做书摘或读书笔记五万字左右。主题读书交流活动,不仅阅读他人的见解,更融入了对自己教学工作的思考,每次交流会后大家意犹未尽,还会在微信群里接着进行微讨论。

2. 学习考察活动

外出学习不仅可以拓展视野、学习先进,也是学员研修的重要形式。三年来,工作室组织学员开展了丰富多彩的外出学习交流活动。培训中既有名师的自我培养讲座,也有地理学科的未来发展方向引领,还有针对工作室研修团队模式的探讨,多样多层次的培训,全面拓宽了大家的视野。

工作室还邀请了重庆市地理名师工作室主持人李淑春研究员、重庆市地理教研员张文革老师、重庆师范大学教授杨娅娜老师、大渡口区进修校曾葵校长、吉秀英主任等来指导工作室的研修工作。

通过走出去、请进来,让我们得以领略名家的教育思想,了解课程改革与地理教育的前沿与发展动态,学习优秀教师的实践经验,得到教育科研的专业指导,从而获得了高质量的专业引领。

3. 主题研学活动

工作室根据研修计划,规划了八个主题研学课程资源,工作室成员每人负责一项。

表 6-3 大渡口区甘露名师工作室项目负责一览表

课 程 主 题	负责人	单位
南岸区南温泉公园区域自然环境特征考察	甘露	37 中
九龙坡区彩云湖湿地公园区域城市环境考察	易丽	82 中
大渡口区滨江路片区区域城市规划考察	熊强	37 中
大渡口区九宫庙商圈区域城市商业考察	肖杰	37 中
巴南区云篆山荷韵园区域城郊农业考察	包娟	95 中
长寿区重庆钢铁集团区域城市工业考察	李朋员	钰鑫小学
大渡口古镇与西流沱小镇区域城市古镇旅游现状与发展考察	董代莉	108 中
重庆轻轨二号线区域城市交通发展考察	李晓婷	育才小学

三年来,三个基础学段的老师们在一起读书、实践、反思、再出发,学习了许多地理教育的新理念,发现了许多地理研修的新领域,实践了许多地理教学的新方法。跨学段区域地理考察研学活动让我们践行了一条特别的教学之路,以此品读地理的远方。

在工作室的三年实践中,共进行了五个区九个地点的研学实践活动,建设了八个主题研学课程资源。

表6-4 大渡口区甘露名师工作室研学基地建设一览表

课程主题	课程内容	实践探究
九龙坡区彩云湖湿地公园区域城市环境考察	彩云湖地理位置、桃花溪和彩云湖水系特点、城市湿地公园功能的文献资料整理和实地研学考察。	参观渝桑污水处理厂、模拟实验城市污水处理过程、游览彩云湖湿地公园,了解湿地公园功能,并为城市湿地未来发展建言献策。
巴南区云篆山荷韵园区域城郊农业考察	荷韵园地理位置、荷韵园新型农业与传统农业的对比、新型农业发展的原因。	参观荷韵园,对比传统农业与新型农业的差异,了解新型郊区农业发展的原因。
大渡口区滨江路片区区域城市规划考察	大渡口区老重钢片区、大渡口古镇片区、茄子溪码头片区及钓鱼嘴音乐半岛的文献资料整理和实地研学考察。	在实地研学考察中,了解大渡口滨江片区所在位置及范围,滨江片区的基本概况与变化过程;思考大渡口城市区域规划的方向;理解人地之间的相互影响;并对政府提出建议。
大渡口区九宫庙商圈区域城市商业考察	大渡口区九宫庙商圈的地理位置、现状和存在的问题等实地研学考察。	结合九宫庙商圈的考察,思考商圈的发展现状,为发展建言献策。
南岸区南温泉公园区域自然环境特征考察	南岸区南温泉公园的地理位置、自然地理环境特征的实地研学考察。	根据南温泉公园位置特点,观察相关自然地理特征,用实验验证石灰岩,分析喀斯特地貌成因,用地理环境整体性原理分析自然环境。
长寿区重庆钢铁集团区域城市工业考察	大渡口区重庆工业博物馆、长寿区重钢集团工业钢铁工业生产流程,重钢发展概况,区位因素分析等实地研学考察。	在重庆工业博物馆了解工业区位因素,重庆工业发展历程,重钢集团的前世今生,分析重钢搬迁至大渡口的影响因素。
大渡口古镇与西流沱小镇区域城市古镇旅游现状与发展考察	大渡口古镇、西流沱小镇的地理位置,古镇布局特征,旅游发展特征,比较两个古镇发展的异同点。	以文件、访问的形式实地考察大渡口古镇、西流沱小镇,了解城市古镇旅游的发展现状以及发展过程中存在的问题,并建言献策。
重庆轻轨二号线区域城市交通发展考察	重庆轻轨的发展历程相关文献资料及二号线的实地研学考察。	对重庆轻轨这一新型的交通方式产生的原因,及其带来的影响进行文献研究,并以二号线为例实地考察其运营情况,思考轨道交通未来的发展方向,建言献策。

跨学段的区域考察活动,让不同学段学生的学科素养得以发展,实践能力显著提升,综合素养明显增强。活动的顺利开展,让工作室的学员们形成了自己的研学主张,

让工作室的辐射引领作用在区域内更加明显。

(1) 学生层面。跨学段的不同学校学生共同参与研学活动,让不同认知层面的学生交流了知识和文化,培养了合作探究能力,增强了责任意识和担当精神。立足乡土地理的研学活动,有意识引导学生关注国家和家乡建设,认知未来职业,对树立积极的学习态度,增强爱国主义情怀有积极作用。无论是学科素养的有效落实,还是用地理的眼光解读世界,都在逐步实现。

(2) 教师层面。课程开发从主题选定到乡土地理资料的整理,再到课程设计方案的落实,每一步都需要参研老师用专业的知识和能力对区域资料进行整合。在此过程中,丰富了教师的教学素材,拓宽了教师的专业视野,提升了教师的钻研能力。同时,工作室学员之间的协作研究,专业互助,团队协作能力进一步提升,还加强了教师和学校与政府、社会的联系,加大对教师队伍和学校团队的宣传,真正把教育从学校融入社会,共育适应未来发展的学生。

(3) 区域发展层面。跨学段不同学校师生共同参与乡土地理课程开发,实现了区域内教师间资源共享、地理实践能力的共同培养,提高了区域教师的专业研讨能力,促进区域教师的协同发展,为区域教育发展提供专业人才。

4. 区域联合教研活动

传统的教师研修活动习惯于学校或者地区内部的小范围研究,源于学情的共性或者区域的政策导向。工作室的研修在区域研修的基础上作出改变,与其他地区的学科研修团队合作,创新研修方式,开阔视野。

三年来工作室进行国家级成果交流3次,市级以上交流7次,全面提升了工作室的示范影响力。2018年11月参与了陕西师范大学基础教育学院、《中学地理教学参考》编辑部组织的"全国深度教学暨地理实践力成果观摩交流会",并与主办方重庆七中一起进行了实践课程的开发。2018年12月,受重庆市广益中学的邀请,工作室参与了重庆市高中地理基地联盟教学研讨活动。2019年5月,工作室的开放日交流活动也邀请到了重庆创新实践基地负责人进行交流研讨。2020年12月,铜梁区刘强地理名师工作室到访交流。不同类型的研学合作交流活动加深了工作室成员对区域地理研学活动的思考,且对先进的教学理念、策略和方法的交流,积极推动了工作室的辐射作用。全国地理教育专业杂志《地理教育》在2019年11期对工作室进行了封面报道。

5. 网络教研指导活动

面对突如其来的疫情,工作室的老师们纷纷响应"停课不停学"的号召,积极参与大渡口区"停课不停学"志愿者团队。网课期间,主持人甘露老师带领工作室成员积极参与指导了区各学校的地理备课活动,并提出了宝贵的建议。在工作室给出的建议中,既有现阶段线上教学的实施策略,又有恢复线下课后的统筹计划;既对本校学生的学情有方向上的教学指引,也有对不同年级不同班级的教学具体措施;既有对教师网课教学方式方法的探讨,也有线上教研资源的推荐。重研究、多规划、讲效率、抓特色,为网课保驾护航。

二、以实践奠基未来

(一)研学实现团队成长

随着城市的发展,人们生产生活方式的改变,研学更应该关注城市化进程中人地关系的发展,引导学生用地理的眼光认识城市环境。基于此,工作室开展"区域地理研学考察活动",变知识为能力,变听课为实践,变接受问题为探究问题,探索出了一系列的研学方法。

1. 研学团队组建

研学团队按学段融合,每个小组由一名带队教师和六名学生组成,小学生、初中生、高中生各两人,这种搭配旨在让教师认识不同学段学生的认知规律。在跨学段的团队组建中,遵循"高中引领——初中护航——小学奠基"的研学理念,形成"大——中——小"的研学格局,构建"知识——猜想——能力"的研学方式,目的在于提升教师综合素质,促进学生互助团队的成长。

2. 研学流程实施

从研学项目的开发研究到活动的开展,工作室成员要在对不同学段的学情、教学要求及成果表达的认识上,对教师的教学观念、教学方法、研究意识和能力、教育教学水平等方面打破常规思维,进行有效创新。工作室依据行动研究的理论构建了研学项目"研学方案设计——教师实地考察——方案反思修订——研学课前培训(教师、学生)——研学活动开展——成果收集整理——反思总结——撰写案例"的基本实施流程。通过不断的实践探索,在实践中验证地理事象,在研学中反思研学策略,在研究中逐步完善研学体系,助力师生综合素养的发展。

3. 研学活动反思

跨学段的研学活动具有合作性、开放性、自主性、生成性的特点,使学生真正成为研学活动的主人,在团队互助中了解区域地理考察的方法,尝试着用地理的思维去思考问题,用人地协调的观念去解决问题。随着"区域地理考察实践"研学活动的推进,实现了区域研学方式的转变,观——问——思,从导游——到游——自由行,促使教师从基础教育整个学段去研究学情、整合学科知识、发表个性化的独创见解、更新教学观念、改善教学行为,创造民主、和谐的活动氛围,构建平等、合作的新型师生关系,并逐步培养学生地理素养,真正用地理的眼光去看世界。

(二)实践催生"得道"教师

在三年的不断研修中,工作室的研修老师们用高标准要求自己,一是热爱教育,有献身教育事业的品格;二是专业出色,有自己的教育风格;三是敢于创新,有自己的教育思想,一系列研修活动后,工作室成果催生出一批"得道"教师。

1. 热爱教育事业

"家乡"在研学活动中变得生动起来,一根草,一棵树,一座山,一条河,一个村,一群人,勾勒一个个鲜活的研学故事。用地理的眼光观察世界,用地理的头脑思考世界,用地理的思维表达世界,乡土观念的化育,家国情怀的培育,爱国主义的教育,成就了甘露名师工作室最"有价值的教育"。

2. 专业功力扎实

从初入工作室的不知所措,到研学活动中的作茧化蛹,达到研学活动后的羽化成蝶。在"区域地理研学考察活动"中,工作室学员们从参与者转变成了策划者、组织者,思考怎样落实地理核心素养,知晓如何做一件辐射区域的教育活动,将地理学科的核心素养融入到自己的教学实践中。历经研学活动的磨砺后,老师们的地理教学课堂更多的是情景式、案例式教学,讲世界、讲国家、讲社会的地理新闻课堂,讲身边地理现象的课堂,着力思考落实地理核心素养,培养适应未来的学生。工作室教师们从一名一心教好知识的传统老师转变为落实学生地理核心素养的时代教师。

3. 教育思想独特

"以全球的视野看教育,用地理的眼光读世界"是工作室传递的教育梦想。跨学段的研学关注学生成长中基础教育的整个时空,努力打通课程与生活之间的壁障,打破小学、初中、高中的学段限制,邀请小学科学老师加入研修团队,走出教室,走向自然,走向社会,实施整体育人。三年研学经历赋予了老师们严密的学科思维、生动的研学资源、创新的研学环节,使他们在完成研学活动的同时也成就了自己教育思想。

(三)行走铺就美好未来

时光匆匆而过,甘露名师工作室在不断的行走中坚定自己的教育梦想,三年足迹遍布重庆五个区县,参与师生 700 余人次。勤于思,精于业,行走于生活中的地理,做最美的地理教师。重庆市大渡口区甘露名师工作室的小伙伴们始终坚守着自己的教育梦想,相信在行走中定能够春暖花开、桃李芬芳。在行走中一起发现研修中的学科美,挖掘考察区域中的地理美,创设教学过程中的行程美,追求教学手段的艺术美,锤炼自身素养的专业美,体验合作学习的人际美。

三年学习的结束并不代表教育事业追求的完结,追求的脚步又将迈上一个新的台阶,而这三年中的点点滴滴都将成为追梦路上的坚强后盾和不懈动力,引领和鞭策着大家不断前行。

参考文献

［1］ 许慎撰，段玉裁注，黄勇译. 说文解字［M］. 北京：中国戏剧出版社，2008.

［2］ 许慎撰，段玉裁注. 说文解字注［M］. 上海：上海古籍出版社，1988.

［3］ 黄南松. 非教师称"老师"的社会调查［J］. 语言教学与研究，1988(4)：103－112.

［4］ 许慧. 新中国成立以来"同志""先生""师傅"称谓语研究［D］. 呼和浩特：内蒙古大学，2012.

［5］ 吴梅. 小议"师傅"一词的意义演变［J］. 长春教育学院学报，2015(1)：34－35.

［6］ 恩斯特·卡西尔著. 人论——人类文化哲学导引［M］. 甘阳，译. 上海：上海译文出版社，2013.

［7］ 王策三. 教学论稿［M］. 北京：人民教育出版社，2005.

［8］ 托斯顿·胡森，纳维尔·波斯特尔斯威特. 简明国际教育百科全书［M］. 许建钺，等，编译. 北京：教育科学出版社，1992.

［9］ 吴定初. 教育科学研究概论：理论与方法探析［M］. 四川：四川教育出版社，1992.

［10］ 中国教育学会. 中国教育科研与实践［M］. 北京：中央文献出版社，2011.

［11］ 张筱玮. 教育科研与教师专业发展［M］. 吉林：东北师范大学出版社，2005.

［12］ 何如栋. 小学数学教育科研［M］. 杭州：浙江教育出版社，2001.

［13］ 胡育. 学前教育科研方法指导［M］. 上海：上海教育出版社，2005.

［14］ 涂光辉. 教育科研课题的确定［M］. 广州：暨南大学出版社，1999.

［15］ 陈永明. 新课程与学校教育科研创新实务［M］. 北京：华龄出版社，2006.

［16］ 马云鹏. 中学教育科研方法基础［M］. 长春：东北师范大学出版社，2001.

［17］ 费尔南多·萨瓦特尔. 教育的价值［M］. 李丽，孙颖屏，译. 北京：北京大学出版

社,2012.

[18] 欧阳芬,徐斌辉.微课程的设计原理、制作与评价[M].北京:开明出版社,2016.

[19] 内尔·诺丁斯.幸福与教育[M].龙宝新,译.北京:教育科学出版社,2009.

[20] 内尔·诺丁斯.批判性课程学校应该教授哪些知识[M].李树培,译.北京:教育科学出版社,2012.

[21] 魏忠.教育正悄悄发生一场革命[M].上海:华东师范大学出版社,2014.

[22] 张丽艳.卓越教师的专业修炼[M].福州:福建教育出版社,2014.

[23] 钟发全,谢芝玥.课程力,成就卓越教师[M].福州:福建教育出版社,2017.

[24] 帕克·帕尔默.教学勇气——漫步教师的心灵[M].吴国珍等译.上海:华东师范大学出版社,2005.

[25] 肖恩·加拉格尔.解释学与教育[M].张光陆,译.上海:华东师范大学出版社,2009.

[26] 菲利普·杰克森.什么是教育[M].吴春雷,马林梅,译.合肥:安徽人民出版社,2012.

[27] 联合国教科文组织.反思教育:向"全球共同利益"的理念转变?[M].联合国教科文组织总部中文科,译.北京:教育科学出版社,2017.

[28] 汤丰林.教师培训:理性与实践的核心关注[M].北京:北京师范大学出版社,2018.

[29] 何春强.走上名师之路[M].北京:九州出版社,2017.

[30] 王珍.名师专业化发展背后的"秘密"[M].天津:天津教育出版社,2017.

[31] 赵亚静.我国教师教育政策:特点、问题与完善策略[J].吉林工程技术师范学院学报,2021,37(10):30-32.

[32] 刘锋,廖帝学.教研员如何修炼培训思维和培训方略[J].自得教育,2021(2):23-25.

[33] 陈小蓉,梁勇.建好一个基地 带活一个团队——重庆市95中初中数学课程创新基地建设启示录[J].自得教育,2021(8):36-38.

[34] 吉秀英,柳亚娟."三名"工程,催生成长的力量[J].自得教育,2021(2):41-43.

[35] 冯善斌.教后记:教师提升教学水平的有效形式[J].新课程研究(基础教育),2007(1):41-43.

[36] 张黎明.小议课堂教学评价的有效性[J].新课程(中),2012(10):138.

[37] 朱旭东.论教师专业发展的理论模型建构[J].教育研究,2014,35(6):81-90.

[38] 田慧生.时代呼唤教育智慧及智慧型教师[J].教育研究,2005(2):50-57.

[39] 孙亚玲.课堂教学有效性标准研究[D].上海:华东师范大学,2004.

[40] 徐建平.教师胜任力模型与测评研究[D].北京:北京师范大学,2004.

[41] 赵昌木.教师成长研究[D].兰州:西北师范大学,2003.

[42] 肖丽萍.国内外教师专业发展研究述评[J].中国教育学刊,2002(5):57-60.

[43] 钟启泉.教师"专业化":理念、制度、课题[J].教育研究,2001,22(12):12-16.

[44] 王长纯.教师专业化发展:对教师的重新发现[J].教育研究,2001,22(11):45-48.